经以济世

兴徒商天

贺教育部

金融双向项目

成主立效

李石柱
戊戌方八

教育部哲学社会科学研究重大课题攻关项目
"十三五"国家重点出版物出版规划项目

法治国家建设中的司法判例制度研究

STUDY ON JUDICIAL PRECEDENT SYSTEM
IN THE CONSTRUCTION
OF COUNTRY'S RULE OF LAW

何家弘　刘品新

主编

中国财经出版传媒集团
经济科学出版社
Economic Science Press

图书在版编目（CIP）数据

法治国家建设中的司法判例制度研究/何家弘、刘品新主编.
—北京：经济科学出版社，2017.6
教育部哲学社会科学研究重大课题攻关项目
ISBN 978-7-5141-8025-1

Ⅰ.①法… Ⅱ.①刘… Ⅲ.①司法制度-研究-中国
Ⅳ.①D926

中国版本图书馆 CIP 数据核字（2017）第 110229 号

责任编辑：王　丹
责任校对：王苗苗
责任印制：邱　天

法治国家建设中的司法判例制度研究
何家弘　刘品新　主编
经济科学出版社出版、发行　新华书店经销
社址：北京市海淀区阜成路甲 28 号　邮编：100142
总编部电话：010-88191217　发行部电话：010-88191522
网址：www.esp.com.cn
电子邮件：esp@esp.com.cn
天猫网店：经济科学出版社旗舰店
网址：http://jjkxcbs.tmall.com
北京季蜂印刷有限公司印装
787×1092　16 开　20.75 印张　400000 字
2017 年 6 月第 1 版　2017 年 6 月第 1 次印刷
ISBN 978-7-5141-8025-1　定价：52.00 元
(图书出现印装问题，本社负责调换。电话：010-88191510)
(版权所有　侵权必究　举报电话：010-88191586
电子邮箱：dbts@esp.com.cn)

课题组主要成员

首席专家 何家弘
主要成员 刘品新　何　然　黄京平　李红海
　　　　　　刘风景　沈玮玮　汤维建　徐　昕
　　　　　　姚　辉　张　晶　张志铭　赵晓耕

编审委员会成员

主　任　周法兴
委　员　郭兆旭　吕　萍　唐俊南　刘明晖
　　　　刘　茜　樊曙华　解　丹　刘新颖

总　序

哲学社会科学是人们认识世界、改造世界的重要工具，是推动历史发展和社会进步的重要力量，其发展水平反映了一个民族的思维能力、精神品格、文明素质，体现了一个国家的综合国力和国际竞争力。一个国家的发展水平，既取决于自然科学发展水平，也取决于哲学社会科学发展水平。

党和国家高度重视哲学社会科学。党的十八大提出要建设哲学社会科学创新体系，推进马克思主义中国化、时代化、大众化，坚持不懈用中国特色社会主义理论体系武装全党、教育人民。2016年5月17日，习近平总书记亲自主持召开哲学社会科学工作座谈会并发表重要讲话。讲话从坚持和发展中国特色社会主义事业全局的高度，深刻阐释了哲学社会科学的战略地位，全面分析了哲学社会科学面临的新形势，明确了加快构建中国特色哲学社会科学的新目标，对哲学社会科学工作者提出了新期待，体现了我们党对哲学社会科学发展规律的认识达到了一个新高度，是一篇新形势下繁荣发展我国哲学社会科学事业的纲领性文献，为哲学社会科学事业提供了强大精神动力，指明了前进方向。

高校是我国哲学社会科学事业的主力军。贯彻落实习近平总书记哲学社会科学座谈会重要讲话精神，加快构建中国特色哲学社会科学，高校应需发挥重要作用：要坚持和巩固马克思主义的指导地位，用中国化的马克思主义指导哲学社会科学；要实施以育人育才为中心的哲学社会科学整体发展战略，构筑学生、学术、学科一体的综合发展体系；要以人为本，从人抓起，积极实施人才工程，构建种类齐全、梯队衔接的高校哲学社会科学人才体系；要深化科研管理体制改革，发挥高校人才、智力和学科优势，提升学术原创能力，激发创新创造活力，建设中国特色新型高校智库；要加强组织领导、做好统筹规划、营造良好学术生态，形成统筹推进高校哲学社会科学发展新格局。

哲学社会科学研究重大课题攻关项目计划是教育部贯彻落实党中央决策部署的一项重大举措，是实施"高校哲学社会科学繁荣计划"的重要内容。重大攻关项目采取招投标的组织方式，按照"公平竞争，择优立项，严格管理，铸造精品"的要求进行，每年评审立项约40个项目。项目研究实行首席专家负责制，鼓励跨学科、跨学校、跨地区的联合研究，协同创新。重大攻关项目以解决国家现代化建设过程中重大理论和实际问题为主攻方向，以提升为党和政府咨询决策服务能力和推动哲学社会科学发展为战略目标，集合优秀研究团队和顶尖人才联合攻关。自2003年以来，项目开展取得了丰硕成果，形成了特色品牌。一大批标志性成果纷纷涌现，一大批科研名家脱颖而出，高校哲学社会科学整体实力和社会影响力快速提升。国务院副总理刘延东同志做出重要批示，指出重大攻关项目有效调动各方面的积极性，产生了一批重要成果，影响广泛，成效显著；要总结经验，再接再厉，紧密服务国家需求，更好地优化资源，突出重点，多出精品，多出人才，为经济社会发展做出新的贡献。

作为教育部社科研究项目中的拳头产品，我们始终秉持以管理创新服务学术创新的理念，坚持科学管理、民主管理、依法管理，切实增强服务意识，不断创新管理模式，健全管理制度，加强对重大攻关项目的选题遴选、评审立项、组织开题、中期检查到最终成果鉴定的全过程管理，逐渐探索并形成一套成熟有效、符合学术研究规律的管理办法，努力将重大攻关项目打造成学术精品工程。我们将项目最终成果汇编成"教育部哲学社会科学研究重大课题攻关项目成果文库"统一组织出版。经济科学出版社倾全社之力，精心组织编辑力量，努力铸造出版精品。国学大师季羡林先生为本文库题词："经时济世　继往开来——贺教育部重大攻关项目成果出版"；欧阳中石先生题写了"教育部哲学社会科学研究重大课题攻关项目"的书名，充分体现了他们对繁荣发展高校哲学社会科学的深切勉励和由衷期望。

伟大的时代呼唤伟大的理论，伟大的理论推动伟大的实践。高校哲学社会科学将不忘初心，继续前进。深入贯彻落实习近平总书记系列重要讲话精神，坚持道路自信、理论自信、制度自信、文化自信，立足中国、借鉴国外、挖掘历史、把握当代、关怀人类、面向未来，立时代之潮头、发思想之先声，为加快构建中国特色哲学社会科学，实现中华民族伟大复兴的中国梦作出新的更大贡献！

教育部社会科学司

摘 要

法治国家建设包括立法和施法两个基本环节。一直以来，立法是中国法治建设的中心任务，且取得了举世瞩目的成就。当下中国法治建设面临的突出问题是有法律而无法治，即法律完善但实施不力。法律的生命在于实施，而法律实施的最后一道防线是司法。我国法治建设的重心应由立法向司法转变，通过完善司法判例制度来提高我国的法治水平。

司法判例制度是一个国家或地区中涉及司法判例的选编、发布、内容、效力、引用、推翻之规制的总和。从司法判例制度的发展沿革看，在一定程度上依赖司法判例来传承法律或者填补法律的空缺是人类社会的自然选择。可以推断，在任何国家的历史上都存在司法判例，或者说都有一定形式的司法判例制度。现代司法判例制度承担着统一法律适用，规范法官自由裁量权的职能，是实现司法公正、权威的有力保证。从某种意义上讲，依赖司法判例来弥补立法在司法层面的不足是人类社会走向法治的必由之路。

英美法系国家的法律体系以判例法为基础，判例法是基本的法律渊源，其所走的是从判例法到判例法与制定法相结合的道路。而大陆法系国家以制定法为基础，判例依附于制定法，同时又是对制定法不可或缺的补充，其所走的是从制定法到制定法与判例法相结合的道路。当前，两大法系的发展趋势不断融合，在一定程度上实现了制定法与判例制度的平衡。这种发展轨迹反映了人类社会法治发展的一般规律，因而值得我国在完善司法判例制度时借鉴。

中国古代虽是一个典章制度主导下的传统社会，但从功能主义的角度分析，也存在判例功能的法律形态。判例依附于法典，经历了萌芽、发展、成熟、消融的演变轨迹。传统中国判例是在立法技术落后、成文法不发达的社会形势下出现的，具有法律规则的创设与规则效力的强化两大功能。古代判例在适用过程中出现了无制约、违背成文法、数量过多等问题。今天，应当明确判例是法律重要补充的法律定位，并从判例的遴选、审定、发布、汇编等方面予以完善。

通说认为，我国民商事指导性案例具有事实上的拘束效力，具体表现为撤判风险的威胁、法官背离时论证责任的增加和公众监督力度的增强。民商事指导性案例具有促进法律解释不断完善，保障法律漏洞填补正确实施，实现不确定性概念的价值补充，指引利益衡量正确适用的价值。在民商事指导性案例的遴选上，应当加强公众参与，建立相应的异议或制约制度。最高人民法院在发布案例时要更多地听取地方各级裁判机关的意见和诉求，并完善编写体例。在适用方面，可以从效力内容、效力实质、效力来源、效力范围和效力类型五个角度理解和把握指导性案例的"参照"，并从硬约束和软约束方面规范法官的自由裁量。同时，还应当建立背离报告制度，规制法官对判例的规避。

我国的刑事案例是指公安机关、检察机关和法院办理刑事案件时参考或参照使用的已完成特定刑事诉讼程序的相关案件。其中，刑事案例中具备最高效力的指导性案例具有事实拘束力。刑事案例的适用原则包括罪刑法定原则、参考或参照适用原则、直接适用原则、混合适用原则、效力顺序适用原则以及非裁判依据援用原则。就刑事案例的适用技术而言，需要运用刑事案例识别技术和刑事案例规避技术。

中国指导性案例的颁布标志着具有中国特色的司法判例制度已初步建立。但是，也暴露出一些问题，需要进一步完善。具体缺陷表现为：最高人民法院发布的指导性案例的数量太少，很难满足司法实践中对于判例制度的需求；指导性案例虽然是最高人民法院精选后发布的，但并不都是最高人民法院自己审理的，不符合司法判例的生成规律；指导性案例的效力定位不够明确。在制度完善上，应当明确案例的遴选标准，简化案例的发布程序，界定案例的效力。在编纂技术上，应当进一步完善指导性案例的序号、裁判文书标题、裁判要点的设计与运用。

　　综上所述，完善司法判例制度是建设法治国家的需要。司法判例制度一方面是司法者群体自由裁量权的张扬，另一方面又是司法者个人自由裁量权的约束。二者在国家中的平衡，体现了司法判例制度的完善程度，也体现了法治国家建设的发展水平。

Abstract

Legislation and enforcement of laws are fundamental to constructing the rule of law in a given country. Legislation has always been the main strategy behind constructing the rule of law in China, which has made remarkable achievements. The most pressing problem, however, concerning the construction of a country's rule of law is that existing legislation is adequate for the task, but its enforcement is far from satisfactory. The vitality of law lies in its enforcement, and the judiciary system is the last line of defense for the enforcement of the law. We should therefore switch from a legislation-centered focus to a judiciary-centered one and improve the judicial precedent system in order to construct a rule of law in China.

A judicial precedent system regulates the selection, issuance, content, validity, citation and overrule of the judicial precedent of a given country or region. It is the natural choice for human society to inherit law or fill in gaps in the law to a certain degree in terms of developing a system of judicial precedent. It can therefore be inferred that all countries have judicial precedents, or certain forms of judicial precedent systems. Modern judicial precedent systems assume the functions of unifying the application of the law and regulating a judge's discretion, which is a valid guarantee of judicial justice and judicial authority. It is inevitable, as human society begins to establish the rule of law, for society to rely on judicial precedent to make up for shortages of legislation about judicial application.

The legal system in common law countries is based on case law, and case law is the basic legal source. Legal systems start from case law and then proceed to a combination of case law and statute law. While the legal system in civil law countries is based on statute law, precedent also depends on statute law and is therefore an indispensable supplement to it. Civil law countries start from statute law and then proceed to a combination of statute law and case law. Common law systems and civil law systems are becoming more integrated over time, reaching a balance between statute law and a precedent system. This path of development reflects the general principle of the development of the rule of law in human society, which can be referenced to improve the judicial precedent system in China.

Precedent existed in ancient China from a point of view of utilitarian analysis even though China had a traditional society dominated by decrees and regulations. Precedents depended on code, and therefore on primacy, development, maturity and ablation. Traditional precedents emerged in China when legislative techniques and statute law, whose functions were to create legal rules and strengthen the validity of these rules, fell behind. There were some problems during the application of precedents in ancient times, such as a lack of restrictions on the use of precedents, violations of statute law, and an excessive number of precedents. We must clarify the legal position that precedent is an important complement to statute law, and improve the selection, examination, approval, issuance, and compilation of precedents.

Civil and commercial guiding cases are of factual validity in the prevailing opinion, and they are mainly manifested in the risk of judgment set aside, thus increasing the burden of reasoning when a judgment deviates from former precedent, and enhancing public supervision. The value of civil and commercial guiding cases lies in how they promote the continuous improvement of the interpretation of the law, guaranteeing the closing of legal loopholes, accomplishing value supplement to uncertain concepts and guiding the correct application of the balance of interests. We should promote public participation in the selection of civil and commercial guiding cases, as well as establish a system of exceptions and restrictions. The Supreme People's Court should listen to the opinions and demands of local courts at all levels and perfect its style of compilation when it issues guiding cases. As for application, judges can comprehend and understand the "reference" of guiding cases from five perspectives: the content of validity, the essence of validity, the source of validity, the scope of validity and the type of validity. Furthermore, a judge's discretion should be regulated with both hard and soft constraints. A deviation report system should also be established in order to restrict the evasion of precedent by judges.

Criminal cases in China are relevant if they have completed the specific criminal procedure and that can be referred to when public safety officers, prosecutorial authorities and courts handle criminal cases. Criminal guiding cases are of factual validity. The principles for application are those of legality, reference application, direct application, mixed application, validity, and non-criterion judgment. In terms of applicable techniques for criminal cases, recognition and evasion techniques must be applied.

The issuance of guiding cases in China marks the preliminary establishment of a judicial precedent system with Chinese characteristics. Some problems, however, must be improved further. For instance, the number of guiding cases issued by the Supreme People's Court is too small to meet the needs of judicial practice. In addition, the guiding cases issued by the Supreme People's Court are not tried by the Court itself, which does not conform to the rule of generation. The orientation of the validity of guiding cases is not clear enough. We should consequently clarify the criteria for case selection, simplify the issuance procedures, and define when cases are valid. We should also improve the design and application of sequential numbers, judgment titles, and the key points of judgment for guiding cases.

Overall, in order to construct the rule of law for a given country, one must improve its judicial precedent system. On the one hand, the judicial precedent system is a publicity of the discretion of the judge group. On the other hand, it is also a restriction of an individual judge's discretion. The balance of these two factors in specific countries reflects the soundness of the judicial precedent system and the level of development of the country's rule of law.

目 录

第一编

司法判例制度的法理基础　1

第一章 ▶ 司法判例和司法判例制度　3

　　一、现象、问题和方法　3
　　二、司法判例的含义　4
　　三、司法判例含义的理论解析　6
　　四、司法判例制度及其法理解析　7

第二章 ▶ 司法判例的作用　9

　　一、司法判例作用的承认　9
　　二、司法判例作用的界定　15
　　三、司法判例作用的实现　24

第二编

司法判例制度之比较　31

第三章 ▶ 司法判例制度的缘起　33

　　一、自然法与司法判例制度　33
　　二、习惯法与司法判例制度　35
　　三、神明裁判与司法判例制度　37

第四章 ▶ 英美法系的司法判例制度　40

　　一、英美法系中司法判例制度的发展沿革　40
　　二、英美法系司法判例制度的发展趋势　43

第五章 ▶ 大陆法系的司法判例制度　46

　　一、大陆法系司法判例制度的发展沿革　46
　　二、大陆法系司法判例制度的发展趋势　49

第三编

中国司法判例制度的历史　53

第六章 ▶ 中西判例的历史语境　55

　　一、中西判例之存在比对　55
　　二、中国传统判例地位重述　70

第七章 ▶ 中国判例的历史表现　83

　　一、判例在中国的历史形态　83
　　二、判例在中国的演变轨迹　88

第八章 ▶ 中国判例的历史运作　97

　　一、判例的制作　97
　　二、判例的适用　102
　　三、判例与中国司法传统　110

第四编

中国司法判例制度的现状　113

第九章 ▶ 中国民商事指导性案例制度　115

　　一、民商事指导性案例总说　115
　　二、民商事司法指导性案例的生成　139
　　三、民商事司法判例的适用　146

第十章 ▶ 中国刑事案例制度　173

一、刑事案例总说　173

二、刑事案例的种类　191

三、刑事案例的适用　204

第五编

中国司法判例制度的完善　225

第十一章 ▶ 中国司法判例产生制度的完善　227

一、中国司法判例制度的形成　227

二、中国司法判例制度总评　229

三、中国司法判例产生制度的基本问题　234

第十二章 ▶ 中国司法判例编纂制度的完善　239

一、最高人民法院指导性案例的编纂体例　239

二、指导性案例序号的功能定位与设置技术　244

三、裁判文书标题的原理与设计　251

四、裁判要点的原理与设计　260

五、最高人民法院指导性案例成文化与案例库建设　275

附录

研究报告　277

完善司法判例制度是法治国家建设的需要　279

一、法治国家建设：立法为主与司法为主　279

二、司法判例制度：英美模式与欧陆模式　282

三、中国制度完善：案例指导与判例规范　286

参考文献　296

后记　301

Contents

Part I The Jurisprudential Basis of the Judicial
        Precedent System   1

Chapter 1 Judicial Precedent and the Judicial Precedent System   3

    1 Phenomena, Issues and Methodologies   3
    2 The Definition of the Judicial Precedent   4
    3 Theoretical Analysis of the Definition of the Judicial Precedent   6
    4 The Judicial Precedent System and its Jurisprudential Analysis   7

Chapter 2 Functions of the Judicial Precedent   9

    1 Recognition of the Functions of the Judicial Precedent   9
    2 Definition of the Functions of the Judicial Precedent   15
    3 Realization of the Functions of the Judicial Precedent   24

Part II Comparision of the Judicial Precedent Systems   31

Chapter 3 Origin of the Judicial Precedent Systems   33

    1 Natural Law and Judicial Precedent Systems   33
    2 Customary Law and Judicial Precedent Systems   35
    3 Ordeals and Judicial Precedent Systems   37

Chapter 4 The Judicial Precedent System in Common Law Systems   40

    1 Evolution of the Judicial Precedent System in Common Law Systems   40

    2   Trend of the Judicial Precedent System in Common Law Systems   43

Chapter 5   The Judicial Precedent System in Civil Law Systems   46

    1   Evolution of the Judicial Precedent System in Civil Law Systems   46
    2   Trend of the Judicial Precedent System in Civil Law Systems   49

Part III   History of the Judicial Precedent System in China   53

Chapter 6   Historical Context of the Precedent Between China and the West   55

    1   Comparison of the Existence of Precedent between China and the West   55
    2   Restatement of the Status of the Traditional Chinese Precedent   70

Chapter 7   Historical Manifestations of the Chinese Precedent   83

    1   Historical Forms of the Precedent in China   83
    2   Evolution of the Precedent in China   88

Chapter 8   Historical Operations of the Precedent in China   97

    1   Production of the Precedent   97
    2   Application of the Precedent   102
    3   Precedent and Judicial Tradition of China   110

Part IV   The Current Situation of the Judicial Precedent System in China   113

Chapter 9   Civil and Commercial Guiding Case System in China   115

    1   Introduction of the Civil and Commercial Guiding Cases   115
    2   Formation of the Civil and Commercial Guiding Cases   139
    3   Application of the Civil and Commercial Guiding Cases   146

Chapter 10   Criminal Case System in China   173

    1   Introduction of the Criminal Cases   173
    2   Types of the Criminal Cases   191
    3   Application of the Criminal Cases   204

Part V Improvement of the Judicial Precedent System in China 225

Chapter 11 Improvement of the Generation System of the Judicial Precedent in China 227

1. Formation of the Judicial Precedent System in China 227
2. General Comments on the Judicial Precedent System in China 229
3. Basic Issues of the Generation System of the Judicial Precedent in China 234

Chapter 12 Improvement of the Compilation of the Judicial Precedent in China 239

1. Style of the Compilation of the Guiding Cases in Supreme Court 239
2. Functional Orientation and Setting Technology of the Sequence Number of the Guiding Cases 244
3. Theory and Design of the Title of the Adjudicative Document 251
4. Theory and Design of the Key Points of Judgment 260
5. Being Written and Construction of the Case Library of the Guiding Cases issued by the Supreme People's Court 275

Appendix: Report on the Study 277

Improvement of the Judicial Precedent System is a Requirement of the Construction of a Country's Rule of Law 279

1. Construction of a country's rule of Law: Legislation-centered and Enforcement-centered focuses 279
2. Judicial Precedent System: the Anglo – American Model and European Model 282
3. Improvement of the Systems in China: Case Guidance and Precedent Regulation 286

References 296

Postscript 301

第一编

司法判例制度的法理基础

第一章

司法判例和司法判例制度

一、现象、问题和方法

建立案例指导制度是中国司法改革的一项重要议题，也是近年来法律理论和实务界热切讨论的话题。从 2005 年最高人民法院发布《人民法院第二个五年改革纲要》（2004~2008）明确提出建立和完善案例指导制度，到 2010 年 11 月 26 日出台《最高人民法院关于案例指导工作的规定》，对案例制度的基本方面作出规定，再到 2011 年 12 月 20 日最高人民法院发布第一批 4 个指导性案例，正式展开案例指导制度的实践，前后历经多年。回顾起来，一方面，业界对案例制度所涉及的问题在理论和认识上已经有了广泛探讨；另一方面，从共识达成的角度看，业界还存在许多重大的分歧，涉及指导性案例的价值目标、规范性质、法律效力或裁判效力、作用机理、编选技术等诸多方面，需要在原理层面做更加深入的思考和研究。

按照最高人民法院的上述规定，中国法院的案例指导制度可以界定为：为统一法律适用，由最高人民法院按照一定程序在全国各审级法院生效判决中选取编发的、并在今后的裁判中具有"应当参照"效力的案例的制度。较之于域内外已有的司法判例制度和实践，中国法院案例指导制度具有鲜明的特色，表现在指导性案例的价值功能、法律性质、裁判效力等多个方面，体现出中国特色的制度创意。但是，从世界范围看，中国法院的案例指导制度也是司法判例制度的一种，尽管与其他国家的司法判例制度一样，可以有自己的特色，但是也应当分享和体现一些共同的制度理念和原理。当下案例指导制度在设计和实践中遇到的上述诸多问题，与当事者对司法判例制度的法理根据缺乏清楚认识、在观念和实践上偏离甚至背离判例制度的基本法理不无关系；笼统武断地认为指导性案例制度不同于英美法系的"遵从先例"制度的观点，定然似是而非。

从法理的角度研究一项制度，意味着就该制度所涉及的最基本的问题予以揭示和阐明。这是设立一项制度的依据，也是一项制度设立之后理解和运用该制度的基础。探讨司法判例制度构建的法理基础，也就是要揭示并阐明该制度所涉及的根本问题。

从一般意义上讲，建立和落实司法判例制度，有三个方面的问题最为至关重要，需要认真地思考和回答：（1）为什么要建立司法判例制度，其意义何在？（2）什么是司法判例制度，其明确含义是什么？（3）如何实践司法判例制度，其运用机理又是什么？这些问题，同样也是中国法院的案例指导制度需要面对和明确的问题。但是，从更具体明确的要求看，这样的提问和问题只是法理学研究问题的一种因循做法，所提供的只是一般的而非确定的指引——甚至还可能是似是而非的错误指引；如果基于这样的指引和思路展开研究，获得的只能是泛泛的、似是而非的结果。因此，我们还应该在更加精准的意义上提问，更进一步地思考：在司法判例制度所涉及的诸多问题中，对于制度的构建和实践来说，只有锁定什么问题、洞穿什么关键，才算是在法理的意义上回答了司法判例制度的意义、含义和运作机理。

本编将依据域内外关于司法判例制度研究的一些代表性文献，以及对中国法院案例指导制度认知实践的参与感受，运用综合分析的方法，首先，对司法判例和司法判例制度的含义予以解析，揭示司法判例制度建设的核心问题。其次，基于此核心问题，就司法判例制度的意义、含义和运作机理予以阐明，其间会立足已阐明的司法判例制度的法理，就中国案例指导制度的认识和实践做简要的分析检讨，以期对今后的制度完善有所裨益。

二、司法判例的含义

什么是司法判例？先来看看域外英美、德法和日本学者的理解。按照麦考米克和萨默斯主编的《解释先例：一个比较研究》① 一书中相关国家学者提交的判例制度研究报告的介绍，英国的"判例"（或"先例" precedent）一词有不同的用法。一般情况下"只是指法院作出的与手头待决案件在法律上有显著的可类比性的先前判决（prior decision）"。其中同类性质上级法院的先前判决，除非在事实或法律的某个显著点上有区分，皆为必须遵循的约束性判例，其他的先前判决则是说服性判例。在严格意义上，判例"仅仅指有约束力的相关案件或判决中具有实际约束力的那部分内容"。② 在美国，以纽约州为例，"判例一词有多种用法，但在最为严格的意义上则是指同一司法辖区内上级法院和同个上诉法院有约束力的判决。法院通常赋予这些判例以决定性的权威价值，尤其是在诸如合同、侵权和财产这样一些普通法领域，就更是如此。"③

在联邦德国，"判例通常意指任何先前作出的与待决案件可能相关的判决。判例虽然被推定具有某种约束力，但在法律话语中，并不意味着这种约束力的性质或强度是确定的，而且作出判决的法院也不必刻意制作判决以便被当作指导将来判决的判例，只要具有相关性就够了。"④ 在法国，"判例一词在通行的法律词典中仅仅意指在作出判决时，采用与过去类似情况案件相类似的判决。具体有强弱不同的两种含义，前者指把上级法院的判决当作虽不具法律性却具有权威性的论点，意味着该判决虽不具有约束力但应当为下级法院所遵循，而下级法院虽没有法律义务但基于现实的考虑总是会遵循上级法院的论点。后者指任何法院甚至是下级法院作出的类似案件的判决，都应当被当作肯定或否定的例子，遵循这种判例有助于法院更好地分析案件事实和所涉及的法律争议，并体现法律面前人人平等的原则要求。"⑤

另外，根据我国学者对日本判例制度的研究，日本在1898年施行民法典后约半个世纪的时间里，由于对"判例"概念的理解缺乏共识，有的理解为英美法意义的"裁判上的先例"，有的理解为广义的"裁判例""判决例"，或理解为"判决中的法律论"，相关的判例研究一直处于一种看似繁荣实则混沌的状态。直到20世纪中后期，川岛武宜提出"只有那种具有先例拘束性的裁判例规范才有

---

① D. NeilMacCormick and Robert S. Summers：Interpreting Precedents：A Comparative Study. Dartmouth/Ashgate，1997.

② Precedent in the United Kingdom，See D. NeilMacCormick and Robert S. Summers：Interpreting Precedents：A Comparative Study. Dartmouth/Ashgate，1997，p. 323.

③ Precedent in the United States（New York State），See D. NeilMacCormick and Robert S. Summers：Interpreting Precedents：A Comparative Study. Dartmouth/Ashgate，1997，p. 364.

④ Precedent in the Federal Republic of Germany，See D. NeilMacCormick and Robert S. Summers：Interpreting Precedents：A Comparative Study. Dartmouth/Ashgate，1997，p. 23.

⑤ Precedent in France，See D. NeilMacCormick and Robert S. Summers：Interpreting Precedents：A Comparative Study. Dartmouth/Ashgate，1997，p. 111.

资格称为判例",理论上的混乱局面才基本改观。①

按照中国《最高人民法院关于案例指导工作的规定》,中国法院案例指导制度中的"案例"是指为统一法律适用,由最高人民法院按照一定程序在全国各审级法院生效判决中选取编发的、并在今后的裁判中具有"应当参照"效力的案例。较之于域外对司法判例的理解,在判例的生成主体、判例的价值、判例的效力等重要方面都具有显著特色,引人注目。

三、司法判例含义的理论解析

基于上述资料信息,可以从时间维度按照先前和后来两个位序来分析认识司法判例的含义。

司法判例是法院先前作出的判决,故又叫先例、案例、成例,具有记录司法裁判活动的功能。在一般意义上说,任何法院在案件中作出的既定判决,都形成裁判的实例;它们不是杜撰而成的,也不应该是修饰加工过的,而是具有真实存在的事实属性。同时,司法判例与后来的司法裁判必然具有某种联系,具有相关性。这种相关性的基础是,针对案件纠纷所进行的裁判活动,是一种反复进行的类型化的认知和实践活动,作为类型化裁判活动结果的司法判例,不仅构成一个个真实的事例、实例,而且还由于类型化的性质而必然与后来的裁判活动形成联系。类型化是一个相互联系的概念,意味着同一类型中所包含的各个事项间具有相关性,联系密切。

由此可以获得理解司法判例含义的第一组概念:既定判决和相关性判决。既定判决是作为法院先前裁判活动结果的司法判例的初始含义,它作为历史事实存在。相关性判决是基于既定判决的类型化特征,以及由此生发的它与后来判决所具有的逻辑上的相关性,而在延伸意义形成的司法判例含义。由于司法判例的原初含义是既定判决,而相关性判决的生发以人们对类型化关系的认识和强调为前提,现实中关于"是不是判例"的说法,常常失之于武断和语意不清。分析看来,"是不是判例"的问题,关注的只能是既定判决与后来判决的关系,因此,对于任何法院的任何一个既定判决,尽管不能说它不是案例或判例,但是从司法判例制度的角度说,研究的起点或关注的对象只能是相关性案例;单纯的既定判决是没有意义的。

---

① 解亘:《日本的判例制度》,载于《华东政法大学学报》2009年第1期。

为什么这样说呢？因为从相关性判决中可以进一步引申出影响力判决的概念，从而使司法判例的含义基本得以澄清，也使司法判例制度概念的厘定有了可靠的前提。既定判决与后续判决的相关性，出于人们因循、模仿、跟从而为等原因，会自然而然地转化为对后续判决的事实上的影响力。基于此种影响力，作为既定判决的司法判例对后续相关裁判活动的指引功能脱颖而出。这种功能至关重要，它联结司法裁判活动的过去和现在，并预示着司法裁判活动的未来，使得司法的价值在很大程度上可以通过司法判例作用的发挥得以承载。而对司法判例这种作用的确认和规范，则生成为司法判例制度。

四、司法判例制度及其法理解析

如上所述，司法判例的初始含义是既定判决，既定判决作为类型化裁判活动的结果必然成为与后续裁判相联系的相关性判决，而这种相关性又自然会生成为既定判决对后续裁判的影响力。但是，这种影响力只是一种自发生成的现象，不具有规范的形态，因而也难有确定性和可靠性。如果予以规范定型，赋予既定判决对后续裁判的作用或影响力以一种确定的形态，则意味着从既定判决影响力现象向既定判决影响力制度的转变。由此可以获得理解司法判例制度的又一组概念：影响性判例和规范性判例。

制度是规范的集合。制度的主要意义或基本指向是规范化。制度化是就事物的设定和运作所做的规范性安排，是在事物中注入规范性的元素。制度化、规范化的过程不仅是一个秩序化、模式化的过程，也是一个包含目的追求、落实价值判断的过程。从法理角度看，司法判例制度以司法判例为规整对象，其着力点是既定判决对后续裁判的作用力或影响力，所要解决的问题或达成的目标，是将这种自发生成的、事实意义上的影响力予以制度化，转变为一种规范的形态，使作为既定判决的司法判例由一种影响性判例转化为规范性判例。这也就是司法判例制度的全部意义之所在。

考察看来，制度化的途径主要有二：一是创制，二是惯习。前者最为显著，指通过制定专门的规范性文件，或者通过专项的法律规定，进行明确的制度创设；后者不那么明显，指在一定的制度背景和框架下，基于各种约束条件而在人们行动上表现出的惯习。从司法判例制度产生的情况看，域外国家有采用专门法律规定的做法，如《德国联邦宪法法院法》第31条第一款规定：联邦宪法法院的所有判决对联邦和州的所有宪法机构、所有法院和政府机关具有约束力；第二款还规定，在一些案件尤其是宪法法院宣布法律规则无效的案件中，宪法法院的判决具有制定法的效力，它们被公布在《联邦制定法登记》，对全体公民都有约束力。① 但是，司法判例制度更多的还是以司法惯习的方式存在。像中国最高人民法院制定专门的案例指导工作规定的情况很少，也许是绝无仅有的。

总之，对于司法判例制度的认识，首先在于对司法判例的认识，而关键则在于对既定判例之于后续裁判的作用或影响力的认识。没有对司法判例作用或影响力的认识，就谈不上对司法判例的认识，更谈不上对司法判例制度的认识。忽视这样的认识逻辑去谈论司法判例制度，则或者似是而非，或者空洞乏力，这也是时下关于司法判例制度理论研究不尽如人意的原因所在。

聚焦于司法判例的作用或影响力来探讨建立和落实司法判例制度的法理基础，那么前述关于司法判例制度的意义、含义和运作机理等三方面的重要问题，就可以明确地表述为如何确认司法判例作用的价值，如何界定司法判例作用的性质含义，以及如何明确司法判例作用的实现机制这样三个方面的问题。对围绕司法判例作用的这些问题的认识和回答，构成了一个国家或地区司法判例制度建设的法理基础。

---

① Precedent in the Federal Republic of Germany, See D. NeilMacCormick and Robert S. Summers: *Interpreting Precedents: A Comparative Study*. Dartmouth/Ashgate, 1997, p. 26.

第二章

司法判例的作用

一、司法判例作用的承认

（一）司法判例的作用和司法判例制度的作用

这是理论研究中常常被混淆的两个概念。司法判例是司法判例制度规整的对象，司法判例制度是围绕司法判例的作用所构建的司法判例的规范形态。由于它们之间关系密切，司法判例的作用或意义[①]会传导生成司法判例制度的作用或意义。但是，两者不是一回事。司法判例的作用或意义并不等于司法判例制度的作用或意义：司法判例的作用或意义是原生的、自在的，司法判例制度的作用或意义则是人为建构的结果；前者是事实和价值陈述的对象，适宜做中性评价，后者则需要关照前者，根据制度化规范化的具体情况，在有无作用或意义、积极抑或消极的作用或意义，以及作用或意义之大小上做优劣得失之评价。因此，对于司法判例制度不能盲目肯定，其具体品质需要特别关注。

[①] 作用和意义经常被混同使用，但辨析说来，作用比较直接，意义比较间接；作用注重客观分析，意义更多主观评价。

从检索到的相关文献资料看，国内学界很少区分司法判例的作用或意义和司法判例制度的作用或意义，相关的认识涉及内容相当广泛，所列事项之多，令人叹为观止。罗列说来，大致有：（1）规范已有的案例实践；（2）弥补成文法、司法解释的局限；（3）约束法官的自由裁量权；（4）体现司法智慧，总结推广司法经验；（5）节约司法资源，提高司法效率；（6）增强法律的确定性和可预测性；（7）创新和完善司法业务指导方式；（8）提高审判质量；（9）统一司法理念和法律适用标准；（10）促进司法公正；（11）提高司法队伍整体素质和能力；（12）丰富和发展中国特色社会主义司法制度；（13）深入推进"三项重点工作"（即化解社会矛盾、创新社会管理和公正廉洁执法）的需要；（14）提高司法的公信力和权威性；（15）为宣传法治提供范例，为法学教学和研究提供素材。① 分析来看，其中多数事项属于指导性案例及其制度的作用或意义的混淆表述或无序演绎。第（11）、（13）、（15）皆属于理论上的无序勾连，其他各项则不易说清是指导性案例的作用，还是指导性案例作为一种规范的制度形态所具有的作用，很多说法如第（2）、（3）、（5）、（12）等，具体含义模糊不清。例如，说司法判例有助于约束法官的自由裁量权，实属似是而非之论，后文将会谈到，法官的自由裁量权为司法裁判所必不可少，否定不可取，约束的提法也过于负面，准确地说应该是规范，即司法判例及其制度有助于规范法官的自由裁量权。又如，认为司法判例能够弥补成文法、司法解释的局限，是一种非常流行的说法。殊不知，司法判例在裁判适用中也与成文法、司法解释具有同样的局限性：司法判例与制定法、司法解释一样，也是产生于过去，作用于未来的书面文件；因为语言的"空缺结构"、人的认知能力的限制而造成的制定法文本、司法解释文本的模糊性和不确定性，在文本化的司法判例中也一样存在；"徒法不足以自行"，制定法、司法解释在解释适用中对人的依赖，也同样存在于将在以后的裁判中发挥作用的司法判例。司法判例源自个案裁判，在解释适用制定法、司法解释为人们的行为提供更加明确的法律指引方面，具有重要价值，但是，制定法、司法解释与个案事实的对接并不会因为司法判例而一劳永逸地完成；对接制定法、司法解释、司法判例与个案事实的裁判活动将永久鲜活地存在下去。

司法判例制度的构建，应该紧紧围绕司法判例的作用展开。以司法判例的作

---

① 参见苏泽林：《充分发挥中国特色案例指导制度的作用 积极履行人民法院的历史使命》、公丕祥《能动司法视野下的中国特色案例指导制度》、康为民《中国特色司法制度的自我完善》、武树臣《让历史预见未来——从中国"混合法"传统审视今天的案例指导制度》等文章，见《审判研究（案例指导制度专题）》2011年第三辑，法律出版社2011年版；胡云腾：《人民法院案例指导制度的构建》，载于《法制资讯》2011年第1期；本报评论员：《充分发挥案例指导制度的作用》，人民法院报2011年12月21日；孙谦：《建立刑事司法案例指导制度的探讨》，载于《中国法学》2010年第5期；王利明：《论中国判例制度的创建（代序）》，见《民法疑难案例研究》，中国法制出版社2002年版。

用为原点，在构建司法判例制度中对司法判例作用的确认和规范，逻辑上主要涉及一前一后两个方面的问题：向前涉及对司法判例作用之价值基础的认识，探讨司法判例作用的价值正当性，回答为什么要确认司法判例的作用问题；往后涉及对司法判例作用生成原理或机制的认识，追问司法判例作用的缘起、根据，以便厘清确认司法判例作用的起始立场，回答什么是确认司法判例作用的正确做法的问题。

（二）司法判例作用的价值正当性：对司法判例作用的承认

制度建设是一种将对象规范化的努力，它不仅是一个秩序化、模式化的过程，也是一个具有明确的目的追求、价值判断先行的过程。司法判例在司法裁判过程中有什么作用，这种作用对于司法活动的终极目标的实现有什么意义，这涉及对司法判例作用的价值功能的认识。司法判例的作用具有价值正当性，是司法判例制度对之加以肯定的前提。对于司法判例制度的构建而言，这是一个价值判断先行的问题，是首先需要面对的。同时，对司法判例作用的价值正当性评价，又以对司法判例作用的厘定为前提。如何把握司法判例的作用，司法判例作用的表现形态是什么，对于这方面的问题，有必要予以辨析。

从直观角度看，司法判例的作用表现为既定判决对于后续裁判的影响力或约束力这样一种现象。这种影响力或约束力究竟为何，其性质和具体要求是什么，其具体的实现机制是什么，有不同的认识和说法，留待后面专门讨论。这里只想指出，按照以往研究的表达习惯，这种影响力或约束力在技术形态上一般被表述为"遵从先例"或"同案同判"。文献阅读中粗略的感觉是，在判例法传统的国家讲"遵从先例"，将"同案同判"作为其法理释义；在制定法传统的国家不讲"遵从先例"，直接讲"同案同判"。前者强调司法判例为后续裁判提供规则依据，以达成"同案同判"；后者强调司法判例为后续裁判提供解释适用法律规则的范例，以指向"同案同判"。有鉴于此，我们可以将司法判例的作用简洁明快地表述为"同案同判"。对司法判例作用的确认，也就是对"同案同判"的意义或价值正当性的确认。

对司法判例作用的价值正当性的评价，构成了对其作用之意义的说明。"价值"一词的含义在理论上有不同的理解，常见的如工具价值和目的价值，其中的"目的"按过程分析又可以区分为直接目的和间接目的、近期目的和中长期目的等。这也是目前我们在谈论司法判例制度的意义时，胶着混杂着不同的角度、不同的主题、不同的表述如意义、作用、功能、价值、目的等原因所在。

从司法裁判的角度看，司法是法庭针对案件争议，运用证据认定案件事实，解释适用法律，作出纠纷处理决定的活动。对于司法活动来说，最为重要的就是个案裁判；对于司法成效的评价，关键在于作为司法产品的个案裁判的品质。而就如何保证个案裁判的品质而言，最简约的操作秘诀和技术要求，就是践行"同案同判"。"同案同判"立足个案裁判，着眼于个案裁判之间的关联性、连续性，其基本内涵在于规范法官在运用证据认定事实、解释适用法律，以及作出法律推理决定等裁判环节的裁量权。

在个案裁判中实现"同案同判"，意义广泛而深远，就终极价值目标而言，在司法领域是维护司法公正，在国家和社会生活范围里则是促进法治发展和公平正义。相对于"同案同判"这种司法判例的最为直接的作用——也可以认为是司法判例最为直接显明的意义或价值，司法活动以至整个法治建设所追求的"公平正义"，则是终极的价值追求。在这两者之间，国内研究者在论及司法判例或司法判例制度的作用、意义或价值时所列举的其他诸多事项，如司法公信、司法权威、司法资源、司法效力、司法经验、司法品质、司法能力、司法管理、司法政策、法律的确定性、成文法和司法解释的局限、法学教学和法学研究等，皆属于与司法判例作用的终极价值目标实现过程相关联或可能相关联的阶段性目标。

相对于国内研究者，域外研究者对司法判例作用的意义或价值的理解相对简洁，主要强调的是两个方面：

其一，宣示和完善法律。英国19世纪前流行的司法宣示理论认为，尽管不能说法院的判决制造了法律，不能说它们是法律，但"它们宣告了法律，并成为法律是什么的证据"。[①] 19世纪后流行的司法造法理论认为"司法造法的空间仅仅只是在立法有缺漏时存在；法官的确在制定法律，但只是在法律空隙里立法。"[②] 美国学者认为："立法机关不可能将普通法整个法典化，即使能够做到，仍然会有缺漏让法院用判例去填补，仍然有用判例进行解释的范围，还可能存在对立法机关来不及修正的完全过时的制定法进行司法'革新'的需求。"[③]

其二，法律的确定性及相关社会生活的可预期性、稳定性等价值。"一般说来，被人们普遍承认的支撑遵从先例预设的理由是法律的确定性和可预见性。人们越确信法院会遵循既定判决及其思路，就越会在将来的行动中依赖类似判决。人们越能依靠这样的判决，对法律指引行为的可靠性的信心就越强，而对法律的

---

① Precedent in the United Kingdom, See D. NeilMacCormick and Robert S. Summers: *Interpreting Precedents: A Comparative Study*. Dartmouth/Ashgate, 1997, p. 330.

② Precedent in the United Kingdom, See D. NeilMacCormick and Robert S. Summers: *Interpreting Precedents: A Comparative Study*. Dartmouth/Ashgate, 1997, p. 331.

③ Precedent in the United States (New York State), See D. NeilMacCormick and Robert S. Summers: *Interpreting Precedents: A Comparative Study*. Dartmouth/Ashgate, 1997, pp. 378–379.

信心越强,就越能强有力地主张公正,反对恣意妄为"。① "古德哈特相信,对法律的确定性目标的需求是英国判例制度的根据和正当性基础,没有它,公正就会总是处于流变和不稳固之中。"② 除此之外,也有涉及提高司法效率、节约司法资源、增进司法权威等方面的价值意义,这些在终极意义上都有利于司法公正和社会正义的实现。

在认识司法判例制度的意义或价值时,聚焦于"同案同判",聚焦于其中内含的规范法官自由裁量权的要求,对于该制度的实践至关重要。原因在于,对于该制度的实践者来说,它不仅在最为直白的意义上回答了"为什么"要有司法判例制度的问题,给予价值目标上的指引,而且还在直接的意义上回答了"如何做"——如何制作和运用司法判例的问题,给予操作技术上的指引。而业界关于司法判例作用延伸意义上的各种价值目标的列举和阐发,只是在更加深刻而广泛的意义上回答了司法判例制度"为什么"要承认司法判例的作用这个问题。司法判例可以服务于司法和法治的多种多重价值目标的实现,但是,在全面揭示其意义或价值的同时,也不宜一味地以多取胜,过分铺陈蔓延,否则就会因为过度"散光"、缺乏"聚焦"而使实践者茫然于繁复的说法无所适从。

(三) 司法判例作用的自然生发原理:对司法判例作用的正确承认

司法判例制度对司法判例作用的确认,以对其作用的意义或价值正当性的认识为前提,而对这种作用的正确确认,则以对司法判例作用的生发原理的认识为先决条件。这涉及司法判例制度确认和规范化司法判例作用的思路问题,在这个问题上的疏忽,以及一味地凭靠权力意志,必然造成制度化过程的消极后果,致使司法判例固有作用的发挥受到减损。

分析表明,司法判例的作用基本上可以说是自然生发的,虽然司法判例制度确认并使这种作用规范化,但并不构成这种作用生发的主因。因此,并不是因为有了司法判例制度才有了司法判例的作用。有研究认为,司法判例制度在英国最先得以确立的原因是:英国经验主义的传统、英国保守主义的文化基础、司法判例的汇编、法律职业的行业化、陪审制度的确立等。③ 由于与多数研究者一样,这里没有区分司法判例的作用和司法判例制度对此作用的确认,表达也陷于含

---

① Precedent in the United Kingdom, See D. NeilMacCormick and Robert S. Summers: Interpreting Precedents: A Comparative Study. Dartmouth/Ashgate, 1997, pp. 334 – 335.
② 孟凡哲:《普通法系的判例制度:一个源与流的解读》,吉林大学博士论文,2004年。
③ 奚晓明:《两大法系判例制度比较研究》,北京交通大学出版社2009年版,第16页。

糊。确切地说,这些原因直接形成的是与司法判例作用的因果关联,与司法判例制度的因果关联究竟如何,则需要细加甄别。

司法判例作用的自然生发原理主要包括两层含义:(1)司法判例的作用是一个与法官裁判活动必然伴生的现象;(2)司法判例的作用是一个与统一的司法管辖权制度、法院审级制度、法官职业共同体制度等必然伴生的现象。

司法判例是先前的既定判决,作为类型化的司法裁判活动的结果,其对后来的判决,出于人们因循、模仿、跟从而为的原因,会具有自然而然的、事实意义上的影响力;基于事物生存竞优、主体理性选择的道理,裁判者也会自觉自愿地关注那些富有职业声望的同行的判例,倾心于那些内在质地良好的判例。这是一种社会生活领域的自然现象,也是司法裁判领域的必然现象。所谓的英国经验主义传统、保守主义文化基础等,作为社会生活现象其实不独为英国人所有,任何人类活动其实在很大程度上说都是经验的、因循的,因而也是理性的,只是在英国人那里表现得更为显著而已。

司法判例作用自然生发的最为重要的原因,是统一的司法管辖权制度和法院的审级制度。研究表明,1875年英国颁布实施《司法法》,通过司法机构改革建立了统一的司法管辖体系,从而为"遵从先例"制度提供了体制和程序上的保障。在一个统一的司法管辖权制度下,基于法院审级构造的裁判原理,下级法院在裁判中必然会高度重视上级法院先前的同样或同类判决。同时,基于司法裁判均衡的伦理要求和行动逻辑,基于法官职业共同体的建构,一个法院也会尽量在裁判活动中保持与自己先前的判决一致,会关注同级法院,甚至下级法院的判例。由于司法判例作用之生成与法院的统一管辖权制度、法院的审级制度等密切相关,我们将在后文具体谈及,域外的司法判例制度基本都是循着法院的审级构造对其作用加以确认和规范。

有研究者认为,"遵循判例原则是18~19世纪英国司法机构改革的结果,也是19世纪判例汇编制度发展的产物。"[①] 这种看法具有相当的代表性。其实,司法判例汇编与司法判例作用的生成虽有一定的关系,但分析说来,它更是出于回应司法判例作用生发后的需求。因此,将司法判例汇编作为司法判例制度的一部分来认识更为妥当,它的作用是记载、整理和规整司法判例。同时,不少研究者从司法判例作用生成原因的角度提及司法效率、司法权威、司法均衡等因素,从前面的分析看,这些因素被归入司法判例作用的意义或价值正当性的范畴更为妥当,当然它们反过来也强化了司法判例自然生发的作用。

中国《最高人民法院关于案例指导工作的规定》将指导性案例的确定和发布

[①] 齐树洁:《英国民事司法改革》,北京大学出版社2004年版,第122页。

作为专属于最高人民法院的一项权能,并且不受审级范围的限制遴选指导性案例,从而使指导性案例在作用机制上呈现为一种人为的、基于最高人民法院权力垄断的"特别加权"特色:这种基于最高人民法院权威认可而产生的指导性案例,其数量必属凤毛麟角,其地位和影响力也定非其他司法案例可比。尽管作出如此特别的判例制度安排也不无不可,但是要清醒地认识到,设立指导性案例在裁判中"特别加权"的作用机制,并不应该构成对其他司法案例作用的人为排斥,个中道理的关键还在于,基于判例作用机制的自然发生的原理,在事实上也绝无可能实现这种排斥。中国各层级地方人民法院尤其是省级人民法院已然普遍存在的编选司法案例指导裁判活动的实践,将一如既往地进行并发挥重要作用。①当然,中国最高人民法院编发的指导性案例,则将成为其中最具权威性的一类司法案例,并对各地各级人民法院原有和将有的司法案例编选实践构成技术上的示范指引。

二、司法判例作用的界定

(一)司法判例的约束力

司法判例作为先前的判决,由于与后续裁判的相关性,以及诸如统一的司法管辖权、裁判者群体的同质化和人类活动的因循效仿等因素,必然生发对后续裁判的影响力。对这种影响力的确认和规范,使司法判例从影响性司法判例向规范性司法判例转变,构成司法判例制度。如前所述,司法判例制度的形成,可以通过制定专门的规范性文件或通过专门的法律规定进行制度创设,例如中国《最高人民法院关于案例指导工作的规定》、德国《联邦宪法法院法》第 31 条第一、二款对宪法法院判决法律约束力的规定,等等。但是,从域外国家和地区的情况看,司法判例制度的形成更多的还是基于统一的司法管辖权制度、基于法院的审级构造体系等而生发出来的司法惯习。

下面从三个方面对司法判例的制度形态予以刻画:(1)从裁判约束力角度描

---

① 有学者也明确表示,中国指导性案例的生成,主要依赖最高人民法院的司法外权力,采取不以司法等级权威为基础的案例选拔方式,没有遵循普遍的形式主义进路,没有严格依傍法院体系和审级制度,其实效有待观察;主张最高人民法院和高级法院都应成为判例法院,并可遴选自己法院的案例为指导性案例。参见宋晓:《判例生成与中国案例指导制度》,载于《法学研究》2011 年第 4 期。

述刻画司法判例的作用或影响力；（2）就司法判例作用的法源性质进行分析；（3）就司法判例是否"造法"或创制规则予以澄清。

先说第一个问题。

司法判例的作用具体表现为对后续裁判的约束力，在这方面，域外通常用于描述刻画的概念有两组：一组概念是纵向约束力（Vertical bindingness）和横向约束力（Horizontal bindingness）；另一组概念是正式约束力（Formal bindingness）和非正式约束力（Not formally binding）。前者是基于统一的司法管辖权原理，依据法院组织的审级构造而形成的一对概念或一种分类。纵向约束力指上下级法院之间先前判决对后续判决的约束力，包括上级法院先前判决对下级法院后续判决的约束力，以及下级法院先前判决对上级法院后续判决的约束力。横向约束力指同一法院自身、同级法院相互间的先前判决对后续判决的约束力。后者是基于司法判例约束力的性质和大小所做的一种比较粗略的区分，实际上并不是那么清晰。正式约束力时常又称法律上（de jure）的约束力或强制性约束力，意指不尊重判例约束力的判决不合法，如没有十足的理由、例外，会因此被上诉否决。非正式的约束力时常又称事实上的（de facto）约束力，是一个非常宽泛的概念，一般指在后续判决中尊重判例的约束力不是必需的，不尊重并不违法，也不必然导致被上诉否决。非正式的约束力的情况有明显的程度区别：可能比较强势，指不尊重判例效力的判决虽然合法，但会因此被批评并可能被上诉推翻，也可能比较弱势，仅仅指引用判例将增强判决的权威性，构成对后续判决的支持力，或者其他什么有助于后续判决释明的效力。①

司法判例的约束力在不同级别的法院中有不同的含义。一般来说，法官裁判案件应当遵循判例，包括遵循上级法院的判例，以及重视法院自身的判例、下级法院的判例和同级法院的判例。在英国，法院的审级构造从下往上依次是：郡法院、治安法院和刑事法院、高等法院、上诉法院、贵族院。贵族院的判例对其他所有法院具有正式约束力，一般来说该院也不会推翻自己先前的判例；上诉法院的判例对所有下级法院具有正式约束力，一般情况下也约束该院自身；高等法院的判例对所有下级法院具有正式约束力，对该院自身只有说服力；最底层的郡法院、治安法院和刑事法院受上级法院判例的约束，自身和其他法院的判决则只有

---

① 对司法判例约束力的性质，有学者做了以下细分：（1）正式的约束力。意指不尊重判例约束力的判决不合法，并因此会被上诉否决。（2）非正式的约束力。意味着不尊重判例效力的判决，虽然合法，但会因此被批评，并可能因此被上诉推翻。（3）支持力。意指引用判例将增强判决的正当性、权威性。（4）其他有助于判决释明的效力。这些只是大致的区分，实际上不一定那么清晰。The Binding Force of Precedent, See D. NeilMacCormick and Robert S. Summers ed. *Interpreting Precedents*：*A Comparative Study*，Dartmouth/Ashgate，1997，p. 471.

说服力。①

在美国，法院的司法管辖体系由联邦法院系统和50个州法院系统构成。联邦法院由联邦最高法院、联邦上诉法院和联邦地区法院构成；州法院以纽约州为例由州上诉法院、州上诉法院分院、州初审法院和若干专门法院构成。从颇具代表性的纽约州的情况看，州上诉法院的判例对所有下级法院、上诉法院分院的判例对其辖区下级法院具有正式约束力，一般情况下它们的判例也约束自身。其他情况下的法院判例则具有程度不同的非正式约束力。②

在德国，除联邦宪法法院和州宪法法院外，横向区分为普通、劳动、行政、社会保障和财税五个司法管辖系列。按照《德国联邦宪法法院法》第31条规定：联邦宪法法院的所有判决对联邦和州的所有宪法机构、所有法院和政府机关具有约束力；在一些案件尤其是宪法法院宣布法律规则无效的案件中，宪法法院的判决还具有制定法的效力，对全体公民都有约束力。至于联邦宪法法院的判例对自身和联邦立法机关，则不具有不可更改的绝对约束力。除联邦宪法法院外，其他法院的判例对下级法院、同级法院或自身则没有强制性的或正式的约束力。尽管如此，判例在审判实践中仍然具有重要作用。"如果法院作出一个背离其先前判例的判决，则需要有普遍的认同和具体的说明。下级法院通常会遵循上级法院的判例，法律职业者和执法机构也倾向于以类似立法性决定的方式对待判例。"③

基于以上对司法判例裁判约束力的描述，可以认为，司法判例的约束力呈现为一种规范的制度形态，以下几点值得特别注意。

第一，无论是基于司法惯习还是专门的立法创制，司法判例约束力基本上都是依托于统一的司法管辖权制度、法院的审级制度而得以成型。

第二，只有上级法院的司法判例才有可能对下级法院的后续裁判构成法律上的、正式的或强制性的约束力，而其他司法判例对于法院自身、同级法院、上级法院的后续裁判只可能具有非法律上的、非正式的或非强制性的约束力，或者称之为说服力。

第三，正式和非正式的约束力都属于司法判例的作用或影响力的范畴，域外还没有发现哪种司法制度去否定司法判例的影响力；

---

① 即使贵族院发现某些判例不当，要推翻也会非常谨慎，"对于此类案件，会有一个比普通合议庭法官人数更多的委员会来讨论，并给出是否有足够的理由来推翻判例的建议。" Precedent in the United Kingdom, See D. NeilMacCormick and Robert S. Summers: *Interpreting Precedents: A Comparative Study*. Dartmouth/Ashgate, 1997, pp. 325-326.

② Precedent in the United States (New York State), See D. NeilMacCormick and Robert S. Summers: *Interpreting Precedents: A Comparative Study*. Dartmouth/Ashgate, 1997, pp. 369-371.

③ Precedent in the Federal Republic of Germany, See D. NeilMacCormick and Robert S. Summers: *Interpreting Precedents: A Comparative Study*. Dartmouth/Ashgate, 1997, pp. 26-28.

第四，不承认司法判例具有法律约束力的国家，司法判例的实际影响力可能远远超出人们的想象，甚至可能不逊色于承认司法判例具有法律约束力的国家。[①] 联邦德国的情况就是典型。在那里，虽然除联邦宪法法院的判例外一般不承认其他法院的判例具有正式的约束力，属于正式的法律渊源，但是在司法实践中，从法律确定性的原则出发，仍然承认判例对手头案件的影响力。"在官方判例集中，很难发现不引用任何判例的判决：在 1990~1995 年联邦宪法法院公布的 235 个判决中有 228 个引用判例，占 97.02%；在 1992~1995 年联邦最高法院公布的 420 个民事判决中有 417 个引用判例，占 99.29%；在 1982~1995 年联邦最高法院公布的 715 个刑事判决中有 686 个引用判例，占 95.94%；在 1990~1994 年联邦行政法院公布的 522 个判决中有 509 个引用判例，占 97.51%；在 1992~1995 年联邦劳动法院公布的 416 个判决中有 406 个引用判例，占 97.51%；在 1989~1994 年联邦社会法院公布的 482 个判决中有 473 个引用判例，占 98.13%；在 1993~1996 年联邦财政法院公布的 1 216 个判决中有 1 190 个引用判例，占 97.86%"。[②]

（二）司法判例约束力的法源性质

对司法判例的作用或影响力的性质予以界定，是司法判例制度化的重要内容。此类话题理论上一般从法律渊源的角度予以展开，通常讨论的问题是，司法判例是不是一种正式的法律渊源。由于法律渊源含义存在理解上的不同，对于司法判例法源性质的认识，也常常陷于模糊混乱的境地，从而使我们在讨论前不得不有所澄清。

法律渊源从法律实质内容的角度主要是指各种影响促成法律的因素。这些因素可以在广泛的意义上涉及社会、经济、政治、文化等各个方面。在更加直接的意义上，法律渊源则是指法律的形式渊源，即作为法律载体的各种法律形态。作为法律形态，可以有不同的分类，常见的如制定法和习惯法，国际法和国内法，宪法、法律、法规、司法解释等。值得注意的是，法律形式的概念内含着法律效力的概念，意指有效的法律形态。因此，作为法律形式的法律渊源的概念直接引

---

① 事实上的约束力并不意味着缺少规范性，而只是意味着遵循判例的规范性理由与遵循立法规定不同，或较之为弱，后者具有正式的约束力。判例的规范约束力即使不是法律上的，也不同于所谓的"实质理由"——其效力仅仅依靠其内容，而非形式或根源（或血统）。See D. NeilMacCormick and Robert S. Summers: Interpreting Precedents: A Comparative Study. Dartmouth/Ashgate, 1997, pp. 465-467.

② Precedent in the Federal Republic of Germany, See D. NeilMacCormick and Robert S. Summers: Interpreting Precedents: A Comparative Study. Dartmouth/Ashgate, 1997, p. 23.

发对法律效力来源的关注，进一步则导向对立法权的关注，对谁有权立法、谁是立法者的追问。正是因为在法律渊源、法律形态、法律效力来源、立法权、立法者等概念间存在这样的意义关联，构成一组概念链条，所以对司法判例法源性质或定位的探讨，才会最终聚焦于诸如以下的一些问题：司法判例是不是一种法律渊源，司法判例是不是一种具有法律效力的法律形式，司法判例是否意味着"法官造法"，法官有没有"造法"的权力，等等。

分析至此，答案自然呈现。在英美等普通法传统国家和地区，答案是肯定的。从历史上看，英美国家的普通法很大程度建立在判例的基础上。"法官造法"天经地义，不仅在实践上一以贯之，传统和现实相统一，而且还有各种论证"法官造法"正当性的理论支持，诸如法官是法律喉舌的"司法宣示论"，国会制定的法律仅仅是法律的渊源而非法律本身的"司法造法论"，等等。司法判例作为正式的法律渊源与立法机关的制定法相对，构成判例法，并在合同、侵权、财产、遗嘱和信托等领域成为法律的主体。"遵从先例"成为明确的法律适用原则：司法判例对于最高法院以下的所有法院具有正式的约束力，不遵循上级法院的判例除非基于严格限定的强有力的理由，否则构成法律上的错误，通常会在上诉时被推翻；同时，司法判例对于最高法院自身也有很强的规范效力，只是由于没有被上诉推翻的可能而不被认为属于正式的、强制性的约束力而已[①]。在欧陆等制定法传统的国家和地区，答案一般说来则或明或暗地是否定的。[②] 法官不能篡权越位成为立法者，无权立法；司法判例不是正式的法律渊源，不构成判例法并挑战制定法作为法源的唯一性；司法判例在裁判适用中也不具有正式的、强制性的法律效力，不具有普通法传统中基于"遵从先例"原则而具有的法源地位，法院对司法判例的遵行通常只是一个事实。中国除香港特别行政区外都属于大陆法传统，没有"法官造法"的理念和制度、传统和实践，中国最高人民法院的指导性案例，在现行政制和法律框架下，也不可能拥有正式法源的地位，并在社会生活和司法裁判中具有法律那样的效力。

目前国内外研究中关于司法判例是不是一种正式法源，是不是意味着肯定"法官造法"的权力而构成判例法的讨论，主要是基于立法视角对司法判例约束力的考察，偏重于对司法判例约束力的定性分析。从前面对司法判例约束力的描述看，这种对司法判例法源性质的定位，产生的是正式的或法律上的约束力和非

---

① 当然，这些国家的最高法院确实会重新考虑自己先前的判决，偶尔基于审慎权衡的理由也会背离或推翻它们。

② 在德国、波兰、西班牙等国家，一些特殊类型的判例具有法律上的约束力，例如在德国，联邦宪法法院的判决对所有其他法院具有正式的约束力，而联邦最高法院的普通判例没有正式的约束力，尽管没有相反的具体理由也应该被遵循。

正式的或事实上的约束力这组概念。值得注意的是，基于这组概念来认识司法判例的约束力，构建司法判例制度，实际上使人们陷入了某种误区。因为，如果对司法判例约束力的认识附着于司法判例是不是正式法律渊源的回答，并以此判断司法判例在后续裁判中的约束力的有无和大小，判断司法判例在法律规范体系构建中的意义，那么就会忽视司法判例约束力的自然生发机制，认识不到司法判例所拥有的非正式的或事实上的约束力，可能并不逊色于正式的或法律上的约束力，更无法深入考察分析司法判例在法律规范层面上所具有的生成裁判规则的意义。这种生成裁判规则的作用，后面将专门讨论。

有鉴于此，笔者认为更应该从司法裁判的角度来认识和界定司法判例的约束力，认识和界定这种约束力所具有的规范性。参照前面我们对司法判例约束力情况的描述，如果从司法裁判的角度而非法律创制的角度看问题，那么对司法判例约束力的法源定位的看法就会变得生动而立体，就不会那么静止而狭窄。具体说来，不承认"法官造法""遵从先例"，并不意味着司法判例的作用或约束力就更小；司法判例的约束力，可能是正式的或法律上的，也可能是非正式的或非法律上的，还可能是两者兼而有之；实际上对后续裁判具有作用或约束力的司法判例的范围，可能包括法院司法管辖在纵向意义上的上下之间和横向意义上的相互之间的各种情况。

可以确切地说，司法判例的作用或约束力自然地产生于司法的结构和过程，而非主要依赖于从立法上对司法判例法源性质的确认。依托于司法统一管辖、法院审级构造和职业共同体的组织建构，秉承"同案同判"的公正司法理念，司法判例的约束力会形成基于司法惯习的生动立体的规范形态，而法官是否"造法"、司法判例是不是法源、是不是成为"判例法"而具有正式的或法律上的约束力，则会成为过于简单狭窄的追问。[①]

对司法判例作用性质的法源定位，意在从制度规范的角度厘定司法判例作为裁判依据对后续裁判的效力，而裁判效力说到底是一种权威与服从的关系。司法判例作为裁判依据对后续裁判具有什么样的权威或约束力，后续裁判需要在什么程度上遵行司法判例、受其约束，可以综合立法和司法角度的各种分类描述，作出更加规范的制度刻画。

在笔者看来，对司法裁判具有影响力并在广泛的意义上构成裁判依据的材料是有不同的类别的。按照对裁判者制约和影响的力度，裁判所依据的材料大致可

[①] 法律体系由两个方面的内容构成：一是在法律论辩中必须被当做权威理由的规范，具有正式的或法律上的约束力，以及只是应当被当作权威理由的规范。欧陆国家的司法判例绝大多数属于后者，普通法下多数判例具有正式的法律约束力，有些则具有较小的规范效力。See D. NeilMacCormick and Robert S. Summers: *Interpreting Precedents: A Comparative Study*. Dartmouth/Ashgate, 1997, pp. 467–468.

以区分为权威性、准权威性和说服性三类。具体差别在于：对于权威性材料，裁判者不管认可与否都必须遵行适用，诸如中国的宪法、法律和法规等，皆属此类；对于准权威性材料，裁判者可以不认可不适用，但对此行为要承担详细说明理由的责任，诸如中国的司法解释、部委规章等可以归入此类别；对于说服性材料，裁判者只有认可信服才自觉地加以采用，不采用也没有说明的责任。作为裁判依据的说服性材料是一个可以在效力层级上做更为细致划分的非常宽泛的类别，甚至教科书上的说法和权威理论的观点都可以归入，展示了裁判背景的广阔和复杂。从裁判引用的角度看，前两类属于应当直接引用的范围。

中国《最高人民法院关于案例指导工作的规定》第7条要求，对于最高人民法院的指导性案例，"各级人民法院在审判类似案件中应当参照"。此规定涉及指导性案例在司法裁判中的具体法律效力或法源定位这样一个核心问题。"应当参照"一语既包含了刚性的"应当"要求，也包含了柔性的"参照"要求，因此多少是一个需要澄清语义的表述。按照法院方面主事者给出的一种解释，"应当参照"是指指导性案例具有类似于最高人民法院司法解释的效力，例如，指导性案例可以作为裁判依据，并应当在被用作裁判依据时在裁判文书中引用，如果违反，则可能成为当事人上诉抗辩的理由，可能成为上级法院撤销判决的理由。这样的解释尽管明确果断，却难以与当下国家在立法制度和司法制度上的基本安排对接，也缺少法源理论所涉及的裁判依据原理的支持。笔者的看法是，指导性案例所具有的"应当参照"的法律效力，可以合理地定位于准权威性依据的级别，类似于司法解释，而不同于其他司法案例。个中原因或理由是，如果定位于权威性类别，将会突破以立法为中心的成文法国家的制度底线，并引发制度和观念体系中的连锁反应，导致混乱；如果只是定位于说服性类别，则会使案例指导制度成为多此一举，因为如上所述，任何司法判例作为法律适用的先行实践或故事，皆有其自然而然的事实上的地位和作用。

（三）司法判例与规则创制

英美等普通法国家中"法官造法""遵从先例"的观念，意味着司法判例作为正式法律渊源的地位，对后续司法裁判具有权威性的约束力。与此相适应，英美判例法理论和实践中在司法判决中区分了一对概念，即判决理由（ratio decidendi）和附带意见（obiter dicta）。判决理由是案件事实同某种先在的规则、原则等规范相结合的产物，构成判决的依据，是判决中具有约束力的内容，并约束后续同样案件的裁判；附带意见是判决中没有约束力或者并非必要的部分，但它对后续同样案件的裁判也可能会有影响，只是这种影响并非强制性质而是说服性质。因此，法官造法所说的"法"，遵从先例所说的"先例"，准确地说是指构成裁判依据的判决理由。普通法国家司法判例具有正式法律渊源的性质，对于后续同样案件的裁判具有法律意义上、强制性的约束力。

但是，如果我们按照普通法传统国家"法官造法"和"遵从先例"的理论和实践来看待制定法传统国家的情况，则容易被误导或者被蒙蔽。事实上也确实如此。被误导则以为所有司法判例制度，都意味着对"法官造法"和司法判例正式法源地位的肯定；被蒙蔽则很容易因否定"法官造法"，否定司法判例的造法功能或正式法源性质，而无视其在裁判规则生成方面的意义。对此，可联系当下中国建立案例指导制度的认识和实践来加以说明。

在中国建立案例指导制度，最容易使人们联想到并混同于普通法系国家的"遵从先例"制度，业界就有许多人认为指导性案例具有一般意义上的"造法"功能。笔者的看法是，指导性案例最基本的价值功能应该定位于适用法律，而非创制法律。这一点完全不同于普通法系国家的"遵从先例"制度，与其中内含的法律文化传统及相关的观念和实践，诸如经验主义法律思维、"法官造法"、立法怀疑主义、司法在社会法秩序构建中的中心地位等，也相去甚远。成文法国家的司法判例制度，以对制定法的解释适用为指向，是制定法规范在具体个案裁判场景中的具体化，或者说是制定法延伸意义上的"法律续造"。因此，如果说普通法国家的"先例"准确地说意指作为"法官造法"的"判决理由"（Ratio decidendi），我们的指导性案例则是适用法律的成例，是在认定事实、解释法律和作出法律决定方面的典型事例，甚至可以延伸至判决执行领域的典型事例。

在一个成文法传统的国家，尤其是在中国这样一个着力于通过立法活动构建系统严整的法律体系，并且已经在不久前宣告"中国特色社会主义法律体系已经形成"的国家，应该慎言"法律缺失"或"法律缺漏"。不仅如此，考虑到由法律概念、法律原则、法律规则、国家政策、法律认可之习惯等多种多样的法律构件所支持的"法网恢恢、疏而不漏"的法律自洽效果，在事实上我们也很难认定在具体个案场合确实发生了"无法可依"的状况。《最高人民法院关于案例指导工作的规定》开宗明义，说明指导性案例的价值功能属于"统一法律适用"的性质；第2条关于指导性案例选定条件的规定，也没有提及"无法"的情况；[①]最高人民法院公布的第一批4个指导性案例也各自列明了"相关法条"，所有这些都清晰地提示了从适用法律的典型性、示范性事例的角度来定位指导性案例作用性质的立场。

[①] 该条的具体规定是："本规定所称的指导性案例，是指裁判已经发生法律效力，并符合以下条件之一的案例：(1) 社会广泛关注的；(2) 法律规定比较原则的；(3) 具有典型性的；(4) 疑难复杂或者新类型的；(5) 其他具有指导作用的案例。"

但是,在谈论司法判例包括中国的指导性案例作用的法源性质时,应该特别提出并区分创制法律和生成规则这样两个概念的区别:司法判例不创制法律,但能够而且也确实在生成裁判规则。在认定制定法传统国家司法判例最基本的功能在于适用法律而非创制法律的同时,也应该坦承其在解释和适用法律意义上的规则生成意义。法律在具体的适用过程中,存在各种形态的法律延伸或"弥散"意义上的"法律续造"现象。司法判例包括中国的指导性案例作为在具体个案裁判场景中法律解释适用的结果,是"法律续造"的一种极为重要的形态,对于法秩序的形成具有非常重要的意义。尤其是在中国最高法院编发的指导性案例中,包含有对所选案例"裁判要点"的概括,使得指导性案例生成裁判规则的意义更是一目了然。

中国最高法院迄今已经编发11批56个指导性案例,其中都包含有关于"裁判要点"的概括。从表2-1第一批4个指导性案例所提示的"裁判要点"看,作为对相关法律条文的解释适用,都具有作为一般行为规则的形态和含义,其中所包含的规则适用条件、具体行为模式和相关法律后果等规范逻辑要素,很容易加以识别。由于指导性案例的"裁判要点"对以后的裁判具有指引作用,将其承载的规范内容称为裁判规则,当属恰如其分。基于这样的认识来看待今后指导性案例"裁判要点"的制作,也可以在其表述和内容上提出更加明确的规范要求。

表2-1　　　　4个指导性案例所提示的"裁判要点"

4个指导性案例	相关法条	裁判要点
上海中原物业顾问有限公司诉陶德华居间合同纠纷案	《中华人民共和国合同法》第424条　居间合同是居间人向委托人报告订立合同的机会或者提供订立合同的媒介服务,委托人支付报酬的合同	房屋买卖居间合同中关于禁止买方利用中介公司提供的房源信息却绕开该中介公司与卖方签订房屋买卖合同的约定合法有效。但是,当卖方将同一房屋通过多个中介公司挂牌出售时,买方通过其他公众可以获知的正当途径获得相同房源信息的,买方有权选择报价低、服务好的中介公司促成房屋买卖合同成立,其行为并没有利用先前与之签约中介公司的房源信息,故不构成违约
吴梅诉四川省眉山西城纸业有限公司买卖合同纠纷案	《中华人民共和国民事诉讼法》第207条第二款　一方当事人不履行和解协议的,人民法院可以根据对方当事人的申请,恢复对原生效法律文书的执行	民事案件二审期间,双方当事人达成和解协议,人民法院准许撤回上诉的,该和解协议未经人民法院依法制作调解书,属于诉讼外达成的协议。一方当事人不履行和解协议,另一方当事人申请执行一审判决的,人民法院应予支持

续表

4个指导性案例	相关法条	裁判要点
潘玉梅、陈宁受贿案	《中华人民共和国刑法》第385条第一款　国家工作人员利用职务上的便利，索取他人财物的，或者非法收受他人财物，为他人谋取利益的，是受贿罪	（1）国家工作人员利用职务上的便利为请托人谋取利益，并与请托人以"合办"公司的名义获取"利润"，没有实际出资和参与经营管理的，以受贿论处。 （2）国家工作人员明知他人有请托事项而收受其财物，视为承诺"为他人谋取利益"，是否已实际为他人谋取利益或谋取到利益，不影响受贿的认定。 （3）国家工作人员利用职务上的便利为请托人谋取利益，以明显低于市场的价格向请托人购买房屋等物品的，以受贿论处，受贿数额按照交易时当地市场价格与实际支付价格的差额计算。 （4）国家工作人员收受财物后，因与其受贿有关联的人、事被查处，为掩饰犯罪而退还的，不影响认定受贿罪
王志才故意杀人案	《中华人民共和国刑法》第50条第二款　对被判处死刑缓期执行的累犯以及因故意杀人、强奸、抢劫、绑架、放火、爆炸、投放危险物质或者有组织的暴力性犯罪被判处死刑缓期执行的犯罪分子，人民法院根据犯罪情节等情况可以同时决定对其限制减刑	因恋爱、婚姻矛盾激化引发的故意杀人案件，被告人犯罪手段残忍，论罪应当判处死刑，但被告人具有坦白悔罪、积极赔偿等从轻处罚情节，同时被害人亲属要求严惩的，人民法院根据案件性质、犯罪情节、危害后果和被告人的主观恶性及人身危险性，可以依法判处被告人死刑，缓期二年执行，同时决定限制减刑，以有效化解社会矛盾，促进社会和谐

资料来源：最高人民法院官方网站（http://www.court.gov.cn/）。

三、司法判例作用的实现

（一）司法判例的裁判适用与"同案同判"

如前所述，司法判例对后续案件司法裁判的作用可以直接而确切地表述为

"同案同判"，对司法判例作用的确认，也就是对"同案同判"的意义或价值正当性的确认。同样，司法判例作用的实现，涉及司法判例在后续司法裁判中的适用，而分析来说，其中的关键则在于裁判者在后续裁判中如何认识、把握和运用"同案同判"的原理原则，以及如何认识、把握和对待该原则所必然涉及、与司法判例作用实现密切相关的法官自由裁量权问题。从制度上规范司法判例作用在裁判适用中的实现，不仅在比较理论的层面界定司法判例作用的法源性质，而且还要在比较技术操作层面聚焦于"同案同判"的原理原则，聚焦于其中所内含的规范法官审判裁量权的要求。

司法以公正或正义为依归。在人类社会生活秩序的形成过程中，公正至关重要，含义却极为复杂。从平等对待的角度看，有时公正要求在不考虑人的某些差别的意义上讲同样情况同样对待、不同情况不同对待；有时则要求在考虑人的某些差别的意义上讲同样情况同样对待、不同情况不同对待。亚里士多德称前一类情形为"校正正义"，后一类情形为"分配正义"。司法所追求的公正大致属于"校正正义"。"同案同判""不同案不同判"则是对公正裁判的一般要求，也是建立案例指导制度的直接目的所在。但是，什么是"同案"，"同判"的含义又是什么，目前法律理论和实务界在理解上存在明显分歧，所采用的表述也多有不同，诸如"同类案件同类判决""类似案件类似判决""同样案件类似判决""同类案件同样判决""类似案件同样判决"等等，不一而足。

联系中国的案例指导制度来看，最为流行的看法是，在案例指导制度中，"同案"是将一个待决案件的案件事实与一个先决案件或案例的案件事实做对比的结果，由于世界上不存在绝对相同的两个事物，司法裁判中也不存在案件事实绝对相同的两个案件，因此，"同案"的确切表述应当是"同类案件"或"类似案件"，而非"同样案件"或"相同案件"。《最高人民法院关于案例指导工作的规定》第7条似乎就采用了流行的看法，其行文是："最高人民法院发布的指导性案例，各级人民法院审判类似案例时应当参照。"与这种流行看法不同，我们的观点是，"同案同判"中的"同案"还是表述为"同样案件"比较好，理由主要可以从表述形式和表述内容两个方面来分析。

从表述形式看，"同样案件"与"同类案件"尽管只有一字之差，但给人的感觉却相去甚远。在两个事物之间做异同比较时，如果说它们"同样"或"相同"，那么尽管不是意指绝对的"同一"，重心却在同不在异，而如果说它们"同类"或"类似"，则说的是"同"，意指实为"异"。从定性和定量的角度来分析，"同样"或"相同"似乎既有性质上的肯定，也有数量上的肯定，而"同类"或"类似"则属于性质上的肯定，量化分析上的否定。因此，说"同类案件同样判决"，就如同说两个不完全相同的案件要采取完全相同判决，这在逻辑上似乎讲不太通，而说"同样案件同样判决"则因果关联分明。

从表述内容分析，一个待决案件与一个指导性案例是不是属于"同案"，需要有两个步骤的分析，即案件性质上的定性分析和案件情节上的定量分析。

案件性质上的定性分析，是看待决案件的事实与司法判例或指导性案例的事实在整体性质上是否涉及相同的法律问题，内含着对案件事实在法律性质上的类型化或定型化操作。这里最容易陷入的误区是，眼睛紧盯着案件事实做文章，误以为要解决的是什么单纯的"事实问题"，而非"法律问题"。实际上，司法裁判是将案件事实"归入"具体法律调整范围，或者说是以具体法律规定"涵摄"案件事实的活动，因此，在认识上要明确，案件事实并不是与法律适用毫无关联的纯粹的"事实问题"，而必然是与法律适用直接或间接相关的"事实问题"。应该立足于案件事实与具体法律条文的联系，以案件事实的法律特性为线索，来确定两个案件的事实在整体上是不是涉及相同的法律问题，是不是属于同样法律性质的案件。例如，最高人民法院公布的第一批4个指导性案例，其案件事实整体涉及的法律问题分别是：房屋买卖居间合同实践中的"跳单"行为是否违约的问题；民事案件二审期间当事人一方不履行和解协议，另一方申请执行一审判决法院是否支持的问题；国家工作人员在一些特定情形中的行为是否构成受贿罪的问题；以及在婚恋矛盾引发故意杀人的案件中如何量刑（或如何适用死刑和限制减刑）的问题。

对于案件事实法律性质的比较分析，弄清楚案件事实所涉及的法律关系的性质和种类会有很大帮助。也有论者强调案件当事人"诉讼争点"的提示和指引作用，这是正确的，只是在此同时需要细加辨识：任何诉讼案件皆有其涉及的法律问题，但并不一定在案件相关的事实和法律上有争议，许多诉讼属于当事人借助司法的权威强化和实现自己的主张的情况；也有许多争议只是局部、枝节意义上的，与案件事实整体涉及的法律问题的认定无关。另外，不同案件事实所涉法律问题在性质类别上的"相同"，可以有上位和下位、大类和小类上的层级区别。例如，最高人民法院公布的第一个指导性案例，其案件事实整体涉及的法律问题可以定位于房屋买卖居间合同实践中的"跳单"行为是否违约的问题，也可以定位于买卖居间合同，甚至更高层级的居间合同实践中的"跳单"行为是否违约的问题。具体认定为哪个层级类别，无法一概而论，需要留待裁判者的自由裁量；同时大致可以认为，抽象意义上的层级类别越小，具体意义上的可比性或趋同性越大。

在定性分析确定待决案件的事实与指导性案例的事实在整体性质上是否涉及相同法律问题之后，还需要在案件情节的比较上做定量分析，看两个案件在具体情节上是否可以视为"相同"或"同样"。具体的操作方式是：（1）以择定的指导性案例为基点,与待决案件在具体案情上进行比较,列出事实情节上的相同点和不同点;(2)结合具体的场合,针对所涉及的法律问题,比较确定相同点和不同点的相对重要性,并作出"相同案件"还是"不同案件"的判断:如果认为相同点对于认定和处理案件涉及的法律问题更重要,则无视或舍弃不同点,视为"同样案件";如果认为不同点对于认定和处理案件涉及的法律问题更重要,则无视或舍弃相同点,视为"不同案件"。① 由于两个案件在案情比较意义上不可能绝对相同,也不会绝对不同,最终视为相同或不同,属于一种"法律拟制"的性质。业界许多论者基于两个案件的案情不可能绝对相同的事实,主张将"同案同判"中的"同案"理解和表述为"类似案件"或"同类案件",这是知其一不知其二——不了解裁判中对"同案"的认定,不仅有对案情同异点的比较,而且还有针对案件事实整体涉及的法律问题,对案情相同点和不同点所作出的二者有其一的抉择。当然,这样的定量分析所需要的权重和抉择,也少不了裁判者的自由裁量。

"同案同判"不仅涉及对"同案"的理解,而且还必须联系"同判"来理解"同案"。申言之,"同案"是导致"同判"的原因,是支持"同判"结果的根据,我们只有基于"同判"的要求、在匹配"同判"的意义上去选择和锁定"同案"的表述和含义。那么,什么又是"同判"的含义呢?

所谓"同判",是指"同样的判决",具体到指导性案例的意义或价值来说就是:如果一个待决案件的案件事实与一个指导性案例的案件事实被认为是相同或同样,那么就应该采取与指导性案例相同的判决。这里,相同判决意指相同的法律处置,包括相同的法律认定以及相应的肯定或否定的法律后果;至于法律后果在数量上是否一般无二,则不可强求一律,因而不属于相同判决所要求的内容。基于这样的分析来看问题,那么业界一些人所提出的与"同类案件"或"类似案件"相对应,将"同判"称为"同类判决"或"类似判决"的主张,则不可能是恰当的了。

当然,按照以上所做的辨析,也可以将"类似案件"和"同样案件"作为一组概念,去刻画指导性案例的作用在司法裁判中的实现过程。《最高人民法院关于案例指导工作的规定》第7条关于"最高人民法院发布的指导性案例,各级人民法院审判类似案例时应当参照"的文字内容,可以理解为是对法院审理案件时的要求,这时与"应当参照"匹配的是"类似案件":如果案件不类似,应当参照也无从谈起。在此基础上,再补充写上审理后的要求,整个条文可以修改

---

① 参见[美]史蒂文·J·伯顿著,张志铭、解兴权译:《法律和法律推理导论》,中国政法大学出版社1998年版,第二章"类比法律推理"。

为："最高人民法院发布的指导性案例，各级人民法院审理类似案件时应当参照。如果审理后认定案件事实相同，应该作出与指导性案例相同的判决。"这里将原条文中的"审判"改为"审理"，"类似案例"改为"类似案件"，则是出于规范性文件讲究用语准确的考虑。由于对指导性案例所要求的"同案同判"在不同裁判阶段的要求的差异缺乏区分，业界对"应当参照"的含义解释，目前存在着某种明显的混乱。

（二）司法判例的裁判适用与法官自由裁量权

司法判例在后续裁判中作用的发挥，离不开法官自由裁量权运用。在域外法治发达国家和地区，由于对司法独立的强调，由于法官所享有的职业尊荣和社会尊荣，法官在裁判中的自由裁量权一般在法律理论和实务中被积极地加以肯定。具体到司法判例制度，法官的自由裁量权被看作司法判例作用实现机制的重要因素。与此形成对比，在当下中国的法律理论和实务界则有很多人认为，目前中国法官群体整体素质还不够高，对法律的统一适用和裁判的质量构成了严重的不利影响，建立案例指导制度是解决问题的重要举措：有益于约束和控制法官的自由裁量权，实现《最高人民法院关于案例指导工作的规定》所说的"总结审判经验，统一法律适用，提高审判质量，维护司法公正"的目的。讨论司法判例作用的实现，有必要在制度原理上对法官自由裁量权的意义予以澄清。

由于当下中国的司法状况，指导性案例的确能为裁判者依法裁判提供更加明确的指引，从而有助于解决因法官群体整体素质不高对裁判质量造成的不利影响。但是，一定不能认为，我们需要指导性案例是因为法官整体素质有问题。法官素质低也好，高也好，都需要案例指导制度，否则，就会错以为目前法官整体素质较低需要案例指导制度，将来法官素质高了就不需要案例指导制度了。其实司法判例制度包括我们的案例指导制度和裁判者素质的高与低并没有太大的逻辑关联，它所针对的是裁判者之间的差异性，以及这种差异性对法律统一适用所可能造成的不利影响。裁判者素质高了也同样有个体差异性，甚至张扬个性的冲动还更加强烈，从而更需要发挥司法判例的平衡作用。

从上面对司法判例作用的实现机理看，法官的自由裁量权恰恰是司法判例制度包括我们的案例指导制度发生作用所不可缺少的重要因素。因为，在一般意义上说，实现所有案例制度一概要求的"同案同判"，关键在于辨析案件的同与异，做到"同样案件同样判决""不同案件不同判决"，因此必然需要借助于法官的自由裁量权来实现；在具体的操作技术上看，无论是对案件事实所涉法律问题的类型级别的把握，还是对案件事实情节在相同点和不同点上的列举和权重，都需要法官裁量才能确定。正如英国法学家哈特在其力作《法律的概念》中所言："虽然'同样案件同样对待，不同案件不同对待'是公正理念的一个中心部分，但它本身是不完全的，在加以补充前，它无法为行为提供任何确定的指引……在决定什么相似点和不同点具有相关性前，'同样案件同样对待'必定还是一种空洞的形式。要充实这一形式，我们必须知道在什么时候为了眼前的目的案件将被看作相同的，以及什么不同点是相关的。"[①] 有鉴于此，中国案例指导制度也必须正视法官的自由裁量权，与其正向关联；与其他国家和地区的司法判例制度一样，中国案例指导制度的目的，也不应该是否定甚至取消法官在个案裁判、在指导性案例的运用中的自由裁量权，而是要规范其自由裁量权的行使。《最高人民法院关于案例指导工作的规定》开宗明义，写明了建立案例指导制度的目的："为总结审判经验，统一法律适用，提高审判质量，维护司法公正，根据《中华人民共和国人民法院组织法》等法律规定，就开展案例指导工作，制定本规定。基于上面的分析，考虑到法官自由裁量权对于司法判例作用实现的极端重要性，以及它在司法判例制度中所应该具有的确切含义，此段文字似乎可以恰当地调整为："为统一法律适用，规范法官自由裁量权，维护司法公正，根据《中华人民共和国人民法院组织法》等法律规定，就开展案例指导工作，制定本规定。"

---

① 转引自史蒂文·J·伯顿著，张志铭、解兴权译：《法律和法律推理导论》，中国政法大学出版社1998年版，第48~49页。

第二编

司法判例制度之比较

第三章

司法判例制度的缘起

人类社会法律制度的发展历史应该是先有判例后有立法。如果说法律是国家的产物,那么在国家生成之前的原始社会中也一定会有纠纷,也一定要有规矩。人类群体生活的规矩往往因纠纷而生成,而纠纷的解决就会形成先例,也可称为"判例"。后人在遇到同类纠纷时就要参照祖先留下的"判例"进行裁决。于是,那些体现群体生活规矩的原始习俗就通过一个个"判例"而得到阐释和维系。后来,人们总结这些"判例"中蕴含的规则性经验,加以提炼和概括,再依据权威来发布,就形成了法律。法律不是凭空想象的成果,而是实践经验的结晶。由此可见,从个案裁判到习俗规则,再到国家立法,应该是人类社会法律制度生成的一般规律。

一、自然法与司法判例制度

在自然界中存在着各种各样的客观规律,大到宇宙运行,小到基因生成。几千年来,人类从不同角度探索这些规律,并且在不同领域内取得了许多科学研究的成果。诚然,这些成果都是由人宣布的,但它们并不是人创造的。人类的科学研究不过是将那些客观存在的自然规律发现出来。而且,人类对自然规律的发现是渐进的,是有阶段性的,是有对有错的。例如,在相当长的历史时期内,人类一直认为"天圆地方",地球是宇宙的中心。但是哥白尼在16世纪初推翻了

"地球中心说",提出了"太阳中心说",而伽利略在 17 世纪初又用自己制造的望远镜观察天体运行,科学地证明了哥白尼的理论。不过,他们的观点后来也被人推翻,人类又发现太阳系其实也不过是宇宙中的一小部分。时至今日,人类仍然没有能够真正认识宇宙的全貌,尽管有科学家声称已经发现了"宇宙之门"或"太阳系的边际"。诚然,"太阳中心说"是哥白尼和伽利略创立和验证的学说,但是"地球围绕太阳运行"的规律并不是他们创造的,只是被他们最先发现的。即使没有哥白尼和伽利略,该规律也是客观存在的,而且也会被其他人所发现。

人类社会与自然界一样,其活动、运转和发展也遵循一定的客观规律,而人类对这些规律的认识也有一个渐进的过程。由于社会生活中的规律更为复杂多变,而且更多地受到人的利益追求和价值观念等主观因素的影响,所以人类对这种规律的认识以及在此基础上建立起来的理论学说似乎就更具有了"人造"的色彩。不过,社会规律毕竟是客观存在的,不是人类创造出来的,人们关于社会发展的各种理论或学说都不过是对这些客观规律的发现和认知,其中既有正确的发现,也有错误的认知。

法律是由国家颁布并保障实施的社会行为规范,是全体社会成员都必须遵守的行为准则,因此,法律具有"人造"的属性。但是,法律的后面也蕴含着社会生活的规律和超越国家的精神,因此,它也具有客观自然的属性。所谓"法律",其实也可以解读为"法的规律",即法在调整社会成员的权利义务关系和规范社会成员的行为时所遵循的规律。从表面上看,法律是"人造"的,是社会中一部分人根据其主观意志创设的。但是,人类在制定法律的时候,必须遵循一定的规律,或者说,人类也要不断去发现法的规律。而法的基本精神和内在规律就是追求公平、正义、平等、合理等价值目标。当然,人类对法的客观规律的发现也要受社会历史等多方面因素的制约,也有一个逐渐接近真理的认识过程,犹如"地球中心说"和"太阳中心说"等宇宙观的进步。在不同历史时期,人类制定的法律有好有坏有善有恶,但是人类追求的目标应该是良法和善法,而衡量法律好坏善恶的标准就看其是否符合法的基本精神和客观规律。综上所述,法是人造的,又不完全是人造的;因此,造法不是一种纯粹的创造活动,不是人们的凭空想象,也不能完全由人们按照自身意愿去设计;造法应该是一种发现活动,是人类在发现法的客观规律和基本精神的基础上进行的"制造"。

早在 2000 多年前,古希腊的哲学家就提出了自然法的观点。赫拉克里特把自然法称为"神的法律",认为其支配一切,满足一切,超越一切。亚里士多德认为,自然法是反映自然存在秩序的法。斯多噶学派则认为,自然法是个人的本性和普遍的本性的统一,是人类的共同法律和普及万物的正确理性的统一。受古希腊自然法学派的影响,古罗马的一些法学家也承认自然法的存在。他们认为,自然法是人运用理性发现的有关人类权利和社会正义的高于实在法的普遍适用规则。古罗马法学家的代表人物西塞罗就曾经指出："自然法是衡量一切人定法的唯一标准，因为法律的目的是为了维护国家的统一和人民的安全与幸福，所以，凡是国家制定的法律，符合这种目的的才是'真正的法律'。"①

19世纪德国著名法学家萨维尼认为，法律是通过民众意识中潜移默化的力量逐渐生成的。法律就像语言、风俗、政制一样，具有"民族特性"，是"民族的共同意识"，"随着民族的成长而成长、民族的壮大而壮大"。法律是自发、缓慢和逐步成长的，而不是立法者有意识、任意制造的。萨维尼将法的表现形式分为三种：习惯、立法和法学。他指出："法律首先产生于习俗和人民的信仰，其次乃假手于法学——职是之故，法律完全是由沉潜于内、默无言声而孜孜矻矻的伟力，而非法律制定者的专断意志所孕就的。"② 法学家固然有独特的知识，但这仅是法的技术成分，而法主要是"民族精神"的体现。他还认为，法主要体现为习惯法。它是最有生命力的，其地位远远超过立法。萨维尼的这些观点代表了19世纪前期欧陆复古主义的思潮。

自然法的观点为我们研究司法判例制度提供了有益的启示。既然法律具有自然的属性，既然法律的制定在一定程度上是发现法的规律和精神，那么这种发现就可以有不同的方式和路径。立法者可以发现法的规律，司法者也可以发现法的规律。立法者可以一次性地集中发现，司法者也可以持续性地渐进发现。立法者的发现固然具有统一、明确、普适等优点，但是也可能具有抽象、机械乃至空洞、僵化等缺陷。因此，在立法能力不足的情况下，由司法者通过具体案件的裁判去发现法就是较佳的选择，而司法判例正是记录这一发现过程的载体。换言之，在人类社会的某些历史时期，司法判例就是发现法的主要方式。这不仅指人类社会的早期。例如，萨维尼就认为，19世纪德国的法学家还没有能力制定出一部好法典，因此立法的作用还不如习惯法。此话不无道理，因为习惯法往往是在自然状态下发现的法，是在具体案件中展现的公平正义。

二、习惯法与司法判例制度

习惯是人类文明的组成部分。习惯法则是依据某种社会权威确立且具有强制

---

① 张宏生：《西方法律思想史》，北京大学出版社1983年版，第59页。
② ［德］弗里德里西·卡尔·冯·萨维尼著，许章润译：《论立法与法学的当代使命》，中国法制出版社2001年版，第11页。

性和习惯性的行为规范。它不是纯粹的道德规范,也不是完全的法律规范,而是介于道德与法律之间的准法规范。从历史的角度考察,习惯法是法律的最早形式,先于国家而存在。在原始社会时期,习惯法是法律的基本形式。在一些国家形成的初期,习惯法依然是法律的主要渊源,例如,英国早期的法律就是以盎格鲁·撒克逊习惯法为主的。虽然一些早期国家已经有了成文法,但那往往也是习惯法的汇编,譬如古巴比伦的汉谟拉比法典和古罗马的十二铜表法。后来,随着国家权力的增长和制定法能力的提升,习惯法的地位才逐渐下降。正如恩格斯所指出的,"在社会发展的某个很早的阶段,产生了这样一种需要:把每天重复着的生产、分配和交换产品的行为用一个共同规则概括起来,设法使个人服从生产和交换的一般条件。这个规则首先表现为习惯,后来便成了法律。"[①]

习惯法具有分散性和差异性的特点,正所谓"三里不同风,五里不同俗"。而且,习惯法一般是不成文的,具有非明示性。于是,司法者在裁判中适用习惯法的基本模式就是遵循先例,而判例也就成为习惯法的基本载体。例如,法兰西王国早期的法律来源于日耳曼习惯法。"在适用习惯法时,除法官的记忆和口传的惯例外,没有其他准则。法官本人所了解的判例有限,还要依靠当地年事较高的司法人员帮助回忆。"[②] 由此可见,习惯法与判例具有天然的联系。世界各国早期的司法者在适用习惯法时都不可避免地依赖于判例。判例是人类传承习惯法的主要工具,因而也是早期法律的主要渊源。从这个意义上讲,无论是在西方国家还是在东方国家,古老的习惯法都催生出司法判例制度的萌芽。

有的学者认为,中国没有司法判例制度的传统。这大概是因为他们忽视了中国社会早期的习惯法传统。且不说远古华夏的氏族社会,就是在夏商的雏形国家中,司法裁判仍然要遵循习惯法,包括关于刑罚的规则。夏朝和商朝的统治者汇集各地的部族习惯,制成《禹刑》《汤刑》,实际上也是成文法化的习惯法汇编。西周的统治者重视社会生活的礼仪秩序习惯,使"礼"成为习惯法的核心内容。需要指出的是,习惯法的传承离不开司法判例,因此在那一时期,司法判例就是习惯法的主要渊源。后来随着春秋战国时期新兴地主阶级的兴起和国家权力的加强,制定法得到发展,习惯法才逐渐衰落。秦朝确立君主专制制度之后,制定法成为基本法源,习惯法便退至历史舞台的边缘,只能发挥附属性和区域性的功能。在这种法律体制下,司法判例的作用也就弱化了。不过,中国古代存在汇编判例的传统。这些判例汇编虽然不是正式的法律渊源,但是也可以为司法者提供裁判的补充性参考。中国古代遵循的"有法者依法行,无法者以类举"的裁判原

---

① 《马克思恩格斯选集》第 2 卷,人民出版社 1972 年版,第 538~539 页。
② 陈盛清:《法国法制史》,北京大学出版社 1982 年版,第 87 页。

则，也可以看作司法判例制度的一种模式。

另外，由于古代中国的司法从属于行政，判例很容易异化为行政长官恣意司法的工具。在中央政府，行政权、立法权和司法权都集中于皇帝一身，于是，判例有时只是皇帝行使其最高权力的一种方式。皇帝可以通过颁布法典来行使立法权，也可以确认判例赖行使立法权。在地方政府，行政长官兼掌司法职能，有时便用行政方式解决争议事端，无视"同案同判"的判例制度原则，把判例作为改变制定法和任意扩大自由裁量权的手段。这也是中国历史上不规范的司法判例制度的一个弊端。

综上所述，在立法技术或制定法尚未发达的社会中，习惯法是法律的主要内容，司法判例是法律的主要渊源。但是随着国家司法主义的强盛，特别是中央集权的发展，立法就会成为法律的主要渊源。换言之，习惯法的流行促生了司法判例制度，习惯法的去势又带来了司法判例制度的没落。

三、神明裁判与司法判例制度

司法判例制度不仅体现在实体法问题上，也体现在程序法问题上。许多国家历史上曾经流行的神明裁判制度就是一个很好的例证。如果说习惯法主要是法律的实体性规则，那么神明裁判则主要是程序性规则，包括司法证明的规则。不过，神明裁判也表现为习俗，也可以纳入广义的习惯法范畴，而且一般也是通过判例来传承的。

所谓"神明裁判"，即通过让当事人在神灵面前做某种行为或接受某种考验，然后根据行为或考验的结果或其过程中表现出来的征象来判定案件事实。神明裁判往往以一定的宗教信仰为基础，因此在不同国家或民族的历史上，神明裁判的形式也各不相同。

对神宣誓是一种比较简单的神明裁判方法，但是也能体现不同民族的诉讼习俗。例如，按照公元 5 世纪西欧墨洛温王朝的诉讼习俗，控告人和被告人都必须在法庭上严格地按照规定的形式和姿势对神宣誓并进行陈述。如果一方出现了宣誓形式或姿势的错误，或者在陈述过程中表现出口吃等"有罪征象"，法庭就可以判其败诉。[1] 按照公元 9 世纪英格兰岛盎格鲁—萨克逊人的诉讼习俗，当事人必须严格按照祖先留传下来的语言进行宣誓。在索赔被窃财物的案件中，控告人

---

[1] William Andrew Noye：Evidence：Its History and Policies，1991，p. 3.

的誓词是："我在上帝面前宣誓指控他就是盗窃我财物的人。这既不是出于仇恨、妒忌或其他非法目的，也不是基于不实传言或信念。"被告人的誓词则是："我在上帝面前宣誓，对于他对我的指控，我在行为和意图上都是无罪的。"①

很多国家都曾经采用过让当事人接受某种肉体折磨或考验的神明裁判方法。一般来说，接受折磨或考验的人都是被指控者，而这种折磨或考验通常都伴随着由牧师或神父等神职人员主持的宗教仪式。以中世纪欧洲颇为盛行的"热铁审"为例，牧师给烧红的铁块撒上一些"圣水"并说道："上帝保佑，圣父、圣子和圣灵，请降临这块铁上，显示上帝的正确裁判吧。"然后他让被告人手持那块热铁走过9英尺的距离。最后，被告人的手被密封包扎起来，三天之后查验。如果有溃烂的脓血，则其被判有罪；否则就被证明是清白无辜的。②

古代巴比伦人在审理案件时经常采用"水审法"。例如，某自由民的妻子被人告发有通奸行为，但是她自己不承认，那么司法官就按照一定的宗教仪式，让人把该女子扔到河里去。如果那个女子沉到水下，就证明她有罪；如果她浮在水面，就证明她无罪。古代日耳曼人采用的"水审法"具有更为明确的裁判标准。诉讼当事人在膝盖处被绑起来，然后用一根绳子系在腰部，慢慢地放入水中。根据他的头发的长度在绳子上打一个结，如果他的身体沉入水中的深度足以使那个绳结没入水中，则证明他是清白的；否则就证明他是有罪的。其理由是洗礼教派认为水是圣洁的，不能容纳提供虚假证言的邪恶之人。③

中国古代也曾经把"神誓法"作为证明案件事实的一种手段。《周礼》中记载，"有狱讼者，则使之盟诅。"这说明当时打官司的人也要通过宣誓来证明自己陈述的真实性。中国古代也有类似的"神明裁判"方法，如皋陶治狱用"神羊"。皋陶是舜帝时负责司法的官员，他在审理疑难刑事案件时让人把所谓的"神羊"带上来，对着被告人。如果"神羊"用角去顶被告人，就证明被告人有罪；如果"神羊"不顶，就证明被告人无罪。诚然，西方国家那种"火审""水审"等"神明考验"方法一直没有在中国的主流社会中流行起来，但是在一些少数民族中间则很盛行。直到20世纪前期，中国的一些少数民族地区仍然保留着这种"神明裁判"的方法，如藏族的"捞热油"，景颇族的"捞开水"，彝族的"捧铧犁"，傣族的"吊簸箕"，等等。④

在神明裁判中，法官的基本职能并不是查明案件事实并在此基础上适用法律，而是扮演裁判仪式主持人的角色。实际上，那时的法庭一般也不是为查明案

---

① William Andrew Noye: *Evidence: Its History and Policies*, 1991, p. 5.
② 伊藤清司：《铁火神判系谱杂记》，载于《贵州民族研究》1986年第1期。
③ 严华：《基督教与日耳曼民族的神裁》，载于《世界宗教研究》1986年第2期。
④ 夏之乾：《神判》，上海三联书店1990年版，第1~80页。

件事实而设立的司法机构,而是请神灵揭示案件事实的场所。神明裁判的仪式和程序是至关重要的,因为这是维护其裁判权威性的关键。无论谁担任裁判者,都必须严格遵守这些程序规则,都必须按照预定的标准作出判决。

神明裁判是人类蒙昧时期的产物。由于彼时彼地的人类文明不够发达,或者说,人类的认识能力还很低,所以这些不科学的查明和认定案件事实的方法才应运而生。可以想见,彼时彼地的立法水平也是很低的,因此这些神明裁判的仪式或程序规则只能通过"遵循前例"的方式传承,而且往往是通过长老或神师等"法官"的口耳相传。与前文所述的习惯法相似,神明裁判的习俗在很大程度上依存于司法判例制度,尽管在某些国家或地区后来被写进了法律。虽然神明裁判的结果未必都符合司法的实体公正,但是其统一明确的规则和标准能够在人类认识能力不足的情况下维护司法的程序公正。这也符合司法公正的精神。正如20世纪英国著名证据法学家乔纳森·科恩所指出的,"司法公正思想的核心就在于相同案件应得到相同对待的原则。司法公正就是要用法制来代替任意专断。而且这一原则不仅适用于实体法问题,也应该适用于程序法问题。如果一种法律制度的目的应该是使司法公正制度化,那么它就应该使'一视同仁'原则成为其各项活动的准则。"[①] 神明裁判的这一特点也从一个侧面显示了司法判例制度的优点。

综上所述,在一定程度上依赖司法判例来传承法律或者填补法律的空缺,这是人类社会的自然选择。虽然没有充足的史料来证明,但是我们可以推断,在任何国家的历史上都存在司法判例,或者说都以一定形式存在司法判例制度。虽然古代的司法判例制度是粗糙的,是无法与今日的司法判例制度相匹比的,但是其具备了司法判例制度的雏形,也具备了司法判例制度的基本原则,即前例指导后案,后案遵循前例。这就是司法判例制度的缘起。

---

① [英]乔纳森·科恩著,何家弘译:《证明的自由》,载于《外国法译评》1997年第3期。

第四章

英美法系的司法判例制度

　　世界各国早期的司法判例制度大同小异，基本上都是通过判例来传承习惯法的规则。后来随着国家权力的增长和制定法的发展，判例的作用开始发生变化，不同国家的司法判例制度就走上了不同的发展道路。在此过程中，制定法的发展与司法判例的发展具有互动关系，而且前者处于主动地位。简而言之，制定法强则判例弱；制定法弱则判例强。于是，英美法系国家和大陆法系国家就形成了不同的司法判例制度。

一、英美法系中司法判例制度的发展沿革

　　在11世纪以前，英国法律以来源于日耳曼法的盎格鲁·撒克逊习惯法为主体，因此其法律制度与欧洲大陆的法兰克等王国的法律并无二致。1066年，诺曼人入侵英格兰后，威廉一世加强了王权，开始建立新的法律制度。由于英国具有地方自治的传统，各地的习惯法有很大差异。征服者威廉为了缓和与地方权势的冲突，一再声称要尊重原有的地方习惯法，于是在尔后的100多年内，英国的法律一直处于分散凌乱的状态。

　　12世纪，亨利二世开启司法改革，努力统一全国的法律。不过，他不是采用行政的手段推进法律的统一，而是通过司法的方式促进法律的统一。这就为英国司法判例制度的发展埋下了伏笔。亨利二世扩大了王室法院的管辖权，派遣巡

回法官到各地审理案件。开始时,这些巡回法官只审理涉及王室利益的重大案件,后来,一些地方居民因看中王室法院的执行力而主动将争议提交巡回法官。巡回法官在审判过程中,逐渐将各地习惯法统一起来,形成了普遍通用的法律。由于这统一是通过审判完成的,所以普通法存在于一个个判例之中。于是,具有法律渊源地位的司法判例制度由此形成。

判例是法律渊源,法官在后来的审判中就要援引先前的判例,就要遵守以前同类案件判决所确立的规则。从表面上看,普通法似乎就是由许多判例组成的法律体系。然而这种理解并不准确,因为普通法实际上是由一代代法官在审理案件中"发现"并通过判决重复表述出来的法律规则的组合。从本质上讲,普通法的确立或形成是法官在具体案件情况下"发现"法的持续过程。随着社会的发展和人类的进步,普通法自然也要不断地发展变化。

然而,普通法在形成之后的一段时期内,为了保持其稳定性,"遵从前例"的原则被抬高到僵化的程度,以致影响了自身的发展。13世纪时,大概是受古罗马法中"诉讼"种类的影响,英国普通法对诉讼请求的种类也有具体明确的规定。任何诉讼必须以已经存在的法院启动诉讼的令状(启诉令)为前提,如索求赔偿令状、转交财产令状、收回地籍令状等。没有同类的法院令状,法院对当事人的诉讼请求就不予受理。例如,法院已在过去的判决中发布过关于土地授予权纠纷的令状,那么有人就该类不动产发生纠纷,就可以起诉到法院;而法院没有就某种合同争议或侵权行为发布过令状,人们遇到此类纠纷时就无权诉诸法院,只能等待法院就该类诉讼发布新的令状。然而,1258年的"牛津条例"(Provisions of Oxford)禁止法院就新的诉讼种类发布令状,这就使得普通法只能在狭窄的范围内缓慢地向前发展。在社会实践中,一些人很正当的诉讼请求也会因为没有令状前例而得不到法院的救济。

为了弥补普通法的这一缺陷,一种新的法律形式应运而生,那就是衡平法。所谓"衡平"(equity),就是要公平处理争议,其基本原则是"公平和善良"(ex aequo et bono)。从这个意义上讲,衡平法实际上具有自然法的属性。作为对普通法的补充救济手段,衡平法主要适用于合同纠纷的解决。最初,衡平救济是由国王直接授权的。那些有正当诉讼理由却得不到普通法院救济的当事人通过各种渠道求助于国王,国王便按照"公平和善良"的原则作出裁决。后来,求助于国王的人越来越多,国王应接不暇,便委托作为"国王良知守护人"的大法官来裁判,解决那些案件中普通法院无法解决的难题。于是,衡平法就逐渐形成了自己的一套规则体系,独立于普通法。当然,这些规则也是通过一系列判例表现出来的,也属于判例法的范畴。

普通法要"与时俱进",要与社会同步发展,就必须灵活地对待"遵从前例"的原则。其实,"遵从前例"的原则并不等于对单个判例的盲目服从,而是要求法官努力在一系列判例中找出一般性法律规则,以及理解和适用这些规则的正确或最佳途径。普通法固然要求法官忠实于以前的判例,但是这并不等于说法官在审判中必须机械地遵守前面的某一个判例,因为单个判例不一定能代表普通法在处理某个问题上的原则和精神。这有两方面的原因:

首先,判例中的法律观点并不总是统一和明确的。一般来说,判例都是具有上诉审职能的法院确立的,而每一起上诉案件都是由多名法官共同审理的。虽然在法院判决中有"法院判决意见",即多数派法官的意见,但同时还有异议和附议。异议是少数派法官的意见。附议者虽赞成多数派法官的结论,但是有不同的推论或理由。即使全体法官都同意"法院判决意见",不同法官对问题的解释或推理也会有所不同。这就使得判例中确立的法律观点具有了一定的模糊性或多样性。

其次,判例中的法律观点总是与法律所要适用的案件事实相联系的。普通法的基本原则之一是法院不能作出抽象的一般适用性判决意见,只能就具体争议事实作出裁决,因此任何判决都以所认定的案件事实为基础。但是在司法实践中,案件事实是各不相同的,而且并不总是一清二白的。诚然,法院会在判决中说明其认定的案件事实是什么,但这也会有不同意见或模糊之处。由于上诉法院的判决书一般都比较长,而且里面往往包含各种不同的观点和争论,所以对判决意见的理解和解释就变成了一项非常复杂的工作。

因此,单个判例不应被视为绝对不变的法律实体;一个个判例应该被视为不断接近法院解决特定法律问题之规则的过程。从长远观点来看,个案的判决并不重要,重要的是法院在一系列相似案件判决中适用的规则。如果法官在审判活动中对先前的判例毫不尊重,"遵从前例"原则也就没有意义了,但是死板地"遵从前例",也会限制普通法的发展。在必要时,法官甚至可以推翻先前的判例,而这在英美国家的司法实践中并非罕见。总之,普通法要在发展变化的过程中实现司法公正和司法效率,就必须不断地完善自身。正如18世纪英国著名法官曼斯菲尔德勋爵(Lord Mansfield)所指出的,"普通法通过一个个案件净化自身。"① 换言之,普通法的规则就是在一系列判例中演进和发展起来的,这是法官对法的精神和规律的不断发现的过程。

英国的司法判例制度伴随其殖民统治的扩张而流传到世界其他地区,包括后来独立的美国、加拿大、澳大利亚等国家。最开始,这些殖民地的法院都会直接

---

① Alan B. Morrison: *The common law works itself pure from case to case*. Fundamentals of American Law, Oxford University Press Inc., New York, p. 21.

引用英国法院的判例作为审判依据。后来，这些殖民地法院也有了自己的判例。殖民地独立之后，这些国家还有了自己的制定法，其司法判例制度虽统属于英美法系，但是也有了各自的特点。

美国的司法判例制度就不完全等同于英国的制度。首先，美国是世界上第一个有成文宪法的国家。成文宪法使法院有权通过判例宣告某些政府命令乃至国会立法违宪，从而对行政命令和国会立法进行司法审查。这大大提升了判例的效力等级。其次，美国存在联邦和州的双轨司法体制，于是就形成了两套相对独立的司法判例体系。这不仅在一定程度上冲淡了遵从先例原则所依赖的法院等级观念，而且生产出多元的判例汇编，并影响各地的法学教育。再次，司法判例在美国的拘束力并不像在英国那样稳定。最高法院和上诉法院的法官们往往不认为他们必须接受先前判例的绝对约束。相比之下，美国法院对待判例的态度要比英国法院宽松很多。最后，追求法律统一的要求导致了各部门法领域内"法律重述"或"模范法典"的出现，而这些"准制定法"也减少了法官对判例的依赖。由此可见，美国的司法判例制度具有更强的灵活性和适应性。

二、英美法系司法判例制度的发展趋势

虽然判例法是英美法系的一个基本特征，但是在现代英美法系中，制定法越来越多，发挥的作用也越来越大。无论是在英国还是在美国，立法机关都已经制定和颁布了大量的法律。随着制定法的增加，判例法在法源体系中的统治地位受到挑战，但是这并不等于说判例法已经退出历史舞台。以美国为例，虽然每个州都有自己的刑法典和刑事诉讼法典，但是其大部分内容都是对传统的判例法规则的加工和法典化。而在侵权法和合同法等领域内，判例法仍然是基本的法律渊源。

当代美国的判例法可以分为三大类：（1）普通法的判例法。这是典型意义上的判例法，也可以说是狭义的判例法，即完全按照普通法的传统由法官通过判例制定出来的法律。在历史上，普通法曾优于制定法，但是立法权优先于司法权的观念逐渐被人们接受，所以在当代美国的法律体系中，普通法的判例法实际上属于效力较低的法律。（2）衡平法的判例法。起源于英国的衡平法本身就是由判例组成的，而衡平法移植美国也是通过一系列判例实现的，因此，判例法也是美国衡平法的基本法源。由于美国目前只有少数州保留独立的衡平法院，而在联邦和绝大多数州的法院中，传统的衡平法诉讼都由普通的民事法庭审

理，所以衡平法的判例已经在很大程度上融合在普通法的判例之中了。(3) 制定法的判例法。这种判例法的主要作用是解释制定法，同时也会在一定程度上扩充制定法的内涵。这类判例的适用也要"遵从前例"，因此它们也具有法源的性质。

美国大概是英美法系中制定法最为发达的国家。其中最具有代表性的法律文献就是《美利坚合众国法典》(United States Code，以下简称《美国法典》)。1925年，美国参众两院决定颁布"一部具有普遍性和永久性的法律"，即于1925年12月7日生效并于1926年6月30日颁布的《美国法典》，共有15卷。随着制定法的不断增加，该法典的内容也不断补充更新，基本上保持了每隔6年就重新编纂颁布一次的节奏。目前的最新版本是2012年3月颁布的，共有51卷，内容包括了所有法律领域。即使与大陆法系的制定法相比，《美国法典》也毫不逊色。①

此外，由美国法学会组织编纂的《法律重述》(Restatements of the Law)② 也是美国的判例法向制定法融合的一种表象。从1923年至今，美国法学会已经发布了三个系列的《法律重述》，内容涵盖传统普通法中的合同法、侵权法、财产法等领域。按照美国法学会的解释，《法律重述》主要为法院判案提供指导，为法律适用者提供参考。③《法律重述》不属于制定法，不能直接作为司法裁判的法律渊源。但是在司法实践中，很多法官和律师都会间接引用《法律重述》中的观点，因此有人称之为"准法典"(Code—Like)。

综上所述，当代英美法系的法律体系是判例法与制定法的结合，而且是以判例法为基础的。这主要表现在以下几个方面。第一，很多制定法都是普通法原则和规则的法典化，所以法院在解释和适用这些法律时必须依赖过去的判例；第二，在那些新的法律领域内，虽然制定法不是普通法的翻版，但是判例在解释这些制定法的问题上也十分重要；第三，虽然英美法律在原则上承认国会的制定法对判例法享有优先权，但是在司法实践中，判例法仍保持一定的独立性，"司法审查权"就是很好的例证；第四，在大量审判实践的积累过程中，制定法往往都被附上了许多判例，而且美国司法系统对这些判例的遵从甚至会超过对那些制定法本身的遵从；第五，在诸如刑法的刑事责任要件和辩护理由、合同法的基本原则、财产法的基本概念、侵权法的基本内容等问题上，判例法仍然是主要的法律

---

① 关于《美国法典》的内容体系，可以参见吴新平：《美国法典》（根据1988年版《美国法典》翻译），中国社会科学出版社1993年版。
② 例如美国法学会1932年颁布的《合同法重述》(Restatement of Contracts) 和1979年颁布的《合同法重述》（第二版）(Restatement of Contracts) (Second)。
③ 朱雅妮：《法律重述：概念、法理与国际化》，载于《湖南师范大学社会科学学报》2012年第5期。

渊源；第六，判例法的传统思维方式和分析问题方法在很大程度上影响着英美法系的法学教育和法律人才的培养。总之，尽管制定法越来越多，英美法系的法律制度仍然保持着判例法的传统。这是英美法系中判例法与制定法相融合的基本态势，也是"具有英美法系特色"的判例法与制定法的平衡。

第五章

大陆法系的司法判例制度

一、大陆法系司法判例制度的发展沿革

　　大约 2000 年前，罗马帝国的强盛和罗马社会的繁荣有力推动了法律和法学的发展。公元 6 世纪，以《查士丁尼民法大全》为代表的罗马法标志了当时人类社会法律制度发展的最高水平。但是在西罗马帝国被日耳曼人灭亡之后，以日耳曼法为代表的习惯法又回归欧洲大陆的历史舞台。于是，司法判例又成为传承法律的主要形式。虽然一些日耳曼王国在罗马法学家的帮助下编纂了成文法典，但这些法典也是各地区习惯法的汇编。其中影响最大的是法兰克王国在 6 世纪初编纂的《撒利法典》。这是欧陆国家的司法判例制度由弱变强的时期。

　　12 世纪以后，以法兰西王国为代表的欧洲大陆国家从封建割据向君主制过渡。中央集权的国家要求法律的统一，而且这是以行政权为主要基础的。于是，从意大利到法国再到德国，研习罗马法又逐渐成为时尚。各个王国不断发布的法令成为主要的法律渊源。18 世纪，法学研究的繁荣又推动了法典的制定。拿破仑在 1804 年颁布的《法国民法典》代表了当时人类立法的最高水平，并影响到其他欧陆国家的法律制度，形成了不同于英国的大陆法系。在这些国家，制定法是法律制度的基础，判例法的观点基本上被抛弃了。法官不能享有自由发现或制造法律的权力，只是机械地运用法律的"法匠"。这是欧陆国家的司法判例制度

由强变弱的时期。

　　崇尚制定法的主张在一定程度上反映了当时在欧洲大陆国家占统治地位的崇尚权威的社会文化潮流。但是，随后席卷欧洲大陆的文艺复兴运动推动了人文主义思潮的流行，促进了人性和人权意识的觉醒，从而为反对封建和宗教的权威提供了精神武器。在司法领域内，这种思潮则导致了法官自由裁量权的增长。试举一例，作为大陆法系代表的法国在17世纪以前采用的是典型的"法定证据"制度。在那种制度下，证据的采用和证据的价值都是由立法明确规定的，法官在审判中没有自由裁量权。18世纪以后，法国的证据制度转变为"自由心证"制度。在这种制度下，法官在审理案件的时候可以不受事先确立之规则的约束，自由地使用证据和评断证据，而且法官的判决只能建立在自己"内心确信"的基础之上。

　　不过，18世纪仍然是制定法在欧洲大陆高度发展的时期，而且"法典化"已成为各国立法者追随的潮流。从法国的拿破仑到德国的法学家，人们都在竭尽全力而且充满信心地编纂"完整、至善"的法典。立法者造法的能力在无形中被人们神化了。然而，无论是1804年的《法国民法典》还是1794年的《普鲁士普通邦法》或者1900年的《德国民法典》，都已经被历史证明是不完整的、不至善的，是需要在司法实践中不断改进和完善的。正如美国学者格伦顿等人所指出的："今天，在人们的记忆里，1794年的《普鲁士普通邦法》主要是法律自大的纪念物。它的雄心是想要预见所有可能的偶然情况，并将人类行为的范围规定到无微不至的家庭琐事，它的过分细琐和不懂法律的限度，妨碍了它的运作。"[①]日本学者大木雅夫则指出：《普鲁士普通邦法》的立法者"把对理性的信仰推向极端，不仅调整范围过于宽泛，甚至把未来也置于其调整之下。他们过分的自信还导致了对法官和法学家作用的不近情理的轻视……然而，对法官和法学家的这种压制，导致了日后法官和法学家以轻蔑对这部伟大的法典施加的报复——历史法学派无视这部法典的存在，而法官们则在这部庞大的法典的每一条文下都附加了判例。"[②]

　　在制定"完整、至善"法典的努力受挫的同时，法官的自由裁量权开始得到人们的认可，司法判例的理论也再次引起人们的关注。在大陆法系，法官根据新的社会情况，通过对立法条文解释的形式来适用法典，从而承认了判例作为制定法补充的功能。正如徐国栋教授所指出的，"就法国而论，20世纪法官的司法权已广泛地渗透于立法权之中……企求法典为处理各种案件提供无所不能的灵丹妙

[①] [美]格伦顿等著，米健等译：《比较法律传统》，中国政法大学出版社1993年版，第20页。
[②] [日]大木雅夫著，范愉译：《比较法》，法律出版社1999年版，第177~178页。

药的幻想,已经随着一个多世纪以来的审判立法的发展而日益破灭。众所周知,今天在法国生效的法规大部分来自判例汇编,而不是《拿破仑法典》。"① 一位德国学者则说道:"毫无疑问,在法国私法的大部分领域内,规则是地道的法官创造物,而这些规则常常与民法典只有微弱的关联,但是要法国法官承认他在其司法活动中起到了完全创造性的作用,却是难上加难。在法国,法官不喜欢让人感到自己在创造法律规则。当然,在实践中他们的确是在创造,法官的职能不是也不可能是机械地适用那些众所周知的和已经确定的规则。"②

在回归司法判例制度的道路上,德国的法官甚至走得更远。"虽然意大利、法国和德国法官共同遵循着自由法学派提出的理论,并且都在为自由地'灵活'运用法律的一般性规定进行辩解,但是意大利法官一旦接近确定的传统法律观念时就止步不前,或者行使着一种有限的'审判自由裁量权',但德国法官公开抛弃了法的确定原则。如果说法国在法官立法方面因为回顾过去光荣的革命史而往往不忍心随便把革命以来的传统思想放弃而小心翼翼的话,德国则没有任何传统思想的包袱。因此,德国的法官立法更为大胆,在这方面赶上并超过了法国,至少在某些法律部门,其发展是受到判例操纵的。"③ 美国学者格伦顿则对大陆法系的法官造法作出了如下概括:"虽然传统的民法教条否认法官'制'法和把司法判例作为一种法律渊源,然而现代民法越来越堂而皇之地承认立法对解释和运用法律的法官及行政人员的不可避免的依赖。"④ 总之,现代大陆法系也越来越认识到司法判例制度的优点,于是在实践中以不同方式加以吸纳。

从历史发展来看,英美法系具有尊重司法者造法的传统,所以判例便成为重要的法律渊源,但这只是司法判例制度的一种形式。大陆法系具有强调立法者造法的传统,所以判例不属于正式的法律渊源,但其仍然在司法活动中发挥着重要的甚至是不可或缺的引导和规范作用。英美法系的法官在判决时要"遵从先例",大陆法系的法官在判决时也不能"无视前例"。从这个意义上讲,"遵从先例"在英美法系是"明规则",在大陆法系则是"潜规则"。另外,我们也要注意两大法系这种划分可能带来的误解,即认为所有大陆法系的法律制度都是相同的,所有英美法系的法律制度也都是相同的。且不说法国与德国的法律制度存在差异,英国与美国的法律制度存在差异,就是在一些国家的内部也存在法律制度的差异。例如,英国的苏格兰、美国的路易斯安那州、加拿大的魁北克省,其法律制度就都具有大陆法系的特色。因此,我们在研究司法判例制度的历史发展时,

---

① 徐国栋:《民法基本原则解释》(增订本),中国政法大学出版社2001年版,第335页。
② 转引自陈贵民:《关于法官"造法"》,载于《人民法院报》2002年10月30日。
③ 徐国栋:《民法基本原则解释》(增订本),中国政法大学出版社2001年版,第338页。
④ [美]格伦顿等著,米健等译:《比较法律传统》,中国政法大学出版社1993年版,第31~32页。

既要看到分流的趋势,也要看到融合的趋势。

二、大陆法系司法判例制度的发展趋势

对于大陆法系而言,制定法是主要的法律渊源。但是近代以来,大陆法系也越来越重视司法判例的重要性。事实上,司法判例也逐渐成为大陆法系的辅助法源。大陆法系的司法判例是随着成文法的局限性被认知以及法官自由裁量权的扩张而发展起来的。大陆法系的法官在审理案件时首先会寻找法典中的规定作为裁判依据,在没有明确的法律规定时,他们才会求助于判例。虽然判例不属于法律渊源,但是下级法院往往会遵从上级法院的判例,因为法官们不愿意承担被上级法院推翻判决的风险。由此可见,大陆法系的判例具有事实上的拘束力,虽然不能成为正式的法源,大概也可以称为"准法源"。

目前,大陆法系一般都在一定程度上承认了司法判例的价值,而且一般都把判例视为对法典或法律条文进行解释的重要方式。虽然在不同国家中,司法判例的界定和效力有所不同,发布判例的形式和引用判例的方法也有所不同,但是都基本上形成了一定的规则。从这个意义上讲,大陆法系一般也建立了司法判例制度。麦克考米克教授主编的《解释性判例:比较研究》一书就详细介绍了德国、法国、意大利、挪威、波兰、西班牙、瑞典等大陆法系的司法判例制度,内容包括这些国家的判例制度背景、判例的拘束力、判例的选择、判例的甄别、运用判例实践的评价等。[①]

法国是以制定法为基本法源的国家,司法判例不是一般意义上的法源。因此,人们不能把判例看成"造法",只能视为解释法律的手段。在法语中,司法判例(jurisprudence)的概念有广狭之分。根据法律词典的解释,广义的司法判例是指某段时期内在某个法律领域内或所有部门法领域内所做的司法裁判的集合;中义的司法判例是司法机关就同一法律问题所作出的一系列司法裁判的集合;狭义的司法判例是最高司法机关所做的概括抽象的司法裁判中所包含的法律意见。虽然判例不属于法源,但是在实践中,法官和律师在寻求个案的裁判依据时往往会遵循判例,特别是在行政诉讼之中。法国的行政诉讼不仅承认判例的拘束力,而且行政法的许多重要原则或规则也是由判例所释明的。法国行政法学家

---

① Neil MacCormick:*Interpreting Precedents-a Comparative Study*,Dartmouth Publishing Company Limited,1997.

弗德尔曾经说道:"如果我们设想立法者大笔一挥,取消全部民法条文,法国将无民法在;如果他们取消全部刑法条文,法国将无刑法存在;但是如果他们取消全部行政法条文,法国的行政法仍然存在,因为行政法的重要原则不在成文法中,而存在于判例之中。"[①] 从这个角度讲,法国的司法判例制度已经是解释法律与创制法律的结合。

在德国,由于《基本法》(即德国宪法)明确规定司法权独立于立法权和行政权,法官只服从于法律,所以法官在具体案件中只能依据法律作出裁判,不能创制法律。但是,制定法往往具有概括性和滞后性的特点,因此法官在审判时又必须对制定法进行解释,并在必要时创造性地填补其漏洞,即所谓的"法律续造"。德国联邦宪法法院早已将"法律续造"确认为法官的任务之一。联邦宪法法院在其早期判例中指出,一般性法律规则对于法官的解释能力和法律补充能力提出了特殊的要求,而这种"法律发现性的漏洞填补"在现代法治国家中已成为法官的重要任务。德国的判例可以分为两类:第一类是具有明确拘束力的判例,主要指联邦宪法法院的判例。《联邦宪法法院法》第31条第1款规定,联邦宪法法院的裁判对于联邦和各州的宪法机关以及所有法院和机关均有拘束力。第2款规定,该法院的裁判在许多情况下——尤其是当该法院认定某个法律规范合宪、违宪或者无效时——具有制定法的效力,而且该裁判结果还将由联邦司法部在《联邦法律公报》上予以公布。由此可见,联邦宪法法院的判例具有正式的法律拘束力。第二类是不具有明确拘束力的判例,指联邦宪法法院以外的其他法院的判例。这些法院的判例不具有法律明确规定的拘束力,但可能在事实上具有不同程度的拘束力,包括本法院先前判例对后来裁判的拘束力,上级法院的判例对下级法院裁判的拘束力。这种事实上的拘束力表现在两个方面:其一,下级法院一般都会自动遵循上级法院的判例,因为如果不这样做,其裁判就可能被上级法院推翻;其二,法院在裁判中没有遵从先前的判例可以构成当事人提起上诉的法定理由,例如,《行政法院组织法》第132条第2款就明确规定,如果高等行政法院的裁判偏离了联邦行政法院、联邦其他最高审级法院以及联邦宪法法院的判例,当事人就可以向联邦行政法院提起法律审上诉。在司法实践中,上级法院的判例一般都会得到下级法院的尊重,而且法官在裁判中引用判例的做法并非罕见。

日本承受了大陆法系的制定法传统,因此判例不属于制度上的法源,但属于"事实上的法源"。在当下日本,"判例"是法令中的固定用语。其基本含义是法官作出的法律判断。司法判例理论研究的核心问题是判例的拘束力,包括在"此

---

① 曾繁正等:《西方主要国家行政法行政诉讼法》,红旗出版社1998年版,第183页。

案件"中的拘束力和作为先例的拘束力。正是在后者的意义上，判例才具有"事实上法源"的地位，或者说具有事实上的拘束力。主要理由有二：其一，违反判例是上告理由。在刑事领域，原判决作出"与最高法院判例相反的判断"，或者（最高法院没有判例时）作出"与大审院或高等法院的判例相反的判断"，可提出上告请求。在民事领域，一方当事人可以原判决违反最高法院判例为由提出上告受理请求或许可抗告请求。这实际上就通过上告制度赋予最高法院通过判例统一解释法令的权限，以实现法令解释的安定性。其二，判例的变更程序非常严格。日本最高法院15名法官分属于三个小法庭，一般的案件都由小法庭来审理和裁决，但判例变更原则上须由15名法官全体组成大法庭作出判断。由此可见，日本的司法判例制度与德国相似，主要是通过法官对制定法的解释性判例来完成规范司法裁判的功能。

　　综上所述，大陆法系的司法判例制度是建立在制定法基础之上的。判例依附于制定法，同时又是对制定法的不可或缺的补充。经过长期的互动磨合，制定法的功能与司法判例的功能终于达致了"具有大陆法系特色"的平衡。

第三编

中国司法判例
制度的历史

第六章

中西判例的历史语境

一、中西判例之存在比对

中华民族是一个缺乏宗教信仰,却又善于自省且早启的民族,是一个极具智慧的民族。[1] 传统中国社会以家为本位,重视家族的维系,对严重违反家族秩序的人处以重罚。在社会规范中,普遍强调道德和礼教束缚,正是基于中国传统文化具有内向性的特征:个体行为的规范以道德教条与自我约束为主,以德礼作为行为规范的标准,将个体融于家族乃至国家之中,使得个体的主体性在一定程度上被消弭殆尽。再加上传统农耕社会的大背景,西方所强调的个体权利、主张平等的民法观念,在中国传统历史背景下既无可能,更无必要。所以,借用当下的语义分析体系,中国传统社会对纠纷的处理模式与机制不得不作出区分:对类似于今天的一般民事纠纷多用调解,而涉及严重危害公众安全、扰乱皇权统治的行为、生命安全的行为,则直接用刑法加以规制。而针对其他社会行为,诸如一般的民事交往,则多以道德、礼教、家规、族约等社会性规范予以规制。[2] 虽然在国家经济层面,统治者给予了特别关注,但除以赋税制度作为规范标准外,针对

---

[1] 梁漱溟:《中国文化要义》(自序),上海人民出版社2011年版。
[2] 徐忠明:《小事闹大与大事化小:解读一份清代民事调解的法庭记录》,载于《法制与社会发展》2004年第6期。

经济活动中的重大违法行为也是施用刑罚。当然,以刑罚作为社会调控的主要手段,并不意味着中国古代的法律制度具有典型的"重刑主义"特征,① 从中国固有的社会文化背景来看,刑罚式的社会调控不等于滥用、擅用苛刻的刑罚作为社会治理的唯一手段。尽管古代社会在诸多层面上以刑罚作为治理方式,但其主要目的则是为了有效保障统治者治国之需。历朝历代对刑法典编撰的重视,对国家通过法律治理重要性的认可,以及司法系统设置的日益完备周全,无不体现出以皇帝为核心的统治中央对于司法的掌控占据着绝对的主导作用。

因此,在司法操作实践中,法律是如何恰当地适用于案件?司法机关是如何实现对案件合理而有效的裁判?这一问题不仅需要引起当代司法活动的思考与注意,也是古代司法制度能够有效运转的关键。相较于现代法律体系,中国古代的法律体系有着不一样的法律渊源与法律形式。从司法权力的根基上来看,法律的权威来自于最高统治者——皇帝。"言出法随"的描述有时稍嫌夸张,但是早期中国古代社会在没有形成稳定的官僚机构和统一的法典规范时,皇帝的决断确实具有最高效力。况且刑法典中的刑罚能够有效、迅速、便捷地应对纠纷,这基本取决于统治者对于刑法的重视。此外,中国古代社会在立法上,将寻求一种完备翔实的法律规定作为处理社会纠纷的重要目标。同时在司法上,综观整个中国司法传统,除了中央最高司法机关一级是由专门的司法人员担任外,在大多数时期,地方的法律纠纷处理通常是按照行政长官监理司法展开。自此而言,国家治理人员的复合性、地方治理模式的综合性,使得中国古代法律在具体实践中的运作模式一直模糊不清。这表现为中国古代司法审判究竟是依法审判,还是以情断案,抑或是同案同判,还是同案异判。该问题的学术之争一个是从法律审判的依据上提出问题,一个则是从法律适用的原则上反思问题,均为分析中国古代的司法模式提供了有益的视角,也是对中国古代是否存在判例或判例法提供了新的思

---

① 《周礼·秋官·大司寇》有载:"刑新国用轻典,刑平国用中典,刑乱国用重典",而有秦一代,却以重典治平世,更是以刑罚残酷、"以刑去刑"所著称,是"重刑主义"的典型代表。从词源本意上分析,"重刑主义"中的"重刑"可以从三个方面理解:一是倚重刑法,即法典刑法化;二是刑罚一般为重的意思,重罪较多,刑罚较重,即轻罪重罚;三是行刑方式较一般的重,即酷刑众多,刑事连带,执行不人道。由此可见,"重刑主义"孕育于兵刑合一、尚力传统的古代中国。是故治理国家以刑为主、法典刑法化、重罪较多且刑罚奇重、酷刑众多、"以刑期于无刑"的秦朝法制是中国法制历史上最为典型的"重刑主义"时期,延续了奴隶制时期的肉刑,发展了"法外用刑""比附论罪""刑于将过"等现象,可以说,是秦代"重刑主义"的具体表现。参见黄瑞敏:《反思中国古代重刑主义》,载于《学术研究》2012年第10期。但是,有关将"重刑主义"作为中国古代法律制度的统一特征之说,已被学界加以批驳。无论是从词源上分析,还是从中国古代具体的法律制度、司法运行等各个层面探究,都可以看到我国古代法律制度或者说法律传统中自秦以后不再推行"重刑主义"。尤其是秦朝以后,汉初统治者对于黄老之学"清静无为"的崇尚,以及汉武帝时期儒家学说被纳入国家治理之中成为治理正统,统治者对于"德治""仁政"的追求,伴随着中国传统法典体系的逐步确立,所谓的"重刑主义"早已被统治者所舍弃。

考方向。

无论是依法审判,还是以情断案,就司法裁判的依据而言,中国古代的司法活动在实践操作层面上应该是二者皆为有之的。古代司法官员在处理实际案件中对司法技术的运用体现着十分多样的考虑,既要考虑到是否依照了律令的规定,又要保障判决的结果合情合理。虽然这一判决方式有点类似于普通法对法官"司法技艺"的描述,但是二者有着本质的区别。法律规范与"合情合理"这样一种伦理情感的判断,在当下的法治框架下是存在悖论的。但是案件的判决需要公平正义这样一种天然的法律价值判断,是同普通民众的合理感官密切联系的。因此在中国传统的司法判决中,如何不违法又不违情,或者说更重要的是不违民情民意,成为基层司法官员处理案件的重要考量,① 同时也是最高统治者皇帝为稳定民心,合理规范司法官员的执法行为,掌控社会治理的重要指标。传统中国正是基于最高统治者与司法官员对于司法裁断公平与合理的追求,加上出于司法官员们对于法律理解的差异,使得官员在依律令处理案件之外,还需要一个法律适用模版,中国古代"判例"的形成与发展正是基于此而得以成形。对中国传统"判例"使用引号,主要是因为"判例"一词并非源于中国古代文化传统。② 法学界对中国古代法律制度中早已存在"判例"之说,或者是以"礼不下庶人,刑不上大夫""议事以制""春秋决狱"等司法原则概括表述,或者是以具体的案例汇编作为指向,进而认定中国古代判例作为法律渊源所经历的一个由抽象原则到具体适用的过程,以至于断定中国自古以来的判例传统。③

概而论之,清末变法以来中国传统法历经着裂变,随着西方法律制度的不断被移植,新的概念、新的思想、新的原则与规则等诸多近代西方法律,不仅成为时局统治者寻求安邦救国的良方,也成为近代以来法律观念变革转型的基础。但是,文化传统所固有的历史惯性不会因国家政权体制的变革而中断,反而以其强大的生命力继续关照着现实。外在形式上的中华法系的解体并没有从根本上去除中国自古以来所延续的重要的司法传统,反而以一种近代的"新模式"继续发挥

---

① 参见尤陈俊:《"厌讼"幻象之下的"健讼"事相?重思明清中国的诉讼与社会》,载于《中外法学》2012年第4期。此外,邓建鹏的《词讼与案件:清代的诉讼分类及其实践》(载于《法学家》2012年第5期)将清代案件分为词讼(民事案件)与案件(刑事案件),更为详细地分析了清代州县官员与中央司法官员之间审理案件的差异,通过差异性比较,说明了州县官在司法实践中的状态:在主观上对案件的轻重把握、案件本身的构成要素(即重情与细故之分)有很大的自主性,但是法定的标准即处罚结果必须严格遵守。

② 参见王志强:《中国法律史叙事中的"判例"》,载于《中国社会科学》2010年第5期。

③ 参见武树臣:《中国"混合法"引论》,载于《河北法学》2010年第2期。以及汪世荣的《中国古代的判例研究:一个学术史的考察》(载于《中国法学》2006年第1期)和《判例在中国传统法中的功能》(载于《法学研究》2006年第1期),均在认同中国自古便有判例传统的基础上对判例的产生、演变进行了学术史的分析。

着它的功效。"判例"便是一个最为典型的代表。"判例"一说实际上并不妥当，因为中国自古只有廷行式、决事比、故事、编敕、例、条格、条例、成案等概念，并没有"判例"的直接表述。即使是同西方判例制度最为接近的"成案"制度，也并不能直接类比为西方普通法体系下的判例制度。既然中西之间在传统上无法以"判例"和"判例法"进行对接，那么力图从概念、形式上对中国古代"判例"进行深究，并试图找出中西法律制度的对应之处，则只能是徒劳而已。我们应当在中国传统法律的逻辑结构中分析中国古代，乃至近代以来的法律形式与判例的关系。然而，考虑到对话理解的可行性，我们暂将中国古代官府处理纠纷所使用的一类法律形式称为"判例"。值得注意的是，因为西方历史语境有别于中国传统话语下的表达，因此，就西方与东方的不同表达与阐释所形成的不同文字表述，不仅需要从词源与语义上追溯西方历史上的先例与判例及其与判例法的关系，进而纠辨中国的判例，还要从功能主义视角出发，明晰中国没有判例法传统的原因，解答中国所谓"判例"的具体形态，并从世界法传统相互交融、传承与发展的当下，尝试探寻中西方判例法对接的问题所在。

（一）西方历史上的判例、先例与判例法

判例是普通法系中的核心概念，普通法离开判例便不能称为普通法，因此判例也就成为体现普通法系国家法律制度的代名词。普通法体系的形成根植于司法制度的确立、司法活动的开展以及法律职业阶层的兴起。判例法传统的形成也与之密切相关。普通法系中的判例在司法制度逐步完善，司法活动日益成熟，尤其是法律职业阶层的职能化、专业化与技术化的基础上，由最初的汇集于威斯敏斯特大教堂有关地方习惯的交流，发展为直接影响司法审判的判例汇编，以判例为表现形式，透过其蕴含的法律原则与法律规则，指引法官的司法审判，进而形成普通法或者说是判例法。判例法的形成虽然是司法实践的结果，但也经历了王权夺权、集权与放权的过程。也正是在这样的一种时局演变中，判例法才得以不断自我调整以适应新的历史需要，进而构成了一种有别于欧洲大陆成文法制度，充满灵活性和能动性的判例法传统。具体而言，"案例""判例（法）"与"先例制度"都是人们社会活动的产物，它们所指的是同一现象，即人们从事司法活动的产品（及行为），而不同的提法表明了人们对此种活动的不同态度和不同的行动方向。①

---

① 张骐：《建立中国先例制度的意义与路径：兼答〈"判例法"质疑〉——一个比较法的视角》，载于《法制与社会发展》2004年第6期。

从概念界定上分析判例所承载的含义在普通法国家有着严格的限定。①《牛津法律大辞典》对判例的解释是："对一项诉讼的报告，包括作出判决的法官或法官意见，在这里判例被看作对某一问题的法律解释，并有可能作为以后案件的先前判例。"② 在普通法系国家中，"判例"首先是法院作出的判决，存在于具有法院系统等级结构的体制内，发挥着不同程度的权威性作用。简而言之，判例需要借助规定的形式才能获得效力。"先例"是同"判例"的概念十分接近，判例研究离不开基于先例的研究基础。"先例"不是天然的法律概念，在普通法中特指为司法先例。进一步讲，"先例"是指"被用来为日后发生的相同或相似案件提供例子或权威的既决案例或法院判决。"③ 能够作为判例的一般是先例，并且就时间性而言，判例指向未来，一般同判例法相联系，属于法律的存在形式；先例指向以前，一般同先例规则相关，是实际判例适用的规则，能形成法律效力以及同普通法内部联系的规则，是判例制度的重要组成部分。

在西方法律论著中，"先例"通常是在有关法理学的书籍中进行探讨。④ 而且，先例在西方法律语境中通常是指"法律规则"或"判决理由"，具体可以表述为英国的先例原则。在英国"先例原则"的背景下，被讨论最多的是司法的一个基本原则，即"同案同判"的适用。"同案同判"的价值诉求使得司法先例几乎在每一个地方都具有某些说服力，因为"遵从先例（stare decisis）"（遵守之前所决定的）是一条在实践中获得的普遍适用的准则。纵观以先例为引导的西方普通法发展历程可以发现，先例的发展变迁是源自于司法实践。参与司法实践的重要主体是法官和律师，二者在司法活动中互相影响，促进并完善了先例制度。其中，在英国早期的法律发展进程中也存在着权力博弈，皇权对司法有所影响，但是独立的司法权力取得了最终胜利。伴随着先例在司法实践中的充分运用，具有强制力的司法规则开始形成，进而在制度层面构成了判例法的基础。判例是判与例的结合，即判例是法官通过司法程序，依照遵从先例的原则所作出的判决结果。法官判决的作出受到先例的限制，就先例与判例而言，一个是司法原则，另一个是司法结果（或者说是司法资料）。判例的产生源于先例，而先例的形成源于众多判例的作出，可以说先例与判例，乃至判例法的形成密不可分。

相比较而言，"案例"在日常生活中更为常见。人们对于案例的内涵、性质与功能形成了相对固定的理解，一般是作为对典型的富有多种意义的事件的陈

---

① 判例的英文表述是"case"，它还有案件、诉讼以及有关案件的证据或事实陈述等含义。
② ［英］D. M. 沃克编辑，北京社会与科技发展研究所译：《牛津法律大辞典》，光明日报出版社1988年版，第139~140页。
③ Henry Campbell Black, *Black's Law Dictionary（Fifth Edition）*, West Publishing Co. 1979, p. 1059.
④ ［英］鲁伯特·克罗斯，J. W. 哈里斯著，苗文龙译：《英国法中的先例》，北京大学出版社2011年版，第1页。

述,在法律教学中通常指一个生效的判决,或者是法院审理案件后新生成的范例,主要作为一种理解法律的辅助方法,也在司法实践中具有指导和启发作用,其重点是展示类似的案件曾经发生的事实。但是,"案例"本身不是法律渊源,并不具有法律效力。

在阐述了"先例""判例"和"案例"之后,我们针对"判例法"可以从两个层面加以理解。其一,"判例法"作为一种法律形式与制定法相对;① 其二,"判例法"也指有关判例适用的规则,即有关判例的法。② 前文已就判例法的形成与发展,判例法与判例的关系有过阐述,此处不再赘述。需要说明的是,一般在提及判例法的时候,主要是从普通法的固有概念出发,基于法律形式的不同,作为同制定法相对的范畴使用。并且,判例法与判例制度也是经常同时出现的两个名词,有时直接将二者等同。具体而言,判例法系的判例制度不是一项严格意义的制度,在判例法内部并没有更高效力的规则或原则确立判例的法律地位,因此,"制度"二字常常被省略。只因中国自身是制定法传统,每当谈及某一类似法律的时候,总是喜欢运用制度性观念加以界定或划分。就判例法而言,判例是普通法的古老传统,其规则的效力和运用是一种客观存在,并且由于判例源自于古老的习惯,因其反复适用而在实质上产生了拘束力,使得富有历史感的判例赋予了普通法国家形成普世性规则的强大动力。尽管在普通法系国家的判例并没有形成一套公认的权威规则,但是有关判例的使用规则已经形成了非常完整的体系,尤其是"遵从先例"的方法"区别技术"(即"区分先例")的发展,充分体现了判例规则的理论化、技术化、专业化与精细化。鉴于上述认识,在论述判例法时,我们便认为其天然具有了一种制度性的事实。此外,判例制度还包括判例集的汇编、出版、援引制度,以及法院审级和管辖制度的确立。以上分析均是立足于普通法特定的语境中展开。③ 我们知道,以概念诠释概念并不能很好地解读概念的真实状态,因此,借由概念为出发点,进一步阐述概念所代表的具体含义才可能展现概念的全部意义。普通法下的判例究竟为何物,需要回归到产生判

---

① Henry Campbell Black, *Black's Law Dictionary* (Fifth Edition), West Publishing Co. 1979, p.196. 针对判例法的概念解释为:"与制定法和其他法律渊源想区别,判例法史由已报告的判例集合而成的法律体系,或通过已判决案件来显示或构成的特定部门法。"

② 其核心内容体现在判例运用过程中所应遵循的原理和采用的技术,参见孟凡哲:《普通法系的判例制度——一个源与流的解读》,吉林大学2004年博士论文,第11页。

③ 哈特强调对于概念认识要分清此事物与其他相关概念的界限,其具体表述为:"有些人会经常地感到有表明界限的需要,因为这些人虽然精通词汇的日积月累而成的用法,却不能阐明或解释他们已经意识到的那些使一种事物与其他事务区别开来的差别。"正是基于这样的目的,在普通法语境下切实的阐述普通法所特指的判例、判例法与判例制度的概念,才能有助于我们区别、认识有别于普通法体系下且同判例相类似的法律形式。[英]哈特著,张文显等译:《法律的概念》,中国大百科全书出版社1996年版,第14页。

例的普通法历史演变中。毕竟，普通法的产生晚于判例且源于判例，同时又影响着判例的进一步发展。

判例法一般是指较高级法院的判决，但判决的结果不是关键，判决中所运用的法律原则或规则才是关键。因为对其他法院或者本院以后审判产生约束力的不是判决结果本身，而是形成最终判决结果产生约束力与说服力的根据。约束力制约了未来其他法院审理案件时所需要参考的依据，说服力是指基于作出判决法院的地位、法官的声望、先例的原则以及环境等因素产生的某种影响。其中最为直观的反映就是"遵从先例"。"区别技术"是遵从先例的关键，而"区别技术"的主要目的就是为了"区分先例"，为待决案件找到有利于案件判决的依据的先例或对案件审理不利依据的反驳，即证明待决案件根本不同于可能对待决案件作出不利判决的先例。此外，如何遵从先例，遵从先例判决中的哪些观点，遵从到何种程度，就需要区别判决中的"判决理由"（ratio decidendi）和"附带意见"（obiter dictum），或称法律原则与法官意见。① "判决理由"是判决的必要根据，决定判决结果，而"附带意见"是法官对于案件判决所发表的意见，仅仅具有说服性。普通法司法活动的能动性决定了二者之间可以相互转换："附带意见"并不永远是"附带意见"，可能在未来案件的审判中作为"判决理由"加以应用。普通法院的法官处理案件争议的核心便是找到"判决理由"。

决定"判决理由"的依据是另一位法官在研究其所受理的诉讼是否适用某一先例时才加以确定的，且不是一个简单的类比推理过程，并非僵硬地就案件论案件的过程。这样适用先例的方法与过程使得先例显得更为灵活，从而使法院法官在从以前的经验中获取智慧的同时纠正以往的错误，普通法的发展便暗含其间。"遵从先例"的使用方法在类型上可以划分为扩展型与缩小型：其一，先例的原则可直接适用于当前案件。该法律原则可以被视为得到法院扩展性的广泛应用，进而决定了两个案件的事实差异在当前案件审理中并不重要。有关先例的"附带意见"也可以被认为是法律原则或"决定的理由"；其二，先例原则不可以适用于当前的案件，因此，直接导致案件原则被法院缩小适用，以使其区别于当下的案件，案件差异在此时便显得尤为重要，先前案件的原则被认定为法官意见。② 进行案件比较，确定"案件事实"成为其中关键，即什么是作出判决的实质性事实？就实质性事实作出的判决又以什么作为法律命题的依据？换言之，实质性的事实越多、越详尽，判决根据也就越具体，相反则不然，二者互成比例。③ 简单来说，就案件事实的认定，首先要区分实质性事实与非实质性事实。在认定实质

---

① ［法］勒内·达维德著，漆竹生译：《当代主要法律体系》，上海译文出版社1984年版，第356页。
② ［美］E. 阿伦·法恩兹沃思著，马清文译：《美国法律制度概论》，群众出版社1986年版，第73页。
③ 沈宗灵：《比较法研究》，北京大学出版社1998年版，第290页。

性事实后，应当明确其所依据的法律命题，相似的有利先例加以适用，不利先例不同且不予以适用。法律辩论乃比较事实的分析，法院则在可用先例事实与正在审理的事实之间作出广泛的甄别，形成新的适用形式以解决纠纷问题。

于是，普通法便在"遵从先例"的原则中不断革新与发展起来。[①] 具体而言，先例权威性的丧失来自于先例的不予适用，无论是积极被推翻或是消极地不再被使用，都是围绕着新的法律问题的出现而演化，从而生成新的原则。这一过程都是基于对所欲使用的先例以及前后所宣判的所有判例的探究，充分体现了普通法法官在公平正义的基本价值判断影响下，遵循司法审判技术的智慧和能动。因此，普通法学者哈勒曾将普通法形象地比喻为"阿尔戈英雄的船舰"，他在分析普通法的历史渊源及其形成过程时深刻地揭示出普通法的精髓："尽管经历了漫长的旅程，最初造船的所有材料几乎都已经更换过了，但却仍然是原来的船"。[②] 观念史学者波科克更是认为"普通法是'超出记忆'的法律"。[③] 如此这般，普通法的法律才能是理性历久经年的产物，而不是立法者一时的恣意之举。从司法管理的角度来看，例行案件是使用法律，疑难案件则是发现法律，或者是"宣示法律"。进而看来，普通法的"完善理性"不是通过封闭的逻辑推理形式确立的，而是通过开放的法律技术完成的，也就是柯克所谓的"技艺理性（artificial reason）"。这种理性能力是与"智慧、审慎或技艺"联系在一起的，是一种"逐渐的，推理性的"，是一种"推理过程"而非"唯理化"过程。[④] 普通法中判例或判例法的独特性由此可见一斑，而这些在中国传统法律中都是不曾有过的理性和经验。

（二）中国历史上的先例、案例与判例

中国古代没有关于判例的汉语概念，"判例"也不是西方的表达，而是产生于清末司法改革时期所引进的日本术语。[⑤] 因为清末司法改革时清廷十分重视英国的法律，而判例在中国法律语境中没有直接对应的概念，只有类似的"援引为例"，幸有许多日本专家、学者参与其中，使得"判决例"的概念被引入中国，最早对应于清朝的"成案"或"故事"。民国后，开始出现"判决例""判例"

[①] 张骐：《比较法的比较研究——兼论中国建立判例法的意义、制度基础与操作》，载于《比较法研究》2002 年第 4 期。

[②③④] 李猛：《除魔的世界与禁欲者的守护神——韦伯社会理论中的"英国法"问题》，载于《韦伯：法律与价值》（第一辑）上海人民出版社 2001 年版，第 132 页、第 133 页。

[⑤] 有关"判例"词源的详细追溯参见王志强：《中国法律史叙事中的"判例"》，载于《中国社会科学》2010 年第 5 期。

或者解释例的表述。这从另一个侧面表明，中国传统法律文化中没有"判例"一说，"判例"的产生及其在中国的发展，完全是在西方法律被引入之后东西法律文化交流的产物。语词的演变不代表制度本身的存在与否。换言之，中国古代的话语中确实①没有"判例"一说，但是，基于成文法典自制定之日起，便天然具有的滞后性、僵硬性，决定了法律在适用过程中必须要有一个较为灵活的法律形式补充制定法的不足。这也是中国古代比、决事比、廷行事、例、断例、条例、成案等产生的原因。毫无疑问，中国是有基于审判活动产生的案例，引导官员裁判的中国古代传统法律的体例形式，决定了诸如"例"之类的法律功效只是法典的辅助。补充法律与形成法律的依据是中西案例适用的本质差异。如果硬要将中国古代法典的补充形式称为判例，必须明确一点，所谓中国古代式判例都是源自于法典，根植于法条，判例的内容、效力、功能源自法律非判例自发衍生的，离开传统的成文法典几乎无可作为。普通法的判例是法律形成的重要源泉，可以自成一体，而中国的"判例"仅仅是补充成文法的具体实施，乃至将成文法明确、细化以至具体化。换言之，中国的判例不具有西方判与例相分离的含义，中国的判例更侧重于名词性的案例含义，即判决案件的法律依据。

　　清末中华法系的解体，伴随着近代法律移植开始，使得中国法律的发展在自觉与不自觉中产生了一种惰性：社会出了问题，就是中华传统文化的过错；现有法律不能解决问题，批判传统法律文化的"毒瘤"时，必须从西方法律中寻求出路。西方法律就那么可靠吗？中西之间就那么相爱无间吗？当然不是。抛开文化的差异不谈，就法律制度本身，意识形态与形成根基的差异也不得不令作出法律移植决定之前，务必审慎、仔细、小心、全面、综合地评估与分析其可行性后，才可以考虑使用。一如判例制度是否应该在中国建立般，也是为了解决现实所面临的难题。但是，判例制度建立后就能良好地解决问题了吗？有待商榷。只是在当今法律发展的大趋势是大陆法和普通法的不断融合，固守成文法反而会成为历史的倒退。那么，如何在中国有效、切实地适用判例，需要结合历史与当下，结合判例法国家的良好经验才能加以运用。这也仅仅是基于成文法基础上案例运

---

① 参照西方法理学历史解释学派的观点，这一解释法律的过程也是一种独特的创制法律过程。但是，此处只是将中国古代"例"的运用进行简单介绍，如果深入中国传统"例"的具体使用，诸多案例的产生与发展实质上是有关法律在处理案件适用中的具体形态。而且，清以后所形成的比附原则，并不是直接从已有的案件中归纳总结出原则适用于当下的待决案件，进而形成新的原则或者规则。古代案例在司法中的作用更多的是一种对于法条的指引，特别是有关案件的刑罚受罚程度而非定罪区分，即合理、适当的量刑而非区分罪与非罪、此罪与彼罪的差异，以实现"情罪相符"。定罪往往只是量刑的表现形式，运用简单的类比是适用案例的主要手段，这就是中国古代案例区别与普通法判例的关键所在。参见［法］巩涛，邓建鹏译：《失礼的对话：清代法律和习惯并未融汇的明法》，载于《北大法律评论》2009年第1辑，以及陈新宇：《比附与类推——从"比引律条"出发》，载于《政法论坛》2011年第3期。

用，而非判例法制度。可以说，"判例法与中国"是一个老问题。① 1930年陆鼎揆《判例与大陆法系》一文即论述了中国是否适用判例法及其必要性。自司法改革以来，面对日益复杂的社会生活，成文法所固有的僵硬性、滞后性展露无遗。为了弥补法律文本与实践纠纷之间的空隙，中国最高人民检察院与最高人民法院（以下简称"两高"）出台了众多的司法解释。"两高"的司法解释具有同法律一样的效力。在立法上司法解释的权威性源自于法律；在司法实践中司法解释重于法律。换言之，法律授予司法解释权威性后，在司法实践中司法解释反而指引法律的适用，或者说确认案件所应适用的法律，乃至基于法律形成某种新的规则。

诚然，司法活动所固有的能动性影响法律的具体适用，但是如此便直接导致了现实生活中法律大量制而不用，司法解释大行其道的畸形法治发展形势。对此，更为形象的一个说法是：每一新制定的法律需要先放一放，等有了司法解释后法律才能用，这是法治发展的悖论。法律适用也是一种法律解释过程，而在司法实践中的运用便直接形成了司法解释制度。司法运用中法本身就有直接成文的法律解释（法律运用的详细说明）和直接在实践中所形成的司法技术操作。前者侧重于立法所形成的法律文本，后者侧重于司法所构成的法律实践，二者在一国的法律体系中都具有重要的作用。如果偏废一方，成文法的确定性、精确性、指示性等重要特征便会在具体司法实践中消失。具体而言，法律在被适用于具体案件的过程中，案情分析与法律适用的过程也是在进行法律解释的过程。因此，法官在审判时，也会对法律作出改变其字面含义或原意的解释，或者是将有关法律的意愿完全置之不顾而直接从当前需要出发来解释法律。② 后一种情况十分罕见，甚至是明令禁止的。司法解释作为法律解释的重要组成部分，有着自身的逻辑与辩论方式，其最主要的功能便是保障法律解释对象的合理性，实现法律解释的有效性和正当性。如果说法律解释的过程还是一个不断地实现理性化的过程，通过司法实践对法律进行解释的过程就是构建理性必要途径，我们又可以称为实践中的理性。但是，基于中国现有的法律渊源和法律文化，大量司法解释的出台及其对于司法活动的全面影响，应当使我们在反思这样一种法律形式的合理性的同时，提出质疑与怀疑。然而，法律实践中所遇到的诸多问题令司法解释都无法及时、快速地处理，为了解决这一难题，有学者又重新提出引入判例制度的必要性，甚至以中国古代法律为基础，借由中国自古便有判例，或者说是判例法的传

---

① 张琪：《判例法的比较研究——兼论中国建立判例法的意义、制度基础与操作》，载于《比较法研究》2002年第4期。

② 在大陆法体系下，这种情形只是在特定情形下才会发生，参见董茂云：《法典法，判例法语中国的法典化道路》，载于《比较法研究》1997年第4期。

统,进而论证中国实行判例法的合理性与合法性。是故需要在此对所谓的中国自古便有的"判例"进行审视与论证,进而阐述中国古代形成的独特法律形式是由怎样的思维方式和行为模式影响传统法律的发展。

今天对于中国古代司法传统的反溯,一是为了说明在中国建立判例司法寻求正当性;二是为了树立司法改革中判例理论根基的合理性。中国传统法律文化源远流长,有自己独特的发展道路。然而自近代以来,大体走上了大陆法系法典化的历程。① 换言之,中国是一个典型的成文法国家,有着深厚的制定法传统,因循祖制、编纂法典是历代封建王朝以明正身、定国安民的悠久传统。司法传统中有判例形式而没有普通法下判例所具有的独特意义:中国古代因为是成文法传统,成文法所固有的滞后性、僵硬性不可避免,但是无论是法典体例不足还是法典规范完善的各个时期,统治者均强调尊法行事,尤其是官员在审理案件的时候要"事断于法""诸断罪皆须具引用律、令、格、式正文",否则,"违者笞三十。"古代的成文法是统治者治理国家的基础,也是其权威的表现。加之中国古代社会又是一元社会,而判例法是源于自由主义、个人主义和地方自治思想发展而来的法律形式,② 这在中国古代既没有历史基础,也不存社会实际需要,所以中国的判例法也就无从谈起。即使是在近代法制的转型期,中国也仍旧选择了大陆法作为新型法制构建的标准,而非普通法系的判例法。在近十年的法治发展中,中国一直致力于法典的编纂,期望构筑完善的法典体系,法治的完善全权寄希望于法典的制定。然而随着部门法的发展,法律的制定日益琐碎,法律呈现出块状的分割模式,加上大量的司法解释贯穿其中,使得今天的法律日益繁多却又未能起到有效控制社会处理纠纷的功效。

从普通法来说,判例法是一种"法官法","法官立法"和强大的法律职业群体是其主要特征。正因如此,丹宁勋爵在描述判例制度主导下的普通法的司法活动时,将其形象地比喻为"大法官的脚"。③ 普通法的法官是"活着的圣谕","具有慈父般的尊严"。④ 相较于大陆法系的法典法,判例法的最终确立源于法律职业群体的发展。可以说判例法是法官和律师主导型的法,审判制度和法官、律师制度是判例法制度的精髓和灵魂。⑤ 正是因为如此,在讨论判例制度是否可以适用于其他国家的时候,有学者评述"没有英国那样的等级式法院组织结构,没有英国那样具有专门技能和独特思维方式的法官,即便移植到其他国家,也无法

---

① 董茂云:《法典法,判例法语中国的法典化道路》,载于《比较法研究》1997年第4期。
②④⑤ 封丽霞:《偶然还是必然——中国近现代选择与继受大陆法系法典化模式原因分析》,载于《金陵法律评论》2003年春季卷。
③ [英]丹宁勋爵著,刘庸安、张弘译:《法律的界碑》,法律出版社2001年版,第71页。

加以使用。"① 从法制发展的内外要素分析，中国直到20世纪初才有了类似于西方的最高法院（大理院）和地方法院（地方高等审判厅），这是中国第一次设置全国统一、独立的司法系统，并且逐步建立起了诉讼程序，明晰了审判制度，构建了有别于封建司法制度的近代司法制度。② 以律师为主体的法律职业体也在这段时间有所发展，伴随着法制缓慢进程也历经磨难。19世纪末20世纪初中国传统法制向近代法制的转变过程中，伴随着法典化的改革，呈现出法典化运动的时间、动机、过程、模式和社会背景等诸多方面，均同日本有着密切的关系。但是中国对于外界刺激和挑战反应的迟钝和缓慢，并且新知识和新观念想要获得普遍的传播极为困难，是故新的价值观和理论难以在中国获得迅速的流传。近代司法改革之初鉴于社会的封闭性或许如此，当今社会大量的交融性与流通性使得中国在接受外来文化时呈现出"来者不拒、为我所用"的模式。面对这样一种现状，需要就古今东西方的法律交流秉持一份审慎的态度。

（三）谨慎地对待案例汇编与判例传统

中华法系的历史传统源远流长，在法律渊源与法律规则等方面有诸多宝贵的法律资源。传统法律的某些方面在今天看来有相似乃至可借鉴之处。法律作为一种社会现象也是民族精神的一种体现。法律的延续性，不仅反映在历史的记录中，更具体呈现在当下行为规范中所包含的传统因素。中国古代就存在汇编案例的传统，这样一种形式似乎同普通法形成过程中国的判例汇编制度有着极为相似之处。但是历史的对话要建立于存在共同背景因素之下，形成彼此的联系才可以展开。如果仅仅是依据其中的某些相似点，便断言处于不同时空与空间下的历史实物具有极大的联系是不合时宜的。中国古代在帝制统治下会基于统治的需要进行司法案例汇编的工作，但司法主体性不强、行政色彩浓厚，相较于英美的判例传统，有着天壤之别。有学者近年来一直撰文将中国古代的法律形式描述为"是一种典型的成文法与判例法的混合体"。③ 更是上溯至殷商时期以劲士精神为切入点，④ 进一步论证中国法的混合模式具体表现为两种：一是成文法与判例法的结合；二是法律和非法律规范的结合。其中直接以"有法者依法行，无法者以类举"作为中国是成文法与判例法结合模式的重要依据。对此，以英国普通法作为

---

① 高鸿钧：《英国法的域外移植——兼论普通法系形成和发展的特点》，载于《比较法研究》1990年第3期。
② 蒲坚：《中国法制史》，光明日报出版社1987年版，第242~245页。
③ 参见武树臣：《中国古代法律样式的理论诠释》，载于《中国社会科学》1997年第1期。
④ 武树臣：《劲士精神与成文法传统》，载于《法律科学》1998年第5期。

对照分析便可知其中的论证问题。首先，中国古代的司法实践不具有英国司法机构的层级设置，也就不存在所谓的"上级法院可以推翻下级法院的审判"；其次，中国古代官僚等级制度决定了官僚体制间裁判不具有影响力与决断力，皇帝才是最高的司法裁判者和最终决断者，司法机关可以提出"引律拟断"的意见，但是无裁判权，判例的约束力没有必要；再次，中国古代案例汇编多是为了"以案就案"的参照审理，尤其是疑难大案的汇录，主要涉及刑事犯罪案件，皇帝是最终决定者。然而，汇编的案例不是为了提取案件所生成的某些规则，从案例出发探寻司法审理的原则与精髓，而是在司法实践中有点类似于模板套用机制，而不是规则解释适用机制。因此，如果断然认为中国古代是典型的混合法体系则是不太严谨的论断。我们不能因为中国古代存在案例汇编，或者说具有成熟的成案制度，就认为中国具有了判例传统乃至判例法。判例，抑或判例法，在特定的语境与环境下有着清晰的界定，它是同特定的司法机构、司法人员、司法规则等方面的设置相关，而不是简单的"以案断案"。

早在20世纪40年代，时任国民党政府司法行政部顾问的庞德就中国近代以来适用法典编纂体例发展法制建设表达了充分的肯定，而针对有人提出要建设判例制度进而促进司法发展的观点，他认为："一个国家如果没有英美法的历史背景，没有如英国或美国所训练的法官及律师，要去体会它是很困难的。中国循着现代罗马法的道路已有良好发展，如果转而重新建立一种系统，既无合用的法律书籍，同时也不便于法典化，那便是一种浪费……中国循着已走的道路向前进行，是最适当不过的。"① 这也从侧面反映出了中国自古不存在判例法传统。并且他还反复强调中国自清末改制以来便确定了大陆法系法典化的发展路径，更是明确提出"中国之采取大陆法制，在数十年前即决定，路已走得很远，已不容你们放弃这种制度了"的论述。② 如果中国自古就有判例法的积淀，那么近代法律改革以来国人为何选择法典编纂而弃"判例"不用，甚至在国民党政府时期提出引入英美判例制度招致庞德的如此反对呢？庞德在进一步论述中国如何在完善法典体系，构建司法制度的过程中实现社会的有效控制，不仅需要建设有权威的法律规定和技术组成，还要确立由人民所接受的权威理念，进而将法典的解释和适用统一起来，形成源于中国历史、社会背景和民族习惯的"中国法"。对此，他详细阐述道："我的意思并不是说中国应当从法典起草和通过之时的立场退却，或在其历史制度的基础上开启新的起点，而是说中国法典的解释和适用不一定非

---

① [美] 罗斯科·庞德：《作为以中国法为基础的比较法和历史》，见王健：《西法东渐——外国人与中国法的近代变革》，中国政法大学出版社2001年版，第62~62页。

② [美] 罗斯科·庞德：《近代司法的问题》，见王健：《西法东渐——外国人与中国法的近代变革》，中国政法大学出版社2001年版，第480页。

要借鉴其他国家对现代法典的解释和适用，甚或受其重大的影响。应当谨记的是，它们是中国的法典，是适用于中国人民的，规范中国人民的生活的。"① 可见，一个美国法理学专家早就深入分析了中国建设判例法的可行性、法典与中国的关系。

时至今日，我们都有点过于美化西方的法律制度，过于乐观和理性化了西方法律制度所能够达到的法治理念和法治价值，反而忽视了中国固有的传统法经验，以及基于特定历史背景、社会文化、地理环境等诸多影响下中国社会对异质的法律文化的承受力和消融能力。对于不在同一个可探讨的语境背景下分析、衡量问题便丧失了交流的可行性和有效性。具体而言，有关判例在中国古代是否存在的追问，乃至直接认定中国自古以来就存在判例法，都只是人们的一种良好愿望的追溯。这是背离了实际的追溯。恰如美国学者刻薄描述中国1911年以来政治和法律革命的感受一样，如果说完全没有根植于中国传统所"建立起美国共和政体的仿制品"是荒唐可笑的话，那么，强行将中国古代司法所形成的独特法律形式等同于西方普通法下的判例制度则是"外在的、空洞的"，"是附加在中国之上的"。② 这样一种不恰当乃至错误的认识也会且必须随着时间的推移迅速去除掉。

（四）判例在中西方如何对接

中国法学发展大致经历了三个阶段："普适概念""循名责实"和"重述中国"。在这样的进程中，法学研究的模式呈现为"在中国寻找西方""在中国发现历史"和"双向功能主义下的重述中国"。③ 摆脱就概念寻找概念、以西方为标杆"填充式法律史学"的困境，中西对接需要建立在深入分析中国传统法的精神特质和整体结构之后，由此积极解答现实中所面对的各种理论与实践问题，选择开放的心态与模式，回应东西方交流的同时，掌握固有的法律传统，这才是中西交流的根本。回到有关中国古代司法判例的研究，前文已经对"判例"的概念进行了分析，明晰了概念渊源及其界定方式和角度。因为有关概念的分析与解读本身就是一个对于问题的提出与解答。所以，在此基础上需要进一步对概念背后

---

① ［美］罗斯科·庞德：《作为以中国法为基础的比较法和历史》，见王健：《西法东渐——外国人与中国法的近代变革》，中国政法大学出版社2001年版，第85页。
② 参见［美］斯塔夫理阿诺斯著，吴象婴、梁赤民译：《全球通史》，上海社会科学院出版社1999年版，第480页。
③ 参见王志强：《中国法律史叙事中的"判例"》，载于《中国社会科学》2010年第5期。

的理论和支撑点进行分析,也可以称为"判例"的功能主义分析。① 大致可以分为三个部分的追问:一是"判例"的功能是什么?二是此功能性需求是否存在于中国?三是如果存在,则此功能解决的问题即具有普适性,那么,中国用于解决这些普适性问题的相应的制度和实践"有何特殊背景和功能"。

首先,"判例"的核心是基于既有司法判决来凝聚法律职业群体智慧,提供法律问题的分析理论和解决方案的功能,充分呈现于司法实践的检验中,也就是说,案件审理中判例的适用是由选择、吸收、接纳、放弃等过程构成最终案件的判决原则或规则的确立。这是普通法体系下判例在司法运作中样态——以司法经验为基础,促使司法智慧的积累与司法技术的发展。

其次,司法经验在中国古代也同样存在。值得注意的是,中国古代没有所谓的法院机构,但是存在"一同于上"的司法官僚阶层,官僚阶层本身也是有着明晰的等级分层和运转规则的。也就是说,中国没有法律职业群体,但是有大量的司法性官员。具体而言,官员,尤其是地方官员,具有显著的综合性官员特质,不仅要处理政务,还要解决纠纷,即行政与司法的一体化。面对众多的事务,加上官僚机构内部监察、纠弹机制的督促,譬如,勾检、磨勘、审转复核等制度的涉及,由最高权力介入形成制衡,促使官员为了顺利完成官府考核,不得不注重从以往司法经验中寻找解决目前问题的思路和方案。因此,自明清以来,官箴书中有关案件审理日益受到地方官员的重视,这也从侧面反映出了官员对于以往处理事务经验的重视。尤其是面对案情比较复杂的案件或者疑难案件的时候,过往司法经验的记录能够为官员提供非常好的指引,辅助其较为妥善的裁断案件。是故"判例"有关提供法律问题分析和解决方案的功能,尤其是在司法实践中的运用,也可以充分体现在中国古代官员在处理司法案件时对于以往经验的重视。

最后,中国古代是典型的严格法定刑成文法传统,遵循"一罪一罚"原则,并且,经由监察机制所导致的职务风险,令官员不得不对司法审理充分重视,注重有关审理案件经验记录的收集。而且,随着法典体系的日益完善,有关断狱的规定也呈现出体系化与规范化。简而言之,国家基本法典直接规定了官员在审案断狱时明确的法律标准。又自宋以来,在官僚体系内部,除中央一级专门的司法机关,地方司法官员的政务中,案件的审理占据了其政务的绝大部分。所以,从国家法律和司法实践两个层面都强调了官员需要充分掌握法令,熟练运用司法技

---

① 王志强通过金岳霖"不根据任何一种主张而仅以普通哲学的形式来写中国哲学史"的理解,认为对于"判例"这一概念的运用应该找到更为"普通"的形式。舍弃"填充式法律史学"的研究,运用功能主义分析方法的同时,针对其所分析的对象在各自的社会文化背景下所呈现的功能,并就其特殊性运用到另一特定的背景中加以分析,寻求彼此的共通之处,这被称为"双向功能主义"。参见王志强:《中国法律史叙事中的"判例"》,载于《中国社会科学》2010 年第 5 期。

巧。此外，对于司法经验的书面总结，不仅存在于基础官吏中，国家面对疑难案件的处理，以皇帝作为最终的裁断者，也形成了案例汇编的传统，作为官员使用律令的指导，进而合理量刑结案。因此，无论是国家层面，还是官员个人，都是在司法实践中寻求一种经验的积累。

诚然，中国古代是一个典章制度主导下的传统社会，但是面对律典无法解决的问题时，中国古代司法也创设了一种较为灵活且机动的解决方案，即决事比、比附、例、断例、条格、成例乃至成案制度。抛开概念界定本身而言，通观中国古代历史上的这些案例形态，对应于普通法体系内的判例，从功能主义的角度可以分析中国古代司法衍生的各种处理复杂案件或者疑难案件的处理模式。也恰恰是基于此角度，我们可以说中国古代是有判例功能的法律形态，姑且将其称为判例。

二、中国传统判例地位重述

（一）判例产生的原因

1. 习惯、成文法与判例的演变

有关中国古代判例的起源众说纷纭，有学者甚至上溯至殷商的"任意法"，且认为西周春秋时期中国便形成了"判例法"，战国秦朝产生了"成文法"，并于汉朝确立，极大地影响了后世的法律实践活动，[①] 借此认为中国是典型的"混合法"体系，法律实践表现为成文法与判例制度相结合，法律规范与道德习俗共同规范社会生活的治理模式。[②] "混合法"不拘囿于一元的法制思维，多维度地研究、理解中国古代的法律渊源实际上是一种创新。但是，此处的理解存在概念上的偏颇的，所谓的"混合法"体系是将习惯法与判例法的概念混淆了。习惯与判例的产生是有先后顺序的，习惯也可以说是判例的重要渊源之一，习惯经由共同性认识的"大众惯行"的法律实践，即可转变为习惯法，所以习惯不直接等同于判例。

习惯是习惯法的必要组成部分，而所谓的西方习惯法的形成是一个法律上习

[①②] 武树臣：《中国"混合法"引论》，载于《河北法学》2010 年第 2 期。

惯的形成过程，它具有两大特征：其一，必须是特定区域的民众认为具有约束力的规则；其二，强调习惯的法律属性，即理论上得出"在法律中产生共鸣"的习惯，而不是"事实范围内的"惯行，进而将法律与习惯加以区分。简单来说，习惯是获得法律意义的惯行。① 因此，西方意义上的习惯法是有别于中国帝制时期的法律的。然而恩格斯曾谈道："在社会发展的某个很早的阶段，产生了这样一种需要：把每天重复着的生产、分配和交换产品的行为用一般共同规则概括起来，设法使个人服从生产和交换的一般条件。这个规则首先表现为习惯，后来便成了法律。"② 萨维尼就认为法律不是制定而是逐渐形成的，通过民众意识中潜移默化的力量所产生的，由此强调了习惯在法律发展中的重要作用。萨维尼进一步将法的表现形式划分为三种：习惯、立法和法学。他认为："法律首先产生于习俗和人民的信仰，其次乃假手于法学——职是之故，法律完全是由沉潜于内、默无言声而孜孜矻矻的伟力，而非法律制定者的专断意志所孕就的"。③ 从西方法典化发展的内部视角分析，西方的法治发展的确具有国家法有机融合习惯法的过程。④ 换言之，"习惯是一种不仅最古老而且也最普遍的法律渊源"，⑤ 是法律发展中最为典型的渊源形式。

习惯是人类早期文明发展中的必要组成部分，中国早期奴隶社会便已存在大量的习惯，当然主要是刑罚，并经由统治者汇集了各个部族的习惯，成为习惯法，譬如《禹刑》《汤刑》《九刑》《吕刑》，以此作为治理部族的法律依据，且

---

① 在欧洲法律体系中，从理论与司法上分析习惯的作用和法律意义的具体含义是在习惯法的特征中呈现的。第一，习惯法具有成文性，无论在普通法为主的英国，还是大陆法典型代表的法国，都有着古老的习惯法传统，且都以成文法的形式公之于众。譬如，英国格兰威尔的《论英格兰王国的法律和习惯》《亨利一世的法律大全》和布莱克顿的《论英格兰王国的法律和习惯》等都是关于习惯的汇编；法国法兰克时期的《萨克利法典》，并且，法国认为"国王是习惯的守护者"，记载并执行着习惯。第二，习惯法是由职业法学家们在法律上加以修订的成果。在英国，选择习惯的判决，这些习惯作为"王国的普遍习惯"；在法国，法学家们编撰的私人汇编或者涉及惯用属术语，从各种习惯中提取的一般民事规则。由此可见，习惯在法律的进程发展演进中发挥着重要作用。因此，大陆法系国家法典化发展中，有关习惯与制定法在法典中作用也不断被讨论，特别是法国制定民法典的过程中，尽管处于理性主义的认知反对习惯是法律的渊源之一，但是在法典的实际编撰中，习惯是其重要组成部分。除了上述内容外，有学者进一步分析指出，"法典不是谁创造的，而是随着时间的推移自发形成的。"这是习惯法得以存续、发展的重要原因。习惯法的一个核心概念是"大众惯行"。这样一种法律上的习惯是经由法律学上的加工、观察、选择和重塑后形成的法律加工品。习惯法的形成与发展有着自身的严密程序。参见巩涛、邓建鹏：《失礼的对话：清代法律和习惯并未融汇的明法》，载于《北大法律评论》2009 年第 1 辑。
② 《马克思恩格斯选集》第 2 卷，人民出版社 1972 年版，第 538～539 页。
③ ［德］弗里德里西·卡尔·冯·萨维尼著，许章润译：《论立法与法学的当代使命》，中国法制出版社 2001 年版，第 11 页。
④ ［美］R. M. 昂格尔著，吴玉章、周汉华译：《现代社会中的法律》，中国政法大学出版社 1994 年版，第 41～127 页。
⑤ ［美］H. W. 爱尔曼著，贺卫方、高鸿钧译：《比较法律文化》，清华大学出版社 2002 年版，第 32 页。

以不公开的方式作为权威的保障，以实现其有效治理。从制度建设上来看，西周以来的"礼"更是礼义习惯的一种具体演变，是国家制度的核心组成部分，既是礼仪秩序，也是法律规范。春秋战国时期新兴地主阶级的兴起，直接导致固有的法律秩序遭到破坏，习惯法的发展就此割断，成文法形式得到了广泛适用。尤其是秦朝确立了以皇帝为核心的君主专制制度后，成文法成为国家唯一的正统法律依据。此后中国帝制时期不再有习惯的汇编，即使有也只是法典化规范效力的文本或者某些具有典型特征的法律现象，而且基于习惯具有局部化区域的限制。中国的习惯看似地方化，但是内容和本质上却难以界定和确定为某地所特有，仍旧可归结到法典原则、规范的适用。①

虽然韦伯曾言："法律、习惯和惯例属于同一个连续统一体，即它们之间的演变难以察觉。"② 但是在中国法律的发展演变中，始终是一种"从社会中的统治者们的政策和价值中自上而下移动"的过程，缺乏"从整个社会的结构和习惯自下而上发展而来"的补充过程。③ 伴随着权力结构的转型，习惯法直接转变为成文法。习惯与法律的融合也在急速的转变中不断舍弃民间的习惯，保留有利于皇权权威树立的礼仪规则。即使是在早期法典不完善的时期，历代法典的开篇均是以对皇帝利益侵害的相关刑罚。正是基于这一点，中国帝制时期的成文法基于皇权的权威性，伴随着官僚机构的日益完善，在司法实践中也呈现出一种自上而下的主导性与强制性，司法机构与司法官员的设置也就带有着显著的行政色彩。从这一视角来看，所谓中国古代判例的产生也是同等级特权阶层的演变密切相关。

2. 贵族、王权、祖制与判例

《礼记·曲礼》载："礼不下庶人，刑不上大夫，刑人不在君侧。"自西周以来，宗法等级制度确立了清晰的"亲亲尊尊"等级原则和制度。春秋战国后宗法等级制度消失，但是等级思想，尤其是在尊卑贵贱、等差有序的社会制度设计下明晰的分层观念在帝制中国更为突出。通观中国法制史，皇权统管最高司法权，官僚体制协助司法的运行。贵族制度的瓦解到皇帝制度的确立，不仅是政治制度

---

① 巩涛、邓建鹏：《失礼的对话：清代法律和习惯并未融汇的明法》，载于《北大法律评论》2009年第1辑。

② [德]马克斯·韦伯著，张乃根译：《论经济与社会中的法律》，中国大百科全书出版社1998年版，第20页。

③ 伯尔曼认为西方走向现代法治的根本原因是："法律既是从整个社会的结构和习惯自下而上发展而来，又是从社会中的统治者们的政策和价值中自上而下移动。"二者的整合是基于法律才得以实现。参见 [美]哈罗德·J·伯尔曼著，贺卫方等译：《法律与革命——西方法律传统的形成》，中国大百科全书出版社1993年版，第665页。

的转变,而且直接影响了法律适用的形式:从习惯转变为制定法,贵族由制定主体演变为执行主体,皇帝掌握最高权威和最终裁断权。制定法的局限性令具有判例色彩的决事比、故事、例等辅助形式产生,而新法律形式的产生也是基于法典本身的发展、皇权的干预、司法的运作以及中央与地方司法协调等诸多方面的影响。

西周以来,贵族享有法律特权,也是法律制定的主体之一,《通典·刑法典》有载"昔先王议事以制,不为刑辟,惧民之有争心也。"① 秦汉以后,皇帝享有国家最高统治权,案件的裁决须"一断于上",秦始皇更是"躬操文墨,昼断狱,夜理书,自程决事,日县石之一",同时,中央设立廷尉作为最高司法机关,听从皇帝指令审理疑难案件,汉代承继使用。在司法制度上增设了录囚制度,作为皇帝或上级司法官员纠正冤假错案、进行司法监督以及监控基层官员的特殊制度。魏晋南北朝时期中央司法机关开始有所改变,而且随着儒家经义入律,"八议""官当"制度的确立,为官员免责乃至抵消刑罚提供了方便,同时强调官员在审理案件中依律令断案,涉及皇家事务或者有关礼仪制度方面的规定可以参酌自汉延续而来的"故事",但是,"故事"不是律令,具体适用是有别于比、例。② 在司法制度上,晋武帝创设了登闻鼓的直诉制度,为皇帝直接掌握民情,了解基础司法状况提供了条件。隋唐法典体例与结构定型时期,律令的体系化、规范化与明确化直接决定了司法制度中严格遵照律典定罪的原则,中央司法机关是大理寺与刑部。尽管唐初严格禁止用例,然而至唐晚期,在司法中得以实际运用的是大量例。宋代在法律形式上增加了编敕,皇帝直接以谕令的方式实际管理国家。与此同时,宋朝统治者重视家法,自北宋中期以后要求士大夫"以忠事君,以孝事亲"的家国一体观得以重新确立,令自晚唐五代以来一度中断的家国观得以延续。因此,皇帝以恪守"祖宗故事"作为裁断政务的最高原则。景祐元年(1034年),知制诰李淑上书言:"太宗皇帝尝谓宰相曰:今四方无虞,与卿等谨守祖宗经制,最为急务。"③ 对于祖宗之法的遵循,无论是政务还是司法裁断都要遵循一定的旧例、故事。南宋为之一变,统治者明文反对例的使用,强调律文的遵守,然南迁后律文本已遗散,新修后的律令也无法满足现实需要,例的适用也就为势所趋。此外,宋代司法上施行"鞫谳分司,各司其职",地方设立提点刑狱司作为州一级地方最高司法机构,缓解了中央的司法压力,科举考试增

---

① [唐]杜佑:《通典·刑法典》通典卷第一百六十六。
② 吕丽:《汉魏晋"故事"辨析》,载于《法学研究》2002年第6期。
③ [宋]李焘:《续资治通鉴长编》卷二十九有文载"与卿等谨守祖宗经制"。李淑将"祖宗经制"解读为"祖宗家法",而太宗与太祖实为一辈,"祖宗家法"实为说辞,且随着将"陛下家法"与"祖宗家法"的关联,也就直接将"陛下家法"等同于"祖宗家法"。参见邓小南:《创新与因循:"祖宗之法"与宋代的政治变革》,载于《河北学刊》2008年第5期。

设明法科，令士大夫阶层的法律运用能力得到了极大的加强。同时，由于宋代官员的磨勘制度非常的繁复严苛，司法作为审核的一环，官员在审理案件中十分重视对于以往审案经验的借鉴，《名公书判清明集》的产生就是一个重要标志。元代是典型的少数民族政权，在南北难以调和的基础上，以金的《泰和律令》和《泰和律义》为基础，形成了其独特的刑法体系，并且其断例与条格的编排也为后世律例并行提供了历史依据。在司法制度上，明初强调"明刑弼教""重典治国"，"子孙守之，群臣有稍议更改，即坐以变乱祖制之罪"。[①] 然而，法律作为调整社会生活的重要依据，社会的变动不居又决定了法律的滞后性，所以，"祖宗之法"不可变是无法适应社会需求的，《明大诰》自明太祖后成为一纸具文便是一例。恰因如此，明代中后期形成律例一体的法律形式，尤其是明中期的《问刑条例》，令行政与司法形成了有机结合，在规范官员的同时有效处理刑事案件，可以说法律的发展既有"祖宗之法"不可变的影响，保留原有的律文形式，又有适应现实的需要，增加了通过司法实践补充律令僵硬、滞后的困局。清代《大清律例》因袭明代法律形式，充分重视例作为律的辅助、补充功效，以成熟的成案制度闻名于世，中央以皇帝为中心，刑部为具体的执行机关，地方以各级官员为主，运用具体的成案作为案件审理的参照。《大清律例·刑律·断狱》中规定："除正律、正例而外，凡属成案未经通行、著为定例，一概严禁，毋庸得混行牵引，致罪有出入。如督抚办理案件，果有与旧案相合可援为例者，许于本内申明，刑部详加查核，附请著为定例。"[②] 皇帝明文禁止援引成例作为断案的依据，但是在司法实践中又近似于默认地许可了成案的使用。法律规定与司法实践操作之间逐渐形成有效的联结，尽管是在皇权专制，制定法作为主要基础的制度上，但是官员自身的积极性与主动性还是得到了极大的发展，司法机构内部的有关成案的认定与适用也形成了一个体系化的发展。单就法律形式而言，中国清代的成案制度具有非典型性判例性，也是同其司法制度的完善、司法官员受到严格的审转制度的限制密切相关。

3. 经验哲学与判例传统

有学者认为，孔子、朱熹、陆九渊所发明的传统中国经验哲学以及实用理性与权变文化是支持中国古代判例发达且保持自己独特风格与精神的深层次内生动因。[③] 众所周知，中国古典哲学侧重于"仁"，而西方哲学侧重于"智"。[④] 由

[①] 《明史·刑法志一》。
[②] 《大清律例》卷三十七，法律出版社 2000 年版，第 596 页。
[③] 张本顺：《论中国古代判例法的风格、成因及其现代意义》，载于《湖北社会科学》2009 年第 7 期。
[④] 此处的"智"并不是对于"爱智"（有关西方哲学通论中将哲学界定为"爱智慧"）的放大理解，而是与"仁"相对意义上的"智"。

此，东西方在哲学思维向度上存在着显著的差异。简单来说，中国崇尚"仁道"，而西方更为注重"智识"。孔子在颜渊问仁时云："克己复礼为仁，一日克己复礼，天下归仁焉。为人由己，而由人乎哉？"① 孟子直接将"仁"阐述为"仁义礼智"，而且"仁"的形成是"非由外铄我也，我固有之也"。② 由此可见，中国重视对人自身如何成仁的问题的解决，呈现为一种"仁道精神"的塑造。"仁道精神"的核心在于寻求"自然秩序中的和谐"，③ 人的道德自觉与自然生活的顺应是社会生活与交往行为中最为重要的一部分，在古代法律生活中，随着汉以后儒家经义对法律的影响，形成了"德主刑辅""礼之所去，刑之所取，出礼入刑"的传统法律观。同时，基于家国同构、家国一体的古典国家结构，强调依照律文定罪严格法定主义的同时，在司法实践中也强调"情、理、法"的交融与和谐统一，讲求"仁道"的第一位，"真知"的第二位，以"仁"为基础和标准，实现"情理交融"中真善的树立。正是基于这样一种价值理念和"仁道精神"的生活，中国古代法律具备了辅助"仁道"实现的功能，而不是西方基于认识世界、利用世界和改造世界追求智慧的哲学使命，构筑所谓充满自由精神的"真理"生活。

中国传统哲学理念直接影响了中国古代的司法实践。中国传统法律具有典型的专制属性，是统治社会的重要方式。尽管早期的法律发展中存在"言出法随"的"立法"状态，以及为迎合统治者提出的"前主所是著为律，后主所是疏为令"观点，④ 但是随着律令体系的完善，尤其是法典体例结构的成形，统治者乃至大臣、学者均对于早期独断、擅法的行为表现出审慎的态度。肉刑的废除、刑名的确定、刑罚的精细等诸多方面，均体现了对于法律杀戮之气的摒除。"通天地之心"与顺阴阳五行成为统治者治国理论后，作为一种政治思想观念得到了经验性的发展，"秋冬行刑""秋审""秋决"除顺应四时之外，"春秋决狱"之"论心定罪""罪止其身"便是司法理念与司法经验在制度中的延续。官员在司法操作中，除谨遵律文定罪外，还要合理均衡律令规范标准与社会实际处理中民众朴素期望的公正观之间的落差，注重中央司法断案的解释和以往司法经验的累积也就成了为官之必需。此外，古代的"息讼"传统同"仁道精神"也有着紧密的价值联系，除严重危害皇权和社会的刑犯案件，民事的两造相争更倾向于用道德说理或者道德约束进行调节，但并不以此否认法律在处理纠纷中的适用。法

---

① 《论语·颜渊》。
② 《孟子·告子上》。
③ 参见瞿同祖：《中国法律与中国社会》，中华书局1981年版，第320~325页；梁治平：《寻求自然秩序中的和谐》导言，中国政法大学出版社2001年版，第3~5页。
④ ［汉］司马迁：《史记·酷吏列传》。

律规定本身也涵盖了相关的道德规范（特别是在有关亲属相犯或继承等规定中）和基于法律发展产生的一般性规则，法律本身即融合了社会道德诉求，法典与处理纠纷的一般规则的融合，令"当量时而为之轻重""原情以定罪，因事以制刑"这种具有明显"权变"特征和追求实质合理的需求成为公开的倡导。① 自唐以来的《龙精凤髓判决》《棠阴比事》《折狱龟鉴》《名公书判清明集》《盟水斋存牍》《徐公谳词》等有关司法官员审理的案件汇编，以律令条文为基础，结合具体的案情，参酌固有案例，融礼法于审案中，是经验积累和权变思想的具体反映。这也很好地对应于李泽厚有关中国哲学文化智慧的"实用理性"特征的描述："关注于现实社会生活，不作纯粹抽象的思辨，也不让非理性的情欲横行，事事强调'实用''实际'和'实行'，满足于解决问题的经验论的思维水平，主张以理情节的行为模式，对人生世事采取一种既乐观进取又清醒冷静的生活态度。"②

4. "引经注律"③ 的传统对判例的影响

"引经注律"肇始于汉以来的法律儒家化过程，是魏晋以来基于律学、经义之学得到极大发展的一个重要法律特征。同时也是法律原理的一个重要发展阶段。有鉴于汉以来比的滥用，魏晋时期的律学家对于法律概念的科学化与规范化梳理与界定，为法制的统一奠定了基础。尤其是晋代张斐对一些法律名词的说明，如："故意"是"知而犯之谓之故意"，"过失"是"不意误犯谓之过失"，"谋"指"二人对议"，"造意"重在首先倡议等，④ 为传统判例原则与规则的发展提供了良好的理论基础。

此外，"引经注律"是中国古代法律实践中的妥协性表达。孔子反对"不教

---

① [明] 丘濬：《大学衍义补·治国平天下之要·慎刑宪》，法律出版社1998年版，第86页。
② 李泽厚：《中国现代思想史论》，东方出版社1987年版，第320页。
③ 对于汉代开始的法律儒家化的这一过程，法律史学界有"引礼入法"的概括。但是，这种说法不够全面和准确。汉代独尊儒术后，研究儒家经典、解释其字面意义、阐明其蕴含义理的经学盛行。经学的内容反映的是儒家思想，儒家提倡礼，但儒家思想不仅包含礼，它还包括了仁政、德治、孝道等思想，因此，"引礼"的说法过于狭窄。经学大师们引以注释律的经还包含了礼之外的内容。所以，更全面、准确的说法应该是"引经"。而"入法"也不够准确。在中国古代，不同历史时期制定的法律，基本上都有一个统一的称谓。商鞅改法为律以后，各个朝代制定的法典多称为律。汉代基本法典的名称也是律，《汉律》是汉朝最主要、最基本的法律形式。经学大师们加以注解的是《汉律》，因此，准确的说法是"入律"，而不是"入法"。总之，准确的说法应该是"引经注律"或"引经解律"，而不是"引礼入法"。汉代实际存在的是"经"与"律"的对应关系，而不存在"礼"与"法"的对应关系。我们在描述和解释中国古代法制的时候使用概念不能模糊不清，要尽量做到准确和全面，诸如含混地使用"礼"与"法"来解释中国古代法制的做法会使人产生模糊不清的认识甚至误解。
④ 参见程树德：《九朝律考》，中华书局1963年版，第234页。

而诛",强调"因材施教",尽管有"吾道一以贯之"的形式合理论,实质上也追求"原情定罪、因事制刑"的习惯思维。而"情理交融"和"实用理性"分别是中国古代法律的两个目的形态,是司法实践中法律解释功能交叉作用的具体呈现。由"经"所形成的"义",涵摄了可"议"之义理,既作为立法原则,又是司法实践面对律令僵硬性与滞后性的调和工具。立法设定行为框架,司法作为正式的救济措施,官僚机构保障规范的有效运行。① 专制体制下的法律设定具有极大的强制性,具有强制力的法律施行需要官僚机构的具体操作,有关法律的适用细则与解释方式,是法律规范与法律实践交互影响的过程。皇帝作为立法者,即是法律的制定者,也是法律的解释者,官僚机构作为重要的辅助机构,司法官员成为二者的有机连接。在司法实践中,官员具有明显的凭直觉思维断是非的习惯,结合熟人情感作为基本逻辑,在处理案件时注重相邻和睦、亲属的亲密无间,树立"将心比心"的标准,使得道德原则在解决问题中充分发挥了能动性。"经"所体现的义理,在现实生活中同国家、法律与个体均密切相连。义理所形成的思维方式和价值判断,引导着普通民众的生活观念,并将此作为行为标准,对义理的违反也会直接对应于律令的违反。有时律令与义理之间的联结体现在纠纷案件的情节认定中,官员如何准确认定情轻、情重或情有可原,均会参照一定的义理标准。自"春秋决狱"以来所形成的司法观念,有关七十老人的优待抚恤、存留养亲制度的形成与发展便是判例的形成与发展的历史与社会背景。

5. 行政兼理司法对判例的造就

行政司法合一的传统可能造就了基层对判例的依赖,也造就了判例不能形成判例法的现实。② 从中国古代判例制度的形成过程来看,历代王朝最初创制与适用判例大多是为了弥补法律漏洞,是为更好地调整日益变化的社会关系。无论是"议事以制"还是后来的援引比附的发展,都是判例在行政框架下,基于统治者统治的需要而发展起来的。然而,较为单一的"以案就案"使得正律被搁置一边,例得到广泛适应,其结果是判例无一例外地成为皇帝和官吏用以改变成文法的工具,最终导致法制混乱。③

另外,判例法的产生和存在需要有些必要的条件,一旦缺失,判例法便会因

---

① 此处并没有使用现代意义的行政机关概念,从中国传统官僚机构设置出发,通过官僚体制内分析,将属于官僚机构内的中央司法机关或者司法职能的地方行政官员的职能作为司法板块划分出来,借用现代三权分治的理念,解读传统司法实践对于判例的影响。

② 参见蒲娜娜、饶艾:《中国古代判例的几个问题》,载于《西南交通大学学报社会科学版》2003年第6期。另见张玉光:《判例法在传统中国社会的历史变迁》,载于《社会科学家》2005年第6期。

③ 吴秋红:《中国古代判例制度的缺失与当代判例制度的确立》,载于《湖北行政学院学报》2005年第6期。

失去生存条件而难以继续。虽然判例一直在司法舞台上扮演着举足轻重的角色，但是中国却没有形成英国式的判例法，纵然中英之间都有经验主义哲学的支撑。相较于英国而言，传统中国独特的行政司法体制最终没有给予判例法得以生存和发展的土壤。传统中国长期是行政司法合一的体系，行政官员就是地方的司法官员，没有能够形成等级森严的法院系统和专职法官，而正是这种法院体系才能保证判例能够得到自上而下的贯彻执行，专职法官则保证了法官能够对判例进行研究和消化，从而保证其在司法实践中严格遵从先例，传统中国却并不具备这两者。更为严重的是由于司法从属于行政，在帝国中央，最高行政权、立法权和司法权都属于皇帝，结果导致"判例只是皇帝行使其最高立法权的一种方式而已。皇帝可以颁布一部法典，也可以授予某些判例以强制性约束力，同样，他也完全不必考虑到判例确立的法律原则的前后一致性，朝令夕改完全凭借的是个人意志。"① 在地方，地方官员兼行政与司法职能于一身，他们满足于在司法过程中运用行政手段来解决遇到的法律争端，并没有按照判例的要求做到同案同判，判例往往就只能成为他们改变成文法、任意扩大自由裁量权的工具。皇帝和官员运用判例改变制定的成文法以满足自己的政治目的和私欲的现象贯穿于整个判例制度形成的始终，最终与适用判例的初衷大相径庭，因此中国历史上的判例并没有能够在运用有效基础之上形成系统的判例法。这也是我们在考察判例形成原因过程中不可忽视的因素。

6. 可知与不可知论对判例形成的影响

在特定的时代和国度，居于主流地位的认识论与法源的形式至关密切，这主要表现在认识论与立法的关系上。立法即为在认识现实世界和总结以往人类行为规律性的基础上对未来人类行为加以预测并进行规制的一种认识活动，必然应以一定的认识论作为指导。② 在人类历史上，在法律制度建设中是否承认判例和判例法或者习惯法，本质上源于人类对于自身理性的认识和评价。③ 因为成文法的创制是先验的、事先的，而判例法与习惯法却是经验的、事后的，对两者的不同选择受制于人类对于自身认识能力的评价和对社会认识是否能够完全获得。承认或否定判例法，在本质上反映了认识论问题可知论和不可知论之争。对于认识论的争议往往存在三种观点：一是不可知论；二是可知论；三是折衷主义。可知论

---

① 参见贺卫方：《中国古代司法判决的风格与精神》，载于《中国社会科学》1990 年第 6 期。
② 封丽霞：《法典法、判例法抑或"混合法"：一个认识论的立场》，载于《环球法律评论》2003 年秋季号。
③ 胡兴东：《中国古代判例法运作机制研究——以元朝和清朝为比较的考察》，北京大学出版社 2012 年版，第 25 页。

与不可知论是西方大陆法国家与普通法国家基于哲学观念的差异所产生的认知差异。就判例法国家而言,以英国的培根、黑尔为代表的典型不可知论者,认为固定的法典是无法处理纷繁复杂的社会问题的,每个案件都有其独特性,是不可重复和复制的。这一不可知论在判例国家一直占据着主导位置。而且,美国推动判例发展的卡多佐法官认为:"先例的背后是一些基本的司法审判概念,它们是司法推理的一些先决条件;而更后面的是生活习惯、社会制度,那些概念正是在它们之中才得以生成。通过一个互动过程,这些概念又反过来修改着这些习惯和制度。"① 保持先例一致性的基础是习性。这也是基于不可知论而发展演变的。

就中国古代认识论的立场而言,一个民族在法律上只要承认类推和判例法,就说明其至少在对社会问题的认识上就不是完全的可知论者。他们在认识上即使不是不可知论者,也只是有限的可知论者,即折衷主义。这是中国古代一直存在类推和判例的哲学基础。秦朝商鞅变法的时候曾经涉及法家与儒家的思想争议,法家表现出来的思想就是对待过去问题上持否定态度,否定过去,否定经验存在,只相信自己有能力理解并完成对世界的创建,法家的构建理性在立法上表现为不遵古、不循礼,因时而立,在法律适用上表现为对法律解释的严格限制和对成文法的崇拜。因此,中国古代的法家"以法为教""以吏为师","不法古不修今",崇尚"事断于法",过于追求法律的工具主义属性,可以说是较为极端的可知论立场。

而相反的是中国古代儒家学者在认识论上则有着很强的经验理性倾向,在制度创制上坚持法古、遵古。孔子认为治理国家最好的办法就是"俱道尧舜","法先王"而治。韩非子也在《显学》中曾指出儒学的特征是"不言今之所以为治,而语已治之功,不审官法之事,不察奸邪之情,而皆道上古之传誉,先王之成功。"② 客观上讲,这种"法先王"的思想在司法适用中会导致承认已经存在的判例和原则,这也是董仲舒等人在遇到疑难案件时从《春秋》等经书中找相关法律适用原则和理由的原因,这一行为思路必然会导向对先例的遵循。战国晚期,儒家在与法家等诸家经过长期争议和反思司法后,开始出现转变,转向一种经验理性的法律思潮,即在承认"类推""类比"和"议法"等遵循经验重要性的同时,开始承认成文法的重要性,而不是简单地否定成文法。此时荀子从孔子完全支持西周"临事议制"的不可知论中走出来,同时批判了法家的完全可知论。荀子的观点从根本上为古代判例能够在成文法传统中存在提供了哲学基础。此后的成文法虽然愈加成熟,篇目繁多,字数激增,但依然无法解决司法的实际

---

① [美] 本杰明·卡多佐著,苏力译:《司法过程的性质》,商务印书馆2000年版,第8页。
② 《韩非子·显学第五十》。

问题，导致法律解释及判例的适用空间更大。儒家思想成为中国传统社会的正统思想，在此基础上形成有关认识论的观点当然也影响着国家各项司法制度以及法律传统，归结而言，儒家学说推行的是一种折衷主义观念，法古、遵古、"法先王"，在可知与不可知二者之间，以较为中庸的态度认知了律令对社会治理的功效，因此之故主张将礼与刑综合使用：礼"禁于未然"，而刑"禁于已然"。① 这也是汉代确立"独尊儒术"对中国司法保持判例传统的积极贡献。

（二）判例的功能及定位

传统中国判例的形成是因应立法技术落后，成文法不发达的社会形势出现的。当成文法著于官府，布之于百姓以后，随着国家司法主义观念的日渐强烈，统治者为了维护中央集权，树立法律的权威和公信力，希望通过法律来加强对司法权的控制，极力主张以成文法为定罪量刑、缓解民事纠纷的主要依据，而对判例法的适用既采取有限度的承认又加以必要限制的立场。②

判例的功能可以概述为法律规则的创设与规则效力的强化两个方面。在法典缺位，法典所提供的规则不能满足适用的条件下，通过判例形式创设规则，判例以供给规则的形式发挥作用。当法典所提供的规则契合社会生活条件时，判例通过对规则的反复适用，复现规则，强化法典的效力。即便在特殊历史时期，原有法典不能满足时用，需要以判例为主导创设规则，增强法律的社会适应性情况下，立法者所借助的仍然是通过个案对法典进行逐步改造，在制定新法典的条件尚未成熟时，决不断然废除原有法典。主要表现为：（1）判例对法律调整领域的扩展；（2）判例对规则效力的强化；（3）判例对法典立法技术的补充；（4）判例对法律适用效果的保障。③ 这一点也说明判例还有教化功能，汉代判例的理论基础和研究出发点完全受到了儒家思想的控制，其结果便是一则判例往往成为一项儒家原则的体现，成为对人民进行德治教化的范例和教材。这一传统对后世也发生了重大的影响。无论是《名公书判清明集》，还是《折狱龟鉴》，其道德教化的内容都随处可见。④ 在教化的同时，强调执法官吏的修身养性，强调对诉讼当事人的道德劝谕，强调人情与法意的协调。例如在《名公书判清明集》"叔侄争业令禀听学职教诲"篇中，书判的作者胡颖指出："听讼，吾犹人也，必也使无讼乎！当职德薄望浅，不足以宣明教化，表率士风，而使乖争陵犯之习见于吾

---

① 《汉书·贾谊传》。
② 张玉光：《判例法在传统中国社会的历史变迁》，载于《社会科学家》2005年第6期。
③ 汪世荣：《判例在中国传统法中的功能》，载于《法学研究》2006年第1期。
④ 何勤华：《秦汉时期的判例法研究及其特点》，载于《法商研究》1998年第5期。

党，有愧于古人多矣！否则威也，达以记之，正惧有所不容但已者，而前诸友乃能举责善之谊，以启其良心，使其叔侄之情不远而复，岂非区区相望与学校之士者矣？示周德成叔侄，仰即日禀听明朋友教诲，遂为叔侄如初。如若不悛，则玉汝于成者，将不得不从事于教刑矣！"

  创设和强化规则，归根到底是期望判例对法律精神的阐释达到精到的程度。古代中国成文法具有高度的抽象。一条一条具体的条文往往是原则性的，不具体生动，反之，判例则有灵活和直观的特点，出现条文的规定不细致或者难以明了的情况下，通过判例的应用可以说明和揭示法律蕴含的深层含义，从而阐发制定法的精神，达到正确使用成文法的目的，反过来促进制定法的发展。从下面这一案例中可以看出判例对于法律精神的阐释功能。"陈奉古客通判贝州，时有卒执盗者，其母欲前取盗，卒拒不予，仆之地，明日死。以卒属吏，论为弃市。奉古议曰：'主盗有亡失法。令人取之，法当得捍。捍而死，乃以斗论，是守者不得主盗也。残一不辜而剽夺生事，法非是。'因以闻，报至，杖卒。人称服之。"[1]郑克在"按语"中认为：法律的适用，应当正名分，原情理。依古制，议罪者，先正名分，次原情理。陈奉古就此案中就充分考虑到了案件的名分和情理："批欲前来者，被执之盗也。母虽亲，不得动辄也。此拒不与者，执盗之主也。卒虽弱，不得动辄与也。前取之情在于夺，不予之情在于捍。夺而捍焉，其状似斗而安非斗。若以斗论，是不正名分，不原情理也。"所谓的"依情理""正名分"这些具体的操作方式在法典里面是没有的，在引用判例的时候，判例会展现出它在细化抽象的法律条文这方面的优势。具体而言，对成文法进行的阐释和说明有三种情形：第一种情况是立法时援引判例直接注解律文。体现在"例"的逐步运用和地位的不断提高，《宋会要》提到："夫，例者，出格法之所不该，故即其近似者而仿行之。如断罪无正条，则又比附定刑之文，法所不载，则有比类施行指挥，虽名曰例，实不离法也。"[2] 到了元朝，这一个公开以判例机制作为法律渊源基础的时期，[3] "比附"的适用被严格限制，而统一时期的"例"得到空前的重视，并将其作为某些法典的基本构成，并且渗透到"条格"之中。以《至正条格》为例，其中收录了断例1 059条，反映了元朝统治者在立法中所奉行的"古今异宜，不必相沿，但取宜于今者"[4] 的指导思想。但是这种一定程度上的以例代律，甚至以例破律的状况注定不能适应封建法制的发展，统治者当然也会

---

  ① ［宋］郑克：《折狱龟鉴·卷四》，古籍出版社2004年版。
  ② 《宋会要·职官》七九之六。
  ③ 胡兴东：《元朝：中国古代无成文法典下判例机制的典范》，载于《人民法院报》2011年5月27日第5版。
  ④ 《元史·成宗本纪》。

思前想后地改变这种局面，后来的明修订《问刑条例》将"以例破律"改为"以例辅律""以例补律"① 正证实了这一观点。第二种情况是司法官运用判例对成文法的内容进行进一步的明确。这种方法是古代司法官员惯用的一种方法，制定法的规范和原则需要通过判例来揭示其深层次的含义，才能被准确理解和准确适用，使制定法能够更好地运用于调整社会活动。第三种情况便是司法中判例对成文法适用范围的调整。这与第二点所说到得判例的法律规则的创设和强化功能是相通的。一般体现为扩大解释或者缩小解释。举一例为证："有疑狱曰：无字，拾旁道弃儿养之，以为子。及乙长，有罪杀人，以状语甲，甲藏匿乙，甲当何论？仲舒断曰：甲无子，振活养乙，虽非所生，谁与易之。诗云：螟蛉有子，螺蠃负之。春秋大义，父为子隐，甲宜匿乙而不当坐。"② 这道判例对汉律律文作出了扩大解释。汉代根据"父为子隐，子为父隐，直在其中矣"的儒家思想，确立了"亲亲相隐不为罪"的刑法原则。判例对此的扩大解释之处在于对于拟制血亲也同样采取相隐不为罪的做法，扩大了亲亲相隐的具体适用范围。此类判例数不胜数，充分体现出了判例在法条规定不详时所起到的促进成文法实施的重要作用。

---

① 张晋藩：《中国法律的传统与近代转型》，法律出版社 1997 年版。
② 程树德：《九朝律考》，中华书局 1969 年版，第 169～170 页。

第七章

中国判例的历史表现

一、判例在中国的历史形态

（一）表现形式

中国古代具有判例功效的法律表现形式可以分为：廷行事、决事比、故事、编敕、例、条格、事例、则例、条例、成案、[①] 判决例与解释例。秦代的判例称为廷行事。云梦出土的《睡虎地秦墓竹简》中，廷行事是一种重要的法律形式，主要涉及秦朝法律未规定、规定不明或者需要变通规定的法律情形。对照《睡虎地秦墓竹简·法律问答》的相关记载："求盗追捕罪人，罪人（格）杀求盗，问杀人者为贼杀人，且（斗）杀？（斗）杀人，廷行事为贼。"[②] 贾公彦在《周礼·秋官·大司寇》中所称："若今律，其有断事，皆依旧事断之，其无条，取比类以决之，故云决事比。"[③] 引文是较为典型的刑罚裁判时法律的适用问题，但是，相关资料表明，秦代的廷行事还是有很明显的行政指令色彩，所以秦朝的

---

① 苏亦工：《明清律典与条例》，中国政法大学出版社2000年版，第55页。
② 《睡虎地秦墓竹简》，文物出版社1978年版，第179~180、177页。
③ 程树德：《九朝律考》，中华书局1963年版，第31页。

廷行事只是判例形式的萌芽时期。

汉代最为典型的判例形式是决事比。《周礼·秋官·大司寇》贾公颜疏："其无条，取比类以决之，故云决事比。"在"无条"的情况下，运用"比类"即相关或相类似的案件，作为案件处理的依据。不仅如此，三国魏晋时期在继承汉代故事，令"故事"不仅是制诏的一部分，也偶尔可以作为例的形式使用。但是，故事主要是有关皇家礼仪制度、大臣优待抚恤等方面的特诏，同"比"和后来发展的例、典章格式是有着明显差异的。

随着国家法典的完善，唐以后"例"的形式开始发展。尽管详刑少卿赵仁本所撰《法例》三卷主要是对隋朝判例法源经验的总结，"引以断狱，时议亦为折衷"，但高宗览之，以为"烦文不便，《法例》遂废不用"，表现了唐代判例形成规则在适用时间上的严格限制。[①] 但是，在唐中后期，社会生活的丰富直接影响了律令适用的局限性，尤其是面临疑难案件，因此有关疑难案件的汇编也大量产生，譬如唐朝敦煌《文明判集残卷》所涉及的疑难案例。在司法实践中，唐代仍旧以"比"为主，在诏敕中表述为"以例作判"。《说文解字》解释"例"为"比也"。谈到唐代的例的适用，最具代表性的史料是中宗景龙三年（709）8月发布的敕："应酬功赏，须依格式。格式无文，然始比例。其制敕不言自今以后永为常式者，不得攀引为例。"[②] 这里所说的"例"是除了格式之外可以作为判案依据的、比照施行的例子。"格式无文，然始比例"即表明没有可以适用的法律规定时，可以原因比照类似先例。[③] 此外，该条敕文也明确规定，因此事制定的敕令若没有明确说明可以作为永久适用的法则，不可以作为以后处理案件的依据。此外，唐代的"例"能够成为审理案件比附援引的依据的一个重要程序，即经有司报奏皇帝批准之后，皇帝以诏敕的名义颁布。"例"所具有的法律效力由此产生。宋代以来有关例的形式开始具体完善。例的种类主要分为三种：涉及行政事务的户部例，皇帝特旨的刑法裁断的"断例"和具有法律效力的"例子"。其中，断例是典型的断案事例，一般必须进过"看详"的立法程序，才具有正式的法律效力。"例子"一般是指具有"情实可悯"或者"德音"性质的案件，不可作为常例使用。在具体文本形式上，宋代各朝皇帝都有编例之举，如《熙宁法寺断例》《绍兴刑名疑难断例》《乾道新编特旨断例》《开禧刑民断例》等。

元朝因袭了唐、金的刑法五刑体系，发展了断例并形成了独具特色的条格形式，1291年的《至元新格》即收断例1 050条。明代因袭唐宋法律体例，就例而言产生了条例形式，仅《问刑条例》的条目就多达382条，并以"律为正文，

---

① 《旧唐书·刑法志》。
② ［宋］王溥：《唐会要》卷39《定格令》，上海古籍出版社2006年版，第824页。
③ 戴建国：《唐宋时期判的适用及其历史意义》，载于《江西社会科学》2009年第2期。

例为附注"的体例,与明律合编刻印,名为《大明律附例》,从而形成了"以例辅律""以例补律""律例并行"的法律样式,1645 年设置律例馆,对例进行编纂。清朝更是在明朝的基础上充分地发展律例体例,1740 年乾隆皇帝颁布的《大清律例》中附例多达 1 049 条,到 1870 年同治皇帝时例已增至 1 892 条。为解决律例之间的抵牾,乾隆十一年定制:"条例五年一小修,十年一大修。"1779 年清朝又明确规定:"既有定例,则用例不用律","例"的法律适用地位不断攀升。1911 年颁布的《大清新刑律》,就明确废除"因律无正条,而任其比附轻重偏畸,转使审判不能统一"的判例法传统。至北洋军阀时期,为弥补法制交替之间立法出现的空白,当时大理院所形成的解释例和判决例,对于各级法院司法审判仍具有判例法的性质。

综合而言,中国古代的判例,基本上是以比、例为线索变化发展的,比、例的兴与衰,作用力的大与小,也就是判例制度的存与亡,地位的主与次。除此以外我国古代还有几种比较独特的判例性制度,比如廷行式、《春秋决狱》《明大诰》、成案等。① 这些判例具有制度性功能的基础在于,在中国专制统治的集权社会,皇帝是最高的司法权威所在,经由皇帝复核允准的案例,天然地赋予了权威性,可以作为司法官员援引判案且不用承担错判风险的依据。唐代称为"复审定夺的案例",以皇帝敕准的方式为主,宋代加以沿用,明清后在继承的基础上有所发展,形成了固定的"定例"制度,在司法制度上形成明确的规范。

(二)类型划分

在中国古代法律体系中,制定法是最基本的法律形式,是整个法律体系的基石。判例则居于辅助但是却不可缺失的地位,同样作为一种重要的法律形式,跟成文法一样有着独特的类型和模式。法学界关于判例的类型主要有两种,即根据判例与成文法之间的关系可以将判例分为成文法下的判例和非成文法下的判例(或称纯粹判例制度),② 胡兴东对此作过比较深入的研究,主要是以清朝和元朝为典型代表。他认为所谓的非成文法下的判例法从元朝的判例法来看,它的判例法很多时候就是在立法,并且是一种全新的立法,而不是对已有的法律进行解释与补充。所以元朝在法律使用上更为开放、更注重社会中不同利益的权衡,而不仅是通过伦理道德来完成的。其主要原因在于虽然司法判决有着一定的事后性,

---

① 叶英萍:《我国历史上的判例制度》,载于《海南大学学报(社会科学版)》1992 年第 1 期。
② 参见胡兴东:《中国古代判例法模式研究——以元清两朝为中心》,载于《北方法学》2010 年第 1 期。

但是从法律上判决的理由却必须是事先已经构建好的,伦理道德在这种需求上是不能满足司法的,所以在这种情况下,判例法具有更强的开放性与可变性。这也解释了元朝在判例创制的司法技术上不完全依靠类比。他也提到元朝的判例在司法程序上与成文法典下的判例法的最大区别就是它能够创制罪名,虽然这种创制是通过借助过去法律或者习惯法来完成的,至此可以认为,元朝的判例就是法律。成文法典下的判例制度是中国古代判例的基本类型,从春秋到清朝,当然元朝除外,中国古代的判例法基本上都是这种类型,也就是成文法是主要的,判例属于次要的从属的地位,担当的角色大都是解释法律精神,补充成文法的某些规定上的不足。另外,我们根据判例在司法实践中所起的不同作用,还可以把中国古代判例划分为以下几种类型:

补充型判例,是指在法无明文规定时,弥补制定法空白的判例,社会包罗万象和纠纷的复杂性决定制定法不可能对所有的纠纷都作出有效的反应和判断甚至是裁决,判案的行政司法官员必须充分调动自己的主观能动性,以期能够对所有的纠纷都作出比较合理和遵循原则的法律上的裁判。尤其是中国古代商品经济不发达,民事纠纷未能够引起律文的足够重视。因此,在制定法占主导地位的法律体系中,判例的填补空白作用就显得非常重要。判例发挥作用的具体方式主要是通过事实认定,法律适用以及执行裁判等方面弥补律文的疏漏,并且丰富了律文的内容。所谓事实认定,就是判例对于律文未做规定的事实作出定性,从而帮助案例的解决,或者判例明确制定疏忽的某些特定事或者物的法律性质,对案件事实予以更加确切的认定。而法律适用则是适用于对律文未加规定的情形补充规定如何处理,并且明确适用何种法律,为以后处理此类同类案件提供一定的依据。执行裁判便是更好地完善律文在执行裁判方面的规定。以两则判例为例,例一,廷行事吏为诅伪,赀盾以上,行其论,有(又)废之。[①] 例二,廷行事有罪当迁,依断已令,未行而死若亡,其所包当诣迁所。[②] 判例一规定了官吏弄虚作假,应被判处罚盾以上的,除依判例执行外,撤职永不再用。判例二在规定了在判决后,尚未执行刑罚而死去或者逃亡的情况下,其家属仍应该前往流放地点。这两道判例,都对律文未作出明确规定的行刑时的具体情形做了相应的处理,完善了制定法的施刑规定。

变通型判例,是在法律有规定但是不宜采用的时候对律文作出变通适用的判例。这一类判例通过对律文作出变通和修改,使制定法能够对社会生活的更为深层次的方面进行有效的调整。这类判例主要是着眼于对于律文作出相应的变通规定,充分体现出判例对于成文法的作用之大。

①② 《睡虎地秦墓竹简·法律答问》。

发展型判例，即在法有规定但是不够细致的时候，对律文进行解释或者明确化，以揭示其深层含义，促进制定法实施的判例。具体可包括三种类型：一是将律文规定加以具体化和明确化，以助于律文的贯彻和运用的实施性判例；二是对制定法进行注释和说明，以阐发制定法精神的解释型判例；三是对制定法的内容和精神加以肯定、重申、强调乃至发展的强调性判例。这类判例在任何判例模式下都存在，把相关法律通过具体案件的判决来发展和完善，特别是对相关法律条文中的观念的具体化和确认是此类判例的重要性之所在。

原则型判例是帮助确立和完善制定法原则，使得制定法更有效地调整社会生活，甚至促进制定法的变革与前进的判例。它包括三种类型：一是确立封建法治原则，使制定法适用于社会生活时能够实现有效的法律调整的确定性判例；二是完善和深化封建法治原则，为制定法的贯彻执行提供保障的完善性判例；三是促进了法律观念和法律制度的根本变革，为封建法制的进一步发展储备了条件的标志型判例。我们可以分别通过一则判例来揭示原则型判例下的三种类型。

例一，秦始皇三十五年，始皇帝幸梁山宫，从山上见丞相车骑众，弗善也，中人或告丞相，丞相后损车骑。始皇怒曰："此中人泄吾语。"案问莫服。当是时，诏捕诸在旁者，皆杀之，自是后莫知行之所在。① 此例确立了秦朝"所幸有言其处者，罪死"的制度，维护了封建皇权至高无上的地位，由此可见确定型判例的运作机制：在判例基础上经过一定的归纳、概括的总结，形成表现为制定法形式的法律规则，使之具有普遍遵行的法律效力，即先以判例的形式确立某项制度或原则，然后再归纳上升为成文法。

例二，前汉时，沛县有富家翁，赀二千万。一男才数岁，失母，别无亲属；一女不贤。翁病困，思念恐争其财，儿必不全，遂呼族人为遗书，悉以财属女，但余一剑，云："儿年十五付之。"后亦不与。儿诣郡诉，太守何武因录女及婿，省其手书，顾谓掾史曰："女既强梁，婿复贪鄙。畏贼害其儿，又计小儿正得此财不能全护，故且付女与婿，实寄之耳。夫剑，所以决断。限年十五，智力足以自居。度此女、婿不还其剑，当闻州县，或能证察，得以伸理。此凡庸何思虑深远如是哉！"悉夺其财与儿，曰："弊女恶婿温饱十年，亦已幸矣。"闻者叹服。② 在这一则判例中，遗嘱所在内容虽然十分清楚，但是从该遗嘱内容看，并不能反映被继承人的真实意思。司法官员何武之所以认定该遗嘱违背立遗嘱人的真实意思，并将其宣布为无效遗嘱，主要是基于以下三方面事实：第一，立遗嘱时富翁病重，数岁小儿已丧其母，女又不贤；第二，所遗儿的唯一财产非他物，而是表

---

① 《史记·秦始皇本纪》。
② 《折狱龟鉴》卷八。

示决断的剑;第三,儿长大后,女并不与儿剑,儿向司法机关控告。同时,何武进一步明确指出,父母将财产交给女儿的真实目的,是为了寄希望于女儿之处,由其代为经营管理。从这道判例看中国古代遗嘱继承,自汉代起即确立了当事人意思的本意主义原则,可见这是成文法典的一种完善。

例三,前元十三年,齐太仓令淳于公有罪当刑,诏狱逮系长安。其少女缇萦上书曰:"妾父为吏,齐中皆称其庸平,今坐法当刑。妾伤夫死者不可复生,刑者不可复属,虽后欲改过自新,其道亡繇也。妾愿没入官婢,以赎父刑罪,使得自新。"书奏天子,天子怜悲其意,遂下令曰:"制诏御史:……其除肉刑,有以易之;及令罪人各以轻重,不亡逃,有年而免。具为令。"① 这则判例是历史上著名的缇萦上书救父,揭开了汉代刑制改革的序幕,标志着中国古代刑制由重向轻转化的开始,为封建制刑罚的建立,乃至封建五刑代替奴隶制五刑奠定了基础。其所表现出来的正是判例的标志性特征。②

二、判例在中国的演变轨迹

(一)古代判例的演变分期

判例在中国古代表现为案例汇编。将案例整理成册,并形成相应的适用原则的传统,中国自古有之,其最初的目的只是作为官员处理上诉案件的指导、官员是否合格的评价标准。后来随着司法实践的深入和法律制度的完善,此类案例汇编开始成为指导官员审判的重要依据。编撰主体有官修与私修之分,唐宋以降有关案例的汇编以官修为主,侧重于重大刑事或者疑难案件的整编,私修的大多表现为《官箴书》。在体例上,由单列成篇发展为同法典密切结合;在性质上,司法规范属性日益突出。此外,判例的发展同法典的发展密切相关,在法典尚不成熟的阶段,判例形式的法律适用较多;法典体例发展的时期,严格限制使用;法典体系化、规范化成熟时期,又开始重视例甚至达到了律例并行的程度。

春秋时期认为"刑不可知,则威不可测;议事以制,不为刑辟"。秦朝时期

---

① 《汉书·刑法志》。
② 参见陈小洁:《中国传统法律中的判例及其现代价值》,南京师范大学2007年硕士学位论文,第21~34页。

开始出现"事皆决于法",汉代进一步发展为"比为类例,春秋决狱",逐渐发展了成例与成比,常例与常比,在法律使用上,《周礼·秋官·司寇·大司寇》载:"凡庶民之狱讼,以邦成弊之"。又《士师》载:"察狱讼之辞,以诏司寇断狱弊讼,致邦令。掌士之八成。"魏晋时期的故事即旧事,是本朝或者先王的已行之事,即"祖宗旧制""先王旧制"。但旧事不是故事,只有在旧事被援引时方可称为故事。故事自汉时产生至魏晋时期得以完善。自汉魏晋以来,便有奉行"迹三代之典,垂百王之训"的风尚,在西周被认为是成康之治的"法先王、循祖宗"模式得以推行,使得国家遇有重大事情时多援引故事以寻求经典依据。具体而言,晋时将典型的故事汇编,与律令并行,成为一种重要的法律形式。故事的作用表现为,一是向皇帝上奏或者回答皇帝咨询时多引故事;二是作为争论,尤其是大臣关于政务争论的依据;三是起到道德警戒作用;四是批评时弊和改良社会规范的依据。故事可以与例、比互称,作为处理案件的依据,且法律效力强。但是,故事是旧事,可作为法律依据,而不是例子,没有引用的限制。隋唐时期的判例发展以赵仁本所撰《法例》三卷为开端,敦煌《文明判集残卷》《龙筋凤髓判》《白氏长庆集》《文苑英华》等开始形成具体的司法案例汇编,编辑的主体多是司法机关以及司法官员,官方色彩较弱。案例的汇编内容也多注重文采描绘,反而在案件说理方面、司法技术方面关涉较少。特别是《文苑英华》收录了大量的唐人判词,分门别类,一般是由官府出题,提出一个假设的案例,由应试者作判。这种判词是虚构的,而且因为判断它的优劣,主要是看词章,所以判词主要也是运词遣句,引经用典方面下功夫。所以难免的具有脱离现实的缺陷。从汉朝到隋唐时期,判例与成文法一直是一种互相集合的状态,判例补充成文法的不足,属于从属地位。在这一时期,汉朝董仲舒对判例法的复兴起到了重要作用,他不仅从理论上论证了儒家经典对实践活动的指导作用,指明归纳推理的推论方法,而且还亲自运用这些方法来创制和适用判例。由此,从儒家经义裁决疑难案件的做法蔚然成风。

宋以后皇帝直接作为编敕定例的主体,例的官方性更为突出。例又分为"可行之例"与"不可行之例",前者为定制,后者为临时断案的手段。例的文本基于皇权的参与,有《熙宁法寺断例》《绍兴刑名疑难断例》《乾道新编特旨断例》《开禧刑民断例》等断例的汇编,同时,官员私人的编撰也得到了极大的发展,《名公书判清明集》《折狱龟鉴》《疑狱集》《棠阴比事》等不仅是案件汇编,更是官员司法技巧与司法经验的汇编。可以说宋代官员的判例汇编更为专业化与专门化,技术性更强。然而,宋代的判例研究作品,具有强烈的刑侦书籍的特色。在这些判例作品中,经验总结的成分居多,主要是向官吏提供刑事侦查和审理案件的指导思想、方式和方法、经验和教训,以及处理案件的立场,而不是或主要不是先例。所以，宋以前的事例比较多，宋代现实的案件比较少，讲故事的色彩也很浓。宋代的判例汇编，开始由拟制的书判向实际生活中所发生的实案转化。当时的判例作品已经开始显示出抽象化、理论化的倾向。尤其是郑克在《折狱龟鉴》中对每一个案例的按语，既有对破案的经验总结，判案原则的阐述，判案应遵循的指导思想，由判例所体现的法学原理和法律概念术语的诠释，还有将各个相关案例汇编在一起所进行的分析比较，对一些具体案例所反映出的一般抽象原则、原理、学说的概括总结等。①

元代的《至正条格》断例1 059条，为明以降例的发展奠定了基础。元代是由蒙古族建立的王朝，其法律编纂有许多独特之处，法律渊源上沿袭自唐代和金朝，尤其是在五刑体例的继承上并无差异。就条格体例看来，法典体例与《泰和律义》也无二致。元代前后总共颁布过两部综合性法典，其一为1323年颁行的《大元通制》，其二就是1338年颁行的《至正条格》。多有学者认为元代始终没有编成一部完备的法典。这一观点有待商榷，元代的法律形式较多，在蒙古汗国时期主要是大扎撒和约孙，至忽必烈时有条画，《大元通制》中明确规定有"断例""条格"和"制诏"。一般认为"断例"相当于中国古代律令法体系中的律，"条格"相当于令、格、式，而"制诏"专载皇帝诏书。《至正条格》虽命名为"条格"，但其中包含了"断例""条格"和"制诏"。在《至正条格》被发现以前，只能见到《大元通制》保存下来的部分"条格"，即《通制条格》。学术界对"断例"的认识也产生了重大分歧。部分学者认为"断例"就是传统意义上的律，且按《唐律》十二篇划分。有学者认为"断例"分为"断案事例"和"断案通例"。有学者则认为"断例"应为判例法与成文法的结合，并非传统意义上的律。因为《至正条格》与《大元通制》性质相同，其问世使我们对元代法律形式有了更为直观的认识，即"断例"非传统意义上的律，而是判决例与法规的混合体。同时也证明"断例"并无总则性质的"名例"，而以《唐律》的第二篇即"卫禁"开篇。这样的编撰体例与律令式法典编撰有很大不同，也就不能简单地定性为法律文书的汇编。法律编撰体例的转变使得元朝的法律适用形式十分丰富，司法制度尤其是调解制度得到了极大的发展。"诸论诉婚姻、家财、田宅、债负，若不系违法重事，并听社长以理谕解。"

明清以降，例文本的规范化、正式化得到了显著的提高。明代的《问刑条例》《御制大诰》《皇明条法事类纂》《条例备考》《增修条例备考》等。清朝的《大清律例》中附例多达1 049条，1870年同治帝时例已增至1 892条。此外，清朝还出现了大量的判例汇编：《驳案汇编》（1736～1784年），含《驳案新编》

---

① 何勤华：《宋代的判例法研究及其法学价值》，载于《华东政法学院学报》2000年第1期。

与《驳案续编》,依照大清律律目的顺序编排,在律目下编置案件(案宗多寡不一),是清代乾隆年间纂修的一部规模巨大的判例编集,编撰的案例主要是经过刑部"奉上谕指驳改拟",以及大臣援案准奏为定例的成案。《刑案汇览》(1736~1834年)共收录5 640余件刑案,也是依照大清律律目的顺序编排,在律目下编置案件。案件大体分为四类:说帖、成案、通行、其他。其中说帖是就刑部官员对"例无专条,情节疑似"案件处理的说明,共收录2 800件;成案是有关"例无专条、援引比附、加减定拟"的案件,① 共计1 400件;通行针对"例无专条"而由刑部建请皇帝核准增入全国通行条例的案件,约600多件;其他,共计840件。整体而言,《刑案汇览》主要收录"情节疑似"或"例无专条"这两类疑难案件。案件的审理主体是中央司法官员,收录对象是全国难度较高的司法案件,性质上有点类似于解释汇编。《刑部比照加减成案》是清道光年间编集,编者取刑部档案中比照加减成案考订异同,对每则案例都明确了比照律例的条文以及量刑加减的结论。简而言之,是定罪量刑的重要依据。此外,官员的著述方面有明代毛一鹭的《云间谳略》、海瑞的《海瑞集》、归有光的《震川别集》、范景文的《文忠集》、吴敬辰的《檀雪斋集》、《平冤录》和《刑台法案》等,清代的薛允升《读例存疑》、吕芝田的《律法须知》、汪祖辉的《学治臆说》和《佐治药言》、杨昱的《牧鉴》、王念孙的《读书杂志》等。官员在总结以往案例审理的同时注重法律的律义、情理的分析,不仅作为官箴书使用,更是司法裁判实践的重要依据。

(二)古代判例的演变规律

通过分析中国古代判例制度的演变过程,我们可以以另一种更为简洁的方式将这个演变的轨迹分为三个阶段:第一阶段是战国至秦汉时期的萌芽阶段。第二阶段是魏晋至隋唐时期的排斥阶段,在这一阶段成文法已经发展成熟。魏晋时期从诸律分立到诸律合体的发展,律不仅成为完整的结构紧密的法典,而且成为整个法律体系的主体。魏律十八篇,晋律二十篇,诸律尽包括其中,律以外不再有律。另外"令以存事制,律以定罪名",律和令界限明确划分,这表明律体现出其本身所具有的自身独特的规定性特征,这是区别于与之相斥的判例的基础。② 第三阶段是宋至明清时期的衰落阶段,原因可以概括为封建统治者对成文法的重视相对限制了判例的应用。在律例关系上,明清经历了几乎完全相同的过程,即

---

① [清]祝庆祺等:《刑案汇览·凡例》,北京古籍出版社2004年版,第3页。
② 陈欢:《中国古代判例制度的演变研究》,载于《法学之窗》2011年5月。

律例各行到律例合编。律例一体化可以说是中国古代法律发展的最高形态。但是至此，判例也不再有存在的理由。因此，从成文法的角度看，吸收判例的过程就是改造消灭判例的过程。由此以窥古代判例的演变规律：判例在不同时期由于功能和被运用的程度在吸纳中异化和消亡。

唐朝以前是中国儒家化法典形成时期，判例的主要功能是推动和发展各项具体制度的改革，实现对制定法的儒家化改造。《唐律疏议》颁布之后，判例的功能主要侧重于弥补法典的局限，解释法典的原则，确立新的规则，增进法典的适应性。[①] 成文法对判例的吸纳是一个长期的过程。这个吸纳的过程是通过编例及其方式的不断改进而实现的。例册的编辑过程即对以往司法判例个案进行重新修订的过程，如汉代的决事比曾汇编成册。但与汉代数以万计的死罪决事比相比，这些文献的卷数条数实在太少。唐高宗时期明文废除的"法例"也是编例的尝试。可惜唐代的《法例》没有汉代的决事比幸运，而被扼杀了。法典体例的最终成熟随着《唐律疏议》的颁行得以确立，有关法律的具体使用，统治者详细地规范于律疏中，既起到了法律适用的说明作用，也作为禁止法外用例在法典体例中的表现。然而，司法实践中的比附援引传统一直影响着基层司法操作，例对于法律的影响自唐中后期越来越大。其中，故事、类事、类文等发展，为宋代例的演变提供了基础。

宋代情况有所改变，断例作为案例的合集，最早出现在北宋仁宗期间。但是南宋时期，不仅例的编纂和例册的修订逐渐成为官方的行为，而且开始和律典结合，所以无论在思想上还是实践上都可说是一个良好的开端。明清时期法制的一个重大发展是将判例改造成为条例，将其成功地纳入法律体系之中，消除了和原来成文法的冲突，后来采取的律例合编的体例，则找到了一条达成法律体系内部和谐的法律编纂方式，实现了律例一体化，例成为法的一部分，从而发展成为中国法律的最高形式。因此，从成文法的角度看，吸收判例的过程就是改造消灭判例的过程。而从判例的角度看，融入成文法的过程也就是自我消亡的过程。判例上升为条例进入了成文法体系，成文法因此得到了滋养，变得更丰满，而判例则丧失了其存在的根据。这就是古代判例的最终命运。

元代断例、条格的发展，无论是法律形式还是司法效力上，均较以往例的效力有了极大的发展。虽然仍旧是依托制定法为内核，参照制定法的体例结构设定断例的篇章结构，但是断例在实际司法中的运用远远超出了律令。至明以降，判例开始形成学理化的发展，借鉴了元代断例滥用、"有例可援，无法可守"的弊端，要求律文有明确规定的必须依照律文断案，律文没有规定或规定不明时才可

[①] 汪世荣：《判例在中国传统法中的功能》，载于《法学研究》2006年第1期。

援引成案。明以降形成的律例并行法律形式，"例"严格的"通行"审核程序的设置，以及每三或五年的律例编订，都在法律适用的基础上完善了律例体例。明清发展成熟的成案制度，其司法功能与司法技巧也影响了明末清初司法改革后法院审判依据的适用。值得注意的是，判例依附于制定法，没有形成自身独立的法律规则，因此，每当待决案件参照先例所涉及的固有法律原则作出裁断后，形成新的法律规则，司法官员一般会将此类新产生的原则奏请皇上，通过特定程序，如宋代的"看详"，清代的"著为定例"，直接将此类规则规定于法律中。可以说，这也是判例消失的过程，一旦著为定例，便直接具有了法律的效力，成为断案的法律标准，而不再单单是案例相似性的体现。总体而言，判例的发展附随于法典发展左右，并在经历了萌芽、发展、成熟与消融的过程中，其发展形式既弥补空白，辅助于制定法，又能产生创新融入并成为制定法。①

（三）近代以来的延续与发展

有关近代的判例分析，特指清末民初年间法制转型变革时期。民国大理院《大理院判决录》《大理院判例要旨》《大理院判例要旨汇览续集》的颁行与适用，是明清成案制度确立以来的延续与发展。② 民国初年，中华民国临时政府确立后，大理院是全国最高司审判机关，负责纠纷案件的审理。适时正处于法制转型时期，法典编撰本身出现了空白，无法及时适应案件审理的需要。因此，民初法院在不违背新政权的基本理念基础上，其自身机构的设置援引了清末《法院编

---

① 有学者也将判例和制定法的关系描述为："放任"到"拒斥"，再到"吸纳"。参见刘笃才：《中国古代判例考论》，载于《中国社会科学》2007 年第 4 期。

② 据有关统计，自民国元年（1912 年）改制至民国十六年（1927 年）闭院，大理院汇编的判例有 3 900 多件，公布的解释例有 2 000 多件。其中，民事各庭公审理案件 2 万余件，1 757 则判决或明确解释了某一现行法的内容，或对某一现行法进行了扩张解释，或者援引习惯、条理在现行法之外创制了新的民事规则。判决不仅对当事人有约束力，而且对同类法律关系也有规范效应。大理院最早汇编的是民事判决录，后民事与刑事审判厅分别负责汇编的《大理院判决录》依照合编体例出版。此外，还通过《大理院公报》、《政府公报》、《司法公报》向社会公报民刑判例，相关的民间法学杂志也有刊登。随后大理院编辑的《大理院判例要旨》是对判例汇编的进一步补充，1924 年大理院刊印的《大理院判例要旨汇览续集》收录了自 1919～1923 年民刑判例要旨。1932 年上海法学编译社出版的《大理院判例全书》是民间法学人士的汇编。参见黄源盛：《民初大理院司法档案的典藏整理与研究》，载于《政大法律评论》1998 年总第 59 期；郭卫：《大理院判决例全书》和《大理院解释例全文》，上海会文堂书局 1932 年版，其中，判决例收录了民国二年至民国十六年的民事判例要旨 1 757 则，解释例 2 012 则。南京国民政府时期，除了《六法全书》等制定法外，最高法院作为最高司法机关，也曾两次编辑出版判例法汇编，1934 年的《最高法院判例要旨》（1928～1931 年）和 1943 年的《最高法院判例要旨》（1932～1940 年），判例和解释例也是重要的法律渊源，作为制定法的重要补充。时至今日，中国台湾"最高法院"仍旧沿用着每年由"最高法院"的 12 名大法官就一年内的重大、疑难案件作出相应的判例解释。

制法》。从制度形态上,大理院执掌的审判权与清末大理院的职权基本相同,法律依据主要是解释例或判决例,结合晚清变法以来所编撰的法律,适用于具体案件的解决。①

我们探寻判决例与解释例在民国年间大量适用的原因,可以有以下三种解释。郭卫在《大理院解释例全文》的"编辑缘起"中谈及大理院解释例创设原因时说:"正值我国法律改良之时期,各级法院对于民刑案件之疑义滋多,而大理院之解释亦不厌长篇累牍论述学理。引证事实,备极精详。"② 因此,为了简化大理院对于争议案件的解释,使各级法院迅速、合理地处理案件,大理院参照清以来成案的编撰体例,制定了《大理院判决录》,此其一。其二,司法官员的素质较低,尽管法院受过正规法律训练的推事官有较高的法律素养,负责审理重大疑难案件,保障公正法律的公正适用,但是面对大量法律素养不高的旧吏刑幕,只能为适应新的司法制度通过司法判例与解释例来确立审判标准。其三,民国年间权力斗争十分激烈,司法独立一直是民国司法发展的主题。因此,当立法机关的立法权无法正常行使时,作为最高司法审判机关的大理院只有通过司法解释来实现立法职能,进而确保司法实践的稳步展开。就当时的历史状况看,这样一种司法性立法的行使也是历史的必然趋势。抛开政治意识形态,单从法律制度自身发展的延续本身可以看出,就实践中寻求合理的解决机制,比照已有案例解决当下案件的审理,寻求最高司法机构的解释指引作为参照的审判模式得以延续。特别是有关诉讼案例、判决录的汇编,就是为了实践类似问题类似处理的模式。

1. 大理院审判与成案的关系

大理院案件审判所形成的判决例与解释例,同清朝的成案制度之间有着十分密切的关系,在司法案件的审理思维上有着诸多相似之处。明朝以来就成形的成案,其在适用中直接对应于具体问题案件,强调特定法律推理的适用,使官员通过情节类比、归纳原则和轻重相权等基本逻辑论证方式,结合制定法的解释和个别情节的类比区分,明确成案的适用。③ 以成案断案,主要运用类比的方式或从

---

① 审判官员面对过渡时期法律的真空即感慨道:"际此法律过渡时代,准情酌理,以为比例,始足折服人心。"最高审判机关大理院因时制宜积累的民事判例(要旨)汇编制度,以应对无法可裁的局面,适时"判例虽事实上不能完备,然其性质活动,富有生气"。辛亥革命之后,民事裁决几乎全有赖于判例的适用。参见天虚我生:《大理院民事判决例》(甲编)"大理院判决朱德福上告义子归宗案",中华图书馆1916年版,第20页;郑天锡:《大理院判例之研究》,载于《法律评论》1924年第36期;居正:《司法党化问题》,载于《东方杂志》1935年第10期。
② 郭卫:《大理院解释例全文》,上海会文堂书局1931年版,第208~210页。
③ 王志强:《清代成案的效力和其运用中的论证方式》,载于《法学研究》2003年第3期。

援引的成案中提炼特定原则，或从成案中归纳新的原则然后再适用于待决案件。这不仅是清代具体案件审理的抽象性思维，也是民国判决例使用的思维方式。民国时期是社会的转型期，帝制传统与新引入的西方传统间有着社会价值与文化语境的落差，因此，面对改制所带来的问题，民国的社会治理者在保障新制度合法、正统性之外，对传统的行为模式予以了保留，法律规范与法律漏洞之间需要在司法实践中通过切实、有效的方式加以弥补，而成案作为参照系，衍生了成案与判决例之间承继与被承继的关系。从制度形成的推动主体分析，二者均是由最高司法机关加以认可与确定，以制定法为基础，依附于制定法而存在，进而补充、辅助制定法的施行，具备积极的论证可援引性和消极的否定案件实质相似进而不予援引的论证方式。其中，成案制度十分注重积极论证方面，不重视成案的差异程度的区分。相对应的是，民国时期直接将案件与条文对应的判决例，也是重视案件相同或相似性确认的表现；对于案件实质性差异的界定，或者说为何此案不可适用于该案件里有关差异的分析，是不被重视的。汪辉祖所言："盖同一贼盗而纠伙上盗，事态多殊，同一斗殴而起衅下手，情形迥别。推此以例其他，无不皆然。人情万变，总无合辙之事。小有参差，即大费推敲。求生之道在此，失人之故亦在此，不此职精辨而以成案是援，小则翻供，大则误拟，不可不慎也。"[①] 此处所描述的区别成案的技术困难，在民国也没有得以解决。

2. 民事与刑事案件的并重

中国古代社会存在着独特的社会分层，皇帝是国家权力的顶端，皇权代表着社会的最高权威，官僚机构作为中间一层（负责国家具体治理模式的操作，维系社会秩序的安定有序），第三层次便是民间社会。在帝制时期的中国皇权享有对社会一切事务的最高决断权，但是，皇权的威慑与实践是通过官僚机构得以实现的，换言之，皇权带有更多的权威性，官僚结构对于社会治理的权力源于皇权。此外，皇权也赋予民间社会自治行为较多的自由。具体而言，除严重违背礼教规范、刑法规定的行为，依照律令严格处罚，一般的民间交往行为皇权不直接干涉，官府也不得任意干预。可以说中国古代社会皇权至上是官僚机构被赋予权威性的保障，进而实现皇权的具体治理。而有关的民间活动除了维护统治者利益而设定的国家政策、伦理道德外，个人的行为国家一般不会直接干涉，二者的相互交融反而是通过道德礼仪、三纲五常衍生而来。是故中国古代早期在经历了严法苛刑亡国后，开始强调社会生活各方面的仁德、仁道精神，统治者不一味强调法

---

① ［清］汪辉祖：《佐治药言·勿轻引成案》，见王云五：《丛书集成·初编》，商务印书馆1937年版，第11页。

律严明的功效，而是注重礼法的结合。此外，由于对社会道德规范的重视，皇帝自身又是道德典范的代表，自我克制、约束成为明主圣君也是历代皇帝的追求。这样的一种自我约束令皇帝在实践中并没有如野史所呈现的为所欲为，历代御史、谏官的制度发展就是一个例证。由此，统治者对理法伦常的重视，使得中国社会行为规范中更强调自我约束，侧重个人义务的履行，结果权利概念无从发展，也就没有所谓的市民社会或世俗法。在农耕社会和血缘家族，面对礼教无法处理的问题时，才会依靠法律进行约束。因此，中国古代有较为发达的刑事法是社会价值取向所决定，并不是法律自身的发展问题。

  清末民初的法律改革参照西方部门法划分标准，开始从性质上区分民事与刑事案件。基于传统法典有关刑罚关系的完善体例，使得刑事法律的规范很快转变完成。而民事法律关系是同民法、私法制度紧密相连，中国古代不是市民社会，法律的发展中自然也就没有民事概念，只有礼法、家族伦理、乡里亲情之说。因此，在中西法律文化的互相交流中，产生法律冲突最多的便是民事领域。如果真要在中国传统观念中找寻近代民法相关部分，那便是涉及亲属问题的律令规范和道德习惯。由此，在近代司法改革中，亲属关系被作为切入点，成为中国近代民法发展的基础。有关民事关系的法律规范以"亲属"问题为主，婚姻问题构成民事法律的主要方面。民国时期对民事与刑事一并重视的原因，从社会历史发展背景分析来讲，是基于司法改革以来自由、平等、民主等观念引入后。而从经济发展角度而言，是商埠、租界、通商口岸等商业交往的增多，令中国民间的交往模式不再拘囿于邻里乡情、家族血缘之间。经济的发展和丰富多样的民间交往形态，直接促使司法机构在实践中必须面对大量的民事案件，各种民事案件的增多，大理院有关民事解释例的激增，也直接导致了对民事审判的重视。《华洋诉讼例案汇编》与《华洋诉讼判决录》的辑录即是反映了民事交往的增多与民事主体、民事纠纷的多样性。

第八章

中国判例的历史运作

一、判例的制作

（一）汉代的"引经决狱"

汉代的"引经决狱"制度，即是在断狱过程中援引儒家经典中的某些条文或对其中的历史事件加以演绎，将其作为正罪定刑的依据。"引经决狱"是伴随汉代统治思想发生转变而出现的特殊现象，它既反映了儒家思想向法律的渗透，也表现了儒家思想在维护等级秩序方面对法律的补充。① 武树臣将汉代的"引经决狱"定义为"判例法"，他认为"春秋决狱"的真正价值在于提示了这样一个道理：对于统治阶级而言，当无法可依或有法却不符合其统治要求甚至相抵触的时候，以统治阶级的意识形态为指导，援引以往的判例及其所体现的某些原则来审理现行案例，是势在必行、顺理成章的事情，完全没有必要等待制定成文法典而踌躇不前，束手无策。因此，"董仲舒以'春秋决狱'的方式恢复了古已有之的判例法，再一次宣示着判例法的生命力。不仅如此，这样一来还构成了一个新的

---

① 于振波：《"引经决狱"的实质与作用》，载于《湖南大学学报》1999年第2期。

法律样式的雏形——成文法与判例法相结合的'混合法。'"①。何勤华在一定程度上也赞成这种观点。他指出："在汉代又出现了新的判例形式：决事比。尤其是董仲舒的引经决狱活动，更是赋予汉代的判例法以全新的时代特征。"他还进一步论述了汉代判例法与秦代判例法的不同："（引经断狱）还显示了强烈的价值取向，即试图通过引经决狱，将司法活动的各项原则纳入儒家的法学世界观之中。"②可见在学术界，对于汉代"引经决狱"的性质定位大都认为是判例法。大多数学者认为董仲舒所倡始的"春秋决狱"，与其说是用儒家法律思想改造当时的司法活动，毋宁说是在恢复一种古已有之的审判方法：判例法。

引经断狱具体兴起于"罢黜百家，独尊儒术"之后，儒学日益实现官学化，因此它的运作方式便是充分发挥儒家学者在司法断案中的作用，即儒家学者往往利用担任法官的身份，或者直接参与案件审理，或者参与案件的讨论，在具体审理案件的时候，在不能及时修改刑律和曲解刑律的情况下，直接采取了引用儒家经典作为案件的审理依据。由此可见，"引经决狱"的主体主要是参与案件审理和裁判的法官以及在该项活动中发挥重要作用的儒家学者，而其中所言儒家的"经"便成为案件审判的根据，主要指儒家经义，《春秋》是其主要依据，另外还有《诗经》《书经》《易经》《仪礼》等儒家经典著作。在适用范围上，以"引经决狱"方式审理的则都是事实清楚、证据充分，但在适用法律上却很牵强或者根本就有悖伦常的案件。在汉代及其以后的朝代，不是所有的案件都以"引经决狱"的方式审理，历代都有国家正式制定颁布的刑法和其他法律，绝大多数的案件都按其制定法和一般的司法程序审理，以《春秋》等儒家经典为依据所处理的案件都是政治司法中的疑难问题。根据《后汉书·应劭传》所载，董仲舒所作的《引经决狱》共有232个案例，然而同时期汉朝政府所处理的案件绝对不限于此。可见董仲舒所处理的仅是其中的一小部分，只能是某些特殊的或者疑难的案件。③从这一方面讲，引经决狱并非完全视为判例法。此后随着法律儒家化的逐步深入，至隋唐时期由于法律同体现儒家思想的礼高度融合，"引经决狱"失去存在的社会基础而宣告结束。

（二）唐宋的书判及案例汇编

在唐代，身、言、书、判曾是选择官吏的四种标准。杜佑《通典》卷十五

---

① 韩延龙：《法律史论集》（第1卷），法律出版社1998年版，第340页。
② 何勤华：《秦汉时期的判例法研究及其特点》，载于《法商研究（中南政法学院学报）》1998年第5期。
③ 吕金柱：《汉晋时期的"引经决狱"制度》，载于《河南科技学院学报》2010年第5期。

《选举三》记载:"所谓身,是'取其体貌丰伟';言,是'取其言词辨正';书,是谓'取其精法遒美';判,是'取其文理优长'。"这里的"书",是指书法,"判",相当于宋代的书判。但是当时判断它的优劣,主要是看词章。唐代具有代表性的书判集有《龙筋凤髓判》,白居易的《白氏长庆集》收录了一百道书判,特别是《文苑英华》,从卷五零三至五五二,整整50卷,收录了大量唐人判词,分门别类,如乾象、律历、岁时、雨雪等,其中也有刑狱、田农等门。到了北宋,书判作为文体之一种,其性质仍然没有发生改变,吕祖谦编著的《宋文鉴》卷一百二十九,收余靖、王回所做书判八篇,余靖《武溪集》中也收有两卷判词,与唐代的判词没有什么区别。

由于书判的判词所依据的案例都是虚构的,更重要的是都是以词章来判断它的优劣,所以书判存在严重脱离现实的缺陷,基于此,一部分士大夫着手进行改革。在这种背景下,从北宋起在判词整理研究方面,出现了两种现象,一是一些士大夫将前代明敏断狱、平反冤案的记载汇集成书,如《疑狱集》和《折狱龟鉴》等。另一种现象则是一些士大夫将自己的判词收集保存起来,甚至编入自己的文集,传于后世,如《宋史·范应铃传》,《名公书判清明集》中收录了49位作者所做的书判。两种现象并行到南宋中后期才结束,继而合二为一,《名公书判清明集》正是汇合的标志。它选录的标准,主要不在文章,而在是否"清明";刻印的目的,主要不是供世人应试只用,而是供为官者判案参考。

(三) 宋元明清的编例

编例是宋朝主要的法律形式和立法活动,是指对皇帝和中央司法机关发布的单行条例,或审判的典型案例的汇编,前者称为"条例"或"指挥",后者称为"断例"。编例活动始于北宋中期,盛于南宋。宋朝先后修撰的《断例》不下14部。神宗时首颁《熙宁法寺断例》,哲宗时有《元符刑名断例》,南宋高宗时有《绍兴刑名断例》等。宋朝颁例之多,前所未有,至南宋庆元年间,仅条例〔指挥〕前后已达数万件之多。其地位也日趋重要,甚至有"引例破法"的现象。宋代的编例是一种立法活动,编纂者根据法律原则进行创制。"缘修例,于法外别作轻重,尤难于创法,非深识义理善揣情法者,不能精也。"断例的修撰通常是由朝廷专门机构敕令所负责的,其篇目完全根据律的篇目来设置,至于适用情况则是发生在常法无合适条款可以引用的情况下。

明清时期沿袭了宋朝编例的风潮,并且出现了律例并存和合编的现象,是中国古代判例法最为发展的时期。由于"因案生例""比附生例"等原则的确立和在法典编撰中的盛行,明清两代例的数量大大增加,适用范围也逐渐扩大,在司法实践中占有很大的比重，并且出现了"以例破律"的现象，自然有关于例的编撰工作也是十分频繁。清代乾隆五年修律之后，律条本身不再做任何的修订了，由此《大清律例》被封为"祖宗成宪"，只通过增加例的方式弥补律文的不足。条例数量不断增加并且没有限制，为了适应社会变化，防止条例内容僵化和过时，便出现了定期修例的立法活动。清代修例是由专门机构"律例馆"负责的，自乾隆元年开始，"经内阁学士等奏明"，三年修例一次，从乾隆十一年开始，便由"从前定限三年一次编辑"变成"嗣后定五年编辑一次"，并成为定制。这种定期修例的立法活动持续到了清末同治九年，根据《清会典事例》记载，清代修例大概进行了 23 次之多。修例的方式主要有修改、修并、删除和增纂四种，到后期，编纂越来越受到修例机构的偏重。这样的活动，一方面使条例能够适应社会发展的需要；另一方面能够对律、例之间相互有抵触之处及时得到必要的调整，对例编撰活动的有序进行，使例形成了更为完善的系统，在运用的时候也加强了操作性。

另外，成案也可以看成是明清判例的典型形式。成案是由各部或各省对一些典型案件的判决的先例汇集，属于不成文法。明嘉靖十一年就有关于成案的记载，"刑部尚书王时中疏言：近来官司泥执成案，偏护己私，应减死者或阴毙于法，应更汛者，或禁系以终。岁宜令各按臣禁戢，有枉法杀人，必穷治其罪。有在外司理之官，以刻核为威。明多纵刑煅炼深文故人，宜自今申饬凡罪无正条而犯不应死者，不得比附致死。违者参治。帝从其言。"① 而《刑案汇览·凡例》对于成案的解释具有专门性，即特指制定法出现空白时，司法可以援引作为断案依据。这样一种司法实践的结果是司法官员司法创造的体现。成案完善制定法的解释，弥补缺陷，均衡法律体系。"成案与律例相为表里，虽未经通行之案，不准引用，然其衡情断狱，立议折衷，颇增学识。"② 帝制时期，皇帝为避免权力和司法机制的旁落，对于成案的性质不给予清晰的界定。一方面，强调遵律断案，严格限制成案的随意使用，如乾隆三年曾对"成案"的适用加以限制，规定必须奏请皇帝批准的"通行"或者"著为定例"才可作为成案使用，"未经通行著为定例，一概严禁，毋庸得混行牵引，致罪有出入。"③ 另一方面，皇帝又经常下令刑部检查成案，如"仰蒙圣明指示，令臣部详查成案，另行酌中妥议。"④ 此外，地方督抚一级办理案件若援用旧例，需要上报刑部，详加查核，"附请著

---

① 《续通典》卷一一二，清高宗敕撰，新兴拓局影印本 1965 年版，第 1816 页。
② 《大清律例集解·凡例》。
③ 《大清律例·刑律·断狱下》。
④ ［清］祝庆祺等：《刑案汇览》（卷十）《习教改悔复用教内音乐吹打》，北京古籍出版社 2004 年版，第 386 页。

为定例"。而负责制作成案的主体是刑部，并且刑部在皇帝的授权下享有援引成案的权威，对裁判规则的使用具有指导功能，地方援引成案须上报刑部核准，刑部对于地方司法官员能否援引成案断案享有独断权。

成案附属于制定法，极不稳定，技术性的论证方式基本上依赖于法官直觉或法定原则，具有狭隘的直观性和具体性，没有基于案件处理形成新的原则，自然延伸而成新规则，也因此又反过来影响了案例在类比中，精确区分案件的何种相似是实质性的。是故成案没有形成独立的原则，致使其必须有赖于成文法中相关规则才能准确适用。

（四）中华民国大理院判决例与解释例

民初大理院在司法实践中代行一部分立法职能。自中国帝制时期以来，法律的编撰都是由统治者委托相应的司法机关及律学专才承担起草责任。并且，最高司法机关不仅参与法典的起草，还兼行修改、创制的功能，譬如大理寺、刑部等中央司法机构，承担起草工作的也主要是大理寺卿或者刑部尚书等人员。清末变法改制后，延续了最高司法机关兼行立法职能的历史传承，而清末大理院的建制与职能也在民国延续。此外大理院的立法性职能源自1912年《暂行法院编制法》第33条的规定："大理院为最高审判机关"，且"地方法院恒视中央最高法院之见解为标准。"[①] 另外，大理院以"最高审判权"发布的判例，"各级法院遇有同样的事件发生，如无特别反对理由，多统一判决。"[②] 从而为大理院的判决在法律上确定了实质权威性。值得注意的是，民国司法审判工作的开展有着独特的历史背景，仅司法独立而言，通过1926年《法权会议报告书》可知道，民国的司法改革肇事于治外法权的废除，寄希望司法"精英"实现司法机制的全面发展。因此，在大理院的成员设置上，有许多具有留学背景的法科毕业生。[③]

正是基于独特的制度设计和现实需要，大理院审判所使用的判例与解释例，从特征分析上看同清朝的成案制度有着异曲同工之妙。民国的判例汇编在制度化之前，大理院通过公布判例的方法从各种案件中获取补充法律不足或将法律抽象条文具体化的原则，作为地方各级法院审理同类案件的依据。自1912年北洋政府大理院公布《大理院判例要旨汇览》后，判例开始成为司法审判中的主要凭据。在呈现形态上，民国法院所使用的判例一般都被汇编成文，为了简明准确地

---

① 黄荣昌：《最近大理院判令判解分类会要》，上海中华图书馆1924年版，第15页。
② 胡长清：《明法总论》，中国政法大学出版社1997年版，第35页。
③ 《法权会议报告书》，载于《东方杂志》1928年第24卷第2期。

表达要旨，有的要旨还需要加眉批。在体例安排上，判例汇编依附于成文法，依照各类成文法的纲目以及条文序号，参照相同类型归类划分的标准进行编排，以便法官快速找到与法条相对应的类似案例，进而寻求待决案件的处理方案。在法律效力上，判例具有显著的成文法效力，判例与法条之间紧密联系，法官在查找待决案件相关律条时，也能找到相似类型的案例。因此，法官在援引具体案例作为判决依据时，类似于"殆多目为抽象的一般规定，以之为大前提，事实为小前提，而导出结论。"[1]而且民国初年法院援引案例可直接援引具体案件，有时直接标注援用案例在判例汇编中的案例号即可。这样一种简单的演绎模式大大简化了法庭的审理过程，减轻了法官的负担，降低了对于法官技术性的要求。相较于以司法活动为基础主动受理的判决例，解释例的适用则显得较为被动。因为，解释例产生的目的就是为了解答质疑和维护国家公共利益。换言之，解释例不一定产生于司法过程中，也可以是其他行政部门有关行政事务处理的解释。此外，大理院的解释分为民刑两类，有详细规范的登记制度，由大理院院长将具体的民刑事类分配给民事或刑事厅长主稿、审阅并陈述意见，经由推事会员会议，大理院长定夺，就具体相关问题（不得超出呈请解释的范围），在较短时间内作出简短的解释并公示于政府公告上。

二、判例的适用

（一）判例与成文法之关系

按照中国古代成文法和判例的关系变化，即由"放任"到"拒斥"，再到"吸纳"，不妨将成文法产生后的古代社会分为三个时期。由战国至秦汉，为第一时期，可以称为放任时期。此一时期，成文法处于发展过程中，律典还不成熟。由魏晋至唐宋，为第二时期，是判例被拒斥的时期。此一时期，成文法已经发展成熟。其表现是在魏晋时期，从诸律分立到诸律合体的发展解决了律外有律的问题，律不仅成为完整的结构紧密的法典，而且成为整个法律体系的主体。在此时期，判例受到严格的制度约束。这种制度约束有两个方面：其一是判案必须具引律令；其二是特旨断狱不得引为后比。由于制度约束的存在，魏晋时期，判例几

---

[1] 杨仁寿：《法学方法论》，汉林出版社1987年版，第256页。

乎绝迹，唐代偶尔出现，从记载看也不是很多。唐高宗时明文废除的"法例"是经过编纂可以引以断狱的一部法律典籍。其中的内容大概是从前的案例，而被编者依据其地位和职权（详刑少卿）赋予了判例的效力。它被唐高宗否定和明文废除，反映了判例被排斥的情况。

成文法和判例之间存在着异质对立的关系，但是解决的方法却并非一定要把拒斥作为唯一的方式。成文法对判例既有拒斥的必要，又有吸纳的可能。其认识的转折是在南宋时期。这就开始了第三个时期，对判例吸纳的时期。从此开始，一直到明清，到判例被成文法吸纳而最后消亡，都可以说属于这第三个时期。成文法对判例的吸纳是一个长期的过程。它是通过编例及其方式的不断改进而实现的。明清时期法制的一个重大发展是将判例改造成为条例，将其成功地纳入法律体系之中。但是至此，判例也不再有存在的理由。所以在清代后期，成案被严禁使用。从成文法的角度看，吸收判例的过程就是改造消灭判例的过程。而从判例的角度看，融入成文法的过程也就是自我异化消亡的过程。判例上升为条例，是判例的异化。[1] 在这种判例与成文法的关系之中，与西方判例法相比较，就不难理解，中国古代为何在判例适用的区别技术方法、判例形成与适用的程序、判例效果的系统评价机制等领域尚缺乏理论上的总结与升华。[2]

（二）适用原则和效力

中国古代判例法适用的基本特征是在逻辑论证上采用严格类比推理与说理中高度伦理化。但中国古代判例在司法适用中有相对独立的逻辑体系和技术方式，它主要借助于中国古代特有的分类体系"类"的类比来完成，同时，在整个"类"的比较适用上发展出完整的逻辑结构体系来保证其运作。[3] 在此基础上，中国判例的发展也形成了三个独特且明显的法律原则：援引比附、依法断案和同案同判。

战国至魏晋南北朝是判例的简单适用时期，判例的形成没有特定的程序，判例的适用也缺乏范围的限制。在这一时期，虽然业已确立了法典的主导地位，但是，由于缺乏对判例形成和适用的有效规范，在判例维护法典、推行法典、发展法典的同时，特定时期判例适用的泛滥，动摇了法典地位，冲击了整个法律体系的稳定结构。判例适用的目的，《太平御览》卷二百四十九中有清晰的说明：

---

[1] 刘笃才：《中国古代判例论考》，载于《中国社会科学》2007年第4期。
[2] 张本顺：《论中国古代判例法的风格、成因及其现代意义》，载于《湖北社会科学》2009年第7期。
[3] 胡兴东：《中国古代判例法模式研究——以元清两朝为中心》，载于《北方法学》2010年第1期。

"陈宠以法令繁不良，吏得生因缘，以致轻重，乃置撰科牒词讼比例，使事类相从，以塞奸源。"但事实上，决事比的运用反而加剧了司法的混乱和弊端，正如班固所言："奸吏因缘为市，所欲生则傅生议，所欲陷则予死比，议者咸冤伤之。"① 唐朝至清朝是判例的限制适用阶段。首先，法典对判例的形成与适用进行了规范。其次，法典为判例的适用规定了范围和原则。最后，法典明确了判例优先适用的效力。就律例关系而言，宋代用"法所不载，然后用例"予以概括。明代则坚持"例以辅律，非以破律"的观念。明清两代律为普通法，例为特别法。②

唐朝至清朝是判例的限制适用阶段。标志着中国法律儒家化成果的《唐律》的制定，使法典的发展达到了一个新的阶段。从汉代引经决狱开始，儒家确定了系统地对现存法律予以改造的任务。经过三国、两晋、南北朝数百年的努力，儒家学派前仆后继，殚精竭虑，使得《唐律》"一准乎礼，而得古今之平"，完全反映和体现了儒家的治国方略。判例的特别法地位得以明确，判例的调整范围、形成、适用条件得到了法典的规范。这一时期也是判例的大量使用和汇编时期，唐代在中国判例发展史上首次正式使用"例"来替代汉代以来作为判例的"比"。进入宋代以后判例的适用日益普及。

判例的适用通常发生在常法无合适条款可以引用的情况下。唐代出现的例，以及入宋以后大量修纂和适用的例，都带有一个明显的倾向，即例被当作先例来引用，成为司法审判的法律依据。这一时期对于判例的限制主要表现在以下三个方面：首先，法典对判例的形成与适用进行了规范。运用法典调整社会关系时，免不了僵硬和概括，判例在特定的情况下进行灵活调整。例如在专制主义中央集权体制下，君主的权力范围与权力的行使方式，都是被舆论和法律禁锢的领域。形式上，君权凌驾于行政与司法权力之上。实质上，君权需要借助行政与司法等权力才能有效实现对社会的治理。在制定法中，试图对君权进行规制，这一行为本身缺乏传统和伦理的基础，尤其是对君主钦定的案件，大臣很难从法律理由是否成立或法律理由是否充分进行评论。在传统的社会观念中，即使对君权的限制进行讨论，也是不可思议的。法典不可能对君主的权力进行限定或说明。但是在法律实践中，君主所享有的权力确实是应该有划分的。判例在基于以上这些考虑中产生和存在，因此从它的功能定位来说，它注定要受到法典的限制，为了出现不必要的问题，法典从绝对的权威上对判例的形成以及使用规则或者原则上进行限制，这也就是为什么长期以来判例都属于一种从属的地位。其次，法典为判例

---

① 《汉书·刑法志》。
② 汪世荣：《判例在中国传统法中的功能》，载于《法学研究》2006年第1期。

的适用规定了范围和原则。《唐律·名例律》"诸断罪而无正条，其应出罪者，则举重以明轻；其应入罪者，则举轻以明重。"法典不但为判例的调整留有余地，而且将判例的调整和适用都纳入法典之中，从而更能体现出法典为核心的法律体系特征。最后，法典明确了判例优先适用的效力。就律例关系而言，宋代用"法所不载，然后用例"予以概括。明代则坚持"例以辅律，非以破律"的观念。

明清两代律为普通法，例为特别法。[①]《大明律·名例》"断罪依新颁律"条规定："凡律自颁降日为始，若犯在已前者，并依新律拟断。"注云："如事犯在未经定例之先，仍依律及已行定例定拟。其定例内有限以年月者，俱以限年月为断。例应轻者，照新例遵行。"清代更是通过"有例则不用律"的原则，确定律与例在适用上的先后顺序。例优先于律适用的制度，有其客观必然性。明清律的基本内容是对唐律的沿袭，而明清时代的社会关系则远远复杂于唐朝。加之在法律观念上，律的稳定性又被扩大到近乎僵化的地步。如明洪武二十五年："刑部言，律条与条例不同者宜更定。太祖以条例特一时权宜，定律不可改，不从"；"而太祖之定律文也，历代相承，无敢轻改。"[②] 在律的不变与缓变状态下，要实现对社会关系的有效法律调整，唯一可以实现的办法就是加强判例的作用以及提高判例的地位。

（三）可能的危害及防范

1. 无制约的判例与秦汉之时的"酷吏之舞文"

判例从产生到逐步发展和广泛适用，经历了一段很长的变化时期，在整个历史时期内，判例一直在不同的时期发挥着或大或小的作用，但是不容忽视的是在判例的使用初期以及判例适用越来越广泛的时期，判例始终缺乏相应的制约。

秦始皇嬴政当朝，"奸邪并生，赭衣塞路，囹圄成市，天下愁怨，溃而叛之"。[③] 恰因"专任刑罚"而法律"繁如秋荼，密如凝脂"，形成了苛法暴政乱天下的结果。以秦汉时候判例初步发展时期为例，存在以下两方面问题：一是适用判例时缺乏应有的规则与技术规定。在司法实践中，并非所有的案例都可以作为判例，判例适用的一个至关重要的环节就是在相关判例中寻找"判决根据"，只有当"判决根据"被认为可以适用于当时的案件事实情况时，先例才可以对当时

---

① 汪世荣：《判例在中国传统法中的功能》，载于《法学研究》2006年第1期。
② 《明史·刑法一》。
③ 《汉书·刑法志》。

案件产生实在的约束力。所以适用判例，确定"判决根据"是司法实践中极为关键的环节，同时"判例根据"的寻找具有高度的技术性。但是秦汉时期创制与适用判例的途径众多，在判例的形成程序上缺乏应有的规则。没有相应的规则将判例的适用规定化、程序化。司法官吏不仅可以援引与案情接近的法律条文、本朝或者前朝的案例作为法律依据，儒家经典中的某些条文、道德原则或历史事件等都可以用来作为"判决根据"。这种适用规则的缺乏无疑给酷吏徇私舞弊、儒家任意引经释法开了方便之门。正因为判例的创制和适用缺乏应有的规定，汉代后期"比"的大量运用造成了司法混乱，《汉书·刑法志》载"律令凡三百五十九章，大辟四百九条，千八百八十二事，死罪决事比万三千四百七十二事。文书盈于几阁，典者不能遍睹。"其中，单就"死罪决事比"竟达"万三千四百七十二事"。虽然有夸张的成分，但是"文书盈于几阁，典者不能遍睹"的现实说明又从侧面反映了律令的繁多无法合理有效的适用。因此，刘师培认为"引经决狱"是"名曰引经决狱，实则便于酷吏之舞文"。[①] 这种运用判例所产生的消极后果正是创制、适用判例缺乏应有的规定造成的。二是没有协调好成文法与判例法之间的关系。秦汉时期的成文法已经相当健全和成熟，因此，适用判例弥补成文法的不足，应该使判例植根于成文法，使判例对成文法起辅助作用。即判例不应该占主导地位，其效力更不能高于法律。但是汉代由于没有协调好二者关系，没有用成文法规范判例法的适用，结果导致成文法与判例法之间产生冲突，各种"比"和故事在司法实践中大量运用，尤其是"引经决狱"的盛行，实际上肯定和确认了儒家的道德原则具有高于现行法律的地位，或者说使儒家的道德原则具有提到某些现行法律条文的作用及与某些法律条文具有同等的法律效力。结果致使汉律受制于"比"，出现了引"比"破律的严重后果，不仅在司法实践中出现"事类虽同，轻重乖异……错糅无常"[②] 的弊端，而且对于中国古代法制产生了深远的消极影响。

针对判例适用过程中出现的无制约的情况，究其根源还是在于判例形成程序的不规范，因此，要对其采取相应的防范措施，也应该从规范判例的制定开始。这些相应的防范措施也可以为现代判例制度的建立提供相应的借鉴。首先，要明确判例的创制主体。即由谁来拥有判例创制权。判例创制权是判例制度的重要内容，是指赋予特定司法机关，把司法审判过程中产生的典型判决、裁定进行汇编和整理，并通过适当的程序颁布后，对以后的相同或者类似案件具有普遍约束力的权力。在中国古代，判例的创制主体是一个很复杂的系统，通常都是由具体负

---

① 刘师培：《儒学法学分歧论》，载于《国粹学报》，1907年第7期。
② 《晋书·刑法志》。

责案件审判的行政司法官员进行汇编,但是要在法律生活和司法实践中发挥作用则需要最高统治者皇帝加以确认。但是仍然存在一些混淆不清的情况,而也正是这些暧昧不清的情况导致了判例形成上的混乱,自然不能很好地加以运用。其次,规范判例的创制程序。遵循科学而严谨的程序是确保法的公正性、合理性的必然要求,同样也是实现法的内在价值的重要保障,判例的创制程序是否科学和规范,直接关系着判例的质量,具体涉及的因素有判例的遴选、审定、发布与汇编、更改等方面内容。其中着重应该注意的是遴选与发布和汇编两个方面。在进行判例遴选的时候应该牢记以下原则:一是判例具有法律解释内容,它通过以案释法的方式对法律进行解释,使之具体化;二是所作解释必须符合法律的本来意图和立法精神,且有助于法律的发展;三是在现行立法没有具体规定的情况下,判例能够通过正确运用法律原则作出裁判,有效填补法律空缺;四是针对新类型案件作出裁判。案件是某一法律适用问题的典型代表,案件具有新颖性,对传统的法律适用范围是一种突破和发展。关于判例的发布和汇编,在传统中国主要是司法行政部门进行的,但是很多时候皇帝也是参与其中的。因此依旧存在一定程度上的权限不清的问题。在大陆法系国家,例如德国,关于判例的汇编也没有固定的模式,既有保持完整的判决书型的,也有经过学者加工编纂的;既有官方和半官方的,也有完全来自民间的。德国当时最高法院的重要判决或其中的节选,初始就登载于由其法官编辑、经由民间出版的半官方系列出版物上。在日本,判决书公布及判例编纂出版同样是一种制度化和多样化的情形。如果现阶段要建立判例制度,就应该明确判例汇编与发布的责任主体,同时也为判例的更改作出准备。

2. 宋代"引例破法"和元朝"有例可援,无法可守"的局面

判例在唐宋时期有很大发展,尤其是宋代,判例成为主要法律形式之一。宋代的例有三种含义:一是"条例",是皇帝发布的特旨;二是"断例",即审判案件的成例;三是"指挥",是尚书省、枢密院等中央机关对下级机关下达的用以指导下级机关行政管理和司法审判的命令。宋初的例仅为司法活动中临时性的措施,后来,随着时间的推移,例的地位越来越高。这种变化还是从唐朝开始的,纵然唐代由于成文法的发达,事实上判例所发挥的作用并不是特别大。但从唐开始,判例没有经过频繁的修正,倒是客观上加剧了宋朝例的不断增多。终唐之世,唯有一次修例尝试,即仪凤二年,详刑少卿(即大理寺少卿)赵仁本撰《法例》三卷,引以断狱。唐高宗以祖宗之法禁绝之,而后无人效法。唐高宗其实忽略了"律令格式之文代代相因,每有累加亦为繁矣"的司法窘境。开元二十一年,户部尚书李林甫等删辑旧格式律令及敕总7 026条,其中共有1 324条不

得不删去，宋代的编敕条目更是累千巨万。编敕既然成为皇帝执掌立法权的产物，修例便也成为立法的重要内容。另外，中央对地方控制的加强必然体现在立法上，而法律条文由少到多，以致浩繁难理，都客观上造成了用"例"的发展。除此之外，唐宋的司法活动和君主集权的发展更加速了判例的发展。

在唐代的诏敕中偶有"准例处分"的语言，但也只是确立适用判例的司法原则，并非独立设立判例。唐自开元以来，出现了"用例破条"的现象，玄宗对此采取了先禁后弛的政策。即开元十四年敕"不得更然"；天宝六年"仍令法官约近例详定处分。"但是从总体来看，唐初所定《永徽律》及其疏议都在限制"用例"。君主集权的发展使得君王之命自然地有请援引比附者。宋朝中央集权的制度进一步发展，例的使用在这一制度的加强下也得以增多。

"断例"是元朝刑事立法的主要形式，盛行"断例"是其法律制度的基本特征。作为元朝最具代表性的法律《大元通制》，即是由断例、条格、诏制及令类四部分组成，其中"断例"部分主要是刑事法律。关于《大元通制》中"断例"的性质一直存在很大的争议，通说认为把"断例"理解为那些在长期的司法实践中形成的具有典型意义的判例和事例以及通则性的规定，按照旧律的体制进行编纂整理而成，从法律形式上看是对"断例"这一形式的集成和发展，其性质与内容和成文的"律"是不同的。元朝的"断例"对于后来明清立法活动更是产生了很大的影响。元朝盛行"断例"也是有着自己的历史原因。从中国古代法律制度发展的历史来看，自秦朝起，历朝历代都制定了成文的刑法典，其典型代表便是《唐律》。唐以后各朝的刑事立法虽然都有所变化，但基本上都是沿袭《唐律》的体例和内容。辽、金这两个少数民族政权也都是如此，而唯独元朝可以说是个例外。元朝并没有制定成文刑法典，而是采取了"断例"的形式。作为一个统治政权，元朝与中国历史上的其他封建王朝一样，也曾致力于国家立法的活动，如大蒙古国时期的《大扎撒》等。从元朝的法律发展历史来看，大德年间的立法活动无疑占有重要地位。从这一个时期的立法过程来看，是由最初的编纂成文法典为主变为以编修"断例"为主。大德十一年，中书省臣言："臣等谓律令重事，未可轻议，请自世祖即位以来所行条格，校雠归一，遵而行之"制可。至大二年，尚书省臣言："累朝格例前后不一，执法之吏轻重任意，请自太祖以来所行政令九千余条，删除繁冗，使归于一，编为定制。"自此，各代立法均沿袭了这一做法，而《大元通制》的编纂同样是这种立法活动的发展与继续。

元朝"断例"超乎寻常的运用，虽然适应了当时社会的需要，但是这种法律形式，同样存在不少的弊端，由于"断例"主要是由那些"断一事而为一例"的典型判例和事例所组成，对犯罪构成的要件往往缺乏精确明了的陈述，以至于对于同一种犯罪行为可能会有不同的处理结果，量刑上难免出现偏差。尤其是随着时间的推移，断例的数量不断增加，日积月累，新旧并存，难免前后不相适应。这也为司法官吏舞文弄法、任意出入人罪大开方便之门，成为元朝司法黑暗的一个重要原因。

鉴于宋元的经验，在运用例的时候要注意以下方面的堵漏：第一，要明确例在整个司法系统和法律系统中的定位，即例是法律的重要补充和判案的标准。各朝各代之所以需要这种法律形式，是因为例是法律制度中不可缺少的部分，是法律实施的可靠保证。成文法的内容是稳定而抽象的，针对实际来审判案件，必须要有可参照的成案，这样才能使反映统治阶级意志的法律得以实施，同时也防止在处理案件中违背基本法。第二，要明确例能够发挥作用的前提是要经过最高立法机关加以审定和认可，并且加以规范。不能把一般的案件都作为例来使用，同样例也不能违背成文法，否则出现律例矛盾的现象，不仅不利于法律的实施，而且还有可能扰乱基本的法律秩序。第三，要有效控制例的数量，不宜过多过滥。很多时候例的数量越来越多，是因为皇帝置例于不顾而随意判案，所以出现了"以例破律"的现象。

3. 明清之际"有例不用律，律既多成虚文，而例遂愈滋繁碎。"

明代仍然采用以例断案的传统，例主要是刑部针对具体案件作出的判决，并经皇帝以上谕的形式批准，使其具有法律规范的性质，因案生例的原则自此确立并盛行起来。明中后期的《问刑条例》将例提高到与律同等的地位，"以例辅律""以例补律"。按明代法制，律是正文，例是附注，律例并行。在具体案件中的适用，例优于律。清朝大体沿袭明朝，例的删定、编纂成为清代重要的立法活动，由律例馆负责。修例的主要内容是将具有一般意义的判决提升为法律规范，删除和更正律文与例文、例文与例文之间的重复和矛盾。凡馆修入律之例实际上已被纳入制定法的范畴，成为《大清律例》的构成部分。清朝曾明确规定"既有定例，则用例不用律。"此番结果就是"律既多成虚文，而例遂愈滋繁碎。其间前后抵触，或律外加重，或因例破律，或一事设一例，或一省一地方专一例，甚至因此例而生彼例，不惟与他部则例参差，即一例分载各门者，亦不无歧异。辗转纠纷，易滋高下"。[①] 判例的适用带来了对法制秩序的冲击。判例数倍增加，而对其又缺乏从适用上的理论研究与引导，只注重通过几年一次的修律规范。清代忽略对判例自身的研究和讨论，导致的必然是"第其始，病律之疏也，而增一例。继则病例之仍疏也，而又增一例。因例生例，孽乱无穷。例固密矣，究之世情万变，非例所可赅。往往因一事而定一例，不能概之事事；因一人而定

---

① 《清史稿·刑法一》。

一例，不能概之人人。且此例改而彼例亦因之以改，轻重既未必得其平；此例改而彼例不改，轻重尤虞。其偏倚既有例，即不用律。而例所未及，则同一事而仍不能不用律。盖例太密则转疏，而疑义亦比比皆是矣。"①

晚清时局变换，光绪二十年清廷命沈家本和伍廷芳主持修订若干重要法典，成为我国现代法律体系和法学的开端。当时日本的"成功"是一面镜子，而"东洋复采之西洋"，日本是直接师法德国而走向强国之途的。这必然导致了无论在制度上还是在学理上中国由日本而德国的"取经"之路。这种情形渐成积习，成为一种新习惯和新传统。对中国司法的影响带来了对中国固有的判例的反思，于是清末逐渐对法典式的制定法格外青睐，从而中断了自汉代以来的中国的"混合法"传统。大量借鉴和移植日本法使我国法律的近代化变成了"大陆法系化"，中国倒向了成文法的阵营，判例日渐式微。

三、判例与中国司法传统

应当强调的是，中国传统司法也与文学十分相关，文官作为裁判者主导了古代中国的司法。因此，中国传统司法中充满了诸多人文情怀，与文学紧密相关。在传统司法中形成的文人判更是与诗性文学联系紧密。文人判具有独特的文人个性，往往会采取不拘泥于成案的视角作出新颖的判决，况且，通过诗意化的裁判方式能够达到充分说服两造的效果，引入诗性文学的司法方法还能更适当地实现当时民众心中的正义。② 就此而言，文人所主宰的文人判既能体现文人"立言"的心理需求，又能达到文人"立德"的目标期许。所以，判例的汇编和流传虽然在很大程度上可以成为新晋官员或法律初阶工作者的实务指导用书，但是也在很大意义上充当了文人的炫耀资本和"立言""立德"之精神食粮。所以，中国传统司法和文学在一定程度上是相辅相成的。就此而言，传统判例的形成有其中国司法的传统偏好，并非以西来之判例法可比拟，纵然中国传统的判例编纂成果十分诱人。

这个传统一直到新中国成立初期也依然在延续，并且直至当下，那就是政法传统。在新中国成立初期的司法建设中采纳"政法合一"的司法模式可以最大限度地发动人民参与司法，并且将司法建设与当时国家政权建设紧密结合。这与我

---

① ［清］薛允升：《读例存疑》序。
② 赵晓耕、沈玮玮：《论中国司法传统中的文学寓意》，载于《中国司法》2012年第7期。

们在当前依然热衷的"为民司法"能够找到契合点。"人民司法"或者"为民司法"最重要的是强调司法工作必须坚持群众路线的政治理念。① 因此，在当前法院面对影响重大或者疑难案件时，往往无法进行专业化的"遵循判例"而进行审判，便是考虑到群众的压力。虽然同案同判的呼声甚高，量刑规范化也在极力推进，案例指导制度也在如火如荼般进行，但是在集权体制所形成的行政化的法院管理模式下，法院仍旧难以抛开以政治作为首要考虑的束缚，完全做到专业性的审判技术。② 以在刑事司法实践中争论不休的扩大解释和类推解释为例，由于缺乏判例法传统，所以对于高层而言，试图以解释取代类推。但这一做法反而为类推在刑事法中的运用预留了空间。虽然学界力图廓清扩大解释和类推解释的界限，但基于文内和文外的标准依然难以清晰界定二者，再加上这两种解释都需要类推思维，因此，理论上的刻意区分只是一个立场问题。③ 因此，如果反对类推在司法实践中的适用，就难以引入判例进行案件干预，势必会采用更加隐蔽的"解释"进行操控，这样不仅对于司法公信力的改进毫无作用，而且会带来司法的更加紊乱。

这些归根到底需要我们认真反思判例与中国司法传统的关系。传统并未消逝。类推也不妨承认，即传统的判例编纂留给我们最大的遗产便是司法类推的普遍性，通过类推可以使得法官的专业化审判技能与大众的潜在公正意识进行对接，使法官在进行司法断案时可以放开手脚，基本做到"统一司法"，并且获得大众的认同。在此意义上，类推可以成为"为民司法"的基本方法，这也是司法的"接地气"。况且，类推还可以发挥出延续传统司法彰显法官独特人格魅力的功能，使法官的个人威信和司法公信力获得极大的提升，这未尝不是我们研究中国历史判例制度与当代法治建设中司法判例的适用之重大意义。

---

① 赵晓耕、沈玮玮：《人民如何司法：董必武人民司法观在新中国初期的实践》，载于《甘肃社会科学》2012年第2期。
② 沈玮玮、赵晓耕：《难以辨识的法院庭审管理》，载于《北方法学》2012年第3期。
③ 沈玮玮、赵晓耕：《类推与解释的缠绕：一个类推的刑法史考察》，载于《华东政法大学学报》2012年第5期。

第四编

中国司法判例制度的现状

第九章

中国民商事指导性案例制度

一、民商事指导性案例总说

（一）民商事指导性案例的地位

1. "法源"说的扬弃

（1）民商事法律渊源的扩张

法律渊源是实在法规范体系所要解决的基本问题。① 按照一种说法，对一国法律渊源的研究，比对其法律体系的研究更具有立体感和深度。因为法律体系比较侧重于法的静态组合；而法律渊源则更侧重于法的动态运作。② 可能正是因为

---

① 我国法学界关于法律渊源的理解，大体上存在有两种观点。一种观点认为法律渊源即指法律的效力渊源。参见沈宗灵：《法理学》，高等教育出版社1994年版，第304页。另一种观点则认为法律渊源有实质意义上的渊源和形式意义上的渊源之分，前者是指法的来源、发源、源泉、根源等，通常即指法的经济根源；后者是指法律规范的创制方式或外部表现形式。参见孙国华：《法理学》，法律出版社1995年版，第304页。本书所涉法律渊源概念，主要是第一种观点意义上的。

② 何勤华：《清代法律渊源考》，载于《中国社会科学》2001年第2期。

这个原因，萨维尼在其巨著《现代罗马法的体系》中，开篇即研究法律渊源。而以司法实践为观察，作为三段论推理的大前提，对法律渊源的探讨和界定在裁判过程中无疑具有前提或基础性的地位。

关于法律渊源的语义界定，域内外学者存有不少的争议。尤其是英美法系学者，就此一问题提出来诸多的观点与立场，分歧颇为明显。① 而在大陆法系国家（包括我国），虽然"法律渊源＝法律形式"的观点日渐占据主流，但在法律渊源外延的具体划定上（如习惯、判例等是否为法律渊源以及其与成文法之间的关系等），仍是争执不断。且与以往之态度不同的是，晚近以来的研究似乎更热衷于采用裁判的视角以及方法论的基调，将法律渊源不仅当作法律规范的表现形式，更视为法律适用或法律解释的方法。如，在博登海默看来，法律渊源乃是适用法律的"工具、装置、技术"方面的问题，因而将它与法律的技术共组成一编。② 而视角转变，首先带来的即是概念外延本身的扩张。因为，以裁判为关注，立法的中心、主导地位已不再是不可撼动，相比之下，解决纠纷的现实需要则成为优先的考虑。而随着法典万能理想的破灭，法律漏洞已为世所共知，于是在立法之外的寻求赖以化解纠纷、创造秩序的载体或途径，便成为不二的选择。亦即如学者所言，法院的裁判结论实际是上述多种因素酿造的化合物，其中既有成文法的法律规范，又有影响裁判结果或者说作为裁判依据的法律原则、习惯、学说等其他司法资源。③

以部门法为观察，法律渊源的扩张在民商事领域表现得尤为明显。且不言在《大清民律草案》时，开篇即有"民事本律所为规定者，依习惯法；无习惯法者，依条理"的规定；综观既往之民商事司法裁判实践，在法律文本之外，寻求习惯、学理以做裁判的依据、基础之情形也并不乏见。可以说，相对于刑法、行政法等法律部门，民商法始终都对法典之外的法律渊源抱以十分开放的态度。其间理由，既有"罪行法定"或类似约束规则阙如所带来的便利，更有市民生活多样性所引致的法律调整需求多元化的事实。且随着社会的发展，后一理由的作用

---

① 诚如凯尔森所言，法律的"渊源"是一个比喻性并且极端模糊不明的说法。对法律渊源的界定，迄今仍是一项十分艰深且常惹争议的工作。霍兰德曾对其做四层含义的理解：（1）指获悉法律知识的来源；（2）是指赋予法律强制力的最终权威，即国家；（3）指那些使已取得法律强制力的规则得以自发产生的原因，即习惯、宗教和科学论述；（4）指一些国家机关，通过这些机构，国家可以认可以前无权威的规则具有法律效力，或者国家自身创制新的法律，即判例法、衡平法、制定法。美国学者 J. C. 格雷则主张法律是法院在其判决中权威地确立的规则，法律渊源即是法官在制定构成法律的规则时习惯依靠的某些法律和非法律的资料，它包括立法机关的法规、司法判例、专家意见、习惯和道德原则（包括公共政策的箴规）。

② ［美］博登海默著，邓正来译：《法理学：法律哲学与法律方法》，中国政法大学出版社1999年版，第370页。

③ 孔祥俊：《法律方法论》，人民法院出版社2006年版，第25页。

不断突出，民商事法律渊源扩张的需要和趋势也便日益明显。

（2）关于判例"入源"的争论

民商事法律渊源（或者说正式渊源）能否扩张至判例，在英美法系国家的学者看来似乎并没有太大的质疑空间，但在固守"民法典"传统的大陆法系国家则成为一个充满分歧与争议的话题。仅以我国来看，就"判例能否成为法官据以裁判的依据"的问题，学界始终存在着鲜明对立的两种立场，且一直未见有其中一方充分、有力地说服另一方的情形。

体察其各方主张，秉判例"入源"说者，以英美国家判例制度的优越性为基础，在"痛陈"成文法之局限与不足的同时，极力宣示判例所具有的效用和价值，如：①引进判例制度可以弥补成文法的不足；②中国历史上始终保持着判例传统，我们不应当割断，而应加以改造，发扬光大；③西方两大法系出现了日渐靠拢的趋势，判例法的价值显得更为突出；④从当今法制建设的现状和要求看，引进判例制度是必要的和可行的；⑤解决当前司法标准不统一的问题；⑥填补司法解释的空白和缺陷，等等。①

反对者则以传统、国情乃至国家政治制度为论，强调判例制度引进所可能引发的问题和困惑，借以抗拒判例法的"入侵"。其理由亦俯拾即是，如：①成文法与判例法两种法律制度的产生条件不同；②两种法律制度的政治基础不同；③判例法制度的根本缺陷不可克服；④先例拘束力在适用中容易造成法律的僵化；等等。②

（3）"法源"说的检讨与启示

检视关于判例"入源"的诸种争论，以下结论不难得出：成文法本身确实存有其局限性，而判例制度也确有其可取之处，引进判例法制度，援先例以裁判，未尝不是我国法制发展中的理想选择，但尚有不少来自制度与理念上的障碍难以逾越。总体来讲，既希望最大限度地借鉴判例制度，充分挖掘和发挥判例（案例）在民事裁判中的价值，同时又不愿意改变或者触动当前的政治和司法格局，是我国法律理论和实务工作中的主流态度。

或许正是在诸般权衡之下，国内的最高裁判机关才最终在两大法系的传统之外，以吸收而不雷同的态度，作出了"案例指导"的制度选择。其实，环顾域外，正式意义上的"案例指导制度"在两大法系均不存在，其仅是我国司法实

---

① 参见武树臣：《判例意识的觉醒与判例机制的诞生》，载于《判例与研究》2003年第1期；张骐、陈飞霞：《西方判例制度东移的必要性和可行性评析——案例指导制度构建的框架和对司法实践指导的方法》，载于《西南政法大学学报》2007年第4期。

② 参见高岩：《我国不宜采判例法制度》，载于《中外法学》1991年第4期；吴伟、陈启：《判例在我国不宜具有拘束力》，载于《法律科学》1990年第1期。

践特定历史阶段的产物。从措辞上可以看出,"案例指导"实质是一项审慎而折中的制度选择,其既表达了我们所欲实行的是一种"案例"指导制度,而不是"判例"约束制度,二者有着本质区别;同时,也表明指导性案例同大量的普通案例有所不同,是具有指导价值的案例。诚如徐国栋教授所言,在民法的渊源问题上是采用一元主义还是多元主义,取决于立法者对两个问题的答案:第一,立法者是否承认制定法存在局限性即是否承认制定法存在漏洞;第二,立法权与司法权是否要进行严格的划分。① 以当前我国的实际来看,对前者的肯定应该已无疑问,而对第二个问题的肯定(或者说回避)态度,则表明"案例指导"制度至少是更加切合我国当前实际的制度选择。而至此,判例(或说案例)也凭借"指导"之名,一改多年来的尴尬角色,在我国的法律体系中获得了较为明确的定位。而案例指导的制度安排既巧妙地回避了将判例纳入法律渊源范畴所要面临的指责,又使案例在司法审判中的作用得到了较为充分的发挥,确实不失为切合中国当前实际的选择。

2. 民商事指导性案例与成文法(民事立法)

民商事指导性案例与成文法的关系问题,涉及案例指导制度的定位及发展,涉及案例指导制度是法官造法机制还是在现有司法功能框架下的法律适用活动的辨析,是探讨指导性案例地位时不可回避的话题。上文提到,案例指导制度是我国司法实践特定历史阶段的产物,也是一个审慎而折中的制度选择,体现了我们所欲实行的是"案例"指导制度,而非"判例"约束制度。其以尊重司法权与立法权的基本划分为前提,指导性案例的形成和运用不属于立法,而旨在"指导",目的主要是通过审判经验的总结以统一和提高审判质量,也即是在更明确、更具操作性的层面诠释抽象的审判指导概念,以实现正确解释和适用法律的目的,即使在指导性案例的创制过程中也会产生相应的裁判规则,这些规则在适用中会弥补立法的不足,但是,这样的规则产生及其运用在本质上仍是法律适用活动和制度。从案例指导制度的运行来看,它以法律和司法解释为前提,并非纯粹的"法官造法"。虽然通过指导性案例提炼与生成的裁判规则能够起到弥补制定法的漏洞或不足的作用,但漏洞填补也只是法律方法的运用,而非法律的创制。

回顾以往之研究,在论及判例与成文法关系时,学者惯常的逻辑则主要可概括为:补充与制约。首先,单纯的判例法和单纯的成文法都有其自身难以克服的缺陷。任何一部成文法永远都不可能无一遗漏地将所有应属于该立法政策调整的情形囊括在该法规的文字阐述之中,成文法的形式比判例法的形式更具有稳定

---

① 徐国栋:《论民法的渊源》,载于《法商研究》1994 年第 6 期。

性，这是它的优点，然而这种优点又使得它极易僵化，判例则可以用法律拟制的方法在不知不觉中轻易地使法律条文的内容变得更符合实践，从这一点上来说，大陆法系中的判例的确给法典赋予了更大的灵活性和连续性，弥补了成文法的不足。① 其次，正如1804年《法国民法典》所规定的那样，"无论如何，判例，即使是最恒定的判例，也不能摆脱立法机关的意志，立法机关的意志可以认可判例，或者纠正它。"② 司法确实是一门艺术，其艺术性就体现在如何保持能动和克制的平衡和协调上：我们既要能动，但又不能盲动，司法能动不是恣意妄为，司法权不能无限膨胀，我们要明确能动的界限在哪里，还要重视怎么样防止过度能动的问题，怎样保持司法应有的克制性的问题。③ 而承认判例对成文法的遵从则正是保持司法克制的直接体现。作为判例制度结合我国社会实际而衍生出的制度创新，判例指导制度与民事成文法之间的关系也需要以上述逻辑为基本遵循。

民法法典化是几代中国民法学人的梦想，并且迄今仍有无数有志之士为之而奋斗。因此，以未来为着眼，仍需着重考虑指导性案例与民法典之间的关系问题。有学者提出，民法法典化与反法典化，反映的是某一国家和地区市民社会的存在和发展对民法的需求和变动中的市民社会不断冲破法典的束缚，摈弃过时规范，认可新规范的事实。就中国而言，民事法律的法典化如火如荼，但实践中广泛存在的司法判例应用也是不争的事实。④ 而即便日后法典化之理想得以实现，判例对于裁判的价值也仍无法磨灭，相反，其极有可能得到凸显。因为成文法与市民生活的矛盾依然存在，而法典化本身更是在加剧这一矛盾。⑤ 由于民法典已经不能满足现实生活的需要，除了对法典进行更新之外，人们已经开始寻找制定法以外的其他法源。这使得众多的判例应运而生，并大量地被运用于司法实务以及法律制度的创设中，各种各样的判例集也不断出版，成为人们所经常诉诸的法典之外的重要法源。法院的判例也逐渐成为法源的一种。⑥ 以法国为例，尽管《法国民法典》第5条规定，法官不得用确立一般规则的方式进行判决，也不得用遵从先例的方式进行判决。但《法国民法典》颁布不到50年的时间里，就要

---

① 张建强、李皎月：《我国建立民事判例制度的可行性研究》，载于《法制博览》2012年第3期。
② 雅克·盖斯旦、吉勒·古博著，陈鹏、张丽娟、石佳友等译：《法国民法总论》，法律出版社2004出版，第471页。
③ 王利明：《我们需要怎样的司法能动?》，载于《人民法院报》2009年7月5日。
④ 刘士国：《中国的民事法律与司法判例》，载于《山东警察学院学报》2006年第2期。
⑤ 不可否认，相对于单行法而言，法典化对于稳定性的需要更为强烈，相应地，其更有可能面临僵化的危险。
⑥ Arthur Taylor von Mehren & James Russel Gordley, The Civil Law System: An Introduction to the Comparative Study of Law, Little Brown and Company, 1957, p.1136.

求立法强制下级法院必须遵循法国最高法院的神圣判例。一个世纪过后，不但法国法学家开始承认第5条的规定在事实上是失败了，司法判例课也作为法律诉讼格式传授给法国学习法律的学生。① 由此可见，指导性案例（或判例）的价值非但不会随着法典化而消逝，反而会因法典的出现而得以增强。

3. 民商事指导性案例与司法解释

由最高司法机关就具体适用法律规范的有关问题进行规范性的解释，是我国法治建设上的一大特点，以实际效果来看，其较大程度地契合了我国当前司法实际，已经并将长期发挥其积极的效能。② 就其效力来看，根据1997年《最高人民法院关于司法解释工作的若干规定》第4条、第14条和2007年《最高人民法院关于司法解释工作的决定》第5条、第27条的规定，最高法院的司法解释具有法律效力，司法解释作为裁判依据的，应当在司法文书中援引。关于司法文书可以直接援引司法解释的做法，在《最高人民法院关于司法解释工作的若干规定》发布之前，1993年《全国经济审判工作座谈会纪要》即已提出"可在法律文书中引用"最高人民法院的司法解释。③ 也就是说，作为法官断案的依据，不只是法律，也包括最高人民法院的司法解释，因此司法解释具有"法源"属性。

"法官审判案件、正确地理解法律并把它展现于裁判文书的过程，实际上就是一个法律解释的过程"④ 以实践来看，指导性案例本身也包含法律解释的内涵和功能，与司法解释之间的关系十分密切，甚至有的指导性案例也曾在司法实践中发挥出司法解释的作用。因此，讨论二者关系时，首需关注的问题即是：指导性案例本身是否可归属为司法解释之一种？对于此一问题，在综合各方面的考虑之后，我们似乎很难得出肯定性的回答。首先，从法律规定的范围来看，《最高人民法院关于司法解释工作的规定》在第6条规定了司法解释的4种形式，包括

---

① 参见罗斯科·庞德著，唐前宏、廖湘文、高雪原译：《普通法的精神》，法律出版社2010年版，第106页。

② 长期以来，最高人民法院司法解释表现活跃，有统计数字显示，从1979年到2011年，最高人民法院共作出各种民商事司法解释469余件，几乎到了无法不解释的地步。参见：2011年最高人民法院民事司法解释数据来自最高人民法院网站"司法解释"（http://www.court.gov.cn/qwfb/sfjs/）所列的司法解释。

③ 在此之前，最高人民法院1986年《关于人民法院制作法律文书如何引用法律规范性文件的批复》曾经指出："最高人民法院提出的贯彻执行各种法律的意见以及批复等，应当遵照执行，但也不宜直接引用。"

④ 刘青峰：《论审判解释》，载于《中国法学》2003年第6期。

"解释""规定""批复"和"决定",未包括"指导性案例"。① 其次,就权力的来源来看,司法解释权授自法律,为最高权力机关专门赋予最高人民法院和最高人民检察院的权力;而案例制度制定则是最高人民法院根据审判工作的需要酌情建立的一种审判工作机制,二者从权力的位阶上存在明显差异。最后,考虑到指导性案例功能和作用的特殊性,其发布程序与司法解释有很大区别。

在明确两者界分的前提下,指导性案例与司法解释之间的互补关系,尤其是指导性案例对司法解释所具有的补充价值则不可忽视。

第一,对其涉嫌"僭越"立法权的指责,是众多针对规范性司法解释的非议中至为尖锐的一项,自规范性司法解释产生便未曾停止过。规范化的表现形态以及一般性的调整方式,使规范性的司法解释穿上了法律的外衣;在 2007 年颁布的《最高人民法院关于司法解释工作的规定》直接宣示"最高人民法院发布的司法解释,具有法律效力"的做法,更是使其沾染了法律的实际。有学者认为,尽管仍然被冠以"司法解释"之名,最高人民法院的这种抽象司法解释权无论在什么意义上都是一种"立法权"。② 在事实上,这种不通过案件审理而作出的解释实际上是在进行立法活动,审判权以法律解释的方式侵夺了立法权的部分空间。③ 而指导性案例则完全可以避免上述问题的纷扰,其具体的案例式的表现形式使其在外观上与法律划清了界限,而"参照"的效力定位则使其从实际上撇清了法律之间的关系。有学者提出,只要判例解释坚持"依法""事后"和"具体"三条底线,就不会进入立法的独占领域。④ 指导性案例在政治体制中"良民"身份,为其顺利实施打下了较好的基础。

第二,规范性解释的问题还体现为其抽象性品质难以与法律解释的要求相符。如学者所指,大部分的司法解释都可以视作制定法的延伸,在很大程度上也具有制定法的固有缺陷,这类自身还需要解释的司法解释的合理性必然会受到责难,正因为如此,目前我国的司法解释制度其实是难以胜任弥补我国法律体系以制定法为基本法律渊源的缺陷的重任的。⑤ 虽然为了增强对审批的指导功能,司法解释已尽可能地将规范适用的条件及其内容进行规定,但仍无法改变其抽象性

---

① 有学者认为,我国不同于英美法系的国家,不实行判例法,虽然指导性案例对人民法院的审判工作可能具有事实上的拘束力,但毕竟没有法律上的约束力;且案例只是个别现象,一般不具有普遍指导意义,故不能将其视为司法解释的一种形式。具体参见周道鸾:《中国案例制度的历史发展》,载于《法律适用》2004 年第 5 期。
② 金振豹:《论最高人民法院的抽象司法解释权》,载于《比较法研究》2010 年第 3 期。
③ 赵岩:《法律解释方式:从司法解释到判例》,载于《烟台大学学报》2001 年第 1 期。
④ 董皞:《中国判例解释构建之路》,中国政法大学出版社,2009 年 3 月第 1 版,第 103 页。
⑤ 熊金蝶:《建构中国式的判例制度——以弥补司法解释的缺陷为切入点》,载于《武汉理工大学学报》(社会科学版) 2005 年第 1 期。

品质。规范性的司法解释在不断接近立法的同时，与个案的适用却似乎"渐行渐远"。① 从法律解释旨在沟通抽象规范与具体事实的目的来看，抽象的规范性解释本身永远难以完全完成法律解释的使命，而裁判实践中，法官对解释的解释不但耗费了司法资源，同时也可能由于多次解释而出现对立法本意的偏离。② 而指导性案例对法律解释的本身便是案例式，其解释功能不仅来源于具体案件的裁判过程，还以具体案例的方式表现出来。指导性案例的案件性，使其更富具体性，可以为法官司法裁判所直接适用，而法律解释环节的减少，也有助于实现裁判结果的确定和统一。与裁判实践相贴近的指导性案例，能超越司法解释二元一级解释权力体系带来的法律抽象认知的有限与无限事实空间之间的障碍，在宏观与中观、法律与司法解释的夹缝中以其实践性与具体性找到自己的位置。③

而作为一种补充性的价值，指导性案例应如何发挥其效用？通常认为，司法解释和指导性案例在社会生活的周延性上，尤其是对法律漏洞的补充关系上可以分以下不同的情况予以区别对待：①在可以由司法解释补充的情况下，优先适用司法解释进行补充；②在没有司法解释或司法解释过于原则、仍留有漏洞的情形时，适用指导性案例则顺理成章。④

4. 民商事指导性案例与判例

我国属成文法国家，实行判例制度或者先例制度并没有法律依据和实践支撑。但关于中国能否借鉴判例法的问题，却早在 20 世纪 80 年代就开始了讨论，并且取得了大量的成果。据不完全统计，从 80 年代以来，我国法学界正式发表的关于判例制度的学术论文就高达 800 余篇，专著或论及判例制度的专著数十部，还有数十篇硕士、博士论文从不同侧面研究判例制度乃至案例指导制度。不难看出，我国法学理论研究者对于判例制度的引进和创立一直抱有极大的热情。甚至不少学者认为，我国当前并无明确的判例制度，但实际上存在着"近似判例制度"，如案件请示批复制度是有实无名的判例制度，案例选编公告制度是心照不宣的判例制度，案例指导制度是欲言又止的判例制度。⑤ 以现状为观察，虽然最高人民法院刻意将案例指导制度与普通法系的判例制度保持一定距离，并避免使用判例这一字眼儿，但媒体和有的学者仍将之称为中国式判例制度。⑥

---

① 张勇：《规范性司法解释在法律体系实施中的职责与使命》，载于《法学》2011 年第 8 期。
② 蒋集跃、杨永华：《司法解释的缺陷及其补救——兼谈中国式判例制度的建构》，载于《法学》2003 年第 10 期。
③④ 夏晓慧：《论司法解释与指导性案例的关系》，载于《广西政法管理干部学院学报》2009 年第 1 期。
⑤ 魏胜强：《为判例制度正名——关于构建我国判例制度的思考》，载于《法律与科学》2011 年第 3 期。
⑥ 最高人民法院公布 4 个指导性案例，中国式判例头炮有点闷，南方周末 2012 年 1 月 12 日 A5 法治版。

不可否认，上述立场及其理由确有其可取之处，但以此便将指导性案例与判例等同视之，则未免陷于武断。首先，仅从语义上看，二者即有明显区别。"案例"即案件实例，"判例"乃判决实例，两者都是法院判决的案件实例。① 不同的是，案例主要用于指称我国法院判决的案件实例。判例更多的是我们对西方（特别是普通法国家）法院判决的案件实例的称谓，西方学术研究和法律实践通常使用的具有特定内涵的概念。② 而即便在普通法系和大陆法系的国家中，其称谓及内涵仍然存在一定差异。③ 卡多佐认为："每一个判决都有一种生殖力，按照自己的面目再生产。"每一个判决先例"对未来的同类或类似性质的案件都具有某种指导力量。"④ 在英美国家，法律人在各个历史时期的判例所体现的法律原则和规则基础上，通过遵从先例原则，形成了相互关联的统一法律体系，也即是判例法。当然，在普通法系国家，并不是每个法院都能创造判例，只有在国家审判结构中达到一定级别的法院作出的判决才能成为判例，判例法律拘束力的范围取决于有权创立判例的法院的级别，只有国家最高审判机关作出的判例才是适用于全国的法律。⑤ 在大陆法系国家，"判例"一般被解释为与待审案件相关或可能相关的，先前作出的司法判决。⑥ 也即是说，"判例"被推定具有约束力或者说具有事实上的约束力，但并非正式的法律渊源。⑦ 以日本为例，"判例"一词包括几种含义，通俗地讲，将某年某月某日判决（包括裁判文书）表述为某年某月某日判例，即将被认定为先例判断思路的各个案件称为判例；有时也将裁判

---

① 有学者明确指出："在我国，'判例'与'案例'有时是可以通用的，但也应注意，作为最高审判机关的典型性判决而论，'判例'的称呼要比'案例'更为合适。"沈宗灵：《再论当代中国的判例》，载于《判例与研究》1995 年第 3 期。

② 对此，沈宗灵还指出："从字面上看，判例比案例更为确切。判例一词表示以某一判决作为处理同类案件的前提。对于作为法学研究的对象来说，人们注意的不仅是案件事实，而是法院具有典型性的判决，包括作出判决者对案件事实如何陈述和分析，如何在这事实的基础上适用法律，进行推理，提出什么论据，最终作出什么判决，等等。只有这样的判例，才能对同类案件的处理具有参考价值，甚至作为前例。"沈宗灵：《比较法研究》，北京大学出版社 1987 年版，第 465～466 页。

③ 在英美法系国家，"判例"是以法源的地位而存在的，故而被称为判例法，它是一种创制、借鉴以及遵循判例的一整套法律制度或者法律体系。"遵从先例"是其根本原则，要求法院审理案件时，必须将法院先前的判例作为审理和裁决的法律依据，从而产生法律上的拘束力；对于本院和上级法院已经生效的判决所处理过的问题，如果再遇到与其相同或相似的案件，一般须作出与先例相一致的判决。参见梁迎修：《判例法的逻辑》，载于《法律方法与法律思维》第 4 辑，第 142～156 页。

④ ［美］本杰明·N·卡多佐著，苏力译：《司法过程的性质》，商务印书馆 1998 年版，第 9 页。

⑤ 以英国审判体制为例，上诉法院的判决对上议院（从 2009 年 10 月开始转制为最高法院）来说，并不是判例，上诉法院的判决对它本身和其以下的法院才是判例。法律是在法院使用或运用的，因此在判例法体制下，什么判例是法律乃是针对特定法院而言的。参见［澳］蒋为廉：《普通法和公平法原则概要——澳大利亚著名判例选注》，中国政法大学出版社 2002 年版，第 13 页。

⑥ 王玧：《判例在联邦德国法律制度中的作用》，载于《人民司法》1998 年第 7 期。

⑦ 参见侯国祥：《论民法法系中的判例》，载于《前沿》2007 年第 5 期。

文书中列明的裁判理由所表达的法律判断称为判例；判例有时又被抽象化，即通过裁判文书可以推测到的裁判所基本法律思路称为判例。① 判例就是裁判所的一个法律判断，可以用作审理其他案件的参考。在诉讼过程中，判决先例通过对人们如何行为作出明确的指示，体现出一般性和概括性，因此在某种程度上也具有法的规范性。日本将正式汇编的各级法院判决分为"判例集"和"裁判例集"。两种不同的判例集的区别主要在于前者具有司法权威，而后者只是一般裁判例即普通案例。② 由于判例包含着对同类案件的一般处理原则。③ 既然如此，判例需要具备普遍性。而有的日本学者则认为，"判例"一词是指裁判所（不仅是最高裁判所的，也包括其他各级裁判所）在各个案件中所作出的法律判断。④

可以说，遵从先例或受先例指导与拘束是实现法制统一的基本要求，无法回避也不可能回避。我国学术界对此进行的区分也仅是想表明在拘束力方面，"案例"与"判例"存在不同，它所蕴含的法律适用乃至被创建出来的法律规则具有可仿效性或可参考性。由此出发，长期以来，我国大多数学者认为，判例与案例仍不属于同一概念，从而影响了最高人民法院在案例问题上的独特态度：编辑案例仅仅是法院内部的一项业务活动，是上级法院指导下级法院工作的一种方式。律师和当事人无权要求人民法院适用其确定判决中确立的原则和规则，裁判类似的案件。对同类案件作出相似或相同的裁判，并非法院的义务。基于这一观念，我国案例制度的发展也一直沿袭这一现实走向。虽然案例和判例在形式上相同，但比较而言，只有具有指导意义和约束力的判例才能作为日后待判案件的参照。⑤ 从判例的概念分析可知，判例的核心或基础就是判决，但判例又并不只是判决。虽然每一起案件都会有一个判决，但并非任何一个判决都能成为判例。

---

① 在日本行使司法权的国家机关有最高裁判所以及下级裁判所（高等裁判所、地方裁判所、家庭裁判所、简易裁判所）。

② 如具有判例性质的最高裁判所和高等裁判所判决汇编被称为《最高裁判所判例集》和《高等裁判所判例集》，而不具有判例性质的地方裁判所判决汇编则被命名为《下级裁判所裁判例集》。参见岩波编辑部：《岩波判例基本六法/裁判与判例》，岩波书店1996年版，第6页。

③ 日本学者川岛武宜认为："审判既是对本案事件进行的具体的价值判断，同时又包含着抽象的、可适用于将来同类事件的一般原理。"一般来说，下级法院往往主要遵从上级法院的判例，否则，下级法院作出的判决就必然在上级法院复审时被撤销。所以，大陆法系国家虽然不承认判例具有正式的约束力，不承认判例是法律渊源的一种，但是在司法实践中，从法律确定性的原则出发，仍然承认判例对目前案件的一般性的约束力。［日］川岛武宜著，王志安等译：《现代化与法》，中国政法大学出版社1994年版，第268页。

④ ［日］荻原有里：《日本的判例制度和判例编选》，载于《人民法院案例选》总第58辑，人民法院出版社2008年版。

⑤ "案例和判例在形式上是相同的，但是并不是所有的案件都可以用来指导以后的审判，只有那些经过精心选择，认真编撰具有典型意义的案件才被用来指导以后的审判，所以，把经过法院审理和判决的案件，根据其对后来案件的指导作用划分为案例和判例是很有意义的。约定俗成，只有判例才是具有约束力的先例，才成为判决后来案件的效仿和依据。"董晔：《开启神秘之窗——以最高人民法院公报发布案例为研习对象》，载于《判例与研究》2002年第3期。

（二）民商事指导性案例的效力

指导性案例的效力定位是案例指导制度建立的一个基础性理论问题，对于建立我国的案例指导制度具有十分重要的理论及现实意义。① 其直接关涉指导性案例的具体适用，包括能否在裁判文书中引用，违背指导性案例的裁判能否被撤销或发回重审，以及应当适用而没有适用指导性案例的裁判是否构成当事人上诉、申诉或者撤销原判的法定事由等。而如果认为指导性案例具有法定的约束力，或者属于司法解释的一种形式，那么，对上述问题就应毫无疑问地作出肯定的回答；反之，则需要对其事实效力的范围、性质、效果等进行具体的分析和评估。

1. 域外关于判例的效力定位

（1）英美法系中判例的效力

英美法以判例著称，判例为其重要法律渊源，拥有堪比（甚至超越）制定法的地位，是其法律体系中不可分割且至为重要的组成部分。以效力为论，其对判例的态度可归结为以下三方面：①"先例约束"原则，此乃判例赖以建立的前提，也是对判例效力的基本表述。依该原则，法院审理案件时，必须将先前法院的判例作为审理和裁决的法律依据；对于本院和上级法院已经生效的判决所处理过的问题，如果再遇到与其相同或相似的案件，在没有新情况和提不出更充分的理由时，就不得作出与过去的判决相反或不一致的判决。②可兹援引的地位，在英美法中，判例为正式的法律渊源，可被法官援引于裁判文书中作为据以裁判的理由与依据，而在诉讼过程中，双方当事人也可引用判例以作支持，或者驳斥。③多层次的判例效力等级，有学者将英美法中判例的效力区分为两个层次：首先是先例的纵向约束力。这是基于法院的等级结构系统而产生的，即上级法院的判例具有约束力，各个法院都要受较高等级的法院判例的绝对约束，这个判例只有在被更高等级的法院变更或者被制定法变更时，才丧失其拘束力。另外，判例的横向约束力，指同一法院或同一级法院的先例对以后的判决具有约束力。②

（2）大陆法系中判例的效力

大陆法系以成文法为尊，判例无法取得如普通法系中判例那般的地位，甚至在很

---

① 王卉、黄国桥：《我国指导性案例的效力定位》，载于《中共山西省直机关党校学报》2012 年第 5 期。
② 龚国伟、李楠：《两大法系"判例制度"之比较——兼谈我国判例制度的构建》，载于《广东经济管理学院学报》2004 年 10 月。

长的时期内，大陆法系一直对判例抱以否认、排斥的态度，如1804年《法国民法典》第5条便规定："审判员对其审理的案件，不能用明确立一般规则的方式进行判决。"但随着法典万能理想的破灭以及两大法系理念的融合，大陆法系国家对待判例的态度已日渐趋于开放和包容。如《意大利民法典》中便有规定："如果一条明确的规定不足以解决争讼，可以适用解决同类案件或相似案件的规定；如果仍然不够清楚，则根据国家法律秩序的一般原则进行判决。"而诚如比较法学家大木雅夫指出的那样："大陆虽然确实没有先例拘束原则，但实际上，无论是法国还是德国，下级法院都遵从上级法院的判例，否则，下级法院作出的判决就必然在上级审时被撤销。况且，在存在法官升任制度的情况下，有敢于反抗上级审之勇气的人，实属罕见。"①

关于判例的效力定位，在坚定法典主义立场的前提下，大陆法系国家则趋向于"事实约束"的态度。而何为事实上的约束？日本法上的界定是：①违背最高法院判决构成绝对上告理由，日本民事诉讼法进一步明确规定：原判决存在其判断与最高法院的判例相抵触（或在无最高法院判例的情形与大审院［可以大致理解为第二次世界大战前的最高法院）的判例或高等法院的判例相抵触］的情形，构成绝对的上告理由（日本《民事诉讼法》第318条）；②最高法院立场的变更需要开大法庭，即若要变更最高法院自身以往的立场（判例），必须开大法庭，由15名法官全部出席审理（日本《裁判所法》第10条第3项）。而德国则是设立了大合议庭制度，根据《德国法院组织法》规定：最高法院某庭欲变更该庭之判例，或与他庭持不同见解，可能作出与最高法院先前判例不一致的判决时，应将案件提交大合议庭决定。德国最高法院的判例都定期通过判例集被系统加以公布。② 同时，德国《非讼事务管辖法》也作出了类似的规定。按照该法第28条第2款之规定，在非讼事务管辖中，如果作为终审法院的州高等法院要背离其他州高等法院的判例，则必须取得联邦法院的裁决同意。

2. 国内关于指导性案例效力的诸种学说

长期以来，关于判例（案例）在我国法律体系中之应然地位与效力的争论始终未有停息过。而自最高司法机关提出"建立案例指导制度"的设想后，学说的争鸣便又延伸至对于后者的应然性建构与实然性理解之中。

（1）裁判依据说（"法源"说）

此种观点承袭自"判例支持派"，在苦求判例制度的引进而不得的情况下，判例法的推崇者们在批评现行制度之不足的同时，开始思考如何通过解释、推演

---

① ［日］大木雅夫著，范愉译：《比较法》，法律出版社1999年版，第126页。
② 汪世荣：《判例与法律发展——中国司法改革研究》，法律出版社2006年版，第101页。

等方法在现有制度名下，推行其所追求的判例法之实。于是在指导性案例制度出台后，便又开始"中国式的判例""名为指导，实为判例"的说法。其言外之意，不外乎仍是希望赋予指导性案例"法源"性的效力，以实现"结合我国的实际情况，将最高人民法院发布指导性案例的做法在判例法制度的框架下进行规范化变革，进而建立起具有中国特色的判例制度"的愿景。① 甚至有人提出，由于目前指导性案例并没有法律强制力，造成有的法院参照有的法院不参照，从而导致案例指导的优势没有最大限度地发挥，建议全国人大尽快通过相关立法，赋予最高人民法院指导性案例的法律强制力。②

而与判例说相比，另一种对指导性案例进行"引源"的方式，似乎更为婉转而容易被人所接受——即通过将指导性案例解释为司法解释的方式的一种，进而借助已有的制度框架，完成对其效力的证成。例如认为，"如果指导性案例是经最高人民法院的审判委员会讨论并发布的，指导性案例的地位相当于最高人民法院的案例解释，其效力和作用也相当于司法解释，其对全国法院的指导就是一种硬指导，法官可以在裁判文书中作为法律适用的一种依据引用。"③

（2）事实拘束说

事实约束说借鉴于大陆法，德日等国在否认法院先前判例之裁判"法源"地位的同时，又要求下级法院的裁判不得违背最高法院的已有判决，并通过赋予"上告理由"以及"提请同意"等方式对违背已有判例的行为加以规制，成文法国家的学者将此种约束力称为"事实上的约束力"，以区别于"法源意义上的约束力"。④ 而在我

---

① 曹三明：《中国的判例法传统与建构中国特色的判例制度》，载于《法律适用》2002年第2期。
② 邓新建：《立法赋予最高人民法指导性案例法律强制》，载于《法制日报》2011年5月5日第005版。
③ 胡云腾、于同志：《案例指导制度若干重大疑难争议问题研究》，载于《法学研究》2008年第6期。
④ 成文法国家的判例被认为具有事实上的拘束力，在以下诸多国内外文献中有所体现：［德］H. 科殷著，林荣远译：《法哲学》，华夏出版社2002年版；［德］伯恩·魏德士著，丁小春、吴越译：《法理学》，法律出版社2003年版；［德］卡尔·拉伦茨著，陈爱娥译：《法学方法论》，商务印书馆2003年版；［德］施吕赫特尔：《先例的中介功能》（转引自［德］温弗里德·哈斯墨尔著，郑永流译：《法律体系与法典：法律对法官的约束》，法律出版社2002年版）；［德］考夫曼等主编，郑永流译：《当代法哲学和法律理论导论》，法律出版社2002年版；［美］米尔伊安·R·达玛什卡著，郑戈译：《司法和国家权力的多种面孔》，中国政法大学出版社2004年版；［美］埃尔曼著，贺卫方、高鸿钧译：《比较法律文化》，三联书店1990年版；［美］E. 博登海默著，邓正来译：《法理学：法律哲学与法律方法》，中国政治大学出版社1999年版；［美］梅里曼著，顾培东、禄正平译：《大陆法系》，法律出版社2004年版；［法］达维德著，漆竹生译：《当代主要法律体系》，上海译文出版社1984年版；［美］本杰明·N·卡多佐著，苏力译：《司法过程的性质》，商务印书馆1998年版；［美］罗纳德·德沃金著，李常青等译：《法律帝国》，中国大百科全书出版社1996年版；［日］西原春夫：《日本刑事法的形成与特色》，法律出版社，成文堂出版社1996年版；杨仁寿：《法学方法论》，中国政法大学出版社1999年版；徐国栋：《民法基本原则解释——以诚实信用原则的法理分析为中心》，中国政法大学出版社2004年版；王亚新：《对抗与判定——日本民事诉讼的基本结构》，清华大学出版社2002年版；冷罗生：《日本现代审判制度》，中国政法大学出版社2003年版；董茂云：《大陆法系法典法与普通法系判例法的社会适应力比较》，载于《法学家》1998年第4期，等等。

国，不少学者也在尝试以此种方式去解读我们独具特色的案例指导制度。认为，指导性案例不具有正式的法律效力，不属于正式的法律渊源，但对于法官在处理同类案件时不仅只是参考作用，应具有事实上的约束力。"① 该说的支持者还认为，案例指导制度的宗旨在于正确解释和适用法律，弥补法律漏洞，它在本质上仍是一种法律适用活动和制度，是以制定法为主，案例指导为辅，在不影响制定法作为主要法律渊源的前提下，借鉴了判例法的一些具体做法。②

(3) 参考说（或无效力说）

严格遵守立法权与司法权的划分，在明确了判例制度固有缺陷的前提下，我国不少学者对于利用案例、判例乃至指导性判例以约束裁判行为的做法仍保有很严重的质疑。他们坚持认为，指导性案例在效力性质上的说服性或参考性，是指它的效力取决于它的正确性、妥当性，即对法律的正确解释、对法理的正确发展、对法律原则的正确发现。人们遵从它是因为信服它的正确性。指导性案例的效力来自于法官在其中对有关法律解释观点的论证，来自于其中法律论证所具有的合理性和说服力。③ 理由是，1999年最高人民法院公布的《人民法院五年改革纲要》第14条就提出："2000年起，经最高人民法院审判委员会讨论、决定有适用法律问题的典型案件予以公布，供下级法院审判类似案件时参考。"

至于这种指导意义和参考价值，学者认为，在不同的法院中所实现的方式会有所不同。主要表现为：一是默示参考，即法官在裁判同类案件时参考了典型案例所阐发的基本法理，但并没有直接引用典型案例所阐释的基本观点；二是明示参考，即法官在裁判同类案件时直接引用典型案例所阐发的基本观点，但并不直接说明基本原理或基本观点的具体案件来源。④

3. 符合我国实际的效力定位

(1) 决定判例效力的主要因素

借由以上关于域外经验以及我国学说的考查不难发现，某一国家或地区对于判例所持或所应该持的态度并非偶然，更非"率性而为"所能解释，而实际是一国或地区中政治、法制、传统等诸多因素综合作用结果。仅以效力的界定为论，对于指导性案例制度的理解和建构至少着重考虑以下因素的影响：①国家的基本政治制度。关于判例效力的界定，若追及其根本，实际是关涉一国根本政治制度的宏大命题，该国司法权与立法权的关系如何，司法机关在国家权力体系中的处

---

① 文翠：《接近正义寻求和谐：案例指导制度的法哲学之维》，载于《法制与社会发展》2007年第3期。
② 刘作翔、徐景和：《案例指导制度的理论基础》，载于《法学研究》2006年第3期。
③ 王利明：《我国案例指导制度若干问题研究》，载于《法学》2012年第1期。
④ 徐景和：《中国判例制度研究》，中国检察出版社2006年版，第74~75页。

于何种地位，从根本上决定着一国法律体系对判例所持的态度，即判例所能发挥作用的空间和效果即效力。回溯以往，主流学说即是以与我国政治制度不符作为排斥判例制度引进之主要理由的。①②国家法制传统，历史法学派认为，法律是"土生土长的和几乎是盲目地发展的，不能通过正式理性的立法手段来创建。"②以经验为生命，一国法制发展模式、路径上的选择不可能脱离其自身长期积淀而成的传统。在判例效力的界定上尤是如此，域外大陆法系与英美法系国家在基本制度上颇有其相似之处，却对判例采取了截然不同的态度便足以说明了这一点。③司法的现状与未来，作为以服务裁判为主旨的制度构建，判例的角色选择首需以一国司法环境的现状及未来的发展为着眼，法官的裁判水平、上下级司法机关之间的关系、社会对司法的信任程度等都将在很大程度上决定着判例的效力取向。

（2）事实拘束的定位及其表现

以我国目前来看，首先，人民代表大会制度的根本政治根基具有无可撼动的制度刚性，在可预见的历史时期内，司法机关恐怕仍需对立法权保持着较大程度的克制；其次，虽然关于我国是否存在着判例法的传统，学者间仍颇有争议，也已有不少论者试图从浩如烟海的历史资料中挖掘出了不少关于我国古代判例适用的证据，但以目前的主流认识而言，似乎仍无法将我国古代的判例适用现象与现代西方国家的判例制度二者作等同理解；最后，司法官在判决说理上的不足，判例区分技术素养上的欠缺，以及司法公信力的不足，成为我国判例"判例法化"的重要阻碍。因此，引进判例法制度，援先例以裁判，虽不失我国法制发展中的理想状态，但尚有不少来自制度与理念上的障碍难以逾越。然而，以制度构建的主旨出发，若完全否认指导性案例对裁判的拘束力，仅将之做参考材料处理，则未免枉费司法机关多年经营之一片"用心良苦"，且与当前世界法制发展之趋势以及我国司法的实际需要相背离。权衡之下，"事实拘束力"的折中或许即是对判例效力定位时的"较优之选"。

而失去的"法源"的能力，所谓"事实上的拘束"又应该做何理解呢？以学说与实践为总结，至少可以归纳出如下的事实和态度：①撤判风险的威胁。经由筛选与公布，最高裁判机关在特定情势下的态度已经借由指导性案例的方式得以宣示，而类似案件的承审法官在思虑裁判时便不得不慎重对待此一态度，因为忤逆的裁判极有可能在后续的程序（如二审、审判监督程序）中被上级法院撤销。而法官不愿冒自己所做的判决被上诉审撤销的风险，因为在文官制司法制度

---

① 参见孙国华：《法理学》，中国人民大学出版社1999年版，第270页。
② 张宏生：《西方法律思想史》，北京大学出版社1983年版，第369页。

中，高级法院的判决对下级法院法官的实际影响非常大，如果后者的判决过多地被撤销，他们的晋升就可能受影响。① 因此，审级制度以及审判监督制度的敦促的配合下，指导性案例借助撤判风险的力量，对法官的裁判行为发挥着事实上的约束力。同时，对于背离指导性案例原则和精神的判决，可以作为当事人申诉的理由，上级法院在审理时可予以撤销或改判，并可能与法官的目标管理考核相挂钩，所以事实上的拘束力在法院审判体系内是具有相当的强制性的。② ②背离时，论证责任的增加。即使是在严格执行判例约束力的判例法国家也未绝对禁止违背判例而作出裁判的情形，而只是要求此番明显的悖逆需要以充实的说理为支持。因为，判例不但是经验理性的体现，更反映了上级裁判机关，乃至社会主流的价值取向，法官逆主流而动的裁判，本身需要作出更为详尽和充分的理由。而这一道理同样可以适用于案例指导制度的情形，张志铭就曾将指导性案例的法律效力定位于准权威性依据的级别，认为裁判者可以不认可不适用，但对此行为要承担详细说明理由的责任。③ 而说明责任的压力本身便可以极大地敦促法官遵循既有判例而做裁判。③监督力度的增强。与抽象的规范解释、裁判说理而言，案例向社会公众所作出的信息传导无疑更为直接、具体。通过与指导案例的比照，公众可以更加清晰地把握案件的审理过程与结果，因而，对公众在裁判监督中的要求便不再那么严格。社会对裁判进行监督趋于简捷和有效，而法官适法裁判的过程也会变得更加谨慎、认真。

（三）民商事指导性案例的功能与价值

英国学者梅因曾经指出，我们可能非常接近地达到"社会的需要和社会的意见"与法律的缺口的接合处，但法律是稳定的，社会是进步的，因此永远的趋势就是要把缺口重新打开。④ 改革开放以来，中国经济、政治、文化和社会诸领域以空前的广度和深度发生着巨大的变迁。伴随着社会主义市场经济的逐步发展和依法治国方略的稳步推进，国家治理方式和社会治理结构正在经历着深刻的历史性转型，法治愈益成为社会治理机制的基本选择。社会治理过程对司法的仰赖空前加重，而司法内部自生性资源却相对匮乏，导致中国司法面临着诸多严峻的时代挑战。司法解决纠纷的能力与转型社会的司法需求之间出现了备受责难和质疑的紧张关系。作为司法制度在这种背景下作出的回应社会需求的产物，案例指导

---

① ［美］约翰·亨利·梅利曼著，顾培东、禄正平译：《大陆法系》，法律出版社 2004 年版。
② 王卉、黄国桥：《我国指导性案例的效力定位》，载于《中共山西省直机关党校学报》2012 年第 5 期。
③ 参见张志铭：《对中国建立案例指导制度的基本认识》，载于《法制资讯》2011 年第 1 期。
④ ［英］梅因著，沈景一译：《古代法》，商务印书馆 1984 年版，第 15 页。

制度应运而生。

1. 民商事指导性案例的功能定位

当下，国内学术界对案例指导制度以及指导性案例的功能定位存在过渡性质说、折中性质说、工作方法说和法律续造说四种观点。关于过渡性质说的观点认为，案例指导制度不同于我国以往的案例编纂制度，也区别于普通法系的判例制度，从长期来看，案例指导制度会是走向有中国特色的判例制度的过渡。[①] 折中性质说认为案例指导制度是我们在判例制度和以往的参考作用之中所求的这种，从这一学说看来，案例指导制度既可以解决司法现实矛盾，但又区分"造法"制度，实质上仍是法律适用活动和制度[②]。工作方法说认为案例指导制度更主要的是一种方法，它不涉及重大的制度调整，也不涉及权力的重新配置，而是人民法院（也包括人民检察院和人民公安机关）在现行宪法、法律框架内总结 60 多年来的工作经验和传统，提高自身素质和能力，发挥自身作为专业机关在实现科学发展观、建设和谐社会中不可缺少作用的一种重要的工作方法[③]。在 2005 年最高人民法院开展的案例指导制度研究调研课题报告中，也对这一提法予以认可，认为案例指导制度是最高人民法院和高级人民法院审判指导工作的一种方法，它是通过其本身的权威性和审级制度而保证实施的，是由法官自愿遵循的裁判参考依据。而新近出现的法律续造说则认为，指导性案例是适用法律的成例，并在此基础上具有生成裁判规则的"法律续造"意义。对指导性案例的价值，不应该在克服所谓的制定法局限以及否定甚至消除法官自由裁量权的狭隘意义上来认识。指导性案例作为在具体个案裁判场景中法律解释适用的结果，是"法律续造"的一种极为重要的形态，对于法秩序的形成具有非常重要的意义。[④]

鉴于目前在理论层面对于案例指导制度已有较充分的研究，我们更倾向于采用功能主义的思路来研究案例指导制度的定位问题。按照这一思路，结合司法实践，将有助于我们从理解案例指导制度的作用入手，从而对这一制度的定位有更务实的认识。国内也有学者指出，在民事司法角度，指导性案例主要还是一个细化或者完善法律适用的问题，可以成为解决（法律）适用中遇到的难点问题的很好的切入点。[⑤]

---

① 周佑勇：《作为过渡措施的案例指导制度》，载于《法学评论》（双月刊）2006 年第 3 期。
② 刘作翔、徐景和：《案例指导制度的理论基础》，载于《中国法学》2006 年第 3 期。
③ 张骐：《发展案例指导制度需要处理好的三个关系》，载于《中国审判》2011 年第 10 期。
④ 张志铭：《中国法院案例指导制度价值功能之认知》，载于《学习与探索》2012 年第 3 期。
⑤ 参见中国人民大学姚辉在 2011 年 9 月 23 日中国人民大学刑事法律科学研究中心、国家法官学院和中国行为法学会法律语言研究会联合举办的司法判例研讨会上的发言。张娜：《判例：比较研究与中国模式——司法判例制度研讨会综述》，载于《人民法院报》2011 年 10 月 19 日。

关于案例指导制度的定位，也可以从最高人民法院的正式文件中略知一二。① 2010年11月颁布的《最高人民法院关于案例指导工作的规定》就开展案例指导工作的意义也进行了规定，在审判经验的总结、法律适用的统一、审判质量的提高及司法公正的维护方面都对案例指导制度有着期望。在这些正式文件的提法中，也能看出来案例指导制度之重点在于对法律适用及审判工作的指导。

我们认为，从功能价值而言，案例指导制度主要有以下几个方面的特性。

第一，填补性。在英美法系国家，制定法通常作为补充和纠正判例法的第三位法源，法官首先考虑适用的是普通法，尔后是衡平法，最后才是制定法。② 在大陆法系国家，制定法是第一位的法源，判例只是包含了对法条适用的一种标准。如宪法、民法典、刑法典、行政法典、诉讼法典等，它们的内容涉及国家全局性的根本问题和关系到公民切身利益的普遍性问题，通常作为最重要的部分构成国家法律体系。大陆法系的制定法情结可以追溯到古罗马时代，大陆法系法学家们曾经对之赞赏有加。之后由于功利主义法学和实用法学派等理论的影响，判例才逐渐进入大陆法系国家，目的在于弥补制定法的不足，以实现个案公正。法国、德国、西班牙、意大利、瑞士、土耳其等国家都有官方判例汇编。③ 虽然在大陆法系国家判例是否属于"司法造法"仍存较大争议，④ 但大陆法系国家司法机关可以将司法裁判承认为习惯，⑤ 从而最终使判例发生实际效果是毋庸置疑的。我国建立案例指导制度，就必须关注我国宪法确立的政治结构框架，不突破现有制定法体制的总体要求，严格界定指导性案例的适用范围和适用效力：在我国司法实践中，法官在办理案件过程中，首先应该在制定法中寻找法律依据，只有正式法源没有明确规定的情形下，才能在正式法源之外来寻求帮助，这也即是"禁止向一般条款逃逸"的法律方法。逃逸的结果会使得具体的法律规则虚化，法官严格执法的要求也受到挑战，即法官可能会按照其个人喜好，决定是否适用

---

① 如：《人民法院五年改革纲要》第14条规定，"2000年起，经最高人民法院审判委员会讨论、决定的适用法律问题的典型案件予以公布，供下级法院审判类似案件时参考"。《人民法院第二个五年改革纲要》第13条规定，"建立和完善案例指导制度，重视指导性案例在统一法律适用标准、指导下级法院审判工作、丰富和发展法学理论等方面的作用"。
② 陈金钊：《论法律渊源》，载于《法律科学》1991年第4期。
③ [法] 勒内·达维德著，漆竹生译：《当代主要法律体系》，上海译文出版社1984年版，第131～132页。
④ 这一问题在我国案例指导制度论证阶段仍被视为不可回避的实质性问题，因为这涉及如何认识我国的国家权力结构。由于有关权力机关以及部分学者对此问题的过度关注，导致这一制度迟迟未能正式面世。
⑤ [美] R.B.施莱辛格著，吴英姿译：《大陆法系的司法判例》，载于《法学译丛》1991年第6期。

法律的规定。① 对于法律或司法解释没有明确规定的新类型案件，可以根据指导性案例指导审理案件，但应根据严格的程序进行，应给予立法者权威以充分尊重。从审判实践来看，我国法院已经就运用基本原则来填补法律漏洞进行了有益尝试。法律的基本原则是作为漏洞填补的手段，即它的运用就是为了明确司法三段论中的大前提。当然，法律的基本原则运用于法律适用之中，其必须转化为具体的规则。例如，在实践中，法院依据诚实信用原则确立了情势变更规则、悬赏广告等规则。最典型的是在李珉诉朱晋华、李绍华依据悬赏广告支付报酬纠纷案②中，法院在判决中认为，朱晋华、李绍华负有广告中许诺的给付报酬的义务。被告辩称"寻包启示"许诺给付报酬不是真实意思表示，事后翻悔，拒绝给付李珉酬金 15 000 元，有违《中华人民共和国民法通则》第 4 条规定的诚实信用原则，是错误的。这些都表明，依据基本原则进行漏洞填补就可以明确法律适用的依据，从而进行司法三段论的推理。

在大陆法系国家，尽管判例确实具有一定的规范性，但与成文法相比，其规范性的程度则少得多。判例对法律法令适用的统一也只是相对的，显得确定而有弹性。而我们所说的案例指导制度，是发挥司法的能动性，在我国制定法框架之内，在司法环节建立补充机制，从而在裁判中引入法律精神。就制定法与判例的相互补充与结合为用而言，它既是中华法系的特点之一，也是其优点之一。③ 基于这种补充性，在案件裁判中，法官服从的仍然只能是制定法，制定法仍然是法官裁判的依据，不能因某个问题已有指导性案例而径直判决，否则就将与案例指导制度建立的初衷相悖，也违背了法治理想。

第二，辅助性。案例指导制度只是一种新生的法律适用机制，并不涉及司法权与立法权之间的关系的政治问题，不应出现架空法律、制约立法权的危险。④ 根据法律规定，在我国，只有全国人大才有权界定立法权、行政权和司法权的关系。⑤ 司法裁判的权威在于通过严格的司法程序、规范的司法行为、确定的法律

---

① 条文有些含糊时，当它的意义与范围存在疑点时，当同另一条文对比，在一定程度上或者内容有矛盾，或者受限制，或者相反有所扩展时，法官可以通过法律原则延伸出来的立法意旨，把不清楚的规定解释清楚，发现隐含在制定法中的法律本意。正如有的学者指出的，"法官可根据社会生活发展的需要，通过解释基本原则，把经济、政治、哲学方面的新要求补充到法律中去，以使法律追随时代的发展而与时俱进，实现法律的灵活价值"。参见徐国栋：《民法基本原则解释》，中国政法大学出版社 2001 年版，第 356~357 页。
② 参见《中华人民共和国最高人民法院公报》1995 年第 2 期。
③ 张晋藩：《中国法律的传统与近代转型（第二版）》，法律出版社 2005 年版，第 229 页。
④ 李仕春：《案例指导制度的另一条思路——司法能动主义在中国的有限适用》，载于《法学》2009 年第 6 期。
⑤ 那种认为法院可以通过自主性的改革，扩张司法权，提高自身宪政地位的观点，是与我国的政治传统、根本制度根本相悖的，对维护我国宪法权威和法制统一也是有害无益的。详见董茂云：《从废止齐案"批复"看司法改革的方向》，载于《法学》2009 年第 3 期。

依据展示公信力和威望。尽管在司法实践中，大多数法官会审视以往相似案例，但制定法的高度崇拜依然不容怀疑，指导性案例在此时的作用仍然是辅助作用。①

我国案例指导制度虽然规定了指导性案例的指导性，但在目前的制度架构下尚未作为法律渊源进行直接援引。判例法的核心在于"遵从先例"，而案例指导制度则侧重于指导，提示法官对案件作出更为恰当的解释和正确适用法律。实际上，它与现行司法解释制度形成相互补充②，或者成为司法解释的实践样本。最典型的案例就是被称为首例权利主体健康权受到侵害后有精神赔偿的案例，即贾国宇诉北京国际气雾剂有限公司（以下简称气雾剂公司）、龙口市厨房配套设备用具厂（以下简称龙口用具厂）、北京市海淀区春海餐厅（以下简称春海餐厅）的人身损害赔偿案件③。此案系消费者在用餐过程中被卡式炉爆炸炸伤，案件判决认定气雾剂公司、龙口用具厂承担赔偿责任，赔偿10万元精神抚慰金。该案审结后被最高人民法院载入公报，并为此后精神损害赔偿司法解释乃至近期出台的《中华人民共和国侵权行为法》所参考采纳。指导性案例之所以能够与司法解释相互发生作用，乃是因为司法解释大多以抽象的命令形式或进一步明确法律界限或补充性规定，其解释表述缺乏具体针对性，往往不能为案件审理提供更具指向性的导引和参照，而指导性案例可以较为直接地为类似案件提供相对明确的规则指引，而这种规则指引所形成的结论正是基于法律精神的解释，是法官审判中对法律规定所做的解释，最终被司法解释或立法所肯定。正如英美法系国家的法律解释学者所认识到的，法院还应在法律条款或法律规定有间隙时，根据立法机关的意图作出相应的补充，从而真正实现立法机关代表的意图。当然，也有学者认为，对于案例指导的功能要根据编选方式和发布形式而有所区别，对于经过最高人民法院审判委员会讨论通过并发布的案例，其效力应具有司法解释效力，可以在裁判中加以援引。④

第三，权威性。指导性案例发布主体的限制性与案例来源的广泛性。根据《最高人民法院关于案例指导工作的规定》，指导性案例的发布主体限于最高人民法院。无疑，这一基调的确定符合我国案例制度发展的传统和现状，有利于维护指导性案例的权威和统一。当然，指导性案例发布主体的确定只是一个开始，在指导性案例面临编纂、检索、失效等问题时，应该充分吸纳其他司法机关、学者、律师，特别是各级法院的意见，也有利于保证这项制度获得更多理解和认同。

---

① 有的学者认为，先例是一种"非正式的法律渊源"或"辅助性的法律渊源"。
② 案例指导制度与司法解释制度之间的相互关系将在后文中再作详述。
③ 参见最高人民法院、中国应用法学研究所：《人民法院案例选》（总第21辑），人民法院出版社1997年版。
④ 沈德咏：《中国特色社会主义司法制度论纲》，人民法院出版社2009年版，第280页。

2. 民商事指导性案例的基本价值

(1) 促进法律解释的不断完善

首先，民商事指导性案例兼顾了法律解释方法运用规则的内容。解释方法是法律解释基础，表明了进行法律解释时可供选择的手段或路径。然而，就法律解释目的达成而言，解释方法固然必要，却远未充分。裁判者对解释方法选择与运用上的恣意，则有可能使法律解释偏离其既定的目标，走向制度的反面。然而，以裁判实践为观察，法律解释更多地表现为一种个性化的实践，因而，试图构建一个放之四海而皆准的解释方法运用规则的理想是难切实际的。个性化的需求终究还需以个性化的对策来满足。而以其形成来看，判例便是诞生于法官的案件裁判过程，本身即包含了法官在具体情形下法律解释方法选择与适用的经验。而当某一判例获得最高司法机关的审查许可而成为指导性案例时，其所包含的法官选择和运用法律解释方法的经验的合理性与权威性便得到了肯定，进而可以对同一规范的适用或相似案例的法律解释方法的选择及使用产生一定的引导和规制作用。指导性案例对法律解释方法运用的规制不仅体现出了某种经验意义上的合理性，而且其根源于个案裁判的品质更多体现出了对案件个性特征的关怀。

其次，较合理地规范了法官自由裁量权的行使。在传统的成文法国家，法官对法律适用的自由裁量权，一直是个令人爱恨相交的概念：一方面，从沟通抽象规范与具体事实二者的角度出发，肯定了法官自由裁量权在法律适用中的合理性；另一方面，法官自由裁量权的扩张，极有可能导致对现有法律体系的冲突，破坏已有法律制度的稳定性。从基本态度上讲，成文法各国更倾向于将赋予法官自由裁量权视为一种不得已而为之的选择。因而，在承认法官自由裁量权的同时，探讨如何对之加以有效的限制便成为法律适用中至为急迫的问题。从目前来看，法律对法官自由裁量权的控制主要是通过严格审判程序要求、强调基本原则限制以及推行审判公开等方式得以实现的。相较于上述方法，指导性案例制度对法官自由裁量权的规制则要显得精细许多。指导性案例对法官自由裁量权的限制主要是通过所谓的"同案同判"机制实现的。根据《最高人民法院关于案例指导工作的规定》第7条的规定，最高人民法院发布的指导性案例，各级人民法院审判类似案例时应当参照。所谓"参照"指导性案例，其实际内涵不外乎有二：一是对审理过程的要求，要求法官在遇有与指导性案例相类似的案件时，尽可能地遵循指导性案例的审理思路，对案件事实认定以及裁判依据的适用等，尤其是对法律规范的选择、理解及适用上，尽可能体现出与指导性案例的一致性；二是对裁判结果的要求，即对于类似案件的判决与指导性案例的判决之间不应存在明显的差别。可见，指导性案例，实质上是以案例的方式，将裁判中与法律解释与适用有关的因素加以细化规定，进一步缩小法官的自由裁量适用的空间和幅度。当然，"同案同判"也并非绝对，法官也可就类似案件作出与指导性案件截然不同的法律解释与选择，只是如此情形下，法官需要承担更为沉重的说明责任，以充分阐述其裁量的合理性。这一定程度上也有助于促使法官谨慎行使其自由裁量权。此外，就"同案同判"而言，法官的首要任务在于对待决案件与指导性案例之间的同一性作出事实判断。而就对法官自由权的依赖程度而言，事实判断要远低于价值判断，因此，所留给法官的自由裁量的空间无疑也要小得多。

（2）保障法律漏洞填补的正确实施

法典化时期，在理性主义的感召下，民法典的制定者们曾将制定一部完美而无漏洞的法律作为其奋斗的目标。然而，法典自出台后，却在现实的一次次挑战中败下阵来。法律社会调整功能的有限性不仅宣告了法典万能理想的破灭，同时也将法律漏洞的概念带进了人们的视野。现如今，法律不可能没有漏洞已成为共识。习惯上，通常将法律漏洞表述为法律体系上违反计划之不圆满状态。[①] 引致法律漏洞的原因有立法者的主观局限，也有社会的客观变迁，不一而足。当法律漏洞出现时，如何填补漏洞则成为当务之急。尤其在司法裁判中，法官既不可以无法为由拒绝裁判，更无从期待立法者施以援手，纠纷解决的时限性，使法官不得不直面法律漏洞填补的问题。

而就法律漏洞的填补而言，指导性案例的贡献主要在于漏洞填补方法的指引上。而此处所谓漏洞填补的方法并非上述所谓狭义法律漏洞填补方法的，前者对后者是包含却不限于的关系。首先，指导性案例对法律漏洞填补的功能广泛地体现在其法律解释功能的发挥上。"只要解释足以回答的问题，那么法律就远离漏洞"[②]，通常认为，为了防止法官的恣意、尊重立法目的，法律漏洞的填补需以漏洞存在为前提，而法律存在漏洞的判断却须以在穷尽解狭义的法律解释方法后方才能作出。在对法律规范诸多解释中，形成于个案裁判的指导性案例所包含的解释又是至为具体和精细。因而，在进行漏洞填补前，结合指导性案例对相关法律规范的解释，对是否确实存在法律漏洞作出准确判断，无疑是十分必要的。同时，大多数法律漏洞的方法如类推适用、反对解释、目的性扩张和目的性限缩等都须建立在对法律规范的精准理解和解释基础之上，而这正是指导性案例见长的地方。其次，指导性案例对法律漏洞的填补贡献还集中体现在对类似案件中漏洞填补的指导上。如果指导性案例本身就是在填补法律漏洞的基础上作出的，则其裁判过程中所进行的漏洞确认、方法选择以及裁判依据的适用等，都将成为后来

---

① 黄茂荣：《法学方法与现代民法》，法律出版社 2007 年第 5 版，第 377 页。
② ［德］卡尔·恩吉施著，郑永流译：《法律思维导论》，法律出版社 2004 年第 1 版，第 171 页。

与之相似的案例在法律漏洞填补中参考和效仿的对象。从这个意义上讲，指导性案例虽不能作为裁判直接的根据，但却指引了法律漏洞填补的过程，成为法官在法律漏洞填补中的实际依据。相应的指导性案例形成后，法律漏洞虽然在规范形式上依然存在，但对于司法裁判官而言，已无法对其法律适用造成太大的困扰。法官无须过多地探究法律漏洞填补的问题，只需参酌指导性案例进行裁判即可。

在某些情形下，社会的发展可能完全超乎法律预料，继而出现了法律未及调整的领域。当这些领域内的纠纷诉至法院时，法官便需要面对法律漏洞填补的问题。而由于欠缺所谓"法的计划"的指导，法律漏洞填补则显得复杂得多。通常认为，此般情形的漏洞填补，主要依靠裁判法官的法续造活动，拉伦茨称为超越法律的法的续造。超越法律的法的续造很大程度上依赖于法官的主观能动，因而，对自由裁量权的限制便显得较为严峻。拉氏认为，可以通过要求法官必须依法律性的考量说明其根据的方法对之加以一定的限制，只要包括：应当结合交易的必要性、事物的本质以及法的伦理性原则等方面的考量。① 我们认为，对超越法律的法的续造的监督而言，指导性案例的作用无疑至为有效。在案例指导制度下，法官的法外续造首先需要受到类似案例中法官法外续造经验的限制，而即便未产生类似的指导性案件，基于法外续造这一相似性，其也要受到其他具有法外续造内容的指导性案例的约束。

（3）不确定性概念的价值补充

与单纯地依逻辑推论即可进行适用操作的确定性概念不同，在民法典中存在大量不确定的法律概念。此类概念具有一项基本特色，即须于个案中，依价值判断予以具体化，所以又被称为须具体化或须价值补充的概念②。其机能就在于使法律运用灵活，顾及个案，适应社会发展，并引进变迁中的伦理观念，使法律能与时俱进，实践其规范功能。③ 而从不确定概念的内涵与特征来看，以指导性案例的方式实现对之的概念填补无疑是最为直接有效的。因为：

首先，不确定概念可以在指导性案例中充分实现具体化。通常认为，不确定概念以高度抽象为代价，摒弃对对象个性关注以换取其对社会变迁的较强适应能力，其不确定性品质直接来源立法的过程中抽象化操作。因此，欲终结其不确定，最直接的方法即是对抽象化的逆向操作，即将被抽象化摒除的某些个性（或称价值）补充回来。而指导性案例本身即是一个具体的案例，内部包含了丰富的事实和价值因素。不确定概念可借由指导性案例中包含的具体案件事实实现概念的具体化。这不仅为人们提供了一个更为全面和深刻地认识不确定概念内涵的机

---

① ［德］卡尔·拉伦茨著，陈爱娥译：《法学方法论》，商务印书馆 2003 年版，第 286~300 页。
② 王泽鉴：《法律思维与民法实例》，中国政法大学出版社 2001 年版，第 247 页。
③ 王泽鉴：《民法总则》（增订版），中国政法大学出版社 2001 年版，第 55 页。

会，同时还为不确定概念在其他案件尤其是与指导性案件相类似案件中的具体化提供了可资借鉴的思路，有助于在这些案件审判中不确定性概念价值补充的实现。

其次，指导性案例包含了类型化的思维。类型化是在对不确定概念进行价值补充时的常用手法。通过对生活事实或典型案例的分析，归纳出若干类型，从而将不确定概念和一般条款具体化，使不确定概念和一般条款具有可适用性和可操作性，以弥补其难以具体适用的不足。① 指导性案例以"典型性的"为要求，是在对案例进行分类的基础上，选取出各类案例中最能反映该类型案件特征的一个作为其代表，本身即蕴含了丰富类型化的思维，足以满足价值补充中类型化的基本需求。且就司法裁判而言，以典型案例所做的案件类型化对不确定概念的价值补充，无疑更具直接和便利性。②

最后，结合指导性案例，可以增强文义对不确定概念的解释力。文义解释可以对不确定概念起到一定程度的价值补充作用，而且在一定范围内，文义解释对不确定概念的阐述越充分和精确，其所起到的价值补充作用就越明显。但语言本身所具有的抽象、模糊性等特点，使之往往难以自足地对不确定概念进行清晰的表达。而在指导性案例中，法官对不确定概念进行价值补充的实践，则为文义解释提供了较为直接和完整的不确定概念的参照物。可以在较大程度上克服文义解释的语言弊端，更为完整和全面地反映不确定概念的特点，提高其对不确定性概念内涵和外延的确定性程度。为价值补充提供了不小的便利。近年来，最高人民法院公报在对指导性案例进行公告的基础上，还着意进行要旨和摘要的提炼，这一做法对推动不确定概念的价值补充而言无疑是具有积极意义。

（4）指引利益衡量的正确适用

法律是为解决社会现实中发生的纷争而作出的基准，成为其对象的纷争无论何种意义上都是利益的对立与冲突。③ 而在利益或价值相互冲突、彼此对立时进行取舍抉择的基本方法是利益衡量。利益衡量是法学方法论上一个十分重要的概念和方法。"权利也好，原则也罢，其界限不能一次确定，而毋宁多少是开放的、具流动性的，彼此就特别容易发生冲突。冲突发生，为重建法律和平状态，或者一种权利必须向另一种权利（或有关的利益）让步，或者两者在某一程度上必须各自让步。于此，司法裁判根据它在具体情况下赋予各该法益的重要性，来从事权利或法益的衡量。"因此，利益衡量也被拉伦茨称为"个案中之法益衡量"。④ 利益衡量自

---

① Bydlinski, S. 548. 参见王利明：《法律解释学导论：以民法为视角》，第450页。

② 传统类型化思路首先在类型化时需要进行一次对事物的分类和抽象，而在进行价值补充时又需要进行一次由抽象到具体的，将待审案件涵摄到特定类型的操作，实际上须经由具体到抽象，再由抽象到具体的两次思维过程，制度的思维成本太高，而且容易在思维转变的过程中出现概念内涵的变化。

③ 梁慧星：《电视节目预告表的法律保护与利益衡量》，载于《法学研究》1995年第2期。

④ ［德］卡尔·拉伦茨著，陈爱娥译：《法学方法论》，商务印书馆2003年版，第279页。

20世纪90年代由日本介绍进来以后,①在理论研究层面和司法实践层面均取得了长足的发展,其适用法域也从最初的民法绵延至刑法、行政法、民事诉讼法、证据法等领域,成为法院应对疑难复杂案件的流行解决之道甚或不二法门。但利益衡量绝非任何时候均有其适用,而是有着自己严格的适用范围。为避免利益衡量的滥用,有学者从整个法律制度的协调视角出发,提出"'法外空间'不应进行利益衡量,应在妥当的法律制度中进行利益衡量,应在同一法律关系中进行利益衡量,妥当的文义存在于法律制度中,选择妥当的法律规范作为衡量的依据,法律救济不能的案件不进行利益衡量"等限制。②我们想进一步强调的是,利益衡量的本质是对成文法规则的一种超越,是以牺牲法的安定性为代价,不得已而跨过法律规则,直接进入背后的利益评判,其主观性尤烈,因此"只有在一切其他发展方法都不能奏效,而又不能从立法者那里期待得到及时的补救措施时,'超越法律的法律发展'才是允许的"。③法有明文规定,但适用该规定将导致显失公平结果,换言之,在法的适用出现与立法宗旨背离的情形,法的安定性与实现正义之间发生冲突时,利益衡量于此将发挥"纠错"功能。但在面临仅仅轻微损伤到正义的法规时,法官仍应首先尊重法的安定性,只有"当一条法律其违反正义的程度已达到'不可忍受的程度',适用之将带来立即巨大的不正义时,则法律的安定性应让位给正义。"④这是一种极其特殊的情形,其实现的最佳载体和表现方式,当属民事指导性案例。

二、民商事司法指导性案例的生成

(一)民商事指导性案例的筛选

1. 筛选的标准

(1)关于筛选标准的学说讨论

指导性案例的筛选标准直接决定了案例的质量,标准选择是否合理切实关系

---

① 梁教授在《民法解释学》中设专章对利益衡量理论进行介绍,该书可谓是国内第一部涉足利益衡量的著作。参见梁慧星:《民法解释学》,中国政法大学出版社1995年版。
② 参见梁上上:《利益衡量的界碑》,载于《政法论坛》2006年第5期。
③ [德]卡尔·拉伦茨著,谢怀栻等译:《德国民法通论》,法律出版社2002年版,第108页。
④ Gustav Radbruch Gesetzliches Unrecht und ubergesetzliche Recht, in Rechtsphilosophie, Stuttgart 1973, S. 345.

到所选出的指导性案例能否被遵守以及在多大程度上被遵守,是影响到案例指导实施效果的重大问题。因此,早在最高人民法院发布《关于案例指导工作的规定》之前,法学界便已经开始关注指导性案例筛选的标准的问题,并且对这一问题的讨论迄今仍在继续。其中较具代表性的观点,主要有以下几种:

有人从案例指导的制度价值出发,认为指导性案例的主要功能是保障法律的统一实施,最大限度地保障"同案同判",使同样或同类的案件能得到同样或同等的处理结果。所以,指导性案例的类型主要应是对法律存在不同的认识和理解,对法律漏洞进行合理的补充,对法律的条文概念、适用范围等内容进行正确的解释和对案件如何正确予以裁判等方面。[①] 有学者以案例指导制度的司法续造机能为关注,强调指导性案例的选择,应以待选案例是否具有法律续造的价值,也即是否产生了无法为既有的法律渊源所包含的新的规则作为主要标准。[②] 还有学者另辟蹊径,从法官的现实需求分析出发,认为合格的指导性案例应当是:一是需要能够提供明确裁判规则的指导性判例;二是需要能够提供充分理论论证的指导性判例;三是需要能够提供有效权威支撑的指导性判例。[③]

另有学者从外在条件和内在条件两个方面出发,对指导性案例的选择做了较为系统的梳理。其认为,指导性案例的筛选标准,从外在方面而言,一是,案例应当是已经生效且未进入再审程序;二是,案例应程序合法、结果公正、具有代表性,实现法律效果和社会效果的有机统一;三是,裁判文书制作格式规范、叙事清楚、理由论证充分。此外,案例类型为新型、复杂、疑难,具有重大影响,或具有多发性也是指导性案例的外在表现形式。从内在方面而言,一是,法律规定较为原则、尚不明确,通过案例以案示法,具有指导意义;二是,现行法律尚无具体规定,正确运用法律原则作出裁判、填补法律空缺;三是,判决理由充分、说理透彻,指导性案例只有在对事实和法律作出充分、公允的分析论证,才能真正发挥对同类案件的指导作用。[④]

(2)司法解释所确定条件的分析

2010年11月15日,《最高人民法院关于案例指导工作的规定》发布,对指导性案例的遴选标准作出了较为具体的列举。《最高人民法院关于案例指导工作

---

① 陈璞:《指导性案例选编的标准》,见苏泽林:《中国案例制度的构建和应用》,法律出版社2012年出版,第198页。

② 就像有的学者所指出的,最高法院最使人尊敬之处,在于能将高超成熟的司法技艺与发展法律的宏大抱负完美地结合在一起,推动法律发展的同时又谨守司法的界限。参见宋晓:《判例生成与中国案例指导制度》,载于《法学研究》2011年第4期。

③ 夏锦文、吴春峰:《法官在判例指导制度中的需求》,载于《法学》2010年第8期。

④ 王卉、黄国桥:《我国指导性案例的效力定位》,载于《中共山西省直机关党校学报》2012年第5期。

的规定》第 2 条称:"指导性案例,是指裁判已经发生法律效力,并符合以下条件的案例:①社会广泛关注的;②法律规定比较原则的;③具有典型性的;④疑难复杂或者新类型的;⑤其他具有指导作用的案例。"依据该条规定,我们大致可将指导性案例的筛选标准划分为形式标准和实际标准两类。其中,所谓形式标准,依据《最高人民法院关于案例指导工作的规定》第 2 条,主要是指被遴选为指导性裁判本身须已经发生法律效力。其至少应当满足两方面的要求:①获选案例的处理结果须以裁判(即判决或裁定)的方式作出,除此之外,以其他方式(如调解等)终结的案件,皆无法纳入指导性案例的遴选范围;②获选案例的裁判结果须已发生法律效力,即属于终审判决或已过起诉时效的判决,且未有相关再审程序正在进行。

案例筛选的实际条件主要有:社会广泛关注、法律规定比较原则、具有典型性、疑难复杂以及新类型五种。其中,所谓"社会广泛关注",主要是那些利益牵系较广,在社会公众中引起较大反映,而为公众和媒体所密切关注、讨论的案例,如"彭宇"案等;所谓"法律规定比较原则",主要是指那些可以适用的法律条例包含有不确定概念(或一般条款),而需要做进一步解释或价值补充的案例;"典型性"即要求被选为指导性案例的裁判具有一定的代表性,具体可作两方面理解,①与该指导案例类似的案件在实践中较为频发,②指导案件是案件事实与裁判本身较为充分反映了该类案件的特点和裁判的主流态度;而"疑难复杂"案例,则主要是指那些存在法律适用(甚至包括案件事实认定)困难,承审法官需要付出比一般案件更多的精力和时间的案例;而"新型案例",据学者的理解,强调的就是"新",包含无法律规定的新案件和有法律规定但从未出现过两种情况,前者是现行的成文法因滞后于社会发展而未予以规制的案件,后者则是虽然法律进行了规定但此前因社会发展的限制或者人们的法律意识较弱而导致实践中没有此类诉讼。①

上述标准出台后,也引来了不少的质疑和建议。五个条件规定过于原则,缺乏可操作性,自是不必赘言。有学者直接指出,社会广泛关注不应成为遴选标准,社会关注与案例的指导性不存在逻辑关联。从法官激励的角度而言,在创设案例时考虑社会的关注度,本身就违背了司法审判的规律,无法确立法官的主导性地位,难以培育法官主体意识与尊荣感,更难以形成以法官为主体的法律人共同体。② 同时,还有人提出,为了凸显指导性、典型性、疑难性等态度,应当在形式上要求被挑选为指导性案件的裁判须是裁判当时经由承审法院的审判委员会

---

① 叶涛:《浅议指导性案例的入选标准》,载于《改革与开放》2012 年 12 月刊。
② 徐骏、徐栩:《指导性案例体系的构建路径——以法官激励为中心的分析》,载于《金陵法律评论》2012 年第 1 期。

集体讨论作出的，等等，都值得在进一步完善案例指导制度时加以认真考虑和吸收。

（3）对民商事指导性案例的特殊关注

检视已有关于指导性案例筛选标准的学说与规范，皆是从一般性的角度对之作出讨论和规定。而公法与私法的分野是为大陆法系国家所长期坚持的法律体系构建格局。在大陆法系之中，公法与私法在调整对象、调整方式、调整原则以及法律适用方法等诸多方面存在着明显的差异。因此，考虑到公法与私法在固有性质、规范内容以及调整方式等方面的差异，应当认识到对公法性指导性案例与私法性指导性案例在案例的选择、发布及适用等方面不宜完全不加区分，等而待之。①

在民商事领域，法律以平等主体的人身关系和财产关系为调整对象，以权利为法律调整的起点，以意思自治为最主要的法律原则，在法律解释、漏洞填补等方面较之公法的规范的刚性、严苛（如"罪刑法定"），显得更为"宽容"和开放；同时实践中，民商事交往频繁，纠纷较多，对裁判依据的需求不仅量较大而且类型丰富，因此，在具体标准的操作和解释上，适当地放宽或倾斜显得十分必要。

2. 遴选的程序

（1）关于已有程序的解读

①案例推荐。根据《最高人民法院关于案例指导工作的规定》第3、4、5条的规定，最高人民法院设立案例指导工作办公室，负责指导性案例的遴选、审查和报审工作，接受各方关于指导性案例的推荐。而为了最大限度增强案件的代表性，扩大案件遴选范围，《最高人民法院关于案例指导工作的规定》对指导性案件的推荐主体作出非常广泛的界定，其主要囊括：最高人民法院各审判业务单位、地方各级人民法院、解放军军事法院、人大代表、政协委员、专家学者、律师，以及其他关心人民法院审判、执行工作的社会各界人士等。而针对不同主体所适用推荐程序和范围也有所不同；最高人民法院各审判业务单位对本院和地方各级人民法院已经发生法律效力的裁判，认为符合本规定第2条规定的，可以向案例指导工作办公室推荐；各高级人民法院、解放军军事法院对本院和本辖区内人民法院已经发生法律效力的裁判，认为符合本规定第2条规定的，经本院审判委员会讨论决定，可以向最高人民法院案例指导工作办公室推荐；中级人民法

---

① 胡云腾、于同志：《案例指导制度若干重大疑难争议问题研究》，载于《法学研究》2008年第6期。

院、基层人民法院的推荐范围仅及于本院已经发生法律效力的裁判,且需层报高级人民法院;而法院体系以外的个人推荐范围不受限制,但需要向作出生效裁判的原审人民法院推荐。

②审查程序。根据《最高人民法院关于案例指导工作的规定》第 6 条的规定,案例指导工作办公室接到关于指导性案件的推荐后,需及时对之是否符合第 2 条所规定的形式和实际条件进行审查,并提出审查意见。

③决定与发布。根据《最高人民法院关于案例指导工作的规定》第 6 条的规定,指导性案件需以最高人民法院审委会集体讨论决定的方式实现。① 推荐案例经案例指导工作办公室审查符合后,即应当报请院长或者主管副院长提交最高人民法院审判委员会讨论。而获准后的指导性案例,需统一在《中华人民共和国最高人民法院公报》、最高人民法院网站、《人民法院报》上以公告的形式发布以后,方才具有获得指导性的效力。

(2) 问题与建议

应该承认,《最高人民法院关于案例指导工作的规定》关于指导性案例遴选程序的规定还是较为完整,但若以制度的操作实际为观察,其至少仍存在以下几个方面的问题需要进一步完善:首先,在指导性案例遴选过程中,公众参与途径和方式较为单一,仅有案件推荐一途,案件的层报、审查程序过于封闭,不利于真实民意的反馈和对案件遴选工作的监督,对公众参与案件推荐的信息反馈机制也未能建立起来。其次,缺乏相应的异议或制约制度,案件遴选过程中的恣意空间仍较大,不利于指导性案件质量的提升。最后,缺乏指导性案例的清理、退出程序,有可能使指导性案例随着社会的变迁而陷于僵化,进而影响案例指导制度的实施效果。

(二) 民商事指导性案例的发布

1. 关于发布主体的问题

在《最高人民法院关于案例指导工作的规定》颁布之前,关于指导性案例(或者判例)的发布主权的归属,曾在学者间引发了丰富的讨论和猜想。其中观

---

① 关于其理由,有学者曾提出如是:指导性案例生成的技术路径应是法律发现,而非法官造法,对其理性应遵循开放性路线,包括对案件开放、对方法开放和对社会开放。在指导性案例生成的程序性要件中,审判委员会作为决策机制的枢纽,是指导性真正走向权威性的组织保障,也是其主体自觉获得集体智慧的法治信任前提。参见夏锦文、莫良元:《司法转型中指导性案例的生成机理》,载于《法律科学》2010年第 4 期。

点归结起来主要有：①归属于各级人民法院。该说认为考虑到我国法律、法规分级颁布实施的立法现状以及各地社会经济文化发展水平的差异等因素，我国应当建立指导性案例分级发布制度，各级法院都有权发布指导性案例，其效力范围仅限于其辖区范围。① ②归属于较大的市级以上的人民法院。该说以我国目前三级立法并存的立法模式为参考，主张应允许各省、自治区和直辖市的高级法院对于涉及省、自治区、直辖市的人大及其常委会根据本行政区域的具体情况和实际需要制定的地方性法规的具体适用问题，发布指导性案例。同样的，对于较大的市的中级人民法院也可以就涉及本市人大及其常委会颁布的地方性法规的具体适用问题发布指导性案例。② ③专属于最高人民法院。该说以促进司法标准的统一为追求，认为，建立判例制度应力求避免标准混乱而带来的适用尴尬，其制定主体应该是最高人民法院。③ ④归属于全国人大常委会。持该观点的学者认为，考虑到我国的立法体制，为保证判例法的质量和法制的统一，创制主体应为最高人民法院和全国人大常委会，最高人民法院负责判例的收集、整理、汇编成册，全国人大常委会负责批准和公布。④

学说争论的结果最终是，专属于最高人民法院的观点逐渐占据了主流。其理由仍是对保障裁判标准统一性的不懈追求。因为，如果各级人民法院都可以发布典型案例，很容易导致指导性案例的滥发、滥用，容易造成法律适用的混乱，甚至影响法制的统一；同时，由最高人民法院发布指导性案例，也可以维护指导性案例的权威性和规范性。⑤ 另外，最高人民法院不仅拥有司法解释权，而且还具有案例选编方面的经验和理性，应该由它决定和认定哪些案例是典型案例，哪些典型案例对制定法的具体含义作出了明确案例阐释以及对一些疑难问题给出了有效的法律解决方法。因此，最高人民法院应该成为判例决定或认可的权威主体，从典型案例发展出来的判例可以由最高人民法院在最高人民法院公报上发布。⑥ 而《最高人民法院关于案例指导工作的规定》最终也采取了此一立场，并且，还借鉴意大利的做法，在最高人民法院内部成立了专门性的审查、编撰机构——最

---

① 参见蔡颖慧：《我国案例指导制度的建立与完善》，载于《法律适用》2008年第2期。
② 参见北京市高级人民法院研究室：《关于完善案例指导制度的调研报告》，载于《人民法院报》2008年2月20日。
③ 熊金蝶：《建构中国式的判例制度——以弥补司法解释的缺陷为切入点》，载于《武汉理工大学学报》（社会科学版）2005年第1期。
④ 周志明：《关于民事判例法制度在我国的可行性思考》，载于《郑州航空工业管理学院学报》（社会科学版）2004年第8期。
⑤ 胡云腾、于同志：《案例指导制度若干重大疑难争议问题研究》，载于《法学研究》2008年第6期。
⑥ 季金华：《成文法与判例法：双重调整机制中的民法典问题》，载于《江苏社会科学》2008年第4期。

高人民法院案例指导工作办公室。①

此外，仍需注意的是，虽然学说和规范都肯认了最高人民法院在指导性案例决定和发布方面的主体地位，但是，地方各级人民法院在其中的地位和作用仍不应被忽视。因为，从我国实践来看，最高人民法院极少参与具体案件的审判，而作为具有指导性的案例本身即主要来源于地方各级法院的裁判实践，且其获得指导性案例的地位和效力后，也主要服务于并约束着地方各级人民法院的裁判活动，也即地方各级人民法院才是指导性案例的主要创造者和适用者。故而，在指导性案例制度遴选过程中，作为"最终决定者"的最高人民法院理应更多地倾听和吸取来自地方各级裁判机关的意见和诉求，也只有如此才能发布出切合裁判实际的指导性案例来。

2. 公布的形式——关于"裁判要旨"

裁判要点是指导案例要点的概要表述，是人民法院在裁判具体案件过程中，通过解释和适用法律，对法律适用规则、裁判方法、司法理念等方面问题作出的创新性判断及其解决方案，是指导案例的核心和精华部分。② 在我国，编写裁判要旨的做法，自公报案例起即有，同时惯见于各类具有案例指导性的文献（包括著作）之中，其主旨在于为同类或近似案例提供可供借鉴的裁判规则、裁判方法或司法理念，以实现最大限度的同案同判。③ 有学者认为，案例指导制度建立后能否真正发挥作用，关键看其能否在审判实践中被准确识别，这要借助于裁判要旨。裁判要旨是法官在裁判具体案件中对法律适用、裁判方法、司法理念等方面问题的判断的体现，是案件的灵魂与精华，是画龙点睛之笔，也是法官办理类似案件借鉴的内容。④ 足见其重要性。而更有来自司法机关的同志主张，只有指导性案例的"裁判要点"所列举的内容，才可以成为指导全国法院审理类似案件时的参照。如果一个指导性案例中有若干个指导要点，但裁判要点中只归纳一个，那就说明最高人民法院只认可这一个裁判要点具有普遍指导意义，其他不具有普遍指导意义。所以，指导性案例的指导意义，仅以裁判要点的归纳为限。⑤ 可见，指导性案例的裁判要旨的撰写，已不再是一个表达修辞的问题，而已实际成为一项决定指导性案例效力内容及范围的"实效行为"。

---

① 意大利最高法院设有专门的部门——"判决要旨制作办公室"来制作"判决要旨"且每半个月出版一期"最高法院判决要旨"。参见薛军：《意大利的判例制度》，载于《华东政法大学学报》2009 年第 1 期。

② 胡云腾、吴光侠：《指导性案例的体例与编写》，载于《人民法院报》2012 年 4 月 11 日第 8 版。

③ 参见邓志伟、陈健：《指导性案例裁判要旨的价值及其实现——以最高人民法院公报案例为研究对象》，载《法律适用》2009 年第 6 期。

④ 王群：《指导性案例的内容与格式》，见苏泽林：《中国案例指导制度的构建与应用》，法律出版社 2012 年版，第 205 页。

⑤ 佚名：《案例指导制度开启一个新的征程》，载于《法制日报》2013 年 2 月 27 日第 9 版。

然而，裁判要旨对指导性案例所具有的价值重要如此，我国裁判要旨的编写却未尽如人意。以公报案例的实践为观察，其裁判摘要的编写确实存在着诸如裁判摘要表现形态繁杂、裁判摘要内容不确定、裁判摘要文字表示模糊不清，以及裁判摘要不表明对提炼的法律见解应当如何适用等问题。① 是故，探寻提高裁判要旨的方法和规则，对于完善我国案例指导制度而言无疑具有十分重要的价值。尤其是在民商事纠纷中，案件事实和法律适用常常较为复杂并带有一定的不确定性，提高裁判摘要的编写技巧，保障裁判要旨对指导意图的明确表达则更是发挥民商事指导性案例功能的重要前提和保障。

在我们看来，一个编写良好的裁判摘要至少应该满足两方面的要求：规范的形式（包括语言的精准、严谨的格式等）和完整的内容（即能较为全面地反映案件事实和裁判观点，并且符合一般裁判摘要的构成）。而有法官以其自身的裁判经验出发，提出了完善裁判要旨编写的基本要求：①准确抓住法官的判断对于裁判类似案件或者处理类似问题的贡献；②对于阐释法律类型的裁判要旨，要尽可能指明所要阐释的法律，并说明所依据的法律理论和运用的法学方法；③文字表述要全面准确精练；④尽量使用法律法规、司法解释中通行的概念和表述。这些深值我们借鉴和学习。此外，指导性案例的编写，除裁判要旨外，裁判原文也应属必需。也即，对于指导性案例的编写来说，其最佳的编辑体例应当是裁判要旨加裁判文书原文，这样能够保证案例的全面完整，突出案例的贡献，便于法官及其他法律职业者和社会公众对于指导性案例的研究和使用。保留裁判文书原状也有助于反映当事人尤其是另一重要的法律职业共同体即律师在案件裁判结论形成中的作用。②

三、民商事司法判例的适用

（一）民商事指导性案例的指导方式

1. 关于指导方式的争议

关于指导性案例指导方式的认识分歧，主要集中在指导性案例是全部内容都

---

① 马荣、葛文：《指导性案例裁判要点的类型与运用研究——以〈最高人民法院公报〉案例裁判摘要为原型的借鉴》，载于《南京大学学报》（哲学·人文科学·社会科学版）2012 年第 3 期。

② 郎贵梅：《论指导性案例的编写》，载于《人民法院报》2009 年 1 月 6 日第 5 版。

具有指导性，还是部分内容具有指导性。详言之，具有指导意义、需要参照执行的是针对相应案件事实所作出的判决的具体内容，是案例中说明判决结果赖以确立的法律主张的理由，还是案例经司法机关对有关法律问题或观点加以抽象和概括出来的裁判规则或者裁判要旨。对此有几种不同意见：第一种意见认为，指导性案例的"指导性"来源于案例本身，但世界上不可能存在完全相同的两个案件，所以，并不是所有的案例（判决）都会成为指导性案例，只有那些在判决理由部分中能宣示新的法律原则或规则的，才能成为指导性案例。所以指导性案例的指导意义，是以其在判决的理由部分中所宣示的法律原则为基准的。[①] 换言之，指导性案例的指导效力只能体现在发布机关通过指导性案例概括和提炼出来的"裁判规则"或者说"裁判要旨"上，指导性案例中的其他内容包括案件事实、证据、理论评析等不可能具有指导性。第二种意见认为，从判例的产生机制看，发生指导效力的不可能是裁判的具体内容，而只能是法院在判决理由中对某些法律问题所提的主张，是在指导性案例中被正确理解或具体化的规范，所以，指导性案例中具有指导性、一般性的部分，就是判决中所确立的法律观点或对有关问题的法律解决方案以及对该观点或该方案的法律论证。[②] 第三种意见则认为，如果脱离指导性案例的整体内容，单纯地参阅其裁判理由或者裁判规则及裁判要旨，可能因为裁判理由的抽象性以及裁判规则所固有的僵化、不周延等成文规范的弊端而导致人们理解不准，甚至会断章取义，由此削弱了指导性案例的价值和作用，所以，指导性案例的整个裁判内容，包括裁判理由、裁判要旨以及理论评析等内容均具有指导意义。[③]

从世界范围看，英美法系国家与大陆法系国家在这方面的做法有所不同。在英美法系国家，判例一经宣判就自然形成，而不需要在宣判之外另行确认与发布，所以，判例中具有约束力的就是判决根据。但判决根据的最终确定不是由先例中作出判决的法官形成的，而是由后来需要适用该先例的法官，在判决其手头的案件时方才作出的。[④] 美国官方或非官方的判例汇编中虽然也有编辑判决理由概要或判决提要，但其作用仅是为查找相关法律点提供方便。大陆法系国家在面对这个问题时各自的认识也不尽一致。法国的判例理论更倾向于第三种做法，反对单纯地把判例的拘束力范围限定在裁判理由或者裁判原则上，认为应"根据每

---

① 参见周佑勇：《作为过渡措施的案例指导制度》，载于《法学评论》2006年第3期。
② 参见张琪：《论指导性案例的"指导性"》，载于《法制与社会发展》2007年第6期；陈灿平：《案例指导制度中操作性难点问题探讨》，载于《法学杂志》2006年第3期；等等。
③ 2008年1月25～26日，最高人民法院应用法学研究所在成都召开的"案例指导制度疑难问题研讨会"上部分参会代表的观点。
④ 参见梁迎修：《判例法的逻辑》，载于《法律方法与法律思维》第4辑，第142～156页。

一个判决的具体情况来解决"；① 德国的判例理论较多支持第二种做法，认为发生先例拘束力的不是有既判力的个案裁判，而是法院在判决理由中对某法律问题所提的答复。② 例如，出身于民法法系的美国学者达玛什卡教授在谈到欧陆法官对先例的理解的特点时指出："法官在'先例'中所寻找的是更高的权威所作出的类似于规则的表述，而案件的事实却被弃置一旁。"③ 在日本，官方的判例汇编虽然也编辑了裁判要旨，但尚没有见到有法律文件明确赋予裁判要旨以法律上的效力。④ 而我国的司法实践则对裁判要旨或者说裁判规则，倾注了足够的热情。例如，在《中国案例指导》丛书中，编撰者就十分重视概括和抽象"案例指导原则"；在《中华人民共和国最高人民法院公报》、机关刊《人民司法·案例》《人民法院报（案例指导版）》以及《人民法院案例选》刊载的指导性或示范性案例中，也都比较重视从案例的裁判理由中提炼"裁判要旨""裁判摘要"或者"要点提示"等。

裁判要旨是对裁判的事实与法理进行系统整理，确立相应的基本规则。在英美法系的判例中，它的法律规则是隐含在裁判之中的，由后来的法官在适用判例时进行归纳和概括，因而具有不确定性。不同的法官或律师很有可能从同样的判例中得出不同的结论。为了避免这种不确定性，我国在判例制度构建时，应明确判例中包含的规则，用裁判要旨的形式表达出来，以便于法官和律师的运用，也有利于社会公众对判例的了解。

我们理解，裁判规则应属于法律规则或者原则范畴。法律规则，是指那些具体规定法律权利、法律义务和法律后果，具有严密逻辑结构的行为准则；法律原则是指那些可以作为法律规则的基础或本源的综合性、稳定性的原理和准则。⑤ "判例之所以为法，是以其在判决的理由部分中所宣示的法律原则为基准的"。⑥ 换言之，判例在裁判中所宣示的理由已具备法律规则或原则的规范性指引的特征与要求。指导性案例本质上属于个别性指引，而非规范性指引，其案件事实本身是特定的、个体的；但是，指导性案例属于典型案例，依据案件事实适用法律的过程及其结论所形成的裁判规则或者裁判要旨，一般是非特定的、非个体的，由此对同一类的相似案件便具有了普遍指导意义。所以，指导性案例的指导作用更

---

① 参见［法］雅克·盖斯旦、吉勒·古博著，陈鹏等译：《法国民法总论》，法律出版社2004年版，第460页。
② 参见［德］卡尔·拉伦茨著，陈爱娥译：《法学方法论》，商务印书馆2003年版，第310页。
③ ［美］米尔伊安·R·达玛什卡著，郑戈译：《司法和国家权力的多种面孔》，中国政法大学出版社2004年6月版，第51页。
④ 参见［日］后藤武秀：《判例在日本法律近代化中的作用》，载于《比较法研究》1997年第1期。
⑤ 参见张文显：《二十世纪西方法哲学思潮研究》，法律出版社2006年版，第391页。
⑥ 郭道晖：《提高判例的法理质量》，载于《判例与研究》1998第1期。

多地体现为，主要是从案件事实认定和法律适用中提炼出来的裁判规则或者裁判要旨的指导，同时也包括案例其他内容的指导。因为准确理解指导性案例的裁判要旨或者裁判规则，不能完全脱离指导性案例所依附的案件事实、证据以及裁判的说理和案例的评析等，特别是裁判论证和说理过程，对待决案件的法律适用来说，意义重大，案例指导制度的重心也就在于论证适用法律的合理性。正如德国法学家卡尔·拉伦茨所言，制作司法先例的法官首先考虑的是他所裁判的事件，这些要旨不过是裁判理由中蒸馏出来的结晶，与案件事实密切相关，在很大程度上本身也需要解释。与立法者相比，他比较不能预见他的"要旨"未来可能适用的情况。① 换言之，如果离开相应的案件事实，裁判要旨或者说裁判规则可能很难被妥当理解并正确适用。事实上，也正是从通过对指导性案例与待决案件二者之间进行"类似性"判断（包括类比推理和区分辨别等），才能决定是否参阅指导性案例，接受其具体指导；而我们所说的指导性案例可以作为判决理由加以援引，援引的不仅是指导性案例的裁判结果，更是其裁判的论说依据。所以，我们认为，一般不能孤立地把裁判要旨或裁判规则与指导性案例的整体割裂开来，而应全面地把握指导性案例对类似案件的指导。从英美法系国家判例法的查明和适用看，一条确定的判例法规则也常常要有一系列相关案例为基础，也即被以后不同案件多次考量和运用以后才能最后确定，因此，法官适用判例法在具体解读判例法规则时，也必须联系这个案例以前和以后的对同类问题的判例。②

2. "类似案件"的识别

所谓指导性案例的识别，简而言之，就是指法官进行裁判的过程中，依一定的观念和方法对案例进行甄别、判断，以便具体确定应予参照适用的指导性案例。

寻找、确定所需要的指导性案例是一个理性的思维过程。在案例识别过程中，类比法律推理被视为判断案件相似性的合适的理论基础。③ 所谓类比法律推理，是把法律针对某构成要件甲所赋予的规则，转用于法律没有规定、但与前述构成要件相类似的构成要件乙；或者，是把指导性案例针对某构成要件甲所赋予的规则或法理，转用于与前述构成要件相类似的（待判案件的）构成要件乙。由于待判案件与指导性案例的构成要件相似，所以应用于指导性案例的法律或法理同样可以（大体）被应用于待判案件。这里，类比的基础是二者构成要件相类

---

① 参见［德］卡尔·拉伦茨著，陈爱娥译：《法学方法论》，商务印书馆2004年版，第233页。
② 参见梁迎修：《判例法的逻辑》，《法律方法与法律思维》第4辑，第142～156页。
③ 参见张骐：《论寻找指导性案例的方法——以审判经验为基础》，载于《中外法学》2009年3期。

似。由于二者构成要件相类似,所以对二者应作相同的评价。① 德国法学家卡尔·拉伦茨认为,对两个案件作相同的评价,是因为二者的构成要件相类似。所谓构成要件,是指与法律对特定问题的评价有关的重要观点。而构成要件必然存在于一定的案件事实之中,所以,分析、研究案件事实以及与之密切关联的法律关系,对准确把握构成要件具有重要的意义。拉伦茨举了这样一个例子:法律没有明确规定出卖人故意诈称买卖标的物具有实际上不存在的优点的法律责任,但是规定了出卖人故意不告知瑕疵的法律责任。如何确定前种情况的法律责任?我们可以对上述这两种情形进行比较,然后根据比较的结果决定是否可以将法律对后种情形的规定适用于前者。从出卖人都认识到买受人对物的性质有所误认,并且故意利用此项错误认识促使买受人缔结契约而论,两者是一样的。在这里,故意利用已知的买受人的认识错误,是法律评价的关键,即与法律对特定问题的评价有关的重要观点,也就是构成要件;至于出卖人究竟是借"不告知"瑕疵以维持买受人的误认,或只是没有向买受人作必要的说明,还是借"诈称"有利的性质使买受人发生错误,两者在评价上没有根本差别,第二种情况即"诈称"倒是更严重一些。所以,按照平等处理的原则要求:法律为后种情况所定的规则也应当适用于前者。关于构成要件,我们一方面要确定:待判的案件事实在所有这些要件上,与指导性案例已经判定的要件全都相一致;另一方面要确定:二者的不同之处不足以排斥上述法定评价。②

这种构成要件的事实,在英美判例法中也被称为必要事实(Necessary Fact),即对于形成判决结论有必要的基础事实,而其他的事实为非必要的事实(Unnecessary Fact)或假设的事实(Hypothetical Fact)。必要事实往往决定着案件的性质,因此,由前案的必要事实推导出来的裁判规则对后案的审判具有拘束力,而非必要事实或假设的事实则没有拘束力。③ 判断待决案件与某个指导性案例的相似性,主要看其必要事实。

实践中,对判断构成要件具有重要意义的因素主要包括:①诉讼标的,诉讼标的是诉讼当事人诉争的对象,也常常是有待进行法律评价的对象,因而成为上文所说的构成要件;②损害结果及过错情形对构成要件的影响;③当事人的意思表示行为对判断构成要件的影响;④法律目的及当事人行为的目的对判断构成要件的影响。上述因素都是有助于判断构成要件的因素,但有时上述因素仍然不足以帮助我们确定构成要件。这时,我们往往需要了解法律对有关重要问题的决定性评价,或回归到法律调整的目的、法律原则上思考,并结合当事人的行为进行

---

① 参见 [德] 卡尔·拉伦茨著,陈爱娥译:《法学方法论》,商务印书馆2003年版,第258页。
② 参见 [德] 卡尔·拉伦茨著,陈爱娥译:《法学方法论》,商务印书馆2003年版,第258~259页。
③ 潘维大、刘文琦:《英美法导读》,法律出版社2000年版,第58~61页。

权衡、比较，得出结论。同时，对当事人行为性质的认定，不是一个单纯的物理学的描述，仅看外在事实往往不够，我们常需要结合行为人的行为目的来考察行为的性质。此外，我们有时可以借助案由判断案件的相似性。案件事实是客观的，法律关系具有一定的人为性、主观性。在众多的纯粹客观的案件事实面前，人们常常按照一定的目的来确定它们所归属或所涉及的法律关系。当我们根据法律关系判断案件相似性的时候，如果可以进一步对法律关系进行分类，就可以相对迅速、便捷地对案件之间的相似性作出判断。案由是诉讼案件的名称，反映案件所涉及的法律关系的性质，是人民法院对诉讼争议所包含的法律关系的概括。① 案由确定以后，案件所涉及的法律关系就相对比较确定了。在案由的导引下，可以相对容易地对案件事实、法律关系进行比对，并在此基础上具体确定案例或案件的构成要件，从而判断案件之间的相似性。2008年4月1日起施行的最高人民法院《民事案件案由规定》对于在民事审判工作中准确确定案件诉讼争点和案件与案例的相似性会有更大的帮助。不过，当我们借助案由把握构成要件的时候，需要提醒自己，案由的确立取决于许多因素，而且相同案由下的具体案例可能是千差万别的，因此在绝大多数情况下，案由仅具有十分有限的作用，只能将其作为判断构成要件的一个向导，而不能过分依赖它在这方面的作用。

  类比推理作为辨证推理的一种，侧重对法律规定和案件事实的实质内容进行价值评价。因此，价值判断在判断案件相似性的过程中具有重要作用。在有些情况下，价值判断在决定案件之间是否具有相似性的过程中就发挥着很明显的作用。所谓根据价值"定向选择"相似性，具体体现为，一是根据价值判断，在结果不同的几种判决之间进行选择，法官选择与自己的价值判断相一致的案例作为具有相似性的案例。二是根据价值判断，认为填补法律空白的先前案例具有指导性并进而确定其相似性。对案件之间相似性的把握，与对指导性案例指导性的判断，本来呈现一种前后相继的因果性。即由于待判案件与先前案例具有相似性，因此先前案例中对特定问题的处理对待判案件的解决具有指导性。但是，这两点有时是纠缠在一起的，有时甚至可能出现"本末倒置"的情况：不是由于相似才有指导性，而是因为具有指导性才相似。价值判断在这个过程中的重要作用是：承办法官对先前案例的法律解决方案具有倾向性，然后再证明先前案例与待判案件之间具有相似性，从而使得待判案件得以参照先前案例审理。法官在寻找相似案件时，首先是对先前案例特定性质的寻找和判断。所谓特定性质，就是对法律空白的补充或者发展。也就是说，研究、分析和判断先前案例是如何适用法律

---

① 参见《最高人民法院关于印发〈民事案件案由规定〉的通知》，载于《人民法院报》2008年3月3日，第3版；有法官指出，他们是从案由上找相似性，而在全案上借鉴。

的？其判决是否填补了法律空白，或者对法规进行了修正？如果先前案例填补了法律的空白或者发展了法律，或者对现行法规进行了修正，那么这种案例就可能是具有指导性的案例。

　　法国不承认判例是正式的法律渊源，但是法官可以运用司法先例发展或改变法律规定。① 在中国，同样存在着通过司法先例发展制定法的实践，这种实践构成了法官发现指导性案例的"抓手"或"把手"。美国法学家列维提出的问题有助于我们对这个问题的更深入思考。他的问题是："将不同的案件视如相同，在什么情况下是正当的？"② 在根本上，对案件相似性的判断取决于人们对该问题的正当性证明方面的思考和结论，而这种思考是以价值判断为基础的。需要说明的是，有时先前案例可能对法律没有具体、明确规定的问题作出判决，但是我们不一定就因此认为先前案例填补了法律空白。我们需要根据立法目的、立法原则，审查、判断先前案例是否正确反映了立法精神和立法原则？只有正确反映了立法精神、立法目的和立法原则的判决，才可以被认定为填补了法律的空白。这项工作具有挑战性。对于这类情况，有法官提出了如下需要考虑的因素：案由、事实、案件背后的诉讼目的、判案理由、当时的社会环境、判决的社会效果、案例的基本方向、对事实的评析、最新的学术理论、相关的法律规定等。对于那些填补法律空白的指导性案例来说，引起"法律填补"的空白问题是该案例的构成要件。这种构成要件与前述许多案例中的构成要件有所不同。因为它有时使得该指导性案例可以对看似不同种类的案件产生影响。

　　有时，法官对指导性案例的选择是在对手边案件的法律性质有了初步认识之后，主动寻找支持性案例，支持自己对待判案件的法律确信的过程。这时，待判案件的法官与先前案例法官在审案思路和法律理解上的一致，对相似性案例的寻找、选择和确定，具有很大影响。③ 这是一个主动的收集事实、比较案情、归纳

---

　　① 例如运用先例，在不对法典进行任何正式修改的情况下，使法律体系对机动车事故的处理由过错责任标准转到无过错责任标准。参见：[美]马丁·夏皮罗著，张生、李彤译：《法院：比较法上和政治学上的分析》，中国政法大学出版社 2005 年版，第 199、201 页。
　　② [美]艾德华·H·列维著，庄重译：《法律推理引论》，中国政法大学出版社 2002 年版，第 6 页。
　　③ 在昆明中院受理的一起行政诉讼案件中，行政相对人对由于驾车打手机被公安机关处罚不服，因而向法院起诉公安机关行政处罚违法。诉讼争议的焦点是行政相对人在驾车时是否打手机？在案件审理过程中，对于驾车人"是否打手机的证据"举证很难；而且此案标的很小。一审判行政被告败诉。行政被告人向二审法院提供了北京法院审理的类似案例。二审法官自己也在互联网上找到了与行政被告人所提供的相similar的案例。二审法院基于个人利益让位给公共利益的考虑，认为此案与北京案例具有相似性，因此决定参考北京的案例，撤销了一审判决，驳回原告诉讼请求。这里，法官的价值取向使得法官认为北京案例对昆明的此案具有参考性。

与对比要点的过程。在这种情况下,法官需要"被支持该判决的实质理由所说服",[1] 因而认定该先前案例与待判案件具有相似性,所以具有指导性。

承办法官通过审看先前案例主审法官的审判思路确定指导性案例,让人觉得多少有点儿专断和太过个人化。中国法官之所以用这种方法决定先前案例的相似性,是因为中国指导性案例与普通法系国家以遵从先例为原则的判例法不同,它不具有严格意义上的拘束力,其实际影响主要是说服力;而具有说服力的部分常常是先前案例中的法律说理。[2] 如果承办法官认为先前案例的法律适用(在这里是对法律漏洞的填补)及其法律说理具有说服力,他或她就会认为该案例具有指导性,所以才会进一步研究相似性的问题。但是,这种做法会带来指导性案例的效力和适用效果的一定程度的不确定性,并影响在全国范围内适用指导性案例的统一性。这里存在着适用指导性案例的实质合理性和适用过程与结果的确定性、统一性之间的紧张关系。对此需要通过其他方法加以解决或尽量降低其负面效果。

美国的孙斯坦教授曾经分析了类比推理的五个步骤[3],这五个步骤是:①某种事实模式 A(即"源"案例)有某些特征;我们可以把这些特征称作 X、Y 和 Z。②事实模式 B(即"目标"案例)有特征 X、Y 和 A,或者 X、Y、Z 和 A。③A 在法律中是以某种方式处理的。④在思考 A、B 及其之间相互关系的过程中建立或发现了一些能够解释为什么那样处理 A 的原则。⑤因为 B 与 A 具有共同之处,B 也应当得到同样的处理。这为同一原则所涵盖。孙斯坦指出其中的第④步骤是关键步骤,即发现解释为什么那样处理源案例的原则。

司法裁判是要通过提供正当性证明来说服当事人以解决纠纷。我们之所以要运用指导性案例解决待判案件,是因为待判案件中的那个特定问题(构成要件)需要依法解决但法律又没有现成的规定,而指导性案例提供了解决该特定问题的法律办法或方案。这个特定问题,可以是特定诉讼标的、某一特定意思表示行为,或者是某种损害结果与行为人过错情形的结合,也可以是有待解决的某一特定问题,例如,收费公共场所的安全保障义务、侵权行为导致被害人精神损害的赔偿,等等。它们在下面这些问题上是共同的:人们相信指导性案例中法律解决

---

[1] [美] P. S. 阿蒂亚、R. S. 萨默斯著,金敏、陈林林、王笑红译:《英美法中的形式与实质》,中国政法大学出版社2005年版,第96、97页。

[2] 例如,在处理商品房买卖纠纷中,关于商品房质量瑕疵的纠纷,在同一个房地产小区内、针对同一个开发商,可能会有众多的原告起诉。诉讼请求也可能不一致,但是裁判结果却可能相同。这时,后判案件的法官,就应当关注先前案例的裁判理由,关注判决的价值取向和对利益的平衡,设法把握、抽象出法律适用点。

[3] [美] 凯斯·R·孙斯坦,金朝武等译:《法律推理与政治冲突》,法律出版社2004年版,第77~78页。

方案（某种规则或某种法理）的合理性或正当性，或者说，人们认可使得指导性案例中的裁判规则或法理获得正当性证明的目的或价值；而待判案件中有待解决的特定问题与先前案例中已经解决的特定问题具有相似性，证明指导性案例中裁判规则或法理的正当性的目的或价值，同样可以证明把这一方案用于解决与该指导性案例相似的待判案件的合理性和正当性。

因此，确定案件相似性的关键，是确定指导性案例中法律解决方案的合理性或实质理由，或者说，是确定使得指导性案例中的裁判规则或法理获得正当性证明的目的或价值。不过，上述关于构成要件的实质或确定案件相似性的判断，不是具有很高抽象性和大范围普遍性的、基本原则性的判断，而是一种"未完全理论化的判断和适用于低层次或中等层次抽象概念的原则"。① 这一判断过程，在很大程度上是根据决断、决疑，因而取决于权力的运用，② 所以，我们需要一定的程序与方法来规范适用指导性案例过程中权力的运用。

3. 对指导性案例的"参照"

《最高人民法院关于案例指导工作的规定》第 7 条规定："最高人民法院发布的指导性案例，各级人民法院在审判类似案件时应当参照。"至于何谓参照、为何参照、如何参照，《最高人民法院关于案例指导工作的规定》未作详细解释。对此，有关部门权威人士解释为，"法官在审判具体案件时如何参照指导性案例，《最高人民法院关于案例指导工作的规定》没有作明确要求，主要考虑到指导性案例的指导方式是示范性、规范性、个别性和引导性的，不宜强求某种方式。"③ 我们认为，参照的含义首先意味着，指导性案例并不是法律渊源，不能直接作为裁判依据。但究竟如何理解"应当参照"的含义，学术界目前也存在不同看法。一种观点认为，既然只是"参照"，那么法官可以自由决定是否参照。而另一种观点则认为，只要有类似的指导性案例，法官就必须要参照。④ 我们赞成第二种观点。

一个本来由有限几个人参与作出的、仅对特定个案有拘束力的已决裁判，何以能够对另一待决案件产生"影响"⑤，是把握和运用先例式参照技术首先要解

---

① ［美］凯斯·R·孙斯坦，金朝武等译：《法律推理与政治冲突》，法律出版社 2004 年版，第 80 页。
② 参见［德］考夫曼，刘幸义等译：《法律哲学》，法律出版社 2004 年版，第 116 页。
③ 胡云腾：《谈指导性案例的编选与参照》，载于《人民法院报》2011 年 7 月 20 日第 5 版。
④ 参见王利明：《我国案例指导制度若干问题研究》，载于《法学》2012 年第 1 期。
⑤ 胡云腾、罗东川、王艳彬、刘少阳：《〈关于案例指导制度的规定〉的理解与适用》，载于《人民司法（应用）》2011 年第 3 期，第 36 页。需要注意的是，这种"影响"不应包括《中华人民共和国民事诉讼法》第 136 条第（5）项、最高人民法院《关于适用〈中华人民共和国民事诉讼法〉若干问题的意见》第 75 条第（4）项规定的关联判决等情形。

决的关键问题。这个问题的根本解决取决于特定国家的法律—政治制度安排。其中包括诉讼—审判—司法的功能预期、法官或法院的角色定位、法律实施体制和机制等。在我国，案例指导的效力问题是一个真正的法治理念与实践难题。如果没有法治理念与实践的发展与变革，案例指导就没有存在和生长的理论与制度空间，也谈不上"应当参照"的效力问题，案例指导充其量不过是用于学习或论说的例示方法。但是，随着社会主义法治实践不断深入，社会主义法治理念牢固树立，指导性案例已经成为立法、司法、执法的重要技术，成为实现依法治国的有效工具。在当前社会疾速转型的新形势下，如何界定案例参照的效力就显得尤为重要而迫切。主流学说认为，先例式参照的效力是一种"事实上的拘束力"。理解和把握"参照"，可以从效力内容、效力实质、效力来源、效力范围和效力类型五个方面入手。①

①参照的效力内容仅限于生效裁判文书所记载的诉讼争点及其裁判理由和裁判结果，而不是从中抽取的裁判规范。诉讼争点是审判主体确认的诉辩双方在一个特定案件中的争执问题。裁判结果是审判主体经过对这个争执问题审理所获得的确定结论。裁判理由是审判主体在法律精神指引下通过对诉辩主张及其理据审理所得出的用于判断诉讼争点、获得裁判结果的具体依据。诉讼争点、裁判理由和裁判结果之间相互关联，一起构成了区别于抽象规范的"个案规则"。这一"个案规则"是将抽象干瘪的法律条规与生动具体的案件事实相互调适、往返顾盼过程的深入展现，是法院及其法官对诉辩两造攻防主张和理由进行去伪存真、去粗取精，由此及彼、由表及里的消化吸收和批评判断过程的具体展现。

②参照的效力实质是司法技术的有效性和可靠性，而不是制度的直接强制。任何一项制度的顺利运行都需要一定实施技术的支持。这对于专业性很强的法律职业共同体所从事的司法审判活动而言具有特别重要的意义。在我国，参照的效力并非直接来源于国家法律制度的正式安排，而是司法实践贯彻宪法规定的平等适用法律原则和依法独立审判原则的根本要求，也是运用审判规律，落实人民法院组织法关于审判委员会总结审判经验、讨论重大疑难案件职责规定的具体要求。正因为先例式参照具有这种司法技术上的有效性和可靠性，才使得先例式参照的效力被学术界和实务界笼统地表述为"事实上的效力"。

③参照的效力第一是来源于逻辑、伦理、智识、利益和诉讼制度辐射的综合效应，而不是法律的正式安排。参照的效力首先源于逻辑的力量。第二是源于职业伦理的力量。第三是源于知识权威的力量。第四是源于先例所维护的利益。波斯纳指出："某个全国性的先例一旦确定，人们对它的依赖和利益集团对它的支

---

① 参见冯文生：《审判案例指导中的"参照"问题研究》，载于《清华法学》2011年第3期。

持就开始累积起来,那么无论对它的批评何等强烈,都很难推翻。"① 第五是源于一系列诉讼制度的辐射效力。公开审判制度、裁判附具理由制度、审判委员会总结经验讨论重大疑难案件制度、上诉制度、审判监督制度等一系列贯彻平等适用法律原则的诉讼制度都要求对自身产品——生效裁判的再利用。

④参照的效力类型既不是"法"的普遍效力,也不是"判"的强制效力,而是一种区别于规范与命令的独特效力形态。指导性案例作为与普遍正义相对的个别正义实现工具,不具有法律渊源的属性。尽管根据规定,指导性案例需要经过最高人民法院审判委员会确认,但这种确认并非依据《中华人民共和国人民法院组织法》第 32 条授予的(抽象)司法解释权,不适用最高人民法院《关于司法解释工作的规定》确立的程序和所赋予的法律效力规定,而是根据《中华人民共和国人民法院组织法》第 10 条规定的审判委员会指导权限,依托诉讼—审判程序行使审判权所产生的另一种效果。由于权源不同、程序不同,指导性审判案例不具有普遍约束力,也不可能作为"法律渊源"加以援引,但这并不能排除裁判文书的合理引证。

⑤参照的效力范围不仅及于审判活动,也及于其他诉讼活动,甚至扩展到社会矛盾纠纷预防和化解过程。指导性案例记载的事实特征比抽象法条更具体、更生动、更直观,能够直接诉诸生活理性加以理解,并且由于它是诉讼程序和国家权力的产物,比任何个人化的见解都更具有权威性、有效性和可靠性,因而社会中潜在的当事人更愿意寻求指导性案例来帮助预防和化解矛盾纠纷。当国家制定法因不足以为生活世界的方方面面提供详尽清晰的"地图"而导致当事人发生矛盾冲突与争端纠纷之时,指导性审判案例就可以为处于迷茫无助的当事人树立起一个个醒目的"路标",指引他们协调相互关系,预防、减少和化解矛盾纠纷。

关于"参照",最高人民法院审判委员会委员、研究室主任胡云腾提到了这样三点:② 一要准确把握指导性案例中"裁判要点"所归纳的指导信息。不得超越裁判要点的指导范围借题发挥,这是案例指导制度与判例制度的重大区别。我们知道,在实行判例制度的国家,一个裁判文书一经公布就可能成为判例,而且整个裁判文书都是判例,判例的裁判规则不是法院确定的,而是律师、当事人或专家学者,从判例中研究、分析、发挥出来的。所以,判例的裁判规则或者指导要点,是社会确定的。而我国指导性案例的裁判要点即指导要点,则是最高人民法院审判委员会确定的,任何一级法院,都不得超越或者突破最高人民法院确定的裁判要点参照,之所以要这样要求,就是要保持解释和适用法律的统一性与权

---

① [美]理查德·A·波斯纳著,苏力译:《法理学问题》,中国政法大学出版社 2002 年版,第 576 页。
② 胡云腾:《谈指导性案例的编选与参照》,载于《人民法院报》2011 年 7 月 20 日第 5 版。

威性。二要切实把握准"类似案件"。类似案件不仅指案情类似,更重要的是指争议焦点即法律问题类似,只有基本案情类似,同时当事人诉讼争议的法律问题也类似的,才可以参照。关于这个问题的进一步说明,将在下文予以展开。三要明确参照的含义。各级法院对指导性案例的参照,主要指参照指导性案例确定的裁判规则或者价值精神,不是比葫芦画瓢参照具体的裁判结果。参照也不同于引用,如果法官在审判类似案件时实际上注意到了某指导性案例的要求,但没有在裁判文书中引用,这种做法我们认为是可以的。只要类似案件的裁判符合指导性案例的裁判要点要求,不必非在裁判文书中引用某个指导性案例不可。只有当事人在诉讼中明确要求法院参照某个指导性案例,那么,法官在裁判文书的说理中就必须回应是否应当参照并详细说明理由。

(二) 指导性案例适用中的法官裁量

1. 裁量权的客观存在

不管人们主观上是否愿意,在任何一个国家的法律制度中,法官在认定事实和适用法律上都享有一定的自由裁量权,这都是无可回避的现实。但是,法官自由裁量权在获得其存在价值的同时,也带来一些不可避免的副作用,最主要的就是其滥用。法官在行使自由裁量权时,极易将自己的愿望和目的插入制定法,尽管对于中国的法官究竟在多大程度上享有自由裁量权,可能是一个歧见纷呈的观察,但至少相当数量或相当权威的判断认为,中国法院在司法裁判过程中犹如"脱缰的野马"。[1]

无论英美法系国家还是大陆法系国家,均有过否定法官裁判中的创造性的思潮和历史阶段,尤其以大陆法系国家为甚。例如,在大多数西欧国家,受分权思想(特别是孟德斯鸠学说)的影响,法官的职责都是被动的,即只能和必须实施法律规则,只能是复述法律的措辞(法官应当只是"法律的嘴巴"),而不能行使任何创造性职能。《法国民法典》第 5 条就是禁止法官造法的典型条文。

民事审判,尤其是疑难案件的裁判,是一个融合了许多"法律前见"的视域[2]。仅以对法律的解释而言,不可否认,法官是法律解释的当然主体,当其面

---

[1] 以刑事案件的裁判为例,其可以对犯罪罪名的确定、量刑情节的认定、刑罚种类和幅度的选择拥有几乎不受限制的解释权,而在行使这种解释权方面可以不理会被告人及其辩护律师的辩护意见,在裁判文书中也不提供任何明确的理由。陈瑞华:《脱缰的野马——从许霆案看法院的自由裁量权》,载于《中外法学》2009 年第 1 期。

[2] 杨力:《民事疑案裁判的利益衡量》,载于《法学》2011 年第 1 期。

对纠纷的时候，首先应当能够运用各种法律解释方法和法律漏洞的填补方法，确定法律条文的具体含义或者对法律的漏洞进行妥当的填补，以此作为对纠纷进行裁判的大前提。虽然理论界还有人在讨论法官是否有法律解释权，但在我们看来，这其实是一个伪问题。毋庸置疑的是，解释活动贯穿法律现象的每个层面，① 而对于法律的适用尤甚。法官个人当然不可能具有像最高人民法院那样制作、颁布带有立法性质、系统性的并且具有规范性法律效力的司法解释的权力，但在其审判的个案中，法官毫无疑问享有广泛的解释权（裁量权）。正如德国法哲学家魏德士指出，在成文法的法律秩序中不存在的某个法律规则，仍然可能被法官适用。换言之，在有些时候，如果没有法官的评价行为和命令形成行为就可能无法从成文法条文中得出裁判规范。② 而法官的评价行为和命令形成行为又不可避免地渗入了法官个人认知因素（如，确定特定行为是否故意或过失）乃至价值评判。对此，韦伯指出，科学不能为认知和价值判断的正确性提供说明。③ 这种判断也难以用科学的方法来审查，因为它们不像事实判断是以感官的知觉为基础，因此不能以观察及实验的方法来证明。虽然目前我国法官群体专业素质整体上尚显欠缺，职业操守还有待进一步提升，个别法官还有滥用职权的可能，但这并不构成否定法官成为法律解释主体的理由。因为法律解释是裁判活动的组成部分，法官是裁判活动的主导者，而审判与解释是密不可分的，其享有审判权（也是一项职责）便当然应享有解释权。问题的实质，不是在于对于权力行使的禁止，而是如何加以规范和约束。

虽然指导性案例本身在一定程度上即具有约束法官自由裁量的价值，但是，案例指导并没有也不可能禁绝法官自由裁量权的行使。在案例指导制度中，法官的自由裁量权始终存在并发挥着作用。具体而言，其至少体现在以下几个方面：

第一，指导性案例的创制。如前所述，指导性案例的选择，直接来自于法官的裁判。因此，法官的裁判毫无疑问是案例的唯一来源。面对法律没有明文规定或者遭遇解释上困境的疑难案件，法官必须运用其自身能力来加以裁量，最终形成妥当的判决。而这样的判决，最有可能成为指导性案例。从这个意义上说，指导性案例与法官的自由裁量权的行使有着天然的联系。

第二，裁判规则的选择。应该说，法官在进行裁判规则的选择时，真正起决

---

① 例如，调研发现，即使是作为科学发展观核心内容的"以人为本"，在法院司法中也有微妙的变化。由于对以人为本中的"人"的理解的不同，因而分别存在以"民"为本、以"当事人"为本等不同做法。可见对于解释的需要真可谓无处不在。详见陈金钊：《难以践行的誓言——关于法官法治信念的考察报告》，载于《河南省政法管理干部学院学报》2011年第5～6期。
② 参见［德］伯恩·魏德士著，丁小春、吴越译：《法理学》，法律出版社2003年版，第107页。
③ ［德］卡尔·拉伦茨著，陈爱娥译：《法学方法论》，商务印书馆2003年版，第3页。

定意义的是认定和判断事实阶段。一般来说，法官首先会考虑援引规则。[①] 但事实的千变万化要求适用的法律规则也相应随之变化，而法官对于法律事实的判断和认定，往往会受法官价值观、业务经验和能力的影响。也可以说，经过法官判断、甄别和认定的法律事实才是法官判决的真正基础，而非法律规则。

第三，类似案件的识别。寻找、确定所需要的指导性案例是一个理性的思维过程。在案例识别过程中，类比法律推理被视为判断案件相似性的合适的理论基础。[②] 在此项作业当中，法官的主观能动性判断无疑将起着主要作用。拉伦茨认为，对两个案件作相同的评价，是因为二者的构成要件相类似。而对判断构成要件具有重要意义的因素既包括诉讼标的、损害结果及过错情形、当事人的意思表示行为、法律目的及当事人行为的目的等，同时还要回归到法律原则、目的及法律对相关法律关系问题的评价等。[③] 在案件涉及的问题缺乏现成规定时，指导性案例可以为这一问题提供解决该问题的法律办法，这也与司法裁判的目的相吻合，从本质上看，司法裁判说服当事人解决纠纷的办法就是为之提供正当性证明。综上所述，确定指导性案例中纠纷解决方案的实质理由就是确定案件相似性的关键。

第四，对指导性案例的"参照"。根据《最高人民法院关于案例指导工作的规定》的规定，各级人民法院在审判类似案件时应当参照由最高人民法院发布的指导性案例。该规定赋予了指导性案例"应当参照"的效力。以最高人民法院审判委员会讨论通过并于2011年12月20日发布的指导性案例第1号"上海中原物业顾问有限公司诉陶德华居间合同纠纷案"为例。按照最高人民法院发言人的有关论述，法官在参照本案例时，一是只能以指导性案例中的裁判要点为限，对中介费合理不合理等案件的审理上不得扩大适用；二要对"类似案件"的标准认真把握。类似案件的含义包括案情类似和争议焦点类似，尤以后者为要。如果案情类似，争议的不是"跳单"纠纷，则不得参照该指导性案例；三是"参照"，主要指参照该指导性案例明确的裁判规则及其中阐释的法理和说明的事理，而非裁判结果。只要类似案件的裁判符合指导性案例的裁判要点，可以将该指导性案例引用为说理依据，也可以不具体引用。[④]

第五，指导性案例在方法上尤其注重法官的判决理由，因此可以借此推动民商事法学理论的建构。换言之，案例的指导性意义并不仅仅体现在司法应用领域，更在于其对相关理论的研究乃至指导。在司法过程中，作为裁判的书面或语

---

① "援引规则可以减少法官思考的负担，而且援引规则也能为法官这个职位与荣誉提供合法性证明。"参见付połewip：《法官判决中的竞争性因素》，载于《法学》2001年第3期。
② 参见张骐：《论寻找指导性案例的方法——以审判经验为基础》，载于《中外法学》2009年第3期。
③ 参见［德］卡尔·拉伦茨著，陈爱娥译：《法学方法论》，商务印书馆2003年版，第258页。
④ 参见张先明：《用好用活指导性案例努力实现司法公正——最高人民法院研究室负责人就案例指导制度答记者》，载于《人民法院报》2011年12月21日。

言表达载体的判决书，一方面处理着具体的纠纷；另一方面也在不断地丰富和发展着"活法"的概念体系，如果司法判决仅仅对法律问题作出判断，而不屑于详细论述作出判决的理由，这样的判决将是缺乏生命力的。我们知道，英美国家判例法的法律思维和裁判风格之下，法院出具的判决书内容具体，推理非常严谨，法官往往从某一个具体的案件出发，通过该案件的审判，阐述或归纳出一项具有普遍指导意义的法律规则。而我国法院作出的判决书等法律文件，大多内容过于简单，尤其是推理部分往往不着一笔，令人不知其所以然。在民事审判中，事实的认定与如何适用法律并作出裁判，仍然是两个不同的问题。事实即便清楚，也并非必然可以推导出正确的结论。许多案件表明，法官在审理中所做的事实认定是清楚的，但法律适用却是错误的。从审判实践来看，说理透彻，令当事人心服口服的案件，基本上都能表明法官执法的公正；而只认定事实，不谈理由或理由不清、牵强附会的判决，即使事实清楚，也不能使当事人信服，其中也难免出现执法不公。正如有的学者所尖锐地指出的：法官们以此为理由使其判决一般较为简洁时，也就同时将他们对于从事冗长论证的不情愿合理化了。"实际上，他们的简洁性和形式主义的风格意在隐藏一种恐惧，即害怕过于详尽可能有碍于审慎周到和严守秘密"。① "但事实上，成文法演绎推论的方法决定了法官的判决及当事人的请求无法通过法律规范而只能借由具体的判决中的理由来阐述。加之成文法产生的历史悠久，理论基础深厚，法律规范体系编排严谨，这就更需要借助法官的判决尤其是判决书中的判案理由来达致活的、变动不安的社会生活与死的、刻板固定的法条之间的沟通"。② 过去，人民法院在相当长的时间里缺乏对于判决理由的论述，造成了司法判决理由在法律制度发展中缺乏相应的地位，进而弱化了应当占有重要地位的案例的指导性作用，在民事指导性案例的发展当中，应当强化法官通过合理的自由裁量权的运用，经由指导性案例而衍生并丰富判决说理的功能价值。

2. 对自由裁量的约束

裁量是一种在不同方向（方案或处理方式）中的选择，选择虽然意味着自由，但并非无拘无束。选择的方向由约束因素限定和指导，约束因素也决定了裁量的维度和方向。现代法治的两项原则包括法官的受约束性与独立性。③ 庞德将

---

① [美]埃尔曼著，贺卫方等译：《比较法律文化》，三联书店1990年版，第230页。
② 王利明、姚辉：《审判方式改革的问题研究》，载于《法律适用》1998年第5期。
③ "这两个原则相互存在功能性的关联中，并代表了法治国的重要成就。"如德国宪法（基本法）第97条第1款规定："法官独立，并仅服从法律。"德国法院组织法第1条规定："法官的权力将由独立的、仅服从法律的法院来行使。"[德]阿图尔·考夫曼等主编，郑永流译：《当代法哲学和法律理论导论》，法律出版社2002年版，第280页。

法官所受的制衡归纳为四个方面：一是法官经过训练，其行为必须受某些已知原理或标准的约束；二是法官的裁决受职业圈内的职业性意见的约束；三是裁决的证据、理由为公众所周知，也被援引；四是审判由法官集体共同进行，集体行动将个人的偏好及成见进行了融合。①

对自由裁量的约束分为硬约束和软约束。在硬约束方面，主要是指通过立法或者其他方式建立一定的标准，对法官进行约束和指导。② 如《瑞士民法典》就有相关规定。③ 说理性也是对自由裁量的重要硬约束。裁判具有说理性，说理性是裁判正当性的基础。④ 法官应当将其裁量的正当理由通过裁判话语表达出来，裁量因素也就外化和客观化，接受正当性的检验。这也构成对裁判者的硬约束。⑤

裁量的硬约束都是有限的，否则就没有裁量的必要了。⑥ 裁量赋予了法官自主性和任意性，若能够妥善运用，裁量权可以帮助法官实现更好的裁判效果，确保法律和法治得以更好地实现。应该说，法律方法是确保裁量受约束的主要因素。

为使法官敬畏裁量，慎用裁量权，可以尽量为裁量设定一些软约束。⑦ 法官在实际的裁量中，往往都是在综合运用各种因素的基础上得出结论，对于这个过

---

① ［美］庞德著，雷宾南等译：《庞德法学文述》，中国政法大学出版社2005年版，第317页。

② ［日］大木雅夫著，范愉译：《比较法》，法律出版社1999年版，第76页。

③ 《瑞士民法典》第1条第2款规定："（1）凡依本法文字或释义有相应规定的任何法律问题，一律使用本法。（2）无法从本法得出相应规定时，法官应依据习惯法裁判；如无习惯法时，依据自己如作为立法者应提出的规则裁判。（3）在前一款的情况下，法官应依据公认的学理和惯例。"参见《瑞士民法典》，殷生根等译，中国政法大学出版社1999年版，第3页。

④ "法律领域中，给出判决理由收到高度推崇，这也是应该的。没有判决理由，就无法保证判决不具任意性或公平性，人们也就无法计划自己的事情了。"［美］凯斯·R·孙斯坦著，金朝武等译：《法律推理与政治冲突》，法律出版社2004年版，第164页。

⑤ 葛洪义教授指出，法律最重要的属性就是说理性。因为正当性是法律的重要属性，而正当性是依靠话语的力量构建起来的，所以说理性也就成为法律的重要属性。"法官确实拥有解释和宣告法律的特权，但是，法官同时必须陈述他的道理；法律的确是通过法官的嘴讲出来的，通过他的手写出来的，但是，法官的话语活动不是单方面的，而是双向互动的，必须获得公众一定程度的认可。"具体参见：葛洪义：《法律方法的性质和作用》，载于《月旦民商法研究——法学方法论》，清华大学出版社2004年版，第69页、第70～71页。

⑥ "司法裁量权概念是一块空地或一个黑箱，当规则不够时，裁量权并不是解决如何判决案件问题的方法，而只是这个问题的名字。无论你把裁量权想象得多好，裁量权都会令法律职业界不安。"［美］理查德·A·波斯纳著，苏力译：《法理学问题》，中国政法大学出版社2002年版，第27页。

⑦ 从技术角度看，法官行使裁量权的能力和可信赖性，取决于他的法律训练、他所遵循的程序以及法律推理的传统。从规范角度看，裁量必须受法治原则、法律精神、法律观念、法律学说、善良风俗等软规则的约束，并追求个案裁判结果的适当性，作出能够使个案得到恰当处理的裁判结论。《瑞士民法典》第4条对法律之内裁量权的行使规定了一种软约束，具体为"本法指示法官自由裁量、判断情势或重要原因时，法官应公平合理地裁判。"具体参见《瑞士民法典》，殷生根等译，中国政法大学出版社1999年版，第3页。

程，卡多佐有形象的形容："他是一个聪明的药剂师，因为根据一个非常一般化的药方，他就可以混合制作出一种恰当的药物。"① 当然，尽管裁量的过程中可能有茫然的时候，但一旦得出结论，对于所考虑的裁量因素通常都是清楚的，且通常可以并应当在裁判文书中表述出来。法官行使裁量权的约束性很多，以下所列举的是几个较为常见的裁量因素。

（1）法院审判政策的约束

作为我国上下级法院之间业务监督指导关系的体现，包括法院领导讲话、指导性意见等的司法政策得以制定和发布，这些政策对法律的适用和解释作出了指引。司法政策以法律规定为基础对法官裁量权起着指导和约束作用，如"法律效果与社会效果的统一"这一司法政策，这是一个可以引导法律适用方向和决定裁判结果选择的司法政策，可以转化为可操作性的解释方法（社会学方法）。这一政策既是对法律适用的实际效果给予关注，又可以克服机械地适用法律所带来的不良的或荒谬的后果，目的是使法律适应社会形势并符合社会需要。当然，法律效果和社会效果的统一是两点论的，是一种统筹兼顾，而非各执一端。

（2）指导性案例的约束

至少就民事审判领域而言，民事指导性案例的重要作用之一，就在于限制法官的自由裁量权。在判例法国家，根据遵从先例原则，法官毫无疑问应受判例这种正式的法源的约束。在成文法国家，判例在体现说服力以及示范方面起到了越来越大的作用。判例体现为一种司法的延续性和传统，这种传统本身具有重要的意义。"传统可能被当作对法官的一个限制，限制他们接受狭隘的利益诉求的能力。在这个意义上，它限制了变化的机会，先例的理论补充了那些标准的和成熟的理论，并且抑制了法官为特定利益服务而提出的咨询意见。"判例的这些作用客观上对裁量产生了约束。我国不是判例法国家，判例不是正式的法源，但判例的说服力越来越强。无论是上级法院抑或同级法院的裁判，对下级或同级法院都具有说服力，且常常相互影响。判例已成为法院行使裁量权的重要约束性因素。以同案不同判现象为例，这种现象的产生往往是法官以不同的方式行使裁量权的结果，但如果可能出现同案不同判的结果，行使裁量权的法官往往会慎重行事，这也印证了判例对法官行使裁量权的约束作用。最高人民法院《关于案例指导工作的规定》出台后，指导性案例在法律适用中的作用将更加强化，其中就包括对裁量的约束作用。具体而言，一方面，按照对于指导性案例的参照适用的要求，对于相同或类似的情况，法官必须适用相同的规则，俾使判决的结果大体达成一

---

① 卡多佐认为，法官"必须将他所拥有的成分，他的哲学、他的逻辑、他的类比、他的历史、他的习惯、他的权利感以及所有其他成分加以平衡，在这里加一点，在那里减一点，他必须尽可能明智地决定哪种因素将起决定性作用。"

致（同案同判）。法官在制度中，在事实上受到指导性案例的拘束，必须从指导性案例中学习领悟解决同类问题的正确思维和方法。以使相同案情达成大体相同的裁判。另一方面，在出现法律漏洞的情况下，如果指导性案例当中已有填补漏洞的规则存在，则法官必将依据此项规则进行裁判。总之，在案例指导制度施行之后，法官的自由裁量权肯定会或多或少受到其示范作用的指导性案例的约束。

（3）立法政策的约束

立法政策与立法目的密切相关，但它更着重于宏观性的政策目标，或者说是一种宏观的目标取向和定位，而不是微观的价值追求或法律调整要求。贯彻好立法政策，是把握好特定法律适用效果的需要和保障。立法者的某些意图不一定都会明白表露，而需要从其语境、精神或者暗示中读出来，法官在行使裁量权时，必须顾及立法政策或者立法精神。

（4）拟制的客观标准的约束

法律为操作的便利，有时设定一般性的参照标准，这种标准虽然仍然具有抽象性，但给人一种形象的和可把握的印象，特别是给了一种更好说理的由头和凭据，这也构成一种实际上的约束性，也为法官提供了衡量的想象标准和空间，至少在说理上有个更为具体的和直接的依托。如，为使过失判断标准客观化，侵权行为法上出现了合理人或者一般人的注意程度的判断标准，这样的标准为法官提供了衡量的想象标准和空间，说理上也有了更为具体的和直接的依托。

（5）公平正义和事理的约束

在裁判案件中，我们有讲究天理、人情和国法的传统。在我国传统司法中，情理是司法官吏在审判活动中必须考虑的要素。① 实践中的便利比理论上的周密思虑更有力。这种便利性也可以归入事理之中。"法律概念应从属于正义与便利，在这一观点中，并无新奇之处，尽管像许多古老的道理一样，它时时需要重申。"② 不可否认的是，在一个法治的社会里，司法对于人性的塑造乃是清晰而深刻。当正义不在其该出现的地方出现时，便会出现各种各样以另类方式展现的追求公道的无奈之举，最终使法治蒙羞。我们真诚地希望，极端的侵害权利的

---

① 如法国学者惹尼所说："一方面，我们应追问理性和良心，从我们最内在的天性中发现正义的根本基础；而另一方面，我们应当关注社会现象，确定它们保持和谐的法律以及它们急需的一些秩序原则。""正义和一般效用，这将是指导我们进程的两个目标。"转引自［美］本杰明·N·卡多佐著，苏力译：《司法过程的性质》，商务印书馆1998年版，第45页。

② ［美］本杰明·N·卡多佐著，董炯等译：《法律的成长——法律科学的悖论》，中国法制出版社2002年版，第131页。

诸如开胸验肺、彭宇案以及为了医疗损害索赔而成为医学专家①之类的奇闻逸事，不要在中国持续上演。

（6）公共利益的约束

当代社会是社会关系和利益格局高度复杂的社会，人与人之间的依赖性也空前增强，维护公共利益占有突出的地位。法院在行使裁量权时，常常必须将维护公共利益作为一个重要的考量因素。特别是对于那些涉及国家的稳定和长治久安的重要问题，法官更须在案件受理、裁判标准等方面，作出符合公共利益的裁量。②应当说，维护包括公共道德在内的公共利益，是司法裁量的重要方向。

（7）司法职业群体的约束

群体之中的法官相互之间施加影响，由此影响其裁量的方式和结果，对于法律或法理形成共识，进而统一裁判行为。这是一种法院内部的集团制约力量。通过社会交往活动，行为准则得以更多的理解和发展。对行为正当性的判定，正取决于作为集体性共识的行为准则和行为规范，反映出特定群体的意见和判断。③

（8）直觉对于裁量的作用

在一些西方国家的法官看来，直觉是影响裁判或者裁量的一个因素。"学识只是想象飞向真理的跳板。法律自有一针见血的直觉，紧张、灵光闪现的一刻。我们将原则、先例、类推，有时甚至是想象都收罗起来，适时地运用它们，以产生圆满达致法律目标的活力。我们的权杖一旦触及神通，绝不会一无所获。因而，无论经过多少深思熟虑、如何费尽心思，从某方面来说，最后的结果总是属于幸运的发现。"④应该说，影响裁判的直觉是建立在法律素养和知识经验基础上的直觉（感觉），或许还有很多的职业悟性和敏锐性的成分。"最重要的不是

---

① 中央电视台《今日说法》节目曾经报道过一起医疗责任事故纠纷，该案受害人因遭受医疗事故而致残，其身为农民的丈夫为了给妻子讨个说法而踏上漫漫告状路，8 年间竟然通读所有相关医学书籍，就连该领域的专家也认为其已具备了相当的水平，最终为妻子讨回公道。

② 如霍姆斯所说："法律是我们道德生活的见证和外部沉淀。法律发展的历史也就是我们民族道德发展的历史。尽管有大众的嘲弄，但法律的实行实则有助于培养好的公民和好人。"［美］斯蒂文·J·伯顿主编，张芝梅等译：《法律的道路及其影响》，北京大学出版社 2005 年版，第 418 页。

③ "法律职业群体内部的说服工作首当其冲。这不仅是因为法律人首先面对的说服对象是业内人士，而且，他们还必须通过同行的判断，检测自己判断的正确性。在特定的时空范围内，法律人是通过接受共同的法律知识后履行职务的，所以，他们的道理是与特定的法律及法律制度联系在一起的，他们同属于一个职业共同体，而且，在法律工作中，法律人掌握着法律制度内的话语权，制度外的人的意见一般不会起决定性的作用，必须通过体制内的人发挥作用。所以，法律人必须相互说服，在说服的过程中，相互博弈，达成共识。由于法律话语权力是和法律人的专业背景及专业知识的构成相互联系的，他们相互之间比较容易形成共识。而共识的基础则是客观存在的行为准则和行为底线。"参见葛洪义：《法律方法的性质和作用》，《月旦民商法研究——法学方法论》，清华大学出版社 2004 年版，第 71～72 页。

④ ［美］本杰明·N·卡多佐著，董炯等译：《法律的成长——法律科学的悖论》，中国法制出版社 2002 年版，第 128 页。

把这些事情神秘化。智慧、洞察力或者判断能力可能就是迅速找到解决办法的能力。"①

此外,考虑到我国实际的诉讼传统,对于诉讼模式的选择尤需谨慎,相比较英美模式和苏联模式,对我国而言,如果承认法官在诉讼中的主导地位,在法律授权范围内积极发挥法官的能动性,无疑能够解决审判存在的大量问题。②

总体而言,我们要建立的案例指导制度并不是随意扩充法官的自由裁量权,相反可以为法官在审判相同或者类似案件时提供参照,并规范和限制法官自由裁量权的使用。既可以有效地防止法官裁量中的任何偏私,又可以有力地克服法官自身思维的局限性,避免司法专断,遏制潜在的徇私枉法现象,从而展示法官良好的职业素质和职业形象,并极大地增强司法公信和司法权威。

3. 附论:司法裁判与民意

在审判活动中,除了要说服诉讼当事人外,法官还必须考虑社会舆论和普通民众对判决结果的接受度。近年来,以"民意"或"公众判意"取代法律标准为核心的"裁判可接受性"概念被正式提出;③ 另一方面则是对这一概念的批判,认为民意难以转化为规范性的正当化理由,"裁判可接受性"概念缺乏存在的恰当基础。④ 在一些为民众重点关注的案件当中,由于整个社会舆论均为大众媒体所控制,而基于媒体对案件的不当报道或过分评论,使得司法之外的因素不断对正常的司法程序造成冲击,法官在作出裁判时,就很可能受到舆论的影响和干涉,而失却独立审判之立场。在所探讨的"泸州遗赠案"中,部分学者就批评指出本案承办法官过度地迎合了一般民众的道德诉求,将道德话语直接引入了法律内部,削弱了判决的权威性。⑤ 说到底,这涉及司法究竟应如何对待民意的问题,换句话说,民意能否成为民事裁判之法源的问题。当司法行政机关号召司法裁判以"人民群众的满意度"为标准时,⑥ 不可避免地,尤其是在围绕"争议案件"之类的纠纷裁判时,民意或多或少会成为对法律规范实施调整和选择的框架。

---

① [美]凯斯·R·孙斯坦著,金朝武等译:《法律推理与政治冲突》,法律出版社 2004 年版,第 167~168 页。在书中,他还进一步提出,"有这种能力的人,从解决法律纠纷方面来说,他是一个好法官。但如果他能够就自己的选择作出某种解释,那就再好不过了。"
② 江必新:《论正确处理民事审判十大关系》,载于《人民司法》2008 年第 21 期。
③ 参见顾培东:《公众判意的法理解析》,载于《中国法学》2008 年第 4 期。
④ 陈景辉:《"裁判可接受性"概念之反省》,载于《法学研究》2009 年第 4 期;周永坤:《民意审判与审判元规则》,载于《法学》2009 年第 8 期。
⑤ 吴英姿:《司法的限度:在司法能动与司法克制之间》,载于《法学研究》2009 年第 5 期。
⑥ 参见《最高人民法院关于进一步加强民意沟通工作的意见》。

针对这一问题，有学者指出：面临疑难案件，法院首先应创设法律适用上的大前提以为个案裁判提供依据，在间接民意空缺时，法院可以参照直接民意，从而为法官评价和裁决提供价值合理性，但这不等同于对民意的无条件顺从，而是要对民意的合理性通过法律论证的程序性原则进行检验。① 我们赞同此种观点。依我们之见，民意在一定的条件下可以成为民事裁判的法源，但这种条件极为严格，法官对于民意的识别和适用需进行复杂的价值判断和利益衡量。一言以蔽之，民意法源作用的发挥必须以民意的正当性为基准，且必须存在特殊的情况：法律缺位或理性正义的实现。

就法源的类型而言，民意属于公共政策的范畴。博登海默对公共政策作了解释，即公共政策主要包括某些准则，这些准则主要为政治或社会的紧急措施，在实在法模棱两可或未作规定的情形下，公共政策构成法官可以适当诉诸的法源，并且法官对于公共政策的正当性具有认定和否决的权利。② 他对公共政策法源地位的认定源自于大量实务经验的总结，就美国的情况而言，有相当多的案件在没有占支配地位的先例支持下，公共政策作为法源为法官提供了裁判依据，典型的如博登海默所提到的"纳什维尔，C. & 圣·L·里诉布朗宁案""堪萨斯诉美国案""利伯曼案""大三角直杨坦纳公司诉莫伊尔案"③ 等。而在英国，公共政策在司法实践中的运用也随处可见，例如在侵权法中，对于注意义务（duty of care）的认定，在可预见性（Foreseeability）、紧密性（Proximity）两个要素之外，还有公正、恰当和合理之要素存在。而这一要素的实质"实际上就是法官根据政策考虑灵活性地否定责任的最后'撒手锏'"，这些政策上的考量因素主要包括：水闸问题（即诉讼的水闸被打开而引发诉如洪水之灾）、损害的性质、过度防御问题、资源分配的影响、损失分配问题等。按照英国一位教授的说法，在运用政策上，法院在认定注意义务时，并非只是简单地考虑是否实际上存在关注义务，而是要考虑是否应该认定注意义务，考虑到个案中的注意义务之认定对以后的司法及社会生活的影响。④ 这里意指，政策的考量与严格制度之遵从在某些案件中形成了对立，在这种情况下，放弃法律理论逻辑的推演从社会的角度出发

---

① 褚国建：《法院如何回应民意：一种法学方法论上的解决方案》，载于《浙江社会科学》2010年第3期。
② 参见［美］E. 博登海默著，邓正来译：《法理学、法律哲学与法律方法》，中国政法大学出版社2004年版，第438~489页。
③ 310 U. S. 362（1940），204 U. S. 331（1907），18 N. E. 2d 658（1939），109 Utah 197（1945）。
④ 参见胡雪梅：《英国侵权法》，中国政法大学出版社2008年版，第63~69页。

进行司法政策的运用已经成为现代法的一种特征。① 大陆法中同样找得到公共政策之研究与运用的印迹。从 19 世纪末开始，德国的法学家们已经广泛使用"法律政策"（Rechtspolitik，Legal Policy）之用语，而对其含义和研究范围也进行了深入探究，并进而形成了"法律政策学"。在他们看来，法律政策有广狭二义之分，广义的法律政策指为达到一定的社会目的而在法律上采取的各种手段和方法，包括社会政策的一切领域，包括立法政策和司法政策；狭义的法律政策仅指立法政策。可见，法律政策所研究的内容就是公共政策——包括政治上的、经济上的以及其他社会上的政策——对法律在立法与司法上的影响。②

　　就我国公共政策在法律上的影响来看，同样涉及立法与司法两个方面。先看司法，在一些紧急突发案件的裁判中，处理方式往往以公共政策为导向，公共政策比严格的法律制度更有适用的空间也更有效率。例如在三鹿门事件中，其所引发的损害赔偿之实现并非按照法律制度和理论的预设，而是采用了国家先行代为赔偿的处理方式，这显然是政策考量的结果；另外，在刑法案件中，也出现了以"民意"作为考量因素的裁判，典型的如许霆案，因此不言而喻"民意"在民法案件中有更为广泛的依据作用。在我们看来，"民意"也可以归属于政策考量的因素。再看立法，同样以侵权法为例，《中华人民共和国侵权责任法》在医疗损害责任中对医疗损害赔偿归责原则的细分及修正至少在部分原因上即是出于公共政策的考虑；纯粹经济损失问题在司法实践中以不赔为原则同样也是公共政策之"水闸问题"因素的结果；连带责任在事实上扩张适用的必要性与可能性，造成了立法上不得不将原本不属于共同侵权之列的侵权行为纳入其体系之中，在其过程中发挥作用的也是法律政策因素的考量。③ 正如有学者明确指出的那样，"法律政策决定着民法损害赔偿范围的确定"。④ 如果将公共政策具体到民法的范围之内，则可以称为民事政策。其作为民事法律的"衍生品"，在我国民事立法和

---

　　① 公共政策的运用不仅仅体现在私法当中，即使在刑法这样的将"法定主义"奉为至上原则的公法适用中，也产生了所谓的"刑事政策"之考量，意即在刑事立法与审判中，也应适当考虑公共政策对案件裁判的指引作用。

　　② 正如舒国滢教授所指出的："法律政策的兴起，反映出法律总体精神的转向，即在多种社会价值的平衡过程中为法律的合理化寻求根据。"舒国滢：《德国战后法哲学的发展》，载于中国法学网，http：//www.iolaw.org.cn/2009/shownews.asp？id=15095，2010 年 9 月 5 日访问。

　　③ 在法律政策的考量下，为了给受害人提供更为充分的救济，连带责任有更多的适用余地，这导致连带责任的基础发生了某种转变，这种转变在理论上可以体现为由主观说到客观说再到主客观相结合的演进，在立法上即表现为共同侵权行为的扩张，典型的如无意思联络数人侵权在损害不可分的情况下也作为共同侵权，寻求连带责任的适用。按照学者的说法，这是一种实务的考量而非纯理论的结论。可参见姚辉、段睿：《产品代言人侵权责任研究》，载于《社会科学》2009 年第 7 期。

　　④ 姜战军：《损害赔偿范围确定中的法律政策》，载于《法学研究》2009 年第 6 期。

民事司法中有着特殊的地位，民事政策对民事社会具有理性调节的功能。① 所以，作为民事政策之一种的民意应当作为民法非制定法法源体系的要素之一，在立法及司法，尤其是司法裁判中发挥其应有的法源作用。但其适用必须严格遵循法源的识别与选择规则。具体而言，就民法法源的一般适用来说，以成文法典为代表的制定法法源具有优先适用性。这首先符合大陆法系制定法实证主义之传统，而从实际的情况来看，在大陆法系，通过形式理性而体系化建构起来的民法典，仍是最为重要的法源，涵盖着绝大多数案件之裁判所需要的法律规则。在制定法法源出现漏洞，不足以对案件之裁判提供明确指引时，方可适用非制定法法源。质言之，非制定法法源的适用要以穷尽制定法为原则，才可考虑适用习惯、公共政策或是其他社会规范进行裁判。在少数特殊案件的裁判过程中，适用制定法法源得出之结论并不与符合理性正义的判决相一致时，则非制定法法源获得优先适用性。

案例指导制度对于裁判可接受性的影响在于，当面对已经引发民意关注的疑难案件或争议案件时，下级法院愿意遵循或参照先例来加以处理，因为否则的话，法官就必须为此给出充分的判决理由。为了确保判决的"安全性"，在通常情形下，法官多半会采取遵从先例的稳妥路线。在民事指导性案例中，这些理由有可能已经被法律学说所探讨并且转而又影响到未来的司法裁判，或被遵循或被否弃。② 因此，遵从先例可以提高裁判的可接受性。

（三）对判例规避问题的规制——背离报告制度

一般而言，指导性案例一旦确定，其指导性就具有了纵向拘束力，虽然此种拘束力很难被解释为法律效力，但审判人员在审判活动中对是否参考和借鉴案例的选择仍应当受到一定程度的限制，不得非经法定程序任意否决或拒绝适用。如果审判人员没有参考或借鉴"指导性案例"进行裁判，不但要说明理由，一旦出现错判，还要根据本法院的特别规定在行政上承担一定的责任。所以，对指导性案例的规避适用，必须慎而又慎，实践中应当特别地防止恶意的规避适用，对此还需要通过建立相关保障性机制，以从制度上加以规制。对此，德国采用的背离报告制度值得我们借鉴。在德国，除联邦宪法法院外，没有适用判例的立法。但是法律要求建立一种报告制度，即当法院要背离判例另行判决时，必须向上级法

---

① 参见齐恩平：《"民事政策"的困境与反思》，载于《中国法学》2009年第2期。
② ［比］马克·范·胡克著，孙国东译，刘坤轮校：《法律的沟通之维》，法律出版社2008年版，第240页。

院报告。例如联邦各州的宪法法院要背离其他州宪法法院的判例或联邦宪法法院的判例对目前案件进行判决时，必须向联邦宪法法院报告。同样，某个联邦最高专业法院（在德国按不同的专业如劳动法、行政法等分为五个最高专业法院）要背离另一个最高专业法院的判例时，必须向联邦最高法院普通审判庭报告。在我国，也应该建立指导性案例背离报告制度：即如果一个待判案件要作出与指导性案例相悖的判决，都必须书面报告上级法院，该书面报告必须写明该案在事实和法律上与应循指导性案例的区别，或者写明指导性案例应被推翻的原因，总之，必须详细报告背离判例的理由。是否决定推翻指导性案例，由最高人民法院决定。指导性案例背离报告制度的建立，可以保证指导性案例适用的规范性和一致性。

此外，讨论指导性案例规避问题时，有一个问题不可回避，即在指导性案例的指导性已明显落后于时代的需要或者自其产生时就是不当的，而在效力上该案例又未被明确宣布丧失指导性时，应如何处理这类情形，最高人民法院《关于案例指导工作的规定》未作规定。借鉴国外判例法的做法并结合我国的实践，我们认为，对上述情形可考虑采取以下方法解决：①区别前后案。即尽量找出目前案件与先前指导性案例在案件事实上的差异，从而规避指导性案例的适用。指导性案例的指导性在于其所确立的指导规则或解决方法的合理性，而该规则或合理性的基础是案件事实。一旦案件事实的条件发生变化，则依其确立的指导规则或合理性也必会因条件的丧失而失去正当性支撑，如勉强参照执行将可能导致后案判决不公，故需要规避之；②指出指导性案例规则的模糊或不明之处，进而拒绝遵循指导性案例，以规避其对待决案件的适用，或者对其作出釜底抽薪式的解释，即案例从表面看仍具有指导性，但该指导性已被赋予新的含义，引出新的规则；③宣布指导性案例与法律的基本原则相冲突，从而规避该指导性案例的适用；④在指导性案例发生冲突时选择其一从而规避其他不当的指导性案例的适用，包括选择更高级别法院的指导性案例从而规避了较低级别的指导性案例，选择在后的指导性案例从而规避了在前的指导性案例等；⑤因原有指导性案例被制定法所推翻或替代而不再适用该指导性案例；⑥直接宣布案例的指导性已过时或错误，而代之以新的指导性案例等。①

（四）民商事指导性案例的实例观察

2011年12月，最高人民法院公布了第一批共计4个指导性案例。同时下发

---

① 参见《国际比较法百科全书》（国别报告 T/U 卷 U 英文版），第70页；傅蔚蔚、张旭良：《试论我国案例指导制度之构建》，载于《法律适用》2006年第C1期。

了《关于发布第一批指导性案例的通知》，要求各级人民法院认真组织学习，把握精神实质，严格参照适用指导性案例，以先进的司法理念、公平的裁判尺度、科学的裁判方法，进一步提高办案质量和效率，确保案件裁判法律效果和社会效果的有机统一。首批 4 个指导性案例当中，第一号即为民事指导性案例。以下就以该案例为样本，分析其法律适用中的问题。

本案基本案情如下：原告上海中原物业顾问有限公司（简称中原公司）诉称：被告陶德华利用中原公司提供的上海市虹口区株洲路某号房屋销售信息，故意跳过中介，私自与卖方直接签订购房合同，违反了《房地产求购确认书》的约定，属于恶意"跳单"行为，请求法院判令陶德华按约支付中原公司违约金 1.65 万元。

被告陶德华辩称：涉案房屋原产权人李某某委托多家中介公司出售房屋，中原公司并非独家掌握该房源信息，也非独家代理销售。陶德华并没有利用中原公司提供的信息，不存在"跳单"违约行为。

法院经审理查明：2008 年下半年，原产权人李某某到多家房屋中介公司挂牌销售涉案房屋。2008 年 10 月 22 日，上海某房地产经纪有限公司带陶德华看了该房屋；11 月 23 日，上海某房地产顾问有限公司（简称某房地产顾问公司）带陶德华之妻曹某某看了该房屋；11 月 27 日，中原公司带陶德华看了该房屋，并于同日与陶德华签订了《房地产求购确认书》。该确认书第 2.4 条约定，陶德华在验看过该房地产后 6 个月内，陶德华或其委托人、代理人、代表人、承办人等与陶德华有关联的人，利用中原公司提供的信息、机会等条件但未通过中原公司而与第三方达成买卖交易的，陶德华应按照与出卖方就该房地产买卖达成的实际成交价的 1%，向中原公司支付违约金。当时中原公司对该房屋报价 165 万元，而某房地产顾问公司报价 145 万元，并积极与卖方协商价格。11 月 30 日，在某房地产顾问公司居间下，陶德华与卖方签订了房屋买卖合同，成交价 138 万元。后买卖双方办理了过户手续，陶德华向某房地产顾问公司支付佣金 1.38 万元。

上海市虹口区人民法院于 2009 年 6 月 23 日作出（2009）虹民三（民）初字第 912 号民事判决：被告陶德华应于判决生效之日起 10 日内向原告中原公司支付违约金 1.38 万元。宣判后，陶德华提出上诉。上海市第二中级人民法院于 2009 年 9 月 4 日作出（2009）沪二中民二（民）终字第 1508 号民事判决：一、撤销上海市虹口区人民法院（2009）虹民三（民）初字第 912 号民事判决；二、中原公司要求陶德华支付违约金 1.65 万元的诉讼请求，不予支持。

法院生效裁判认为：中原公司与陶德华签订的《房地产求购确认书》属于居间合同性质，其中第 2.4 条的约定，属于房屋买卖居间合同中常有的禁止"跳单"格式条款，其本意是为防止买方利用中介公司提供的房源信息却"跳"过中介公司购买房屋，从而使中介公司无法得到应得的佣金，该约定并不存在免除一方责任、加重对方责任、排除对方主要权利的情形，应认定有效。根据该条约定，衡量买方是否"跳单"违约的关键，是看买方是否利用了该中介公司提供的房源信息、机会等条件。如果买方并未利用该中介公司提供的信息、机会等条件，而是通过其他公众可以获知的正当途径获得同一房源信息，则买方有权选择报价低、服务好的中介公司促成房屋买卖合同成立，而不构成"跳单"违约。本案中，原产权人通过多家中介公司挂牌出售同一房屋，陶德华及其家人分别通过不同的中介公司了解到同一房源信息，并通过其他中介公司促成了房屋买卖合同成立。因此，陶德华并没有利用中原公司的信息、机会，故不构成违约，对中原公司的诉讼请求不予支持。

作为第一个民事指导性案例，本案引人注目之处主要体现在：

（1）创立了民事指导性案例的基本格式

关于指导性案例的发布格式，之前有过多种涉及，从正式发布的案例看，指导性案例由关键词、裁判要点、相关法条、基本案情、裁判结果和裁判理由等几个部分组成。① 其中，裁判要点是指导的核心部分。关于此案的"裁判要点"即明确指出："房屋买卖居间合同中关于禁止买方利用中介公司提供的房源信息却绕开该中介公司与卖方签订房屋买卖合同的约定合法有效。但是，当卖方将同一房屋通过多个中介公司挂牌出售时，买方通过其他公众可以获知的正当途径获得相同房源信息的，买方有权选择报价低、服务好的中介公司促成房屋买卖合同成立，其行为并没有利用先前与之签约中介公司的房源信息，故不构成违约。"我们知道，一份完整的判决理由中，一般包含有结论部分、理由部分，以及将结论部分的法律命题嵌入事实关系中去的嵌入部分。其中，结论部分和理由部分一般都会有抽象的规范命题。而作为指导性案例最和核心的先例性规范部分，就是由结论命题和部分理由命题构成。鉴于时间和经验上的限制，目前所看到的格式及其中的核心内容，未必完全符合理想，未来的民事指导性案例应该如何提炼要旨及抽象规范，本案例仅仅只是提供了一个有意义的开端。

（2）紧密结合审判实践中的热点和难点，充分体现了指导性案例在民事审判中的独特的方法指导优势

本案为最高人民法院审判委员会讨论通过 2011 年 12 月 20 日发布的指导性案例第一号。选取的是合同纠纷当中的居间合同案例。作为《中华人民共和国合同法》15 种有名合同中并不怎么"有名"的居间合同，其在近年以来的房地产

---

① 最高人民法院课题组关于人民法院案例指导规范意见的专家建议稿中，原来还曾设计有"评析"部分。其主要内容是对裁判中的观点、理由、结果等进行评论分析。具体内容包括：对案件的定性、事实认定、证据规则的运用、法律适用、责任的分担或量刑的确定进行评析。

中介法律关系中却频发诉讼，在二手房市场交易日趋活跃的形势下，居间合同履约过程中发生的纠纷逐渐增多。本案所涉及的"跳单"现象即为其中之一。各级法院审理的相关案件数量不断增加，已经成为民事审判实践中的热点疑难问题。也正因为如此，导致各地各级法院在审理此类案件时感到困惑，甚至出现同案不同判。案例指导制度通过公布典型案例，尤其是疑难案件、新类型案件的处理，可以比较有效地解决法官判决中的差异问题。这也为今后指导性案例的取向提供了范本。

（3）明确了案例的适用方法

按照最高人民法院发言人的有关论述，法官在参照本案例时，一是只能以上述裁判要点为限，不得扩大适用到对中介费合理不合理等问题的审理上。二是要切实把握"类似案件"标准。类似案件不仅指案情类似，更重要的是指争议焦点类似。如果案情类似，但当事人诉讼争议的焦点不类似，如上所述，当事人争议的如果不是"跳单"纠纷，则不得参照上述指导性案例。三是"参照"主要指参照指导性案例明确的裁判规则、阐释的法理、说明的事理，不是比葫芦画瓢参照具体的裁判结果；参照也不同于适用法律、司法解释必须作为根据、依照，只要类似案件的裁判符合指导性案例的裁判要点，可以引用为说理的依据，也可以不在裁判文书中具体引用。如果当事人在诉讼中明确要求法院参照某个指导性案例，法官可以在裁判过程中或者在裁判文书的说理中作出回应并说明理由。

第十章

中国刑事案例制度

一、刑事案例总说

(一) 刑事案例的概念及特征

1. 刑事案例的概念

一提及案例,很多人马上便会联想到法院的生效判决,部分学者便认为"案例是我国学术研究和法律实践通常使用的概念,一般意指经过人民法院审判作出的可以作为各级法院学习或学界进行研究样本的生效判决"[1],或称"'案例'是指经过法院判决作出的生效判决"[2]。但我们认为,这种对于案例的理解过于狭隘,未能准确地把握案例制度的内涵和外延。

刑事案例,简而言之,是指供公安机关、检察机关和法院办理刑事案件时参

---

[1] 房文翠:《接近正义寻求和谐:案例指导制度的法哲学之维》,载于《法制与社会发展》2007年第3期。
[2] 于同志:《刑法案例指导:理论·制度·实践》,中国人民公安大学出版社2010年版,第86页。

考或参照适用的已完成特定刑事诉讼程序的相关案件。由于我国对于案例制度的研究近年来才成为学术研究乃至司法实践的热点,所以对于案例的概念或内涵的观点并未达成一致,与案例相类似的概念使用较多的还有如判例、先例等。要准确把握刑事案例的概念,则必须与这些近似概念进行区分。

(1) 刑事案例与刑事判例

在英文中,案例和判例均为 case,那么与所谓的刑事判例是否有所区别呢?对于这个问题,学界存在截然不同的两种观点。

第一种观点认为,案例就是判例。有学者认为,作为案件实例的"案例"和判决实例的"判例"没有本质区分,两者都是法院对具体案件的判决结果,所不同的是案例是中国人对人民法院判决的案件实例的称谓,而判例是中国人对西方国家法院判决的案件实例的称谓。案例即判例,没有必要进行文字游戏,对二者作出区别。[①]

第二种观点则认为,案例与判例有所区别。如有学者即认为虽然案例和判例二词中的"例"均指的是先前出现过的意思,但是案例和判例的侧重点有所不同,判例中的"例"是指先前的法院裁判,供后来仿效或者依据的是法院的判决或裁定,其发挥作用的关键在于判决的说理性或者判决理由的合理性;而案例中的"例"指的是先前的案件,侧重点在于案件的本身,在于案情的表述,其发挥作用的关键在于案件事实的典型性。[②]

(2) 刑事案例与刑事先例

提及英美法系的判例法制度,其核心内容即在于"遵从先例"。《牛津法律大辞典》将先例(precedents)解释为"高等法院先前判决,这些判决被认为包含了一个原则,即在后来的有着相同的或非常相关的法律问题的案件中,这个原则可被看作是规定性或限制性的原则,它至少可以影响法院对该案的判决,甚至就是在遵从先例原则指导下决定案件。先例即在后来的案件中作为法律渊源的先前的司法判决"。[③] 那么所谓的先例又与案例有何关系呢?

有的学者认为,"判例、先例、案例和判决是可以通用的概念。在强调已决案件中包含的法律原则和规则,对法官具有拘束力的情况下,这些概念的区分就失去了实质意义"。[④] 即该学者认为先例和案例没有实质区别。

还有学者认为,先例是法官在既往诉讼过程中作出的判决,是一种客观现象,判例、案例、判例法等都是用来表述其法学术语,判例法是英美法系对于

---

① 董皞:《中国判例解释构建之路》,中国政法大学出版社 2009 年版,第 6 页。
② 参见陈兴良:《刑事司法研究》,中国人民大学出版社 2008 年版,第 171 页。
③ 《牛津法律大辞典》,光明日报出版社 1988 年版,第 708 页。
④ 汪世荣:《判例与法律发展——中国司法改革研究》,法律出版社 2006 年版,第 29 页。

先例的称呼，判例是大陆法系对于先例的称呼，而指导性案例则是我国对先例的称呼。① 从该学者的表述来看，我们认为，从其观点出发，刑事案例与刑事先例的关系是一种包含和被包含的关系，刑事案例中的指导性案例部分才是刑事先例，除指导性案例外的其他案例不属于先例。

我们认为，我国语境中的案例与判例、先例等概念应当作出区分，三者在内涵和外延上均有一定的差别，不能简单地将他们等同起来。首先，确如某些学者所述，判例是中国人对西方国家法院判决的案件实例的称谓，不论是对英美法系的判例法制度下的案件实例，还是对成文法主导下的大陆法系中的案件实例，我国理论界均将其称为判例。但是判例一词在这些国家所代表的特定内涵，以及对于后来案件的特定拘束力要求，② 和我们国家的案例存在着极大的差别。尤其是，先例是对英美法系判例法制度中的先前案例的一种特殊称谓，具有其独特的内涵，且在我国法学理论及学者们的认知中有着其已成型固有的含义。"在习惯上，判例常与判例法（case law），而先例常与先例规则（the doctrine of precedent）相联系。"③ 正因为这种密切的关联性的存在，使得判例尤其是先例的使用受到了极大的关注。如 2002 年 7 月 26 日，河南省郑州市中原区人民法院出台了《关于实行先例判决制度的若干规定》，首次在我国提出实行"先例"制度。该文件及其所"建立"的"先例"制度出台后，遭到了众多学者的抨击，如龙卫球教授批评道"先例判决制，在我国宪法体制下，发生了对立法权的严重篡夺⋯⋯我国下级人民法院的任务，是作为严格意义的司法者去践行法源，下级人民法院的职权仅仅是司法，而不得在司法活动中篡改立法权。否则，一切篡改或潜取法源的地位的做法均属于违法司法或违宪司法，不容于法治社会。现在，某地方法院通过先例判决制，即以在先判决作为今后同类案件的判决依据（尽管使用了'指导'一词，但实际成为强制性的）的改革，实质上潜取了立法者的地位"。④ 张志铭教授在肯定这项司法制度改革创新的基础上认为"法院在制度上明确肯定了'先例'对今后处理同类案件的拘束力，就等于在'先例'所可能具有的强拘束力、弱拘束力、说服效力和无拘束力等诸种可能的情况中选择了'强拘束力'，意味着在'强拘束力'的意义上肯定了'先例'作为法律渊源的地位，从而使

---

① 参见刘风景：《判例的法理》，法律出版社 2009 年版，第 1~8 页。
② 英美法系所述之判例具有法律上的拘束力，大陆法系所述之判例具有事实上的拘束力。
③ 于同志：《刑事案例指导制度：理论・制度・实践》，中国人民公安大学出版社 2010 年版，第 90~91 页。
④ 龙卫球：《法院，你可知司法为何物？——对于所谓先例判决制的评论》，http://www.chinalawedu.com/news/20800/209/2004/5/hu58694283411354002104208_117561.htm，2013 年 8 月 17 日访问。

'先例'在该法院成了正式的法律渊源之一"。① 贺卫方教授对张志铭教授的观点进行回应，其认为"虽然法治的基本要求之一是同样的案件同等的对待，但是，一个基层法院特立独行地宣布要确立遵循本院先例原则，却不仅是蚕食立法权，而且会伤害法制的统一。因为一个基层法院的管辖区域通常相当狭小，自己单独遵循自家先例，固然有助于本院辖区内司法准则的统一，但是却不可避免地带来整个国家法律标准上类似于'方言岛'式的效应，跟日益市场化的现代社会需求必然是格格不入的。"② 虽然我们仔细研读《关于实行先例判决制度的若干规定》后，可以发现，其本质上与现阶段我们提出的指导性案例制度并未有明显的区别。其之所以在出台后受到如此严重的抨击，本质原因就在于其过于草率地使用了"先例"这个带有特殊固有内涵的词语。而"案例"一词"避开了因复杂原因造成的'判例'顾虑，又明示了先前作出裁判的'指导'作用……给这一制度的发展留下了比较广阔的空间"③。其次，判例从字面上理解仅仅指的是经过法院判决的案件实例，其主体仅限于法院，其形成的手段必须是判决。而我国的案例还包括法院审判案例以外的公安机关、检察机关等处理其职权范围内事项的案件实例，这些案件很有可能根本就未能进入法院审判程序之中，如检察机关办理的不立案案件；此外即使进入法院审判程序之中，案件的了结也未必是通过判决的方式，还可能是裁定的方式。从这个意义上看，在整个刑事诉讼视野中，使用判例一词是不完整的。

2. 刑事案例的特征

（1）刑事案例的形式特征

①刑事案例的合法性。作为后续案件处理中参考或参照适用的先前案例，刑事案例应当符合合法性的特征。即刑事案例必须是合乎法律的程序性规定和实体性规定的先前案例。

合乎法律的程序性规定，指的是作为后续案件处理参考或参照适用的先前案例必须是完成法律所规定的相应程序，且已发生法律效力。首先，完成法律所规定的相应程序，并非指该刑事案件必须完成完整的侦查、立案、审判、执行等全过程的刑事诉讼程序，而仅仅是要求该案件完成其所可发挥参考或参照作用的程序即可，也即这种程序相对于该案件而言是完整的。如检察机关职务犯罪侦查不

---

① 张志铭：《论司法改革中的主体适格问题》，http://www.chinalawedu.com/news/20800/216/2003/6/ee0369314341816300249530_3894.htm，2013 年 8 月 17 日访问。

② 贺卫方：《谁是司法改革的主体》，http://www.chinacourt.org/article/detail/2002/09/id/12152.shtml，2013 年 8 月 17 日访问。

③ 惠玲：《建立案例指导制度的几个具体问题》，载于《法律适用》2004 年第 5 期。

立案的刑事案例，既然是不予立案，那么显然不可能存在后继的刑事审判乃至刑事执行的程序了，所以其完成的刑事程序仅仅是侦查、立案，但该程序相对于该案件而言是完整的。其次，刑事案例必须是已经发生法律效力的案例。只有已经发生法律效力的案例才能够作为后继案件处理的参照对象，刑事案例的有效性即来源于此，不论是法律上的拘束力或事实上的拘束力，甚至仅仅是业务指导的作用，[①] 都需要刑事案例的法律效力作为前提和基础，没有法律效力的刑事案件，只能作为新闻报道或公众茶余饭后谈论的素材，而不能成为刑事案例。

合乎法律的实体性规定，指的是供后继案件处理参考或参照的刑事案例必须是法律适用准确，案件决定结果正确的案件。法院的刑事案例必须是判决或裁定结果正确的案件，检察机关的刑事案例必须是（不予）立案、（不予）批捕等决定正确的案件，公安机关的刑事案例必须是（不）移送起诉决定正确的案件。虽然20世纪50年代的时候，最高人民法院曾以红头文件的形式在内部印发了裁判上有错误的案件，这些案件没有任何的参考或参照适用价值，而是作为反面教材，"为了让大家吸取经验教训"[②]。刑事案例必须是"正面教材"，而不能是"反面教材"，虽然说这种反面教材在实践中可能会对案件的处理起到一定的借鉴作用，但是其仍不能作为刑事案例，刑事案例的作用应当是告之后来者如何做，而非告之后来者不能做什么。

②刑事案例的典型性。《中华人民共和国最高人民法院公报》提及，案例（含裁判文书）是最高人民法院正式选编的各级人民法院适用法律和司法解释审理各类典型案件的裁判范例。《最高人民法院关于案例指导工作的规定》第2条要求所挑选的指导性案例要求具有典型性，《最高人民检察院关于案例指导工作的规定》也明确说明指导性案例是具有普遍指导意义、典型意义的案例。为了让刑事案例最有效地发挥参考、参照适用的作用，典型性是本章所述刑事案例最基本的特征。

所谓典型，就是指具有代表性，刑事案例具有典型性即指刑事案例应当具有代表性。具体而言，刑事案例应当能够在法院审判、执行领域，检察院认定事实、证据采信、适用法律和规范裁量权领域，以及公安机关侦查领域中代表其中某一系列相类似案件，能够最大限度地体现上述领域中的某系列案件在证据、事实、法律适用等方面的共同特征。那些并非体现证据、事实、法律适用等方面共同特征，而是基于其他因素考量的案例则不应当作为刑事案例。如有学者统计，1998年至2008年的10年间，《中华人民共和国最高人民法院公报》共公布刑事

[①] 刑事案例效力的讨论见后文。
[②] 江勇、马良骥、夏祖银：《案例指导制度的理论与实践探索》，中国法制出版社2013年版，第286页。

案例和法律文书76件,其中贪污贿赂、渎职类案件包括:辛业江受贿案;陈希同贪污、玩忽职守上诉案;褚时健等贪污、巨额财产来源不明案;曹秀康受贿案;成克杰受贿案;李嘉廷受贿案;王怀忠受贿、巨额财产来源不明案。这些案例的共同特征即在于,它们都是当时引起社会强烈反响的中、高级领导干部腐败的案例。① 这些案例的公布更多的可能是基于宣传,基于政治因素的考量,而非从法律角度进行的审视,在证据、事实、法律适用等方面,并没有太多的代表性。虽然《最高人民法院关于案例指导工作的规定》中也提到了指导性案例需要符合"社会广泛关注"这一条件,但是需要注意的是,这里所说的"社会广泛关注"仅仅是指导性案例所需要符合的几个条件之一,且这些条件在逻辑上属于"且"的并列关系,而非属于"或"的选择性关系;最高人民法院研究室主任胡云腾教授等人撰写的《〈关于案例指导工作的规定〉的理解与适用》一文中也提到"案例属于人民群众反映强烈或社会普遍关注的类型。这类案件社会关注度高,法律适用问题比较突出"②,可以看出,其社会广泛关注的重点也在于法律适用问题比较突出,仍然有出于法律层面的考虑,而非仅仅是对于社会反映的法外因素的考虑,其最终目的在于实现法律效果和社会效果的统一,而非仅仅是社会效果。

(2) 刑事案例的实质特征

①刑事案例的可供参考或参照性。刑事案例满足合法性、典型性的形式特征外,还需要满足实质特征。首先,刑事案例必须满足可供参考或参照性。所谓刑事案例的可参考或参照性,是指所挑选的刑事案例必须是能够为司法实践中后继案件处理提供可参考或参照规则的案例。并不是任何符合法律程序性和实体性规定,能够代表一系列案件在证据、事实、法律适用上的共同特征的案件都能够成为刑事案例,如果这些案件在司法实践处理中并没有任何异议,所有的司法官员都能够在不参考或参照这些先前案件处理的情况下作出一致的合情合理合法的处理决定,那么这些先前案件即使被确定为刑事案例,实际在司法实践运行过程中并不会有人去参考或参照适用,就会处于一种实质上的虚无状态。更具体而言,刑事案例需要满足可参考或参照性,实际上就是确定什么样的案件类型应当需求确立刑事案例。

《最高人民法院关于案例指导工作的规定》中为指导性案例确定的案件类型为:社会广泛关注的,法律规定比较原则的,具有典型性的,疑难复杂或者新类型的,其他具有指导作用的案例。《最高人民检察院关于案例指导工作的规定》

---

① 参见苏泽林:《中国案例指导制度的构建和应用》,法律出版社2012年版,第159~160页。
② 胡云腾、罗东川、王艳彬、刘少阳:《〈关于案例指导工作的规定〉的理解与适用》,载于《人民司法》2011年第3期。

中为指导性案例确定的案件类型为：职务犯罪立案与不立案案件，批准（决定）逮捕与不批准（决定）逮捕，起诉与不起诉案件，刑事、民事、行政抗诉案件，国家赔偿案件，涉检申诉案件，其他新型、疑难和具有典型意义的案件。比较两院的规定，可以看出，相比较而言，最高人民法院的规定更符合可参照性的要求，而最高人民检察院的规定就过于宽泛，仅仅是简单地说明了一下检察机关的职务范围。简单地规定指导性案例应当包括职务犯罪立案与不立案案件等案件类型，并不能解决具体什么样的职务犯罪立案与不立案案件应当被确立为指导性案例，难道所有能够代表某系列职务犯罪立案与不立案案件的先前案件就应当被确立为指导性案例吗？我们想这既不可能也不需要。我们需要进一步寻求什么样的职务犯罪立案与不立案案件具有可参照性，应当被确定为指导性案例呢？

既然需要参考或参照适用，那么该案例所代表的系列案件应当属于由于"涉及的法律问题没有规定或者明显滞后或者仅有原则性规定或者用语含混不清的"①，在处理过程中容易出现较大争议，处理结果可能出现较大分歧的案件，只有可能引发这种后果的案件才需要予以从上至下的指导。参考最高人民法院的规定以及实践中各地发布的案例，我们认为，涉及的法律问题没有规定或者明显滞后或者仅有原则性规定或者用语含混不清的，处理过程容易出现争议，处理结果可能出现分歧的案件应当包括新类型案件与疑难复杂案件两种。

所谓新类型案件，即以前的司法实践中并未出现，由于社会发展而出现的包含新的行为方式或行为后果等内容的案件。对于这些新类型案件，其中所涉及的法律问题很可能法律上没有明确作出相关规定，也有可能法律规定了，但是由于社会发展的快速性，法律在规定时未能预见，规定有明显的滞后性。此时对于适用何种法律规范，如何适用该法律规范就可能出现争议，处理后果可能出现分歧，造成司法不统一的现象。对此类案件，就有必要选择具有代表性的处理结束的先前案件作为刑事案例。

疑难复杂案件的来源方式很多，既可能是法律规定较为原则、用语含混不清，需要较高的法律解释技巧，也可能是法律规定明确，但是案情较为复杂，需要较高的法律适用技巧。由于较高的法律解释技巧和法律适用技巧对于司法官员有着很高的要求，而现阶段中国司法官的水平参差不齐，很可能导致处理后果不同，造成司法不统一。所以有必要选取代表性案件，向司法官群体展示相应的法律解释技巧和法律适用技巧。

②刑事案例的说理性。如上文所述，不论是新类型案件还是疑难复杂案件，以本质上看，都是在处理过程中需要较高的法律解释技巧或者法律适用技巧的案

---

① 胡云腾：《最高人民法院指导性案例参照与适用》，人民法院出版社2012年版，第120页。

件,选取这些案件作为刑事案例,目的也就在于向司法官群体展示这些较高的法律解释技巧和法律适用技巧,所以刑事案例的第二个实质特征就在于刑事案例需要具有说理性。简单地通过发布案件处理结果是无法全面展示解决这些案件所需要的法律解释技巧和法律适用技巧的,必须对案件处理过程中的法律解释和法律适用进行具体透彻的说理来实现。这种说理可以通过两种方式实现,一是在裁判文书等司法文书中的裁判理由等内容中进行说理;二是在案例编写过程中的案例评析等内容中进行说理。不论是何种说理形式,都应当深入,在成熟主流的法学理论指导下,使用相应的法律解释技巧、法律适用技巧,"从案例的重要性、指导性、权威性等进行评论分析,做到准确归纳案例争点,逻辑分明,层次清楚,重点突出"①。

(二) 刑事案例的作用

1. 促进刑事司法统一

"司法实际上是国家通过统一的机构,根据统一的程序和方式,适用统一的法律规则来解决社会中难以避免的各种冲突和纷争的活动。"② 所以司法统一是法治的当然内涵,是一个法治国家、法治社会的基本要求,是国家法制统一的重要方面,《中华人民共和国宪法》第 5 条第 1 款③即将"法制统一"明确规定为一条基本原则,司法统一也就是宪法原则的体现。司法统一,简单地说,就是针对同样的情形进行同样的处理,也即实现同案同判,"法律被认为不分轩轾地援用到一切情况,一切人物,无论贫富无分贵贱。法律能够这样无差别地适用,才可以称作正义的实践"④。

根据不同的司法依据,司法统一又可以分为民事司法统一、刑事司法统一、行政司法统一等不同的方面,其中作为制裁手段最为严重,对诉讼参与人的权利影响最大的刑事司法更需要实现统一。

如上文所述,司法是国家通过统一的机构,根据统一的程序和方式,适用统一的法律规则来解决社会中难以避免的各种冲突和纷争的活动。相应地,刑事司法是刑事诉讼参与机关包括公安机关、检察机关、法院,根据刑事诉讼法、刑法

---

①② 江勇、马良骥、夏祖银:《案例指导制度的理论与实践探索》,中国法制出版社 2013 年版,第 290 页、第 203 页。
③ 国家维护社会主义法制的统一和尊严。
④ [德] 亚图·考夫曼著,刘辛义等译:《法律哲学》,法律出版社 2004 年版,第 94 页。

的相关规定来解决刑事案件的活动。与其他部门法的司法统一不同，由于涉及犯罪嫌疑人、被告人、犯罪人等的生命权、自由权等重要权利，刑事司法统一并不单单仅关注实体法司法统一，而是需要同时实现刑事程序法司法统一和刑事实体法司法统一。

刑事程序法司法统一主要针对的是公安机关的立案、侦查、移送起诉，检察机关的立案、侦查、批捕、审查起诉，法院审判活动中的事实认定、证据采信等诉讼活动。公安机关、检察机关应当根据刑事诉讼法的规定进行立案、侦查等等相应的刑事诉讼活动，收集采信证据、认定犯罪事实，所以刑事程序法司法统一应当包括：程序开展方式的司法统一、证据采信规则的统一、事实认定规则的统一等三个方面。

刑事实体法司法统一主要针对的是法院根据刑事实体法确定被告人的罪名、刑事责任大小以及确定刑罚后果的审判活动。在这个过程中有两个方面，一是确定刑事责任；二是确定刑罚后果，所以刑事实体法司法统一应当包括三个方面：一是犯罪认定规则的统一，或者说是定罪规范适用的统一；二是刑事责任确定规则的统一；三是刑罚裁量规则的统一。

综上所述，刑事司法统一应当包括五个方面的要求：①程序开展方式的司法统一；②证据采信规则的统一；③事实认定规则的统一；④犯罪认定规则的统一；⑤刑事责任确定规则的统一；⑥刑罚裁量规则的统一。

有学者认为司法统一应当包括自由裁量权行使规则的统一，[①] 在刑事司法中，自由裁量权主要体现在法院审判时对于被告人的刑罚后果的决定过程中，按该学者的观点，审判人员在刑法分则所规定的量刑幅度中决定刑罚后果的规则也应当统一。这种观点在现阶段的案例研究中很常见，持这种观点的学者很多，认为刑罚后果的统一也是"同案同判"的当然之意。在刑事司法领域，最常被提起的用以佐证"同案不同判"的是 2001 年的何鹏案和 2006 年的许霆案，两个案件性质相似，均是犯罪人利用取款机故障多次套取现金的行为，两者都被认定为盗窃罪，定罪统一，但是前者被判处无期徒刑，而后者则被判处 5 年有期徒刑，刑罚后果不统一，两者差距之大深受学者之诟病。

毫无疑问，类似情节的刑事案件刑罚后果差距巨大显然是不合理的，的确是对"同案同判"的刑事司法统一的一种破坏，应当予以一定措施的弥补。但是是否需要以刑事案例乃至于以指导性案例的方式来弥补呢？我们觉得并不需要，具体理由我们将在后文中进行论述。

---

① 参见江勇、马良骥、夏祖银：《案例指导制度的理论与实践探索》，中国法制出版社 2013 年版，第 204 页。

通过选取刑事案例，为后继案件的处理提供可供参考或参照的素材，"从形式上促成司法尺度的统一，从实质上减少了……司法随意性，保证了类似案件司法结果的趋同"[①]。通过建立刑事案例制度，不仅能够通过展示代表某系列类似案件的刑事案例，来实现"同样案件，同样处理后果"的低层次的刑事司法统一，还能够通过展示该刑事案例中所体现出来的法律解释、法律适用技巧，来实现"同样情节，同样处理后果"的高层次的刑事司法统一。

2. 实现刑事司法公正

公正，即公平正义、没有偏私。所谓司法公正，简单地说，就是在法律实施的过程中坚持和体现公平、正义的精神或原则。司法公正是法律公正的重要内容，是实现法律公正的保障手段，"没有公正的执法和司法，再公正的法律也只能停留在纸上，也只能是一种美好的理想，甚至是一种骗人的'文字游戏'"[②]。

虽然有学者认为中国古代即有了司法公正的观念和实践，"中国古代社会强调司法官吏严格执法、大臣经义决狱、皇帝屈法伸情以实现司法公正"[③]，但是在人治社会中谈论司法公正的源流似乎有点不太适当。现代法治国家的司法公正理念当然还是来源于西方法学思想，英美法系的法官、大陆法系的法学家们为司法公正的现代法治理念的形成和发展付出了巨大的努力，两大法系从不同的角度出发寻求司法公正的内涵，最终形成了司法公正的两大核心内容：程序公正和实体公正。

程序公正，即司法程序的应用应当公平、正义。程序公正的观念发源于以不成文法为主要法律渊源的英美法系，通过陪审团、当事人主义诉讼结构、先例判决、衡平法等制度逐步形成和发展。实体公正，即司法处理结果应当公平、正义。其更受以实体法为主体的大陆法系国家的重视，而"大陆法近代以来的诉讼理论和程序立法基本上是围绕如何更有效地实现实体权利这一主题展开"[④]。经过长时间的发展和法系的融合，程序公正和实体公正被糅合在一起，被视为司法公正的两个当然内涵。程序公正和实体公正在司法公正之中同等重要，不可偏废，既不能为了追求程序上的公平正义而放弃追求实体结果的公平正义，也不能为了追求实体结果的公平正义而漠视程序上的公平正义。程序公正和实体公正，一个是司法公正的基础，一个是司法公正的目标，程序公正是实体公正的前提和保障，实体公正是程序公正的目标。

---

① 苏泽林：《中国案例指导制度的构建和应用》，法律出版社 2012 年版，第 16 页。
② 何家弘：《司法公正论》，载于《中国法学》1999 年第 2 期。
③④ 高其才、肖建国、胡玉鸿：《司法公正观念源流略论》，载于《清华大学学报》2002 年第 2 期。

刑事司法公正同样具有刑事程序司法公正和刑事实体司法公正两个方面的内容。刑事程序司法公正要求刑事诉讼程序的进行对参与人而言是公平正义的，犯罪嫌疑人、被告人、犯罪人的权益得到充分的保障；刑事实体司法公正则要求刑事审判的结果体现了公平正义的精神。刑事案例制度为司法官处理后继案件提供参照，消除"同样情节不同样处理、同样案件不同样处理"的情况，实现"同样情节同样处理、同样案件同样处理"，在促进司法统一的基础上，实现司法的公平价值；刑事案例均经过精心挑选，所选案例符合法律规定和法律适用规则，法律效果和社会效果有机统一，后继案件的处理参照这些处理正确、效果良好的案例，有助于实现司法的正义价值，最终有效实现刑事司法公正。

3. 提高刑事司法效率

刑事司法公正毫无疑问是刑事司法所应追求的终极目标所在，但是刑事司法资源的有限性和刑事案件的大量性的冲突现实决定了刑事司法资源的有效分配是刑事司法过程中所需重点考虑的问题。合理分配刑事司法资源应当做到针对复杂疑难案件应当投入更多的刑事司法资源，而对于简单普通案件的处理上则应当适度地节约刑事司法资源。刑事案例制度的构建和完善对于合理分配刑事司法资源，提高刑事司法效率有着十分重要的作用。

对于刑事案件承办人员而言。先前的案例处理结果能够给刑事案件承办人员以参考或参照的依据，承办人员在案例的基础上对现行案件予以相类似的处理，减去了承办人员不必要的重复性劳动，既节约了时间又保证了案件处理的准确性。如在审判过程中，对于普通简单的案件，法官以案例为参照，"裁判案件驾轻就熟，大大缩短作出宣判的时间……可使上诉、重审等现象减少，这样可以节约审判成本，提高审判效率，得以司法资源更多地投向更为复杂或暂无先例的重大疑难案件"[①]；而对于重大疑难的案件，刑事案例能够使得法官更快速地作出较为合适的裁判结果，而不是将过多的时间耗费在对于何种案件处理结果更为妥当的争论上。

对于刑事案件犯罪嫌疑人、被告人及其辩护人而言。能够从刑事案例中对于自身案件的处理结果有一个比较清晰的认识和预期，同时对于自己的处理结果较为顺利地接受，从而减少不必要的上诉等环节的出现。

4. 加强刑事司法业务指导、提升刑事司法业务水平

随着社会主义法律体系的初步建成和不断完善，我国司法人员的社会地位和

[①] 徐景和：《中国判例制度研究》，中国检察出版社2006年版，第51页。

整体素养也在不断地提高。司法人员中法律科班出身的人员比例有了显著的增长，司法人员的学历程度有了明显的提高，司法人员队伍结构进一步优化。但是，在这些成绩的背后，也必须清晰地看到目前刑事司法人员的素质、刑事司法业务水平和实现刑事司法公正的目标仍然存在着一定的差距。

传统上，加强刑事司法业务指导，提升刑事司法业务水平主要是通过举办一些讲座或者司法人员重新进入高校攻读学位等传统课堂式进行，即将刑事司法知识和理论通过一种演绎式方法直接传授给刑事司法人员。美国大法官霍姆斯曾经说过"法律的生命不在于逻辑，而在于经验"，法律不是停留在纸面上的简单文字，而是需要在实践中得以实际运用，才能够得到发展。案例制度通过向刑事司法人员展示过去的案件处理，使用归纳推理的方式教育刑事司法人员。

如上文所述，刑事案例制度通过选取相关案例，提供给司法官处理后继案件时参考或参照使用，在这个过程中，重要的并非是简单地展示案件处理结果，并非仅仅是简单地要求司法官掌握案例中的事实和法律问题，进而做到简单的同案同判。而是向司法官展示案件处理过程中所使用的解决问题的法律解释技巧和法律适用技巧，"从而养成处理同类问题的心理定式和行为定向"①。显然，通过案例制度的归纳式推理，更能够促进刑事司法官"建构正确的思维方式，形成理解法律、感受事实的最佳视角"②。

（三）刑事案例的效力

如上文所言，刑事案例能够在司法实践中发挥如此重要的作用，那么刑事案例的效力应当如何？即刑事案例为了能够在司法实践中最优地发挥上述作用，应当以什么样的角色出现？

1. 外国法中案例的效力

作为刑事案例制度的借鉴来源，在英美法系中，刑事案例以刑事判例或先例的形式出现，是法律渊源的一种，具有法律上的拘束力。虽然均为法律渊源，均具有法律上的拘束力，但是作为英美法系代表的英国和美国在先例的法律拘束力上仍有些许不同。英国遵循的是严格的先例原则，即遵从先例是"一种司法上的义务，尽管这种义务可能被规避，但是这一原则的基本理念还在于在这种情况

---

① 孔小红：《设立判例法是健全法律机制的重要举措》，载于《现代法学》1988 年第 2 期。
② 洪流：《判例在刑法适用中的地位和作用》，载于《判例与研究》1999 年第 4 期。

下，遵从先例被认为是适当的和应该的"①；而美国所遵循的则是不严格的先例原则，其"仅要求法官在同一问题上对法院过去的判决予以一定的重视，除非他认为这些判决的错误程度已超过有利于这些判决的最初假设，否则他就必须遵循法院过去的判决"②。

而吸收借鉴判例法并在实践中予以应用的如德国等成文法国家，成文法仍然是该国家法律渊源中最重要的，也是首要的组成部分，判例法国家中的"遵从先例"原则在这些国家是不存在的。虽然判例在德国的实际影响力是毫无疑问的，并受到了普遍的认可，"法院的裁判文书经常引用判例作为论据，上级法院的判例通常也能得到下级法院遵守"③。对于判例在德国法中的效力，德国的成文法或者联邦法院的相关裁判都没有给出明确的定位，德国学界也对其存在较大的分歧，有些学者认为其是法律认识渊源，有些认为其是较弱的法律渊源，还有部分学者提出其是与成文法具有同样效力的判例法。④ 我们认为，与英美法系中判例具有"法律上的拘束力"相对应，可以将德国法中这种实际影响力强大，但成文法上并未给出具体定位的判例制度定性为"事实上的拘束力"。这种"事实上的拘束力"由于德国司法程序中的上诉强制许可制度、大审判庭制度、联合审判庭制度等规定的保障，发挥着毫不逊色于"法律上的拘束力"的功效。

2. 刑事案例的效力层次

我国包括刑事案例制度在内的案例制度实际上才刚刚起步，直到近年来以案例指导制度为核心的案例制度才逐步得到中央最高司法机关的提出、确认并规范。现阶段我国学者对于指导性案例的效力讨论颇多，有的学者认为指导性案例如同英美法系中的判例法，应当成为我国法律渊源的一种，具有法律上的拘束力；有的学者认为"我们实行的案例指导制度，是以制定法为主，案例指导为辅，在不影响制定法作为主要法律渊源的前提下，借鉴判例法的一些做法"⑤，即将案例指导制度定位为准判例制度，具有准法律上的拘束力；有的学者认为，案例指导制度在我国成文法体系下，不应具有法律上的拘束力，而是具有事实上的拘束力，类似于德国等成文法国家，仅在实践中发挥重要的影响力；有些学者则认为在我国的法律实践国情下，指导性案例应当定位为司法解释，具备司法解

---

① 孟凡哲：《普通法系的判例制度：一个源与流的解读》，吉林大学 2004 年博士学位论文，第 114 页。

②③④ 奚晓明等：《两大法系判例制度比较研究》，北京交通大学出版社 2009 年版，第 37 页、第 117 页、第 135 页。

⑤ 刘作翔等：《案例指导制度的理论基础》，载于《法学研究》2006 年第 3 期。

释的效力;① 还有的学者提出指导性案例应当定位为法律效力仅次于司法解释,是一种"准司法解释";② 还有的学者则提出案例指导制度应当作为业务指导方式。③

如上文所言,案例指导制度仅是案例制度中的一个组成部分,并非案例制度全部,指导性案例也仅仅是案例的一部分。在此,我们讨论的是刑事案例的效力,包括但并不限于刑事指导性案例。

效力在汉语词典中的含义是功效、效验的意思。刑事案例的效力,就是指刑事案例对于刑事司法人员解决刑事司法案件所能够起到的功效、效验,具体而言,即刑事案例对于刑事司法人员解决刑事司法案件所能起到的借鉴、参考作用究竟多大。总体上看,刑事案例对于刑事司法人员解决刑事司法案件的功效可以分为两种,一是自觉性的功效;二是强制性的功效,前者体现出的是刑事案例对于刑事司法人员的说服力,使得刑事司法人员自愿、自觉的接受刑事案例;后者体现的是刑事案例对于刑事司法人员的拘束力,即刑事司法人员必须无条件地接受刑事案例,无法进行自愿、自觉的选择。具体而言,将刑事案例的效力由弱到强分层,可以分为两类四种:学理说服力、实践说服力、事实拘束力、法律拘束力。

(1) 学理说服力

所谓的学理说服力,指刑事案例对刑事司法人员处理刑事司法案件的影响是一种学理性的说服功效,具体即指,刑事司法人员认为该刑事案例的处理意见的学理分析十分合理,处理结果有着很好的社会效果和法律效果,自愿接受该刑事案件的处理方式,并以其作为处理后继刑事司法案件的参考或参照对象。

这种案例的发布主体一般是高等院校研究人员等刑法学科研人员,或者是刑事司法人员为解决案件,自己翻阅查找所得到的相关案例。由于这些案例的发布主体不具有较高的司法权威性,具有学理说服力的刑事案例能否为刑事司法人员所采纳完全依赖于刑事司法人员自己的意愿,且可能由于刑事司法人员的不同理论背景或所持的学术观点不一,使得其对于学理说服力的理解不尽相同,进而导致对于同一案件的处理由于所采纳的具有学理说服力的刑事案例不同而仍然出现"同案不同判"的后果。

(2) 实践说服力

实践说服力较之学理说服力,效力上更高一层。虽然对于刑事司法人员处理

---

① 魏少勇:《案例指导制度的定位》,见苏泽林:《中国案例指导制度的构建和应用》,法律出版社2012年版,第291页。
② 何志:《我国案例指导制度的构建》,见苏泽林:《中国案例指导制度的构建和应用》,法律出版社2012年版,第298页。
③ 参见江勇、马良骥、夏祖银:《案例指导制度的理论与实践探索》,中国法制出版社2013年,第242~243页。

后来案件的影响同样是一种自愿性，但是与学理性说服力不同之处在于，这种影响并不单纯源自学理性的说理，更多的是源自司法实践中的权威性说理。之所以这些案例具有这种司法实践中的权威性说理，是因为这些案例的发布主体是最高司法机关或高级别司法机关。

最高司法机关或者某省或地区高级别司法机关整理过往刑事案例并以一定的形式对外发布，以供社会公众阅读，起到教育作用，更重要的是提供给刑事司法人员在解决后来案件参考使用。即使这些案例中很多并非是由最高司法机关或高级别司法机关自身所处理的，但是这些案例由最高司法机关或高级别司法机关整理发布，意味着这些案件的处理，包括处理依据、处理结果都得到了最高司法机关或高级别司法机关的认可。刑事司法人员在处理后继类似案件时，如果参考这些受到最高司法机关或高级别司法机关所认可的案例，将会大大降低案件处理的错误率，减少案件被抗诉、再审等的出现。

（3）事实拘束力

刑事案例具备事实上的拘束力，指的是刑事案例的效力未经法律的明确规定，并非正式的法律渊源，其概念也并不隐含关于约束力强度的任何确定性的内容，且不同司法部门的案例也没有表示出要将其作为今后处理类似案件的样板或者榜样，但是同部门在今后处理类似案件时，应当"充分注意并顾及，如明显背离……将可能面临司法管理方面的惩罚和纪律处分的危险"①。

此类案例对于刑事司法人员处理后来案件不再仅仅是一种说服性的作用力，而是一种强制性必须遵照执行的作用力；刑事司法人员处理后来案件也不再具有可用可不用的自我选择，而是具有不利惩罚或处理的无选择余地的必须适用。

拘束力较之说理力强度更高，可能给刑事司法人员带来不利的后果。但是必须清楚地认识到，拘束力仍然具有说理力，其是建立在正确说理之上的强制性的拘束力。所以表面上看，司法机关处理后来类似案件时不遵从具有事实拘束力的刑事案例，是"触犯"了先前案例或作出该案例的司法机关（尤其是上级司法机关）的司法权威，之所以此类案例具有事实上的拘束力这种较强的强制性作用力，更主要的原因在于上下级司法机关之间的约束性和其所可能带来的不利后果。但是本质上说，刑事案例是因为正确地解释了相应的刑事实体法和刑事程序法的明文规定并予以正确地适用，如此才具有了事实上的拘束力；违背了这些案例不是触及了司法权威，而是违反了刑事实体法和刑事程序法相应的明文规定，其所带来的不利后果并非是仅仅因为破坏了上下级之间的拘束性，而是因为破坏了法律的正确实施。"这样的拘束力，实际上就是从……管理和司法方法角度，

---

① 于同志：《刑法案例指导：理论·制度·实践》，中国人民大学出版社 2010 年版，第 348 页。

'明确地'……增加……注意义务,并通过一定的实体及程序性的惩戒规则加以保障"①。

这种事实上的拘束力还可以进一步在拘束力强度上予以更细致地区分为两种类型。第一种为较强的事实上的拘束力,这类型的刑事案例可以作为解决实体性问题的援引,如在判决书中援引类似情节的刑事案例作为判决理由或依据,也可以成为解决程序性问题的援引,如未遵照类似情节的刑事案例处理可以作为当事人上诉、检察机关抗诉的依据;另一类则属于较弱的事实上的拘束力,虽然刑事司法人员在处理后来案件时必须或应当遵照此类型刑事案例,但是其不能够在判决书等司法文书中明确作为解决实体性问题的依据或理由的援引出现,也不能够作为当事人上诉、检察机关抗诉等程序性问题的援引。

(4) 法律拘束力

法律拘束力是刑事案例效力层次中的最高级别,刑事案例具有法律拘束力,意味着刑事案例将成为法律渊源的一种,不仅可以在案件实体处理中作为处理依据进行相应地实体性援引,还可以作为刑事诉讼程序中当事人上诉、检察机关抗诉等程序性问题的援引。

法律拘束力根据效力的强弱也可分为两个层次:能够创制法律规范的法律拘束力;作为法律适用解释的法律拘束力。在这两个层次中,前者能够创制法律规范的法律拘束力显然效力更高,其能够在案件处理中创制新的法律规范,且这种创制而出的新的法律规范具有相应的法律效力,能够得到后来处理类似案件的严格遵循。这种法律拘束力,就是英美法系中作为法律渊源的判例法所具有的拘束力。而后者则不具备如此高的法律拘束力,其不能够创制新的法律规范,实现立法功能;而只能针对现行有效的法律规范进行解释、适用,起到的是如同法律适用解释的一种功能。

上述的四种层次的刑事案例效力,并非孑然独立,而是相互含射的一种关系。四种层次由低到高,学理说服力、实践说服力、事实拘束力、法律拘束力,后者较之前者的效力更高,但后者并非与前者完全割裂,而是建立在前者的效力基础之上。实践说服力的效力高于学理说服力,同时作为司法实践中的权威性说理的实践说服力必须以学理说服力为基础,司法机关所公布的具有实践说服力的案例必须同时在学理上能够有效说服其他参照适用该案例的司法官;必须充分注意并顾及,否则可能面临司法管理方面的惩罚和纪律处分的危险。一般而言,事实拘束力的刑事案件都是由司法实务部门所发布的,既具有学理上的有效说理性,又具有实践上的说服力;而作为法律渊源之一种的法律拘束力的刑事案例,

---

① 于同志:《刑法案例指导:理论·制度·实践》,中国人民大学出版社2010年版,第348页。

则不仅仅是充分注意并顾及，而是必须要注意并顾及，显然包含了事实上拘束力的内容在其中。

3. 我国刑事案例的效力

如前所述，刑事案例的效力由低到高具有四个层次。那么根据我国的国情以及司法实践状况，我国刑事案例的效力应当属于上述效力层次中的哪些层次呢？上文中我们已经提到，刑事案例的四个效力等级层次之间由高到低存在着包容和含射的关系，所以我们在探讨我国现阶段刑事案例所可能具备的效力时，可以从上述四个层次等级中由高到低进行分析，具备高层次的效力则当然的具备低层次的效力，不具备某一高层次的效力，则才需要对下一层次的效力进行讨论，这种讨论路径可以有效地避免不必要的重复。

现阶段，我国刑事案例中效力等级最高的当属"指导性案例"。故在此，我们可以以指导性案例作为考察的对象，对其所具备的最高层次的效力进行分析，进而得出我国刑事案例效力所存在的层次。结合效力层次的包含性，如果指导性案例具备法律上的拘束力，则我国全部刑事案例的效力层次包括完整的法律拘束力、事实拘束力、实践说服力、学理说服力；如果指导性案例仅具备事实拘束力，则我国全部刑事案例的效力层次包括事实拘束力、实践说服力、学理说服力；如果指导性案例仅具备实践说服力，则我国全部刑事案例的效力层次仅包括实践说服力和学理说服力两种；如果指导性案例仅具备学理说服力，那么整个刑事案例效力也仅限于学理说服力。

（1）指导性案例是否具备法律拘束力？

有人认为，"指导性案例本身就具备了特定主体、定期通过特定方式发布以及具有特定格式等规范性要件，应当具有拘束力，发布案例的法院以及下级法院在此后的审理和判决中，应当维护指导性案例的权威性。也就是说，指导性案例应当具有法源性，这是案例指导作为一项制度进行建设的价值所在。"[①] 也即在该学者观点中，指导性案例应当具有法源性，即指导性案例应当作为法律渊源的一种。

我们并不赞同上述观点。作为成文法国家，制定法是我国最重要的法律渊源，判例乃至案例均不是法律渊源的内容，司法官不能创制法律规范，其只是法律的"忠实适用者"，即使其能够对法律规范进行相应的解释，也只能够针对法律、法规的具体应用问题进行说明。我国的刑事案例制度乃至整个案例制度都必

[①] 赵霁：《指导性案例的拘束力问题探讨》，http://www.gy.yn.gov.cn/Article/spyf/dlq2010/fglt/201104/22595.html，最后访问日期为2012年9月5日。

须建构在此基础之上，否则将会给国家的司法制度和法律制度带来根本性的冲击和挑战。但是有的学者提出"我国现行的司法制度基本上否认案例的任何法律约束力，这种做法不仅与普通法系截然不同，而且也有悖于大陆法系的传统做法。大陆法系虽称成文法系，判例在绝大多数大陆法系国家中其实拥有很高的法律渊源地位，大陆法系和普通法系都承认判例的地位和功能，所异者仅在双方看待判例效力的方式而已"[1]。我们认为这种看法是对大陆法系判例制度的误解，如上文中所提及的，在以德国为代表的大陆法系国家，虽然判例在司法实践中确实发挥了非常重要的作用，但是在这些国家中判例制度并没有得到法律渊源地位的普遍认可，实践中发挥的实际重要作用和法律渊源地位是不可等同的。

所以，我国包括指导性案例在内的刑事案例的效力显然不可能达到法律拘束力的高度，不论是创制法律规范的法律拘束力，还是作为法律渊源之一的立法解释的法律拘束力。

（2）是否可能具有事实拘束力？

针对指导性案例制度，最高司法机关分别出台了具体的规章制度。2010年11月26日《最高人民法院关于案例指导工作的规定》第7条规定"最高人民法院发布的指导性案例，各级人民法院审判类似案例时应当参照。"2010年7月29日《最高人民检察院关于案例指导工作的规定》第15条规定"指导性案例发布后，各级人民检察院在办理同类案件、处理同类问题时，可参照执行。"同时第16条规定"在办理同类案件、处理同类问题时，承办案件的检察官认为不应当适用指导性案例的，应当书面提出意见，报经检察长或者检查委员会决定。"前者规定了"应当"参照，后者虽然是"可以"参照，但是如若不参照需要报经检察长或检委会决定，实际上在没有特殊原因的情况下，也属于"应当"参照。这表明最高司法机关要求下级司法机关在办理同类案件、处理同类问题时必须注意、顾及指导性案例。虽然两高的指导性案例规定并没有明确指出不参照指导性案例会给司法官带来什么样的不良处理后果，但是在我国的司法实践现状下，司法官不按照规定参照指导性案例处理类似案件，那么就必须承担改判、抗诉等风险，以及可能招致的错案追究的责任。所以，我们认为指导性案例的效力应当定位为事实拘束力。

作为事实上的拘束力的指导性案例，是否能够作为处理类似案件、类似问题的依据？《中国案例指导》丛书前言中提到"虽然这些案例不能作为裁判的直接法律依据，但是法官、检察官和律师可以作为裁判理由或者法庭辩论理由引

---

[1] 冯桂：《论建立有法律拘束力的案例指导制度》，载于《学术论坛》2010年第10期。

用"①;《河南省高级人民法院关于实行指导性案例制度的规定(征求意见稿)》第 7 条规定"参照指导性案例作出的判决书、裁定书,可以在'判决理由'部分援引,但在'判决依据'部分仍需援引相关法律和司法解释"。可以看出,我国的司法实践中对于案例引用持有的还是一种较为谨慎的态度,不将先前类似案例作为处理类似案件、类似问题的依据进行援引,只在作为一种说理事由时进行援引。

综上所述,刑事案例之中具备最高效力的指导性案例具备事实拘束力,所以我国刑事案例的效力层次包括三个等级:事实拘束力、实践说服力、学理说服力。

二、刑事案例的种类

刑事案例表现形式多种多样,对其依据一定的标准进行分类,能够使得司法人员在参考或参照适用的过程中更加清晰、明确。总体上看,对刑事案例进行分类的标准有以下三种:一是根据刑事案例所处的诉讼阶段;二是根据刑事案例所具备的效力;三是根据不同的发布形式。

(一) 不同诉讼阶段的案例

不论何种诉讼程序,其都是一种动态发展的过程,从诉讼程序的开始便向前运动,逐步发展,直至诉讼程序的结束。刑事诉讼程序亦是如此,"在刑事诉讼过程中,循序进行的相互连接而又各自相对独立的各个部分,成为刑事诉讼阶段"②。相比较于民事诉讼、行政诉讼,刑事诉讼阶段更为复杂,涉及的司法机关更为广泛,具有法定性、联系性以及相对独立性等特征,"其并不是审判机关和检察机关个别的行为或若干行为的结合。每一个诉讼阶段都是完整的,有其自身的任务和形式的一个整体"③。

根据我国刑事诉讼通行理论以及刑事诉讼法的相关规定,可以将一个完整的

---

① 最高人民法院、最高人民检察院《中国案例指导》编辑委员会:《中国案例指导》(2005 年第 1 辑·刑事行政卷),法律出版社 2005 年版。
② 陈卫东:《刑事诉讼法学研究》,中国人民大学出版社 2008 年版,第 47 页。
③ [苏]切里佐夫著,中国人民大学刑法教研室译:《苏维埃刑事诉讼》,法律出版社 1956 年版,第 56 页。

刑事诉讼程序分为以下几个阶段：立案阶段、侦查阶段、审查起诉阶段、审判阶段以及执行阶段。相应地就可以将在不同刑事诉讼阶段发生作用的刑事案例划分为：立案阶段刑事案例、侦查阶段刑事案例、审查起诉阶段刑事案例、审判阶段刑事案例以及执行阶段刑事案例，不同阶段的刑事案例针对特定的诉讼任务，解决特定的诉讼问题。但是这种分类略显粗糙，不够细致。我们认为应当在此基础之上结合刑事诉讼阶段的参与机关，对刑事诉讼阶段的刑事案例进行划分。根据《中华人民共和国刑事诉讼法》（以下简称《刑事诉讼法》）第3条规定"对刑事案件的侦查、拘留、执行逮捕、预审，由公安机关负责。检察、批准逮捕、检察机关直接受理的案件的侦查、提起公诉，由人民检察院负责。审判由人民法院负责。"立案侦查的主体是公安机关和人民检察院，审查起诉的主体是人民检察院，审判的主体是人民法院。所以我们认为应当将刑事案例初步划分为公安案例、检察案例以及审判案例。此外，刑罚执行案例，也应作为不同诉讼阶段案例的基本种类之一。

1. 公安案例

公安案例，简而言之，即指刑事诉讼主体机关为公安机关的刑事案例。

在刑事诉讼过程中，公安机关所需完成的诉讼任务为刑事案件的侦查、拘留、执行逮捕、预审等，涉及的刑事诉讼阶段为立案阶段和侦查阶段。公安机关需要明确是否有犯罪事实发生，是否需要追究刑事责任，决定是否作为刑事案件进行侦查、审判，并相应地进行搜集证据等专门的调查工作和对犯罪嫌疑人进行强制性措施。所以，公安案例应当是指，由公安机关依据一定的标准所挑选的供公安司法人员在立案、侦查阶段中决定是否立案、如何进行专门性调查工作以及是否适用强制性措施等问题进行参照适用的刑事案例。

2. 检察案例

检察案例的主体为检察机关，需要完成的刑事诉讼任务为检察、批准逮捕、检察机关直接受理的案件的侦查、提起公诉等，涉及的刑事诉讼阶段包括立案阶段、侦查阶段、审查起诉阶段。所以检察案例又可以进一步的细分，分为检察立案侦查案例、审查起诉案例以及检察监督案例。

（1）检察立案侦查案例

根据《刑事诉讼法》第18条的规定，检察机关对贪污贿赂犯罪，国家工作人员的渎职犯罪，国家机关工作人员利用职权实施的非法拘禁、刑讯逼供、报复陷害、非法搜查的侵犯公民人身权利的犯罪以及侵犯公民民主权利的犯罪，以及经省级以上人民检察院决定，需要由人民检察院直接受理国家机关工作人员利用职权实施的其他重大的犯罪案件进行立案侦查。即检察机关对于上述几类案件决定是否立案、如何进行专门性调查工作、采取何种强制性措施等。所以，检察立案侦查案例是指，由检察机关所挑选的供检察人员办理贪污贿赂犯罪，国家工作人员的渎职犯罪，国家机关工作人员利用职权实施的非法拘禁、刑讯逼供、报复陷害、非法搜查的侵犯公民人身权利的犯罪以及侵犯公民民主权利的犯罪，以及经省级以上人民检察院决定，需要由人民检察院直接受理国家机关工作人员利用职权实施的其他重大的犯罪案件时所参照适用的刑事案例。

（2）审查起诉案例

审查起诉是人民检察院职责中最为重要的内容，是人民检察院独立行使检察权的形式，审查起诉阶段是人民检察院的专门刑事诉讼阶段。审查起诉阶段，是人民检察院对于公安机关侦查终结移送起诉的案件和自行侦查终结的案件进行全面审查，根据事实和法律，对不同的案件分别决定起诉、不起诉或者撤销案件的刑事诉讼活动阶段。其处于侦查阶段与审判阶段之间，承上启下，是刑事诉讼过程中最为重要的一环。

审查起诉案例是指，检察机关所挑选的供检察人员在审查公安机关侦查终结移送起诉的案件和自行侦查终结的案件，以及根据事实和法律，对案件决定起诉、不起诉或者撤销案件时所参照适用的刑事案例。

（3）检察监督案例

《中华人民共和国宪法》第129条规定"中华人民共和国人民检察院是国家的法律监督机关。"《刑事诉讼法》第8条规定"人民检察院对刑事诉讼实行法律监督。"《中华人民共和国人民检察院组织法》第5条规定"（三）对于公安机关侦查的案件，进行审查，决定是否逮捕、起诉或者免予起诉；对于公安机关的侦查活动是否合法，实行监督。（四）对于刑事案件提起公诉，支持公诉；对于人民法院的审判活动是否合法，实行监督。（五）对于刑事案件判决、裁定的执行和监狱、看守所、劳动改造机关的活动是否合法，实行监督。"即根据上述相关的规定，检察机关在刑事诉讼过程中实行诉讼监督，具体包括三个方面：对公安机关的立案侦查活动进行监督、对法院的审判活动进行监督和对执行活动进行监督。

检察机关对公安机关的立案侦查活动的监督的内容为：对于公安机关侦查的案件，进行审查，决定是否逮捕、起诉或者免予起诉；监督公安机关的侦查活动是否合法。检察机关主要通过审查批捕和审查起诉的方式来实现对上述内容的监督，对于公安机关提请批准逮捕犯罪嫌疑人的要求，经过审查，如果认为不符合逮捕的条件，可以作出不予逮捕的决定；对于公安机关侦查终结移送起诉的案件，审查侦查活动是否合法，是否符合移送起诉的条件，如果侦查活动不合法或者不符合移送起诉的，检察机关可以作出不予起诉或者撤销案件的决定。

对法院审判的监督主要包括两个方面,一是对审判过程进行监督;二是对审判结果进行监督。对审判过程进行监督,即人民检察院发现人民法院审理案件违反法律规定的诉讼程序,有权向人民法院提出纠正意见;对审判结果进行监督,即对人民法院对于案件的判决结果进行的监督,监督方式为抗诉,具体而言,抗诉又包括两种形式,二审程序中的抗诉和审判监督程序中的抗诉。

《刑事诉讼法》第 265 条对于检察机关对刑罚执行活动的监督权作出了专门规定。依照该条规定,人民检察院对执行机关执行刑罚的活动是否合法实行监督;如果发现有违法的情况,应当通知执行机关纠正。

综上所述,检察监督案例是指,由检察机关所挑选的供检察人员在处理审查公安机关的立案侦查活动、法院审判活动以及刑罚执行活动中是否存在违反法律规定等问题时所参照适用的刑事案例。

3. 刑事审判案例

"刑事审判属于决定刑事案件实质问题的关键阶段,在整个刑事诉讼中具有决定性意义,其任务在于行使刑罚权,使刑罚权在具体案件中得到落实。"[1] 刑事审判的最终目的在于确定被告人的刑事责任,确定其是否有罪,构成何种犯罪,是否应当适用刑罚,应当适用何种刑罚,刑罚幅度应当如何。简而言之,刑事审判涉及两个方面,定罪和量刑。那么是否意味着刑事审判案例供法官参照适用的部分也包括定罪和量刑两个方面呢? 如最高人民法院 2011 年 12 月 20 日发布的第一批指导性案例中的王志才故意杀人案,裁判要点提到"因恋爱、婚姻矛盾激化引发的故意杀人案件,被告人犯罪手段残忍,论罪应当判处死刑,但被告人具有坦白悔罪、积极赔偿等从轻处罚情节,同时被害人亲属要求严惩的,人民法院根据案件性质、犯罪情节、危害后果和被告人的主观恶性及人身危险性,可以依法判处被告人死刑,缓期二年执行,同时决定限制减刑,以有效化解社会矛盾,促进社会和谐。"虽然最高院公布该案例的目的在于"明确判处死缓并限制减刑的具体条件",但是裁判要点不可避免地涉及故意杀人案的量刑问题。那么日后其他法院在审理类似案件时在是否判处死缓的问题上,是否应当参照本案例的量刑进行呢? 有些学者认为现阶段虽然提出了诸如层次分析法、数学模型法、定量分析法、电脑量刑法等许多新的非经验型的量刑方法,但是这些设想在实践中尚难以推广开来,所以在具体的审判活动中,主要还是采取经验量刑法,而刑事判例可以为处理未决案件中选择量刑幅度、确定犯罪的基本刑、宣告刑等提供

---

[1] 陈卫东:《刑事诉讼法学研究》,中国人民大学出版社 2008 年版,第 49 页。

借鉴，对于维护量刑的统一，最终达到刑法适用的统一，具有重要意义。①

但我们认为刑事审判案例中可供审判人员参考或参照适用的内容应当仅限于确定罪名时规范的适用规则，而不应当包括如何确定刑罚，也即前文中所提到的刑事案例解决同案不同判的作用仅指解决罪名的确定，而不指导刑罚后果的确定，刑事审判案例不能够"踏入"量刑领域之中。之所以如此，原因在于：

（1）量刑活动并不涉及对法律的释明

刑事案例制度目的在于为后来的待决案件提供可供参考或参照适用的刑事司法规则，刑事案例中所表现出来的刑事司法规则非由刑事法条明确规定，而是深层次地蕴含在刑事法规之中，需要刑事案例对该刑事法规作出释明，将其中所蕴含的刑事司法规则"发掘"出来，展示在大家面前。如果不需要这种"发掘"性的释明，刑事案例制度完全没有建立的必要，因为处理后来待决案件的刑事司法官即使不参考或参照先前的刑事案例，也能够很准确地根据既有的法律规定作出准确的处理结果。所以，"涉及的问题法律已有明确规定以及纯粹属于法官自由裁量范畴的领域，则一般不需要……因为此处根本不存在需要解释的法律"②。

从刑法理论上看，法定刑可以分为绝对不确定的法定刑、绝对确定的法定刑和相对确定的法定刑。绝对不确定的法定刑，由于没有统一的量刑标准，具体如何处罚完全由法官自由掌握，使得罪责刑相适应原则很难得到很好的贯彻；绝对确定的法定刑，单一、便于操作，但法官不能够根据具体情况对犯罪人判处轻重适当的刑罚。前者过度地扩张了法官的自由裁量权，后者则严重限制法官的自由裁量权。所以，法官既不应该完全如贝卡利亚所述那样，仅仅是作为严格的规则适用者，输入案件，严格输出处理结论；又不应该毫无限制，使得量刑结果完全取决于法官的主观意志。我国现行刑法分则中没有绝对不确定的法定刑，仅有个别绝对确定的法定刑，绝大多数的条文的法定刑均为相对确定的法定刑，这样既有刑罚的限度，也有一定的自由裁量余地。③ 虽然在相对确定的法定刑下，法官的自由裁量权是非完全的、受限制的，并且现阶段我国存在着法定刑幅度较大、裁量空间比较大的严重缺陷，但是在法条所确定的刑罚限度之内，具体作出何种量刑结论纯粹属于法官自由裁量权的范围。

（2）刑事案例均是特定政治、经济、治安状况下的刑事案例

《中华人民共和国刑法》第 61 条规定"对于犯罪分子决定刑罚的时候，应当根据犯罪的事实、犯罪的性质、情节和对于社会的危害程度，依照本法的有关

---

① 参见陈兴良：《刑事司法研究》，中国人民大学出版社 2008 年，第 239～241 页。
② 胡云腾：《最高人民法院指导性案例参照与适用》，人民法院出版社 2012 年版，第 120 页。
③ 参见高铭暄、马克昌：《刑法学》，北京大学出版社、高等教育出版社 2011 年版，第 325～326 页、第 252 页。

规定判处。"其中，犯罪对于社会的危害程度指犯罪行为对社会所造成的危害的大小，对于犯罪的社会危害程度的考量，必须全面分析犯罪事实、性质和情节，此外更重要的是，还要考虑国家的政治、经济和社会治安形势。①

而中国地大物博、幅员辽阔，每个地区的司法环境均不同，甚至有很大的差异，而不同的时间，同一地区的治安状况、司法环境也可能存在很大的不同。正因如此，我国最高司法机关所发布的很多司法解释均为各地区保留了针对本地区的操作余地。如1997年《关于审理盗窃案件具体应用法律若干问题的解释》第3条"盗窃公私财物'数额较大''数额巨大''数额特别巨大'的标准如下：（一）个人盗窃公私财物价值人民币500元至2 000元以上的，为'数额较大'。（二）个人盗窃公私财物价值人民币5 000元至2万元以上的，为'数额巨大'。（三）个人盗窃公私财物价值人民币3万元至10万元以上的，为'数额特别巨大'。各省、自治区、直辖市高级人民法院可根据本地区经济发展状况，并考虑社会治安状况，在前款规定的数额幅度内，分别确定本地区执行的'数额较大''数额巨大''数额特别巨大'的标准。"

所以，每个刑事审判案例的处理都必须适当地考虑政治、经济、治安状况，每个刑事审判案例的量刑结果的作出也都是基于特定的政治、经济、治安状况。从时间上看，供参考或参照的先前刑事案例在前，正处理的待决案件在后，时间的变迁，社会的变化，政治、经济、治安状况有可能存在不同；从空间上看，先前刑事案例和正处理的待决案件可能不属于同一地区，在同一时间不同地区的经济、治安状况也不相同。所以即使是完全相同的犯罪事实、犯罪性质和犯罪情节，在不同的时间、不同的地区的情况下，由于不同的政治、经济、治安状况，所造成的社会危害程度也不相同。在这种情况下，基于A种政治、经济、治安状况的刑事案例中的量刑结论对于基于B种政治、经济、治安状况下待决案件的量刑处理无法提供可供参考或参照的法律规则。

根据《刑事诉讼法》的规定，刑事审判可以分为第一审、第二审、死刑复核以及审判监督程序，相应的刑事审判案例也可以细分为刑事一审案例、刑事二审案例、死刑复核案例以及审判监督案例。

综上所述，刑事审判案例是指，人民法院所挑选的供审判人员在审判刑事案件中确定被告人是否构成犯罪，构成何种犯罪时所参照适用的刑事案例。

4. 评介

一般认为，我国的刑事诉讼模式的安排被称为"诉讼阶段论的安排"，因为

---

① 参见高铭暄、马克昌：《刑法学》，北京大学出版社、高等教育出版社2011年版，第252页。

我国的刑事诉讼制度中，公安机关、检察机关、审判机关并未有层级之分，三者分工负责、互相配合、互相制约。这种诉讼阶段论安排的制度模式将刑事诉讼活动的重心放置于侦查阶段，赋予了侦查阶段较大的权力和较长期限，使其少受外界的干预，有利于案件的突破，甚至可以"查隐案"。[1] 而现阶段，我国的刑事案例主要还是以刑事审判案例为主，主要的关注点在于审判阶段对于某些法条的应用，检察案例和公安案例相对而言较少，尤其是侦查阶段的主导机关公安机关为主体，供公安人员在解决侦查阶段相关问题时参考或参照适用的公安案例几乎没有。可以看出，一方面，侦查阶段是诉讼阶段论安排下的刑事诉讼的重心；另一方面，为刑事诉讼重心的侦查阶段提供参考或参照适用的公安案例却几乎没有。显然，我国现阶段刑事案例制度的重心与刑事诉讼制度安排的重心并未重合，而是发生了较大的偏差，那么刑事案例制度对于正确引导、解决刑事案件所能够起到的作用肯定会大打折扣。那么应当如何解决这两种制度重心不重合的问题呢？一般来说，可以有两种选择，一是改变刑事诉讼阶段的重心，具体而言，即将刑事诉讼阶段安排的重心由侦查阶段变更为审判阶段，以与刑事案例制度重心为刑事审判案例相重合；二是改变刑事案例制度的重心，多公布或出台指导侦查阶段活动的公安案例，减少刑事审判案例的公布或出台，即调整刑事案例制度的重心使之与以侦查阶段为中心的刑事诉讼阶段制度相契合。在这两种制度变革的选择中，我们认为前一种制度变革更为合理。

虽然在诉讼阶段论为指导观念下设计出来的以侦查阶段为核心的刑事诉讼阶段有着上述的优点，但是这种制度设计也有其非常明显的弊端。刑事诉讼的实际重心在于侦查阶段后，审查起诉阶段和审判阶段相应地受到的关注减少，难以起到决定性的作用，如侦查终结和提起公诉、定罪标准一样高，使得审查起诉和审判阶段成为"走过场"，仅仅成为对侦查终结案件的"质量检测"的检测仪，造成刑事案件的不起诉率和无罪宣判率较低。

针对这种弊端，刑事诉讼学者提出了用"审判中心论"代替"诉讼阶段论"为指导思想来设计刑事诉讼过程的观点。所谓的审判中心论，即在涉及刑事诉讼模式时，以案件的审判为中心，刑事诉讼的重心在于审判阶段而非侦查阶段，使得案件的决定性阶段实现由侦查阶段向审判阶段的转移，如可以考虑参考国外立法例，"降低侦查终结和提起公诉的条件，缩短侦查羁押期限；实行法官签发令状的司法令状制度"[2] 等。

一旦实现了由"诉讼阶段论"向"审判中心论"的刑事诉讼模式的变更，

---

[1] 参见陈卫东：《刑事诉讼法学研究》，中国人民大学出版社2008年版，第51页。
[2] 陈卫东：《刑事诉讼法学研究》，中国人民大学出版社2008年版，第52页。

审判阶段成为刑事诉讼的中心或称重心，那么刑事案例制度以刑事审判案例为主，便可以与刑事诉讼模式实现完美的契合，刑事案例制度便可以更好地发挥在刑事诉讼过程中为司法人员提供参照，帮助司法人员完成刑事诉讼的作用。

（二）不同适用效力的案例

上文中提到我国刑事案例的效力层次包括三个等级，由高到低分别为：事实拘束力、实践说服力、学理说服力。相应地，刑事案例可以依据效力等级的高低不同进行分类。

2010年7月30日最高人民检察院印发《最高人民检察院关于案例指导工作的规定》，2010年11月26日最高人民法院印发《最高人民法院关于案例指导工作的规定》。随后最高人民检察院和最高人民法院分别于2010年年底和2011年年底公布第一批指导性案例，被司法界和理论界普遍视作"标志着中国特色案例指导制度初步确定"的司法举措。《最高人民法院关于发布第一批指导性案例的通知》特别强调："今后，各高级人民法院可以通过发布参考性案例等形式，对辖区内各级人民法院和专门法院的审判业务工作进行指导，但不得使用'指导性案例'或者'指导案例'的称谓，以避免与指导性案例相混淆。"可以看出，在效力上，最高司法机关对不同的案例形式作出了区分。而《中华人民共和国最高人民法院公报》中介绍所刊载的案例时，将其为"案例（含裁判文书）是最高人民法院正式选编的各级人民法院适用法律和司法解释审理各类典型案件的裁判范例。"

所以，在此基础之上，我们认为，依照案例对于司法机关或者司法官的约束力及其范围，刑事案例可以分为指导案例、参考案例与典型案例三类。

1. 指导案例

指导案例，即由最高人民检察院和最高人民法院发布的指导性案例。《最高人民检察院关于案例指导工作的规定》第15条规定"指导性案例发布后，各级人民检察院在办理同类案件、处理同类问题时，可参照执行。"第16条规定："在办理同类案件、处理同类问题时，承办案件的检察官认为不应当适用指导性案例的，应当书面提出意见，报经检察长或者检察委员会决定。"《最高人民法院关于案例指导工作的规定》第7条规定："最高人民法院发布的指导性案例，各级人民法院审判类似案例时应当参照。"尽管最高人民检察院和最高人民法院对指导性案例约束力的规范表述有所不同，但指导性案例显然是案例参照制度或案例参照体系中效力位阶最高的案例，其效力高于参考案例和典型案例。截至2013

年12月，最高人民法院共发布五批指导性案例，其中刑事指导案例6个；最高人民检察院共发布三批指导性案例。

作为效力位阶最高的指导案例，如上文分析，基于成文法的法律传统，其不能具有法律拘束力，而仅应当具有事实拘束力，且这种事实拘束力只能作为处理理由进行援引，而不能够作为处理类似问题、类似案例的依据进行援引。在认同指导案例存在事实拘束力的人群之中，有的学者认为，指导案例"不仅应该满足最起码的裁判'指导'作用，阐明法律具体内涵及其正确适用，而且要起到准司法解释的作用，发挥事实约束力……成为案件与成文规定之间除司法解释外的另一桥梁。通过其实践性、明确的针对性、时效性等优点弥补法律和司法解释的不足"[①]；而有的则认为"指导性案例主要靠其自身因具有适法性、合理性，从而具有说服力而发挥作用，并不像法律或司法解释那样具有立法机构的专门性、保障实施的强制性、约束力的普遍性等"[②]。即前者将这种事实拘束力定位于准司法解释，后者则将这种事实拘束力的效力来源认定为一种说服力。

我们认为这两种观点都具有合理的部分，也都具有不甚合理的成分。作为一种事实拘束力的表现，而非法律拘束力的表现，指导案例的效力来源并非仅仅是因适法性、合理性而产生的说服力，如上文中所述，事实拘束力包括了实践说服力和学理说服力，适法性、合理性而产生的说服力充其量只能算是学理说服力的体现，说服力确是事实拘束力的基础，但是绝非事实拘束力的全部，事实拘束力仍然需要审级制、责任制等相关实践制度的保障才能够得以实现。指导案例的确能够充分运用其实践性和灵活性等特点，产生弥补法律和司法解释之不足的效果，但是我们认为将其定位为"准司法解释"似有不妥。之所以将其定位为"准司法解释"，该学者无非是想表现出指导案例的高效力，但是又局限于指导案例并不具备法律体系内属性的尴尬处境。但是这种表述会导致比较大的混淆性，将其定位为准司法解释，但其对司法官的约束、限制实际上并不来源于如司法解释一般的法律上的拘束力，且司法解释的类型之中本来就包含有对于案件的批复这种涉及案例的形式。我们认为还是将指导案例为代表的案例制度定位为一种独立的体系更为合适、恰当。

2. 参考案例

如上文述，参考案例是经最高人民法院提及确认的一种案例形式。参考案

[①] 何震、魏大海：《案例指导制度建构中的问题》，载于《国家检察官学院学报》2010年第3期。
[②] 孙春雨、张翠松、梁运宝：《推行案例指导制度的必要性和可行性》，载于《检察日报》2010年12月24日第3版。

例，主要是指省级人民检察院和高级人民法院为指导辖区内检察机关的检察工作或审判机关的审判工作而发布的参考性案例。参考案例对辖区内的检察机关或审判机关，具有一定的约束力。就目前的刑事司法操作现实而言，参考性案例的发布主体，并不限于省级人民检察院和高级人民法院。最高人民法院刑事审判庭主办的《刑事审判参考》所刊载的案例，也属于参考案例。

省级人民检察院和高级人民法院为指导辖区内检察机关的检察工作或审判机关的审判工作而发布的参考案例，由于其发布的主体为省级最高司法机关，其对于本辖区下级司法机关的工作有着一定的约束性和指导性，这种拘束性和指导性就属于实践说服力的范畴。

3. 典型案例

典型案例包括两类：一是刑事司法官在具体办理案件的过程中所参照的、不具有指导案例和参考案例属性的案例；二是教学研究机构或教学研究人员基于专门的研究目的或教学目的编辑的案例。刑事司法官所参照的典型案例，往往也是极具研究价值的典型案例。在刑事案件的办理过程中，刑事司法官所参照的典型案例，通常具有影响具体案件是否批准逮捕、是否提起公诉、如何认定事实和采信证据、如何适用法律和裁量刑罚的实际功能。

典型案例不具备指导性和参考性，但却被刑事司法官在司法过程中参照，被教学研究机构或教学研究人员所编辑，原因就在于其较强的学理说服力，体现出较强的研究价值，能够通过其适法性、合理性的内容说服刑事司法官在司法过程中予以参照，也能为学术研究人员所关注。所以，典型案例的效力层次属于学理说服力的范畴。

4. 评介

从上述分析可以看出，刑事案例依据效力层次不同，分为三种类型：具有事实拘束力的指导案例、具有实践说服力的参考案例以及具有学理说服力的典型案例。

在最高司法机关规范案例指导工作、明确指导案例的地位，并开始发布指导性案例之后，弱化参考案例、忽视典型案例的倾向有所蔓延。如最高人民法院印发的《人民法院五年改革纲要》中第14条规定"2000年起，经最高人民法院审判委员会讨论、决定有适用法律问题的典型案例予以公布，供下级法院审判类似案件时参考"，而《人民法院第二个五年改革纲要》（2004~2008）中便把"典型案例"改为"指导性案例"。这是对案例生成机制和案例参照体系不当理解的表现，是对典型案例在刑事司法规则中的现实地位和实际功能把握失准的结果。

就案例生成机制而言，典型案例是参考案例和指导案例的基本来源。常态的案例生成过程，通常表现为由典型案例生成参考案例，再由参考案例生成指导案例。无论是参考案例，还是指导案例，均源于典型案例。

就案例效力层次而言，典型案例效力层次为学理说服力，效力层次最低；参考案例效力层次为实践说服力，效力范围上涵盖学理说服力，具备实践说服力的参考案例肯定必须具备学理说服力；指导案例效力层次最高，为事实拘束力，效力范围上涵盖实践说服力和学理说服力，指导案例同样必须具备实践说服力和学理说服力，也即参考案例必须以典型案例为基础，指导案例必须以参考案例为基础。

就案例参照体系而言，受参考案例、指导案例生成程序繁复和生成时间滞后的影响，以及在案例指导制度规范建设初期参考案例、指导案例基本规模不足和覆盖范围有限的制约，在刑事司法操作中，案件办理机关或案件承办人员所参照的案例，更多为不具有指导案例和参考案例属性的典型案例。

所以，在未来的刑事案例制度中，必须逆转这种"弱化参考案例，忽视典型案例"的错误倾向，依照案例生成机制和案例参照体系的科学逻辑和实践现实，在充分参照适用具有事实拘束力的指导案例的情况下，重视参考案例和典型案例的研究和参照。也只有这样才能够为指导案例的形成打下坚实基础，指导案例制度才能够得到长远的发展，否则被众多司法官、学者寄予厚望的指导性案例制度将成为"无源之水、无本之木"。

（三）不同发布形式的案例

《最高人民检察院关于案例指导工作的规定》第 14 条规定"检察机关指导性案例由最高人民检察院公开发布，作为指导全国检察机关工作的一种形式。总结经验、教训的案例以及不宜公开发布的案例，可以在检察机关内部发布。"从本条规定可以看出，最高人民检察院指导性案例的发布形式可以分为两种类型：一是对外公开发布，二是检察机关内部发布。

我们认为，以发布形式作为标准对刑事案例进行划分，可以分为公开发布的刑事案例和内部发布的刑事案例。

1. 公开发布的刑事案例

与《最高人民检察院关于案例指导工作的规定》不同，《最高人民法院关于案例指导工作的规定》第 6 条规定"最高人民法院审判委员会讨论决定的指导性案例，统一在《中华人民共和国最高人民法院公报》、最高人民法院网站、《人民法院报》上以公告的形式发布。"《最高人民法院关于案例指导工作的规定》只规定了公开发布的形式,而没有规定内部发布形式。

公开发布的刑事案例,指的是此类刑事案例通过公开方式向全社会发布,所有的社会公众,包括司法工作人员、律师、普通民众等都可以通过公开的渠道进行查找阅读。

司法机关进行的刑事案例公开,本质上是司法公开的表现形式之一。司法公开是现代法治社会中司法的重要思想,"是法治现代化和司法民主化的重要标志,也是我国民主与法治建设的现实需要"[1]。2009 年年底,我国法院系统开始新一轮的司法公开化改革。同年 12 月,最高人民法院向各级地方法院印发了《关于司法公开的六项规定》和《关于人民法院接受新闻媒体舆论监督的若干规定》。从上述的文件,我们可以看出"最高人民法院对司法公开价值目标的认识,即(1)保障公众与媒体对法院的监督权;(2)促进司法公正,维护当事人合法权益;(3)规范法院活动,提高司法公信"[2]。2013 年 11 月 27 日,中国裁判文书网与各高院裁判文书传送平台举行了联网启动仪式,这意味着全国 3 000 多个法院的裁判文书将集中传送到统一的网络平台上公布。公开发布刑事案例是司法公开的重要内容,其同样可以为上述价值作出贡献,除此之外,我们认为向社会公众公开发布刑事案例,有助于社会公众了解审判活动,达到普法教育的功效;有助于刑事法研究者对于相关案例的研究,实现法学理论研究与实践活动的统一。

刑事案例公开发布的形式,可以包括多种,既包括传统的纸面媒介,报纸如《人民法院报》,连续出版物如《中华人民共和国最高人民法院公报》《刑事审判案例要览》,案例汇编如《中国审判案例要览(刑事卷)》等,又包括新型媒介,主要是网络,如各级人民法院官方网站。

2. 内部发布的刑事案例

内部发布的刑事案例,指的是刑事案例并不向社会公开发布,而是仅在司法机关内部发布,仅供司法机关工作人员在处理类似案件、类似问题时参照适用。与公开发布的刑事案件相比,两者主要在以下几个方面具有不同之处:(1)发布主体不同,公开发布的刑事案例主体比较宽泛,司法机关或法学研究者均可,而内部发布的刑事案例的主体只能是司法机关;(2)发布的对象范围不同,公开发布的刑事案例的对象针对的是社会公众,而内部发布的刑事案例针对的对象仅为

---

[1] 游伟:《司法公开切忌"选择性公开"》,载于《法制日报》2010 年 11 月 3 月。
[2] 钱弘道、姜斌:《司法公开的价值重估——建立司法公开与司法权力的关系模型》,载于《政法论坛》2013 年第 7 期。

司法机关内部人员，甚至仅为该发布主体司法机关内部的人员。

在司法实践中，各级司法机关往往都会在机关内部编纂内部刊物或连续出版物，这些内部刊物或连续出版物针对的对象仅限于司法机关内部，其可能会向其他司法机关或法学学者赠阅，但是绝不进行针对社会的公开发布，如果这些内部刊物或连续出版物中刊载了刑事案例，这些刑事案例即为内部发布的刑事案例。

3. 评介

在是否存在内部发布的指导性案例的问题上，最高司法机关存在不同的意见，最高人民法院认为不存在内部发布的刑事案例，所有的指导性案例都应当公开发布；最高人民检察院则认为对于总结经验、教训的案例和不宜公开发布的案例，可以采取内部发布的形式。简单而言，最高人民检察院公布的指导性案例部分公布、部分不予公布，也即这种指导性案例公开是一种部分公开，而非全部公开。在这个层面上，一个问题就随之出现，如果刑事案例的发布是一种部分公开、部分不予公开的方式，那么这种刑事案例的发布是不是一种选择性司法公开呢？

所谓选择性司法公开，指司法机关在处理案件过程中，以各种理由、借口对应当予以公开的内容不予公开的情况。选择性司法公开较之司法不公开是有进步之处的，但是进行有选择性的司法公开与司法不公开同样，会使得民众对于司法机关的公正性产生严重的不信任感，对司法产生怀疑，严重影响司法的权威性和有效性。选择性司法公开"与司法公开原则和司法民主的本意相去甚远……并非完整法治意义上的司法公开和透明"①。

那么刑事案例部分公开、部分内部发布的发布方式，是否也是选择性司法公开的一种呢？选择性司法公开所针对的对象是那些本应公开但是却未能予以公开的内容。如审判公开是司法公开的重要内容之一，原则上所有的案件审理都应当秉承审判公开的原则，公开庭审、公开宣布判决结果，但是实际上并非所有的案件都属于公开审理、公开宣判的案件，我国《刑事诉讼法》即规定对于有关国家秘密的、有关个人隐私的、审判的时候被告人不满18周岁的、当事人提出申请的确属涉及商业秘密的案件可以不公开审理。这些情况下，公开审判同样是有例外的，但是这种例外是合理的，不属于选择性司法公开。同样，刑事案例的内部发布如果有正当理由，那么即不属于选择性司法公开，如果无正当理由，则属于选择性司法公开。

我们以最高人民检察院关于内部发布的指导性案例为分析对象，规定中所概

---

① 游伟：《司法公开切忌"选择性公开"》，载于《法制日报》2010年11年3月。

括的内部发布的指导性案例包括总结经验、教训的案例和不宜公开发布的案例。但是究竟什么是"总结经验、教训的案例和不宜公开发布的案例",规定中并没有作出相应的解读,最高人民检察院相关人员也没有在相关场合对其进行说明。我们理解,总结经验、教训的案例应当是对于检察机关在处理案件中某些做法的正反面进行总结,好的做法是经验,不好的做法则是教训,这种经验和教训的确可以起到指导全国检察机关工作的功能,但是其却不对外进行公开,是因为这些做法并非是对法律问题的处理,从本质上而言这类案例不应当作为指导性案例;而不宜公开发布,范围过宽,并没有如同《刑事诉讼法》中关于不宜公开审理的案件般进行详细列举,既未进行列举,那么也就无法对其是否合理进行分析,也就为"选择性司法公开"留下了余地。

作为司法公开的重要内容,法治现代化和司法民主化的重要标志,在今后的刑事案例发布中,我们要尽量地多注重公开发布刑事案例,而尽量减少内部发布刑事案例。

三、刑事案例的适用

(一)刑事案例的适用原则

刑事案例的适用原则,指的是刑事案例在司法官处理后继案件中处理类似问题时参照适用已有刑事案例所应遵循的准则。与其他原则的作用相同,刑事案例的适用原则贯穿于整个适用刑事案例中的各阶段,司法官在解决类似问题需要参照刑事案例时,必须遵循这些原则。

对于刑事案例具体应当如何适用,最高司法机关并没有具体文件给出答案,仅仅是对于刑事案例效力层次中最高的指导性案例的适用给出了适用的方式。《最高人民法院关于案例指导工作的规定》第7条"最高人民法院发布的指导性案例,各级人民法院审判类似案例时应当参照。"《最高人民检察院关于案例指导工作的规定》第15条"指导性案例发布后,各级人民检察院在办理同类案件、处理同类问题时,可参照执行。"第16条"在办理同类案件、处理同类问题时,承办案件的检察官认为不应当适用指导性案例的,应当书面提出意见,报经检察长或者检察委员会决定。"虽然这几条规定仅仅针对的是刑事案例中效力层次最高的指导性案例,但是我们仍然可以以此为切入点,对整个刑事案例的适用原则进行探究。

我们认为，刑事案例的适用原则应当包括以下几个方面：罪刑法定原则、参考或参照适用原则、直接适用原则、效力层级选择适用原则、混合适用原则以及非裁判依据援用原则等。

1. 罪刑法定原则

"法无明文规定不为罪，法无明文规定不处罚"，缘起于近代西方国家资产阶级反对封建社会罪刑擅断的罪刑法定原则，是现代刑事法治的重要内容。《中华人民共和国刑法》第3条规定"法律明文规定为犯罪行为的，依照法律定罪处刑；法律没有明文规定为犯罪行为的，不得定罪处刑"，将罪刑法定原则作为刑法三大基本原则之一，是贯穿整个刑事法治，指导、制约刑事立法、刑事司法的重要原则。刑事案例制度作为刑事司法的内容，同样应当受到罪刑法定原则的指导和制约。

对于罪刑法定原则思想渊源最早为何，有不同的观点。有的学者认为可追溯至1215年英王约翰签署的《自由大宪章》第39条的规定"凡是自由民除经贵族依法判决或遵照国内法律之规定外，不得加以扣留、监禁、没收其财产、剥夺其法律保护权，或加以放逐、伤害、搜索或逮捕"；有些学者则认为，英国作为不成文法国家，不可能孕育出与制定法关联紧密的罪刑法定原则，罪刑法定原则应当追溯至1789年法国的《人与公民权利宣言》第8条"法律只应规定确实需要和显然不可少的刑罚，而且除非根据在犯罪前已制定和公布的且系依法施行的法律，不得处罚任何人"。无论罪刑法定原则思想究竟最早源于何处，不可否认的是，罪刑法定原则不仅是成文法国家刑事法治的重要内容，其同样得到了不成文法国家的确认，且"没有人认为英、美不是法治国家；大陆法系国家的学者并不指责英、美国家的做法违反罪刑法定原则"[①]。两者的不同之处在于对于罪刑法定中的"法"的范围并不一致，不成文法国家的"法"除制定法外，还包括判例法，而成文法国家的"法"一般仅指制定法，即使某些大陆法系国家存在判例制度，也不应简单地将这种判例视为法律渊源。

我们国家既非实行判例法制度的不成文法国家，也非实行判例制度的成文法国家，我国的法律渊源仅包括制定法，我国的刑事案例制度也并非判例法制度或判例制度。所以我国罪刑法定原则之中的"法"仅指刑事制定法，但是刑事案例制度作为刑事法治内容同样应当受到罪刑法定原则的约束。

受罪刑法定原则约束的刑事案例制度存在着以下两个方面的内容：

---

① 张明楷：《法治、罪刑法定与刑事判例法》，载于《法学》2000年第6期。

（1）创制新的法律规则的刑事案例不可适用

既然并非刑事法律渊源，所以刑事案例绝对不可创制新的刑事法律规则，其针对的只能是已有刑事法律规则在司法中适用的具体问题，否则即违反了罪刑法定原则。如果刑事司法官再参考、参照适用创制了新的法律规则的刑事案例，同样也违反了罪刑法定原则。

（2）适用刑事案例的对象"类似"应理解为"同类"

我国1979年刑法中并未规定罪刑法定原则，而规定了类推制度，"本法分则没有明文规定的犯罪，可以比照本法分则最相类似的条文定罪判刑"。类推制度的关键之处即在于"相类似"。随着刑事法治的发展，1997年新刑法出台，明文规定了罪刑法定原则，相应地废除了类推制度的规定，"相类似"这种规定方式从刑法中被删除了。而《最高人民法院关于案例指导工作的规定》第7条"最高人民法院发布的指导性案例，各级人民法院审判类似案例时应当参照。""类似"这个词汇再次在刑事法律制度中出现，随之归来的还有"类推"吗？

罪刑法定原则排斥类推制度，如果刑事案例制度中的"类似"与类推制度中的"类似"同义，刑事案例的适用则为类推适用，刑事案例制度的出现便破坏了罪刑法定的基本原则。刑事案例制度的运作必须在罪刑法定原则的背景之下，所以我们必须对刑事案例制度中的"类似"作出分析、解读。

与《最高人民法院关于案例指导工作的规定》第7条的规定模式不同，《最高人民检察院关于案例指导工作的规定》第15条"指导性案例发布后，各级人民检察院在办理同类案件、处理同类问题时，可参照执行。"对于刑事案例适用的对象，最高人民法院给出的答案是"类似"案例，而最高人民检察院指出的则是"同类"案件或问题。在这个问题上，我们认为，最高人民检察院的提法更为合适，刑事案例的适用对象应当针对的是同类案件、同类问题，最高人民法院规定中的"类似"更应当解读为"同类"，或者说"类似案件"应当理解为"类似案件中的同类问题"。

如果将适用的对象认定为"类似"案件或问题，也即"大致相同"的案件或问题，"大致相同"意味着后来案件与先前案例在该问题上仍然存在着些许不同，此时如果允许进行适用，那么刑事司法官显然可能掺入自己的个人意见或判断，如果这种个人意见或判断是法律许可的范围内的，那么会影响刑事案例所希望达至的司法统一、"同案同判"的目的；如果这种个人的意见或判断超出了法律许可范围，那么破坏的便是罪刑法定原则。

2. 参考或参照适用原则

在最高司法机关提出指导性案例之前，司法实践中较为常见的发布刑事案例形式，如《中华人民共和国最高人民法院公报》《刑事审判参考》《中国审判案例要览（刑事卷）》等。1999 年出版的《最高人民法院公报典型案例全集（1985.1～1999.2）》中，前言指出"供读者研读或参考，尤其是供各级法院审判人员在制作裁判文书时参考"。同年编辑出版的《刑事审判参考》发刊词中提到其所刊载的案例为法官办案"提供了针对性强，有一定参考价值的指导"。《中国审判案例要览》前言中提到该书目的在于"反映我国审判工作概貌，指导审判实践，促进法学研究，向海内外展示我国法制建设的成就和执法水平；同时，也为中国司法工作者、立法工作者和教学、研究人员提供有价值的参考资料"。从上述介绍性语言中，可以看出对于此类案例，适用的标准是"参考"。而最高人民法院印发的《人民法院五年改革纲要》第 14 条中提到"自 2000 年起，经最高人民法院审判委员会讨论、决定有适用法律问题的典型案例予以公布，供下级法院审判类似案件时参考"。此时，最高人民法院对于典型案例适用的标准采纳的同样是"参考"。

《人民法院第二个五年改革纲要（2004～2008）》将《人民法院五年改革纲要》中提及的典型案例改为指导性案例，对于指导性案例的适用标准，最高司法机关关于指导性案例的规定均将其定位为"参照"，而非过往的"参考"。

"参照"和"参考"二者同义吗？由"参考"转向"参照"，是否有何目的蕴含其中？从词源意义上看，参考为参合查考相关资料之义，而参照意指参考并对照比较，参考主要为借鉴之义，而参照的含义则蕴含着参考，在借鉴的基础之上还要进行对照比较。指导性案例出台之前，虽然存在多种形式的刑事案例，但这些刑事案例的效力层级仅为说服力，而不具有拘束力，刑事司法官在处理后来案件时可以借鉴先前刑事案例，亦可不予借鉴，这取决于刑事司法官个人对于该先前案例的判断，所以此时适用的原则仅为"参考"。而指导性案例具备事实拘束力，对于处理类似问题、类似案件时，必须予以借鉴，刑事司法官没有自由裁量的余地，此时作为一种强制性的适用，刑事司法官就必须对待决案件与先前案例进行比对，看是否存在类似问题，此时便应当为"参照"。

所以，对于刑事案例的适用必须区分不同效力层次，进而进行参考适用或参照适用的选择。

3. 直接适用原则

总体上看，参考或参照适用刑事案例的方式包括两种：直接适用方式和间接适用方式。直接适用方式，是指具体刑事案件处理中，司法官遇到同类案件、同类问题，参照具体案例，进而作出具体处理决定的适用方式；间接适用方式，是指司法官在具体案例处理中，对过往的具体刑事案例进行总结概括，抽象出具体的法律适用方法、技巧,事实认定方法等,进而进行适用的方式。前者适用方式是一种具体到具体的适用方式,即从某一具体案例到某一具体案件;后者适用方式是一种由具体到抽象再到具体的适用方式,即从某一具体案例到法律适用方法、技巧,事实认定方法等,再到某一具体案件。

"西方国家的判例法具有法的规定性,即判例所创造的法律精神、原则是以后法官处理同类案例是必须遵从的。"① 而我国的刑事案例制度并不具备法的规定性,并非法律渊源,不具备创制新的法律的立法功能,其仅仅是对法律具体适用过程中所出现的问题一种解决方式。所以一般来说,我国的刑事案例并不能如西方判例法一样创造出法律精神、原则等具有普遍适用性的相关内容,但是我们可以从这些刑事案例中抽象出法律适用过程中所应用的技巧、方法或事实认定的技巧。那么我们国家的刑事案例适用是一种直接适用还是间接适用,还是两者均可?

胡云腾主任认为"法官在判案时,处理不相类似的案件时,可以参考指导性案例的指导精神、裁判方法或裁判规则,处理类似案件时,要遵照指导性案例的裁判尺度"②。从此论述可以看出,胡云腾主任认为刑事案例效力层次最高的指导性案例适用既是直接适用又是间接适用,解决同类案件时,是具体到具体的直接适用,解决不同类型案件时,是具体到抽象再到具体的间接适用。

但是我们认为,将我国刑事案例的适用定位为直接适用较为合适,不应将间接适用纳入我国刑事案例适用的方式之一,即我国刑事案例只能是一种具体到具体的适用方式。

《人民法院第二个五年改革纲要(2004~2008)》第13条规定"建立和完善案例指导制度,重视指导性案例在统一法律适用标准、指导下级法院审判工作、丰富和发展法学理论方面的作用"。指导性案例的主要作用应当在于保证司法统一性,业务指导和丰富发展法学理论等方面,前两个方面的作用是针对是司法实践活动,这是指导性案例目的的重心所在;后一个则针对的是理论研究,"并不是指导性案例的重心,更不应是设置案例指导制度的直接目的,仅是案例指导制度运行的附带结果而已"③。既然要发挥司法统一和业务指导的作用,那么在现阶段就不应当在指导性案例适用方式中定位为包括间接适用在内。作为具体到具体的直接适用的方式,针对同类问题、同类案件,刑事司法官在进行直接适用的

---

① 李灵英:《指导性案例在裁判中的适用研究》,见沈德咏:《中国特色案例指导制度研究》,人民法院出版社2009年版,第343页。
② 胡云腾:《人民法院案例指导制度的构建》,见苏泽林:《中国案例指导制度的构建和应用》,法律出版社2012年版,第20页。
③ 于同志:《刑法案例指导:理论·制度·实践》,中国人民公安大学出版社2011年版,第38页。

过程中，其自由裁量权将受到较大的制约，只是一种简单的同类适用，在此基础之上，司法统一和业务指导的作用才能够得到真正的实现；而具体到抽象再到具体的间接适用模式中，存在着两个阶段：第一阶段的具体案例到抽象的法律适用过程中所应用的技巧、方法或事实认定的技巧，第二阶段将抽象的法律适用过程中所应用的技巧、方法或事实认定的技巧应用到具体案例之中。在这两个阶段中，刑事司法官都必须进行独立于指导性案例内容之外的个人独立思维和理解，相应地在这两个阶段中，都可能因为刑事司法官的不同思维和理解方式而产生偏差，而不论这两个阶段中的哪个阶段发生偏差，都会影响到指导性案例的最终适用效果或目的，使得司法统一和业务指导的目的难以得到实现。

综上所述，作为刑事案例效力层级中最高的，得到最高司法机关确认的指导性案例只能进行直接适用，那么层次效力更低的那些刑事案例也应当仅能进行直接适用，而不能进行间接适用。

4. 效力层级选择适用原则

刑事案例制度的作用在于为后来案件的处理提供可供参考或参照的先前案例，而针对相类似的问题、相类似的案件，所存在的可供参考或参照的先前案例并不唯一，且这些案例的处理方法可能并不一致。在刑事司法官处理类似问题、类似案件时，就需要对可能存在着的多种不同处理方式的先前案例进行梳理，从中进行选择，决定是否借鉴，如何借鉴。

我们认为，当存在多个不同处理方式的先前刑事案例时，应当以刑事案例的效力为依据，效力层次越高的刑事案例应当越优先予以适用。上文中已经论述过，我国刑事案例按照效力层次由高到低分为：事实拘束力、实践说服力、学理说服力，具有事实拘束力的刑事案例应当参照适用，具有实践说服力和学理说服力的刑事案例可以参考适用。当存在数个不同处理方式的先前刑事案例可供选择时，应当根据效力层次顺序，先适用具有事实拘束力的刑事案例，即指导性案例，且应当参照适用，如果不存在指导性案例，则考虑适用具有实践说服力的刑事案例，如发布在《中华人民共和国最高人民法院公报》《刑事审判参考》等材料上的刑事案例，且刑事司法官可以依据自己的判断决定是否进行参考适用，如果指导性案例和具有实践说服力的刑事案例均不存在，则考虑适用具有学理说服力的刑事案例，刑事司法官同样可以依据自己的判断决定是否进行参考适用。

当存在多个不同处理方式的先前刑事案例时，必须严格遵照效力层次顺位进行适用。尤其是存在指导性案例的情况下，对于指导性案例的适用是强制性的，除特殊情况外，不能够拒绝适用。而在不存在指导性案例的情况下，应当尽量优先适用得到司法实践肯定的具有实践说服力的刑事案例，但是如果刑事司法官越过具有实践说服力的刑事案例,而去参考适用仅具学理说服力的刑事案例,这对于刑事司法官并不能有所苛责,毕竟这两种类型的刑事案例仅仅是一种"可以参考"的对象。

5. 混合适用原则

虽然俗话说"世界上没有两片完全相同的树叶",司法实践中,亦是如此,不可能存在两个情节完全相同的案件,但是肯定存在着具有部分相同情节的两个案件。且众多发布的刑事案例所希望提供给刑事司法官参考或参照的内容仅仅涉及该案件当中的某一情节或部分情节。所以刑事司法官在处理后来案件的过程中,其可能需要处理的涉及各种不同的情节,而某个单一的先前案例可能能够为后来案件的处理提供的可供参考或参照的内容只涉及部分后来案件的情节。刑事司法官可能无法通过仅仅参考或参照某一个案例来解决后来案件中所有的疑难情节等问题,为了解决全案情节,其可能需要参考或参照适用多个先前刑事案例,即进行多个刑事案例的混合适用。

6. 非裁判依据援用原则

上文中提及,对于效力层次最高的刑事指导性案例,应当采取"参照适用"的原则,刑事司法官在处理类似案件、类似问题时,必须进行参考借鉴,没有任何自由裁量的余地。这里最重要的便是"参照"一词。而"参照"并非刑事指导性案例制度乃至指导性案例制度所"独享"的词汇,在我国的法律体系之中,"参照"一词也有出现,且具有特定的内容。如《中华人民共和国行政诉讼法》第53条规定"人民法院审理行政案件,参照国务院部、委根据法律和国务院的行政法规、决定、命令制定、发布的规章以及省、自治区、直辖市和省、自治区的人民政府所在地的市和经国务院批准的较大的市的人民政府根据法律和国务院的行政法规制定、发布的规章。"此处的"参照"指的是人民法院在审理行政案件过程中,如果没有法律规定,则可以参照规章进行判决,且如果法官认为所参照的规章可以作为裁判依据时,是可以在判决中进行相应的援引,将其作为判决的依据和理由的。那么我国法律体系之中的"参照"和案例指导制度中的"参照"是否具有同样的法律内涵呢?如果两者一致的话,那么指导性案例就应当可以作为刑事司法官处理后来案件的依据和理由,如刑事审判的判决依据和理由;而如果两者的法律内涵并非一致,那么指导性案例是否可以作为刑事司法官处理后来案件的依据和理由便有继续讨论的空间。

指导性案例制度并非法律体系的内容,其是独立于法律体系之外的,指导下级司法机关工作,统一司法裁判尺度的一种工作机制。指导性案例也并不具备法律拘束力，而仅具有事实拘束力。这种事实拘束力是因为指导性案例本身所具有的"正确的决定性处理理由"和"经最高司法机关确定认可的程序安排"，二者"共同构成了指导性案例在司法运用中的说服力和指导作用，其拘束力是内在的、事实上的作用"[①]。而如国务院部、委根据法律和国务院的行政法规、决定、命令制定、发布的规章以及省、自治区、直辖市和省、自治区的人民政府所在地的市和经国务院批准的较大的市的人民政府根据法律和国务院的行政法规制定、发布的规章等属于法律体系内容，其具备相应的法律效力，具备相应的法律拘束力。所以，指导性案例制度中所涉"参照"与法律体系之中的"参照"并非同一含义，且不能将其作为处理类似案件、类似问题的处理依据进行援引。

（二）刑事案例的适用程序

2005年9月15日，上海市浦东新区某商场营业员王长芸不堪忍受吸毒丈夫的殴打，在与丈夫的搏斗中用尖刀将其刺死。2006年2月20日，浦东新区人民法院第一法庭开庭审理王长芸杀夫案时，尽管公诉人和辩护人均提出王长芸因长期遭受家庭暴力应减轻刑事处罚，被害人的哥哥亦表示谅解并放弃民事赔偿，但随后2006年3月7日，法院作出一审判决，王长芸以故意杀人罪被判处有期徒刑14年。

2004年9月7日，在内蒙古自治区包头市一超市附近，38岁的刘颖冲着对她施暴的丈夫连捅几刀，致其当场死亡，刘颖自首。事后，181名各界群众联名请求减轻对刘颖的刑事处罚。2005年2月3日，包头市昆都区人民法院以故意杀人罪判处刘颖有期徒刑3年，缓刑5年执行。

许多学者经常举上述的两个案件为例，来说明现阶段我国所存在的严重的刑事司法不统一的现状。司法统一的核心在于"类似案件得到类似的处理"，上述的这两个案件从处理结果上看，的确相差很大，但是"类似案件得到类似的处理"的前提是存在类似案件，那么这两个案件是"类似案件"吗，如何来进行这种判断呢？即使这两个案件是"类似案件"，不一样的量刑后果必然就是"不相类似的处理"吗？

如上文所述，刑事案例制度解决的重要内容在于"类似案件得到类似的处理"，在于实现司法统一。那么如何选取先前审判的案例来适用于后来类似的案件，如何在审理后来案件时借鉴参考先前案例，是准确实现"类似案件得到类似

[①] 胡云腾等：《〈关于案例指导工作的规定〉的理解与适用》，见苏泽林：《中国案例指导制度的构建和应用》，法律出版社2012年版，第15页。

处理"的前提。也即刑事案例的适用程序是否准确合理，是刑事案例适用结论是否正确的决定因素。

既然是实现"类似案件得到类似处理"的司法统一，类似案件的判断便是适用程序的核心要素。所以，我们认为，刑事案例适用过程应当分为以下三个阶段：分析后来刑事案件、寻找类似先前刑事案例、选择适用案例。其中寻找类似先前刑事案例是刑事案例适用程序中的核心，也是我们在此需要重点分析的内容。接下来，我们以刑事案例在刑事审判活动中的适用为例，并结合上文所举的两个案例，对刑事案例适用程序进行分析。

1. 分析待决刑事案件

刑事案例制度的适用，所希望解决的问题，即后来刑事案件的处理。后来刑事案件是刑事案例制度的适用对象。对该后来待决刑事案件的准确分析，是正确查找到能够解决相关问题的先前案例的前提。那么我们应当如何分析这待处理的后来刑事案件，通过分析我们所希望得到的结论包括哪些内容？

在英美法系中，相似判例的寻找"这一过程中的主要步骤包括：①归纳和总结当前案件与先例的相同之处和不同之处；②确定当前案件与先例之间相似性方面更重要还是不同的方面更重要（'重要性'判断）。"[①] 对于相似性更重要的案件，则相应地适用该先例。这种判断案件相似性的识别技术，在法律推理方法中，应当属于类比推理。在逻辑推理中，类比推理是根据两个或两类对象有部分属性相同，从而推出它们的其他属性也相同的推理。在法律推理中，类比推理的应用表现为，"二构成要件——在与法律评价有关的重要观点上——彼此相类，因此，二者应作相同的评价。易言之，系基于正义的要求——同类事物应作相同处理"[②]。哈佛大学法学院教授孙斯坦分析类比推理的步骤为：①某种事实模式 A 有某些特征，我们可以把这些特征称作 X、Y 和 Z；②事实模式 B 有特征 X、Y 和 A，或者 X、Y、Z 和 A；③A 在法律中是以某种方式处理的；④在思考 A、B 及其之间相互关系的过程中建立或发现了一些能够解释为什么那样处理 A 的原则；⑤因为 B 与 A 具有共同之处，B 也应当得到同样的处理。[③] 在案例制度中，表现为先前案例 A 具有以下构成要件 M_1、M_2、M_3、M_4、M_5，处理方式为 N，待

[①] Steven J. Burton：*An Introduction to Law and Legal Reasoning*（2nd Edition），Little, Brown and Company, 1995, pp. 30 - 31. 转引自杨雄：《论指导性案例的运用》，见苏泽林：《中国案例指导制度的构建和应用》，法律出版社 2012 年版，第 192 页。

[②] ［德］卡尔·拉伦茨著，陈爱娥译：《法学方法论》，商务印书馆 2004 年版，第 258 页。

[③] 参见［美］凯斯·R·孙斯坦著，金朝武、胡爱平、高建勋译：《法律推理与政治冲突》，法律出版社 2004 年版，第 77 页。

决案件 B 的构成要件为 M_2，M_3，M_4，M_6，M_7，比较两个案件的构成要件，相同点为 M_2，M_3，M_4，与不同点相比较，相同点更加重要，所以待决案件 B 也应当进行 N 方式的处理。

所以，对待决案件的分析的内容在于分析出待决案件中对于评价该案件，也即处理该案件有关的重要观点，也即影响到案件处理的构成要件内容。

2. 寻找类似先前刑事案例

在对待决案件进行分析之后，就应当根据所分析出来的犯罪构成来查找已存在类似的先前刑事案例。在查找可供参考、参照的刑事案件的过程中，存在着两个比较关键的问题。

第一，刑事案例随着时间会越来越多。每年都会发生大量的刑事案件，都会出现大量的刑事判决，形成不同形式、不同效力位阶的刑事案例。这些刑事案例虽然形式存在差异，特别是效力存在差别，但是其都有可能成为可供处理后来案件时参考或参照的对象。如果刑事司法官在处理后来案件的过程中为了获取可供参考或参照的内容而淹没在数量庞大且效力不一的先前案例中，不仅起不到节约司法资源、提高司法效率的作用，反而造成了刑事司法的拖沓，成为刑事司法官的累赘，这显然不符合建立完善刑事案例制度的初衷。为了防止出现这种状况，就必须对已存在的刑事案例进行定时的整理。

法律也是如此，每年都会出现大量新的法律，此时就需要有关国家机关对一定时期制定的或一定范围内的规范性法律文件从体系、内容上进行审查、分析和整理，并作出继续适用，需要修改、补充或废止的决定，即法律清理，这是"实现法的系统化的重要途径，也是法律公布的重要方面"[1]。有鉴于此，刑事案例也应当建立类似的案例清理制度，作为建立和完善刑事案例制度的重要内容，对已有的刑事案例进行审查、分析、整理和汇编，以便于刑事司法官查找和适用。"从世界范围看，对判例的汇编，各国都比较重视。在英美法系国家，甚至认为判例汇编制度，是判例法的形成与运行的基础之一，法官、律师援引的判例几乎都是汇编于各种判例集上的判例"[2]。

第二，司法实践中不存在两个完全相同的案件。司法实践中几乎不可能存在两个完全相同的案件，再相似的两个案件，在事实和法律争议点上总会或多或少地存在差异。既然如此，那么如何查找出可供后来案件处理参考或参照的先前案例呢？具体如何查找已存在的先前案例，涉及识别类似案例的技术问题，将在

---

[1][2] 于同志：《刑法案例指导：理论·制度·实践》，中国人民公安大学出版社 2011 年版，第 324 页、第 325 页。

"刑事案例的适用技术"一节中进行讨论,在这里我们仅就在这个识别过程中所需要注意的几个问题作出说明。首先,必须确保对于正在处理刑事案件的分析准确、充分。只有对正在处理的刑事案件的犯罪构成作出准确、充分的分析,才能够以之为前提准确地寻找到类似犯罪构成的先前案例。如上文中提及的两个案件,2004年处理的刘颖案本可以作为2005年处理王长芸案的先前案例,但是如果将王长芸行为的犯罪构成仅仅分析为故意杀人罪的普通的犯罪构成,那么便完全可能无法将刘颖案作为可参考的案例。其次,目光往返于正处理案件和先前案例,寻找最适合的先前案例。德国法学家卡尔·恩吉施提出"在大前提与生活事实间之目光的往返流转",张明楷教授则提出"刑法的解释就是在心中充满正义的前提下,目光不断往返于刑法规范与生活事实的过程"。寻找能够作为借鉴的刑事案例亦应如此。我们寻找的可供借鉴的先前案例是形式,是其所蕴含的刑法适用规范的载体,我们寻找先前案例,更重要的是寻找其中所蕴含的刑法适用规范,而待决案件就是客观的生活事实,为了合理有效地解决现有案件,就必须目光往返于待决案件和先前刑事案例之间。

3. 先前刑事案例的选择适用

在完成了前两个关键步骤之后,最后则是将所查找到的刑事案例与现在待决案件结合起来,得出现在处理的案件的结论的过程,也即先前刑事案例的适用过程。与前两个步骤相比,本步骤看似较为简单,但是仍存在着从众多可适用的先前案例中进行选择的问题。经过前两个步骤之后,很可能得出的可供参考或参照适用的刑事案例并未唯一,亦有可能不同的刑事案例对于同一问题的处理方式不同,此时,刑事司法官就必须从中进行选择适用,进而影响到现有案件的处理结论。

(1) 不相冲突的刑事案例的适用方式

当刑事司法官针对待决案件查找到多个可供参考或参照的刑事案例时,即该待决案件中存在多个难点,可由不同的刑事案例提供借鉴,此时应当进行混合适用。而如果该待决案件虽然存在着多个可供参考或参照的刑事案例,但这些刑事案例所针对的问题均相同,此时应当秉持刑事案例的适用原则中的效力层次选择原则进行选择。依照事实拘束力、实践说服力、学理说服力由高到低的顺序,首先选择具事实拘束力的刑事案例,在不存在事实拘束力的刑事案例的情况下,依次考虑选择适用具实践说服力和学理说服力的刑事案例。

(2) 相互冲突刑事案例的选择适用

既然存在多个可供参考或参照的刑事案例的情况,那么就很可能出现多个刑事案例之间发生冲突的情况,在这种情况下又当如何选择呢?

如果这些刑事案例之间存在效力层次上的差别时，尤其是其中某一刑事案例为事实拘束力案例，如指导性案例，而其他刑事案例为实践说服力或学理说服力时，选择较为简单，应当选择适用具有事实拘束力的指导性案例，因为其效力最高，且是应当参照适用的刑事案例。

而如果冲突的刑事案例来源于同一效力层次呢？我们认为，此种情形又可分为三种情况讨论：一是，多个冲突的刑事案例均属于应当参照适用的具备事实拘束力的刑事案例；二是，多个冲突的刑事案例均属于参考适用的具备实践说服力或学理说服力的刑事案例；三是，多个冲突的刑事案例分别具备实践说服力或学理说服力。对于第一种情形，由于这些刑事案例均具备事实拘束力，对于刑事司法官而言都应当进行参照适用，通常而言，司法机关应当对这些事实拘束力的刑事案例进行定时清理，防止冲突情况的出现，但如果因为各种原因，冲突仍然出现了，此时应当优先适用新发布的刑事案例，即新案例优于旧案例。之所以在此种情况下采取此种原则，仍然是基于其高层次效力的考虑。事实拘束力虽不具有法律上的约束力，但是其在实际司法活动中起到的强制约束效果与法律拘束力并没有太大的区别。法律适用过程中遵循"新法优于旧法"的原则，新法出台后，与之冲突的旧法自然失效。有鉴于此，具有事实拘束力的刑事案例发生冲突时，可以参考该原则，针对同一问题的新的刑事案例的发布，即意味着与之冲突的旧的刑事案例自然失效。而对于第二种情形，实践说服力和学理说服力的刑事案例对于刑事司法官的影响均仅限于说服力，而非拘束力，刑事司法官在具有实践说服力和学理说服力的刑事案例的适用问题上，可以选择适用，也可以选择不适用，一般不会必然引发不利后果。在这种情况下，不必按照"新案例优于旧案例"的原则，既然刑事司法官对于是否适用某一具有实践说服力或学理说服力的刑事案例有绝对的选择权，那么刑事司法官当然可以自由选择适用其认为合理、正确的旧刑事案例，而放弃选择适用其认为不甚合理的新刑事案例。同理，在第三种情况下，刑事司法官可以选择适用具有学理说服力的刑事案例，而不去选择具有实践说服力的刑事案例。

（三）刑事案例的适用技术

上文中我们已经对刑事案例适用的三个阶段作出了分析，在整个过程中，如何查找可供参考、参照的刑事案例和对刑事案例的选择适用最为重要，为了准确实现这两个阶段的任务，就涉及刑事案例适用的具体技术问题。具体而言，查找刑事案例阶段需要使用刑事案例识别技术，对刑事案例选择适用阶段需要应用到刑事案例规避技术。

从性质上看，刑事案例识别技术是刑事案例适用技术中的积极性适用技术，其积极地发现可供参考或参照适用的刑事案例，目的在于适用某刑事案例；刑事案例规避技术则是刑事案例适用技术中的消极性适用技术，其规避某些形式上看似可供参考或参照的刑事案例的适用，目的在于不予适用某刑事案例。

1. 积极性适用技术：刑事案例识别技术

在刑事案例制度中，两个部分的识别技术是关键，一是案件事实的识别，也即案件犯罪构成的识别；二是适用规则的识别。

（1）案件事实的识别

由于案件所涉及处理的问题不同，案件事实的识别可以分为实体性事实的识别和程序性事实的识别两个部分。

①实体性事实的识别。

刑事案例制度在实体性问题中适用所解决的应当主要是定罪问题，而不应将量刑问题纳入其中，即通过刑事案例制度实现"类似案件类似判决"，应当只是实现"相同案件判处相同的罪名"，刑罚的裁量是法官的自由裁量权的范围，应当充分尊重这种自由裁量权。所以，为了选择和适用类似先前刑事案例，我们对于后来刑事案件的分析，主要是分析该案件有关定罪的相关内容。

一个行为是否构成犯罪，决定于其是否符合刑法中相关犯罪的犯罪构成。犯罪构成是行为人的行为构成犯罪，进而承担刑事责任的唯一依据，是"分清罪与非罪、此罪与彼罪界限的具体标准"[①]。故对于审判阶段的后来案件的分析，主要应当分析其犯罪构成。对于具有相同的犯罪构成的案件，构成相同的犯罪行为，应当判处相同的罪名。

王长芸杀夫案和刘颖杀夫案中，王长芸和刘颖的行为符合故意杀人罪的犯罪构成，应当属于"相同的案件"，而两个判决最终也都以故意杀人罪对王长芸和刘颖作出处理，在定罪上属于"相同的处理"。上文中提到，在刑事审判中，"类似案件类似处理"仅应当涉及定罪问题，而不涉及量刑，虽然王长芸案和刘颖案在量刑的后果上存在巨大的差距，但是两者的定罪是一样的，那么是否可以说这两个案件的处理属于"相同的案件相同处理"呢？但是两者差距如此巨大的量刑后果，不仅是理论研究者，就是在普通的社会公众眼中，也肯定被认为是并不妥当的，那么难道是我们对于司法统一对于刑事审判中的意义，也即"同案同判"的理解是错误的？刑事案例对于司法统一的指导应当将量刑也纳入其中？

我们认为，我们对于"同案同判"仅限于定罪，而不包括量刑的理解是准确

[①] 高铭暄、马克昌：《刑法学》，高等教育出版社、北京大学出版社2011年版，第49页。

的，而王长芸案和刘颖案两个案件的处理在量刑后果上也确实存在问题，确实不符合"同案同判"的司法统一理念，那么问题到底出在什么地方呢？问题就在于对于"同案"的理解，也即对"犯罪构成相同"的具体内涵的理解。

犯罪构成，指的是依照《中华人民共和国刑法》规定，决定某一具体行为的社会危害性及其程度而为该行为构成犯罪所必需的一切客观和主观要件的有机统一。犯罪构成是行为人构成犯罪、承担刑事责任的唯一依据。一般情况下，某犯罪的犯罪构成都以实行犯、既遂形态、基本法定刑等为前提。为了解决共同犯罪中的帮助犯、教唆犯、故意犯罪中停止形态以及加重或减轻法定刑的情况也应构成犯罪，也应符合犯罪构成，我国刑法理论将犯罪构成作出以下几种分类：以犯罪构成的形态为标准，可以分为基本的犯罪构成与修正的犯罪构成；以犯罪构成中行为的社会危害程度为标准，可以分为普通的犯罪构成和派生的犯罪构成；以法律条文对犯罪构成要件表述的情况为标准，可以分为叙述的犯罪构成与空白的犯罪构成；以犯罪构成内部的结构状况为标准，可以分为简单的犯罪构成和复杂的犯罪构成。[①] 符合上述类型中的某一种犯罪构成，都属于符合犯罪构成。

修正的犯罪构成，指以基本的犯罪构成为前提，适应行为的发展阶段或共同犯罪的形式而分别加以修改变更的犯罪构成，预备犯、未遂犯、中止犯和主犯、从犯、胁从犯、教唆犯等承担刑事责任的基础即在于其符合修正的犯罪构成。派生的犯罪构成，包括两类，加重的犯罪构成和减轻的犯罪构成，指由于犯罪情节较重或较轻，行为的社会危害性因而较大或较小，相应地规定加重或减轻刑罚的犯罪构成。具有加重情节或减轻情节的犯罪行为即符合此类型的犯罪构成。[②]

正因为如此，我们认为对于后来刑事案件的分析，对于该刑事案件中行为的犯罪构成的分析，不应当仅仅分析出其基本的犯罪构成、普通的犯罪构成，还应当包括修正的犯罪构成、派生的犯罪构成。如王长芸案和刘颖案，两个案件的普通的犯罪构成一致，所以两个案件的行为都符合故意杀人罪的犯罪构成，应当认定为故意杀人罪，在普通的犯罪构成的角度上，这两个案件的处理符合"同案同判"。但是我们进一步对本案情节进行分析，王长芸和刘颖均是不忍长期家暴而杀夫，从这个角度而言，王长芸和刘颖的行为符合的并不仅仅是《中华人民共和国刑法分则》第232条前段的规定，也即不仅仅符合的是故意杀人罪的普通的犯罪构成，而是符合《中华人民共和国刑法分则》232条后段的情节较轻的故意杀人罪的犯罪构成，即符合故意杀人罪的修正的犯罪构成（减轻的犯罪构成）。王长芸被判处有期徒刑14年，显然是在故意杀人罪的普通的犯罪构成内作出的判决，即法官认为王长芸不堪长期家暴而杀夫的行为不属于"情节较轻"，而刘颖

---

①② 参见马克昌：《犯罪构成的分类》，载于《法学》1984年第10期。

被判处 3 年有期徒刑，缓期 5 年执行，是在"情节较轻"的故意杀人罪的量刑幅度内作出的决定，即法官认为刘颖杀害家暴丈夫的行为属于故意杀人罪派生的犯罪构成（减轻的犯罪构成）。王长芸和刘颖的行为既然都符合故意杀人罪的减轻的犯罪构成，那么其都应当在 3 年以上 10 年以下有期徒刑的量刑幅度内决定刑罚，从这个角度上而言，王长芸案和刘颖案属于"同案不同判"，不符合司法统一的要求。

但是，需要提醒注意的是，我们认为王长芸案和刘颖案不属于"同案同判"，的确是因为其量刑后果存在着巨大的差异，但是这种差异并非是因为法官针对刑罚决定的自由裁量权而产生的，而是因为犯罪构成的认定差异而造成的。所以，这两个案件的处理违背"同案同判"的司法统一原则，但是并没有违反刑事案例制度在审判活动中只针对定罪问题，而不针对量刑问题的理解。

②程序性事实的识别。

所谓程序性事实的识别，即识别案件当中对于处理某些程序性问题（如决定是否对犯罪嫌疑人作出不起诉处理）有重要联系的案件事实。在实体性事实的识别中，识别的是决定定罪问题的犯罪构成事实，而不涉及影响量刑问题的其他案件事实。相比于此，程序性事实的识别更为复杂，不仅可能涉及影响定罪问题的犯罪构成事实，也可能涉及影响量刑问题的案件事实，甚至是既不涉及定罪也不涉及量刑的案件事实。

如《刑事诉讼法》第 15 条规定"有下列情形之一的，不追究刑事责任，已经追究的，应当撤销案件，或者不起诉，或者终止审理，或者宣告无罪：（一）情节显著轻微、危害不大，不认为是犯罪的；……"这里需要分析的便是待决案件的事实是否是"情节显著轻微、危害不大"，涉及的便是影响到定罪的犯罪构成事实；《刑事诉讼法》第 173 条第 2 款规定"对于犯罪情节轻微，依照刑法规定不需要判处刑罚或者免除刑罚的，人民检察院可以作出不起诉决定。"这里涉及的待决案件事实是否属于"依照刑法规定不需要判处刑罚或者免除刑罚的"，便是影响到量刑的案件事实；《刑事诉讼法》第 65 条"人民法院、人民检察院和公安机关对有下列情形之一的犯罪嫌疑人、被告人，可以取保候审：……（二）可能判处有期徒刑以上刑罚，采取取保候审不致发生社会危险性的；……"这里决定待决案件是否属于"采取取保候审不致发生社会危险性"的案件事实，既不决定定罪问题，又不涉及量刑问题。

（2）适用规则的识别

在识别出具有相似性的可供参考或参照适用的刑事案例之后，识别工作并非就此结束，识别出具有相似性的刑事案例仅仅是参考或参照适用的前提，更重要的内容在于这些具有相似性的刑事案例中所涉及的可供参考或参照适用的规则。

在判例法国家中，识别或称区别先例中的判决理由和附带意见，并进而确定是否适用先例中的判决理由于待决案件，是遵从先例原则的重要内容。判例法国家的先例通常由案件事实、判决理由和附带意见三部分组成，其中可供后来案件适用的，具有拘束力的仅为判决的核心部分——判决理由。"判决理由体现了先例法官确认的或当前案件法官认定的法律规则或原则。它既是先例中得以被遵循的东西，也是在不遵循时对案件进行区分的重要方法。"① 而附带意见，"是指判决书中与本案判决有关的法律原则、规定及法律价值的讨论，这些讨论并不是作出本案判决所必需的，但它具有较强的说服力。来自于上级法院法官深思熟虑的附带意见，在没有与之相反的有约束力的陈述时，通常受到尊重和遵循。"② 虽然我们将先例的内容分为案件事实、判决理由和附带意见，但实际上判决理由和附带意见并不会明确地在先例中进行划分，作出该先例的法官也不会告之后来案件的法官，哪些内容是判决理由，哪些内容是附带意见，处理待决案件的司法官必须自己去区分判决理由和附带意见。所以，在判例法国家的司法实践中，先例中哪些内容属于判决理由是由待决案件的法官根据自己的现实需要来确定的。如果法官认为先例判决的原则扩展到待决案件是合适的，那么待决案件的法官会将本来可能被认为是判决中的非必要部分的附带意见解释为判决理由，而如果其认为先例对于待决案件并不合适，则可能将原本会被认为是判决理由的内容解释为附带意见。

相比较于国外的论述非常详细，动辄上万字，甚至十几万字如同一篇专业法学论文般的判决书，我们国家的判决书等司法文书的论述显得十分的简单（甚至是效力最高的指导性案例也是如此）。以刑事判决书为例，我们可以将其内容分为：公诉机关、被告人情况；公诉机关指控内容；法院对事实的认定；法院的处理结论。在这些内容当中，显然法院的处理结论是最为重要的，可供待决案件参考或参照适用的规则就蕴含在这法院的处理结论之中。而且由于我国的司法官仅仅是个简单的法律适用者，所以在这处理结论之中，根本就不可能存在如判例法国家裁判书中所包含的所谓的附带意见。所以在我国识别刑事审判案例中所蕴含的规则并非是区分判决理由和附带意见。而应当是从简单的法院处理结论中分解出裁判理由，进而从裁判理由中抽象出具体的适用规则。

法院处理结论包括两个部分，一是"本院认为"部分，也即法院的裁判理由；二是"根据《中华人民共和国刑法》……判决如下"部分，即法院的裁判结果。由于是具体案件的裁判理由，所以该裁判理由会结合具体的案情内容作出，

---

① 奚晓明等：《两大法系判例制度比较研究》，北京交通大学出版社2009年版，第42页。
② 齐树洁：《英国民事司法改革》，北京大学出版社2004年版，第125~126页。

涉及具体的行为人，具体的行为方式等内容。为了给后来待决案件提供可供参考或参照的规则，必须将这些具体的行为人、行为方式等具体内容进行抽象化。

如指导案例 3 号"潘玉梅、陈宁受贿案"中，裁判理由中有一段内容为"经查，请托人许某某向潘玉梅行贿时，要求在受让金桥大厦项目中减免 100 万元的费用，潘玉梅明知许某某有请托事项而收受贿赂；虽然该请托事项没有实现，但'为他人谋取利益'包括承诺、实施和实现不同阶段的行为，只要具有其中一项，就属于为他人谋取利益。承诺'为他人谋取利益'，可以从为他人谋取利益的明示或默示的意思表示予以认定。潘玉梅明知他人有请托事项而收受其财物，应视为承诺为他人谋取利益，至于是否已实际为他人谋取利益或谋取到利益，只是受贿的情节问题，不影响受贿的认定。"其中的许某某、潘玉梅等涉及具体的人，金桥大厦项目减免 100 万元是具体的事项，剔除这些具体的人和事项之后，进行抽象便可得出该裁判理由中所蕴含的规则"国家工作人员明知他人有请托事项而收受其财物，视为'为他人谋取利益'，是否已实际为他人谋取利益或谋取到利益，不影响受贿的认定"。

2. 消极性适用技术：刑事案例规避技术

"规"指的是规则，"避"指避开，规避即指合乎规则的避开。刑事案例规避，指的是在并不破坏刑事案例制度相关规则的基础上，避开对某些刑事案例的适用。

判例法国家的判例制度相比制定法有着其特有的灵活性的优势，为了解决新的问题，应对新的形势，陈旧的判例需要推翻，新的判例需要创立。"但是，这里显然存在着一种进退维谷的状态；不受限制地推翻判例可能会动摇普通法的整个根基，而维持陈旧的判例又会产生不良后果，也违背创设判例法的初衷。"[①] 判例制度虽然灵活，但是其权威性同样需要基于一定的稳定性，在判例的灵活性和稳定性的冲突抉择中，英国的法官们最终选择了规避先例的方法。具体而言，英国法官们所创设发展出来的先例规避规则包括以下几种："①区别前后案件的事实；②指出判例根据的模糊或不明之处；③宣布先例与法律的基本原则相冲突；④宣布先例的原则或者判例依据过于宽泛，或者将判例依据之一部分视作附带说明；⑤因同级法院的判例互相冲突而选择合适的判例加以适用，从而规避不当判例的适用；⑥因原有先例被制定法所推翻而不再适用该先例。"[②] 在英美法系判例法的实践经验中，以下几类先例一般要作为"遵循的例外"：①错误的先例：如忽略早先的权威先例和立法作出的先例，推理错误或错误解释先前判例的

[①②] 李浩：《英国判例法与判例规避》，载于《比较法研究》1995 年第 1 期。

先例，先例中产生的原则已不能适应现在的社会经济形势，先例中存在矛盾或不为先前法庭的其他法官所接受，判决是临时作出的而无保留的先例等；②冲突的先例，即不同先例的处理方式存在着冲突；③过时的先例，先例是在特定的时间、特定的区域、由特定的法官针对特定的当事人间发生的特定的争议作出的特定判决。随着时间的推移，判决依据的这些因素的变化可能使当初的判决在当下显得不合时宜，但不能就此认为先例是错误的。这是一种由时间造成的错位；④没有理由的先例，即先例中所建立的规则略显单薄而没有说服力；⑤疏忽作出的先例。[①]

我国虽非判例法国家，但是实行刑事案例制度，同样会出现不宜适用先前案例的情况，此时就需要运用规避技术。如上文所述，对于具有实践说服力和学理说服力的刑事案例，刑事司法官在处理相类似的案件时，可以自由选择是否适用，选择适用何种类型的刑事案例，而不受其效力的约束，亦不会必然承担什么不利的后果。所以，对于具有实践说服力和学理说服力的刑事案例，不存在刑事案例规避的问题。刑事案例规避所针对的对象主要是具有事实拘束力的刑事案例，在我国现阶段即指刑事指导性案例。

首先，对于指导性案例的规避情形，有些学者认为可以分为善意规避和恶意规避两种类型。善意规避，就是在指导性案例明显过时的情况下，在处理类似案件时，回避适用指导性案例。恶意规避，是指故意回避当前案件和指导性案件的相似点，片面强调二者的不同之处，对指导性案例不予遵循。[②] 从规避的含义上看，指导性案例的规避确实可分为善意和恶意两种情况，恶意规避虽形式上并未破坏刑事案例制度的相关适用规则，但其本质上是对指导性案例适用制度的严重破坏，应当予以禁止，为其赋予相应的不利法律后果。所以，在此我们所论述的刑事案例规避仅指的是善意规避的情形。

其次，最高人民检察院《关于案例指导工作的规定》第 16 条规定"在办理同类案件、处理同类问题时，承办案件的检察官认为不应当适用指导性案例的，应当书面提出意见，报经检察长或者检察委员会决定"。该规定为承办案件检察官不适用指导性案例提供了一条途径。在该种情况下的不予适用指导性案例亦不可视为指导性案例规避。

最后，有学者认为，从司法实践看，刑法指导性案例规避的情形包括两种：案情不同、发现指导性案例存在缺陷。所谓案情不同，指的是待决案件与先前的

[①] 参见孟凡哲：《普通法系的判例制度——一个源与流的解读》，吉林大学 2004 年博士学位论文，第 128~139 页。

[②] 参见杨雄：《论指导性案例的运用》，见苏泽林：《中国案例指导制度的构建和应用》，法律出版社 2012 年版，第 196~197 页。

某一个指导性案例经过比对，不具有相似性。即不能全部具备指导性案例的必要事实的各个构成要素，则不参照该指导性案例。发现指导性案例存在缺陷，则指导性案例可能存在与司法解释冲突，以及含混、模糊、宽窄不当、过时等缺陷，应当对其排除适用。① 我们认为这种观点不甚合理，相似的案件相似的处理，那么不相似的案件当然要进行不相似的处理，如果待决案件与先前的刑事案例案情不同，不具备相似性，本来就不应当适用该先前刑事案例，这是刑事案例制度的应有之义，而非刑事案例的规避所要解决的问题。刑事案例规避应当仅限于指导性案例存在缺陷的情形。

综上所述，我们认为，所谓的指导性案例规避，或称刑事案例规避，具体而言，应当指的是，某指导性案例从形式上看与待决案件具有相似性，本应当参照适用，但是从该指导性案例的内容上看，存在着瑕疵，不应当参照适用，在这种情况下，刑事司法官采取某种措施回避适用该指导性案例。换言之，该指导性案例具有形式合理性，但是不具有实质合理性，适用该指导性案例能够实现"同案同判"的司法统一局面，但是会给犯罪嫌疑人、被告人带来不公平的处理后果。这种为了追求形式合理性，而放弃实质合理性所引发的后果，显然是不应该的。

对于冲突的指导性案例如何适用，上文已经作出了说明。而根据我国指导性案例制度的具体情况，现阶段指导性案例采用的是下级推荐最高司法机关审核选编发布的严格程序，并非如同判例法国家的判例一经法官作出即成为后来者处理类似案件的先例，所以没有理由的刑事案例、疏忽作出的刑事案例一般很难经过选编程序成为指导性案例。指导性案例出现缺陷、瑕疵应当包括以下两种情形：错误的指导性案例和过时的指导性案例。错误的刑事指导性案例，指的是刑事指导性案例处理某问题时所根据的法律依据、处理理由或处理结果存在错误；过时的刑事指导性案例，指的是由于社会的发展，在作出时属于正确的刑事指导性案例已不能契合现阶段处理该问题的需要。

规避刑事指导性案例适用的过程中，一方面我们必须尊重刑事指导性案例的事实拘束力，不能够在参照过程中无理由的随意"抛弃"，另一方面我们亦不能在明知该刑事指导性案例不适宜适用的情况下，仍然为了追求形式上的合理性而罔顾实质上的合理性，坚持适用该指导性案例。所以只有富有技巧地进行规避不宜参照适用的刑事指导性案例，才能够平衡这两方面的考虑。

有学者借鉴判例法国家中的规避技巧，提出以下几类规避手段：①区别前后案；②指出指导性案例规则的模糊或不明之处，拒绝遵从该指导性案例或者对其

---

① 参见于同志：《刑法案例指导：理论·制度·实践》，中国人民公安大学出版社2011年版，第389～390页。

作釜底抽薪式的解释，即案例从表面看仍具有指导性，但该指导性已被赋予新的含义，引出新的规则；③宣布指导性案例与法律的基本原则相冲突；④在指导性案例发生冲突时选择其一从而规避其他不当的指导性案例的适用；⑤因原有指导性案例的裁判规则被制定法直接吸收、推翻或替代而不再适用；⑥直接宣布该指导性案例已过时。[①] 我们认为，该学者所提出的上述规避手段存在着较大的问题。上述的第②、③、④、⑥种规避手段既没有尊重指导性案例的权威性，亦没有充分考虑我国司法实践。下级司法机关没有权力重新解释指导性案例，为其赋予新的含义，没有权力宣布指导性案例与法律基本原则相冲突；我国的司法实践中，很难想象下级司法机关敢于在适用最高司法机关发布的指导性案例时指出指导性案例规则的模糊或不明之处，或者宣布指导性案例过时而不予适用。而第⑤种规避手段，难以称为"规避"，因为指导性案例与制定法相比，后者具有绝对的优势法律地位，并不如英美法系，判例法和制定法具有同等的法律地位，在指导性案例的裁判规则被制定法直接吸收、推翻或替代的情况下，本就应当适用制定法的规定。

所以，能够真正称为"规避"，又能够较好地调和刑事指导性案例适用过程中形式合理性和实质合理性的技术，只有"区别前后案"。虽然，在本章中，我们将识别技术和规避技术区分开来，作为两个不同的技术进行论证，但是可以看出，"区别前后案"的规避技术本质上仍然是一种识别技术。

与积极适用中所使用的识别技术不同，作为消极适用的规避技术，识别的对象重点不在于两个案件之间事实上的相似之处，而在于两者事实之间的差异性，即尽量寻找到两个案件事实上的不同之处，且这种不同之处较之相同之处更为重要。指导性案例所确立的处理方式是建立在该案件的事实基础之上的，所以只有相类似的案件才可参照适用指导性案例，如果待决案件的事实不同于指导性案例的事实，那么建立在指导性案例事实上的处理方式当然不能够适用于待决案件。在这种情况下，既没有断然地否定之前指导性案例的效力，没有破坏指导性案例的权威性，又有效地避开了对该指导性案例的适用，既未破坏刑事案例制度的形式合理性，又实现了刑事案例制度的实质合理性。

[①] 参见于同志：《刑法案例指导：理论·制度·实践》，中国人民公安大学出版社2011年，第392~393页。

第五编

中国司法判例制度的完善

第十一章

中国司法判例产生制度的完善

一、中国司法判例制度的形成

多年来,中国的司法机关和法律学者也编纂过多种案例汇编。例如,《中华人民共和国最高人民法院公报》自 1985 年创刊开始就筛选公布典型性案例;1992 年,最高人民法院下属的中国应用法学研究所开始编著《人民法院案例选》丛书;同年,中国高级法官培训中心(现为国家法官学院)和中国人民大学法学院开始编著《中国审判案例要览》;自 2001 年起,最高人民法院相关庭室开始编著《中国审判指导丛书》;2003 年,人民法院出版社出版了《中华人民共和国最高人民法院判案大系》丛书,由时任最高人民法院院长的肖扬担任主编;最高人民法院机关刊《人民司法》自 2007 年 1 月开始,改为半月刊,每下半月出版的《人民司法·案例》也公布典型案例。然而,这些选编的案例对法官裁判没有拘束力,只是学习研究的参考资料而已。从这个意义上讲,法律学人可能比司法人员更加关注这些案例汇编的内容。

与此同时,中国的司法机关也开始探索借鉴外国司法判例制度的路径。2002 年,河南省郑州市中原区人民法院开始试行"先例判决制度"。所谓"先例判决制度",就是指经过"某种程序"被确认的"先例判决"对法官日后处理同类案件具有约束力,其他法官在审理同类案件时应该遵从先例。而且,这些"先例判决"还将汇编成册,供诉讼当事人和律师查阅。这项制度的主要目的是规范法官的自由裁量权和保证法官正确适用法律,同时还可以保持同类案件判决的基本一致性,发挥法律对社会生活的指引作用,树立司法权威并节约司法资源等。2003年,江苏省高级人民法院发布了《江苏省高级人民法院关于建立典型案例发布制度加强案例指导工作的意见》,明确提出要建立和实行"典型案例指导制度"。随后,北京、上海、湖南等地法院也陆续推出类似的判例制度。[①]

2005年,最高人民法院制定的《人民法院第二个五年改革纲要(2004~2008)》第13条明确提出:"建立和完善案例指导制度,重视指导性案例在统一法律适用标准、指导下级法院审判工作、丰富和发展法学理论等方面的作用。最高人民法院制定关于案例指导制度的规范性文件,规定指导性案例的编选标准、编选程序、发布方式、指导规则等。"[②] 2010年11月26日,最高人民法院颁布了《最高人民法院关于案例指导工作的规定》(以下简称《案例指导规定》),声明制定本规定的目的是"为总结审判经验,统一法律适用,提高审判质量,维护司法公正"。[③]

2011年12月20日,最高人民法院发布了第一批4个指导性案例。然后,最高人民法院又在2012年4月13日发布了第二批4个指导性案例,在同年9月18日发布了第三批4个指导性案例。2013年1月31日发布了第四批4个指导性案例,在同年11月8日发布了第五批6个指导性案例。在2014年1月26日发布了第六批4个指导性案例,在同年6月26日发布了第七批5个指导性案例,在同年12月18日发布了第八批6个指导性案例,同年同月发布了第九批7个指导性案例。2015年4月23日发布了第十批8个指导性案例,同年11月19日发布了第11批4个指导性案例。到目前为止,最高人民法院一共发布11批56个指导性案例。这些指导性案例主要来源于各高级人民法院的推荐报送,并经最高人民法院审判委员会讨论通过。这些指导性案例的颁布,标志着具有中国特色的司法判例制度已初步建立,但是也暴露出一些问题,还需要进一步完善。

[①] 参见肖源:《案例指导制度:法律的另一种存在》,载于《人民法院报》2010年8月23日。
[②] 参见孙丽娟、胡爱菊:《浅析"案例指导制度"——从〈人民法院第二个五年改革纲要〉谈起》,载于《法制与社会》2006年第21期。
[③] 参见北大法律信息网:《最高人民法院印发〈关于案例指导工作的规定〉的通知》,发表于2010年11月26日,http://vip.chinalawinfo.com/newlaw2002/slc/slc.asp?gid=143870,引用于2014年9月9日。

二、中国司法判例制度总评

（一）指导性案例的发布情况

自 2011 年 11 月到 2015 年 11 月 19 日，最高人民法院共发布 11 批 56 例指导性案例。发布状况如图 11-1 所示。

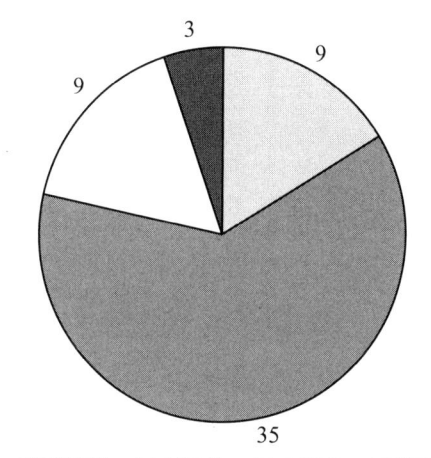

□刑事诉讼 □民事诉讼 □行政诉讼 ■国家赔偿

图 11-1 指导性案例发布情况

资料来源：最高人民法院官网。

不难看出，最高人民法院发布的指导性案例每批数量最多为 8 例，前四批中每批次仅发布 4 例，随后几批虽有所增加，也未超过 8 例；也没有在同一批指导性案例中同时涉及刑事、民事、行政三个领域的情形；民事案件远多于刑事案件与行政案件，刑事案件与行政案件各为 9 例，平均每批发布不到 1 例（见图 11-2）。

1. 案例来源

《案例指导规定》2010 年出台，不仅规定成立专门的职能部门——案例指导工作办公室来负责指导性案例的遴选、审查和报审工作，而且确定了多层次的指导性案例推荐选报工作机制，在法院内部，最高人民法院各审判业务部门和地方

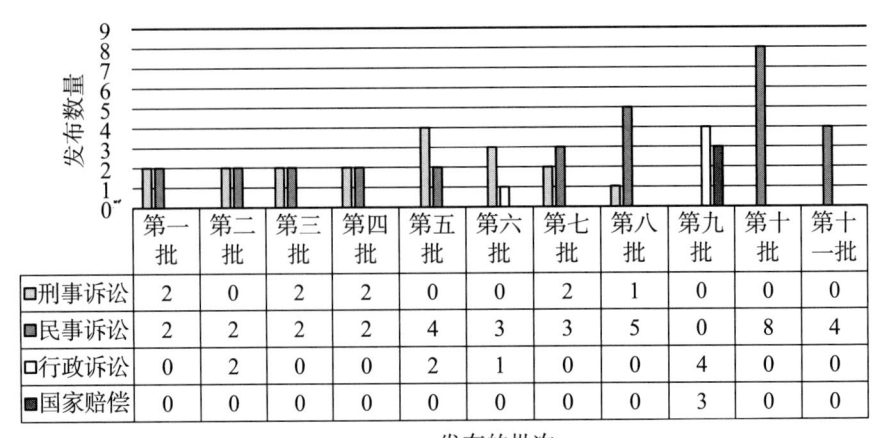

发布数量	第一批	第二批	第三批	第四批	第五批	第六批	第七批	第八批	第九批	第十批	第十一批
刑事诉讼	2	0	2	2	0	0	2	1	0	0	0
民事诉讼	2	2	2	2	4	3	3	5	0	8	4
行政诉讼	0	2	0	0	2	1	0	0	4	0	0
国家赔偿	0	0	0	0	0	0	0	0	3	0	0

图 11-2　指导性案例发布批次及数量

资料来源：最高人民法院官网。

各高级人民法院、解放军军事法院可以向最高人民法院案例指导工作办公室推荐本辖区内已生效裁判，中级人民法院、基层人民法院也可以将本院生效裁判层报至高级人民法院，并建议其向最高人民法院推荐。此外，人大代表、政协委员、专家学者、律师，以及其他关心人民法院审判执行工作的社会各界人士可以向作出生效裁判的原审人民法院推荐。

以 1 号到 22 号指导性案例[①]为例，中级人民法院向高级人民法院层级报送 4 例，由高级人民法院直接向最高人民法院推荐 11 例，最高人民法院审判业务庭推荐 6 例，海事法院向最高人民法院层级报送 1 例。其来源比例如图 11-3 所示。

可见，目前指导性案例主要还是来源于法院内部行政化的遴选，人大代表、政协委员、专家学者、律师，以及其他关心人民法院审判执行工作的社会各界人士尚未能有效地参与到指导性案例的推选过程中。其中一半是直接由高级人民法院审判委员会讨论决定报送最高人民法院的，且没有 1 例是由基层人民法院层级上报的。

[①] 此处材料来源于，最高人民法院案例指导工作办公室在《人民司法》（应用）上发表的关于 1 号到 22 号指导案例的《理解与参照》等 22 篇文章，其中 "推选经过及其意义部分"。后六批案例并无类此文章故没有分析。

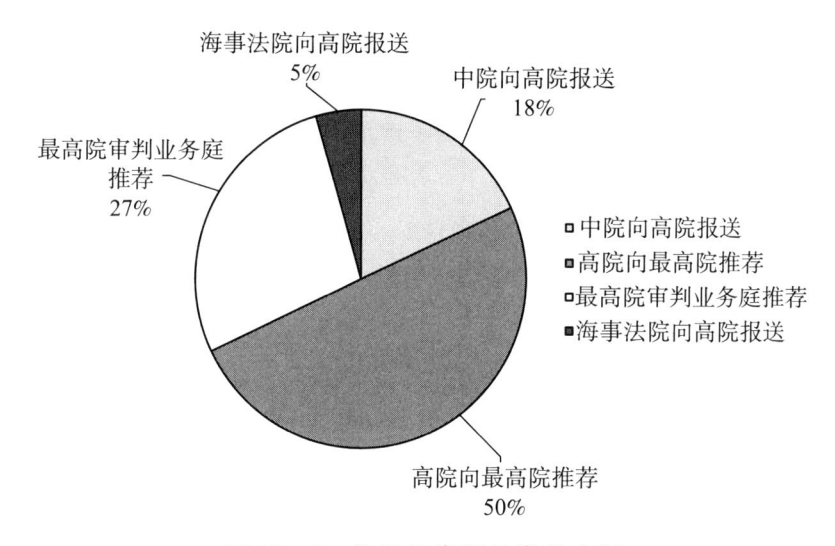

图 11-3　指导性案例的案件来源

资料来源：最高人民法院官网。

2. 指导性案例的生效裁判作出法院

通过图 11-4 不难发现，指导性案例的生效裁判较多产生于中级人民法院与高级人民法院，最高人民法院与基层人民法院较少。其中刑事指导性案例最具特点，4 例来自基层人民法院，5 例来自高级人民法院，而没有 1 例来自于中级人民法院或最高人民法院。

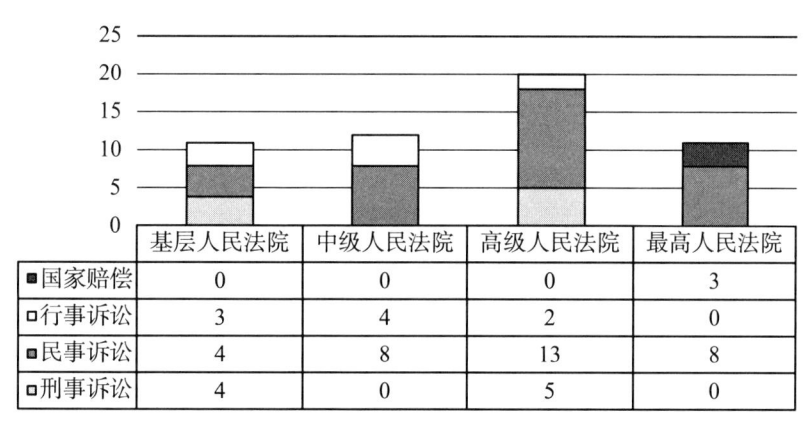

	基层人民法院	中级人民法院	高级人民法院	最高人民法院
国家赔偿	0	0	0	3
行事诉讼	3	4	2	0
民事诉讼	4	8	13	8
刑事诉讼	4	0	5	0

图 11-4　指导性案例的生效裁判作出法院

注：还有两例生效判决由海事法院作出，未包括在图 11-4 中。

资料来源：最高人民法院官网。

基层人民法院一审生效判决成为指导性案例往往存在特殊的情形，如指导性案例13号《王召成等非法买卖、储存危险物质案》，是由最高人民法院刑三庭从请示案件中发现该案例，进而推荐了该备选指导性案例；指导性案例5号：《鲁潍（福建）盐业进出口有限公司苏州分公司诉江苏省苏州市盐务管理局盐业行政处罚案》，江苏省苏州市金阊区人民法院就该案例涉及的法律适用问题逐级请示至最高人民法院，最高人民法院作出《关于经营工业用盐是否需要办理工业盐准运证等请示的答复》。

（二）中国司法判例制度的缺陷

首先，最高人民法院发布的指导性案例的数量太少，很难满足司法实践中对于判例制度的需求。从世界各国推行司法判例制度的经验来看，判例的优势就在于数量众多和细致入微，因而比抽象概括的立法更便于司法人员掌握和适用。然而，最高人民法院在《案例指导规定》颁布之后的4年多的时间内，仅仅发布了56个指导性案例，这对于每年审理的案件数量已经达到千万计的中国法院来说，实在是太少了。另外，这些指导性案例涉及的法律问题也不够广泛。其中，涉及民事法律问题的案例35个，涉及刑事法律问题的案例9个，涉及行政法律问题的案例9个以及涉及国家赔偿问题的案例3个。在35个民事指导性案例中，14个都涉及合同纠纷问题。其实，司法实践对判例的需求是巨大的，司法实践产出的可以发挥指导作用的案例数量也是巨大的。试举一例，最高人民法院刑事审判庭从1999年至2011年在《刑事审判参考》中发表的案例中选编的《中国刑事审判指导性案例》第2卷所收入的仅与"破坏社会主义市场经济秩序罪"有关的"指导性案例"就有117个。[①] 这些案例对于审理相关案件的司法人员具有指导意义，但是并不属于《案例指导规定》中所讲的"指导性案例"。

其次，这些指导性案例虽然是最高人民法院精选后发布的，但并不都是最高人民法院自己审理的案件，其中有些案件是基层法院审理的。在前七批31个指导性案例中，由最高人民法院审理的案例只有2个，都是通过审判监督程序再审的案例；由高级人民法院审理的二审案例为11个；由中级人民法院审理的二审案例为9个；由基层人民法院审理的一审案例为9个；还有1个由海事法院审理的一审案例。基层法院审理的案例经过最高人民法院发布之后便作为比审理该案之法院的级别更高之法院的"指导"，这种让"上级法院遵从下级法院"裁判的

---

① 参见中华人民共和国最高人民法院刑事审判第一、二、三、四、五庭主办：《中国刑事审判指导案例》（第2卷），法律出版社2012年版。

案例指导制度有违司法判例制度的一般原理。此外，最高人民法院发布的每个指导性案例的正文都包括"关键词""裁判要点""相关法条""基本案情""裁判结果""裁判理由"等部分，其行文中也可以看到编辑改写的痕迹。由此可见，这些指导性案例是最高人民法院"改编"的，并非"原汁原味"的判决。虽然这种做法可以实现指导性案例格式的统一并可能提高指导性案例的水平，但是不太符合司法判例的生成规律。

最后，"指导性案例"的效力定位不够明确。《案例指导规定》第 7 条规定："最高人民法院发布的指导性案例，各级人民法院审判类似案例时应当参照。"这一规定中关键词的语义就相当模糊。"指导"一词显然不能体现作为司法判例制度之灵魂的"前判对后判的拘束力"。虽然"应当"一词带有刚性规则的含义，但是"参照"一词又使之柔性化了。"参照"前例不等于"遵从"前例，法院在审判类似案件（此处称"案例"并不合适）时仅"参照"却不"遵从"，恐怕就很难实现"统一法律适用标准"的制度设计目标。另外，这样的规定语言也很容易成为法官"同案不同判"的借口。例如，在北京市第一中级法院于 2012 年审理的"上海熊猫机械（集团）有限公司与北京熊猫恒盛机械设备有限公司股东知情权纠纷上诉案"中，上海熊猫公司上诉时认为一审法院对其提交的最高人民法院指导性案例未予足够重视，但二审法院认为，首先两个案件并无关联，而且"最高人民法院发布的指导性案例供人民法院在审判类似案件时参照，但其并非人民法院审理相关案件时应当适用的法律依据"。[①] 如果该中级人民法院通过梳理和比较两个案件的事实而得出本案与指导性案例不属于"类似案件"，因此不适用指导性案例中确立或阐释的法律规则，那么该二审裁判就无可厚非。但是，该法院关于"参照但不适用"的理由则显得强词夺理，至少是画蛇添足。不过，这都是《案例指导规定》中的模糊语言"惹的祸"。

2012 年 11 月至 2013 年 1 月，我们曾经在河南、广东、广西、浙江、福建、湖北、辽宁、上海等地向从事审判工作的法官进行了关于"案例指导制度"的问卷调查，共收回有效问卷 1 542 份。在回答"我国现行的案例指导制度对审判工作的作用大小"这一问题时，在 1 542 位调查对象中，2 人未作回答，占 0.13%；选答"很大"的有 646 人，占 41.89%；选答"一般"的有 676 人，占 43.84%；选答"很小"的有 218 人，占 14.14%。虽然大多数调查对象（78.99%）都赞成建立具有中国特色的司法判例制度，而且法官们一般都不愿意直接批评最高人民法院的"改革举措"，但是仍有多数调查对象（57.98%）认

[①] 北京市第一中级人民法院（2012）一中民终字第 10267 号民事判决书。

为我国现行的案例指导制度对其审判工作的作用为"一般"或"很小"。① 这说明即使在法官群体中，人们对我国现行的案例指导制度也不太满意。

三、中国司法判例产生制度的基本问题

在当下中国，司法行为的整体环境不佳，因此司法人员不宜享有太大的自由裁量权。从外部来说，社会缺失法治传统，政府缺失公信民心，司法缺失独立权威，官员缺失高尚信仰。从内部来说，行政管理色彩浓重，法官水平参差不齐，滥用职权时有所闻，贪赃枉法亦非罕见。再加上中国地域广阔和地区差异较大，所以司法裁判不统一不规范的状况比较严重。要改变这种现状，司法人员在适用法律规则时的自由裁量权就必须受到限制和压缩。虽然在法治状况良好的国家中，司法者也会因主客观条件的差异而在个案裁判中出现歧见，甚至出现"同案不同判"的状况，因而也需要司法判例的引导和规范，但是当下中国更需要统一而且有效的司法判例制度。具体来说，我国的司法判例产生制度应该从以下几个方面进行完善。

（一）司法判例的挑选标准

司法判例制度可以分为自然生成和人工选编两种模式。在前一种模式下，判例就是在法院的审判过程中自然生成的，无须人工的筛选和编辑。例如，英国的所有法院判决至少在理论上都可以成为判例。虽然英国长期存在着多种由民间机构或私人选编的作为判例发布形式的"法律报告"（The Law Reporting），但是未经报告的判决也可以作为判例在后续审判中引用，因为它们都是判例法的组成部分。1940年，英国的法律报告委员会就明确指出，英格兰法之所以为英格兰法，不是因为它被报告了，而是因为它被法官如此判决过。② 在后一种模式下，法院的判决必须经由一定的机构按照一定的程序筛选乃至编辑加工之后才能作为判例。例如，在具有大陆法系传统的我国台湾地区，虽然以成文法为法律的主要渊源，但是判例也在司

---

① 这项问卷调查是由我们指导的博士研究生张晶做的，期间得到了河南省高级人民法院研究室、山东省高级人民法院研究室等单位和人员的帮助和支持。参见张晶、何家弘：《法律适用之难与判例制度之善》，载于《法律适用》2014 年第 6 期。

② 参见英格兰威尔士法律报告委员会 1940 年的报告，转引自 Michale Zander：The Law - Making Process，6th edition. Cambridge：Cambridge University Press，2004，p. 311.

法实践中发挥重要作用,可以作为法官在具体案件中裁判的依据。台湾地区所谓"法院组织法"第 57 条就对判例的选编主体和程序以及判例的变更作出明确的规定,只有所谓"最高法院"和"最高行政法院"具有判例的制定权和变更权。正如台湾学者所指出的,判例乃所谓"最高法院"(或所谓"行政法院")裁判所持之法律见解,认有编为判例之必要者,在经由一定程序后,选编而成者……"①

自然生成是司法判例制度的最佳模式,但是以法院判决的普遍性发布与汇编为条件。中国在很长时期内都无法建立司法判例制度,其原因之一就是法院判决的不公开发布。2013 年 11 月 13 日,最高人民法院审判委员会通过了《最高人民法院关于人民法院在互联网公布裁判文书的规定》,该规定将于 2014 年 1 月 1 日起施行。根据该规定,除特殊情况外,各级人民法院的生效裁判文书应当在互联网上公布。裁判文书的公开发布为司法判例制度的发展奠定了基础,但是这需要一段时间才能成为现实,因此目前还应采用人工选编的模式。这也是《案例指导规定》所确立的模式。

人工选编的首要问题是要明确挑选判例或曰指导性案例的标准。《案例指导规定》第 2 条所确立的标准有 5 条:①社会广泛关注的;②法律规定比较原则的;③具有典型性的;④疑难复杂或者新类型的;⑤其他具有指导作用的案例。我们以为,这 5 条标准的内涵是正确的,但是太过原则,太过抽象,不便于实践中把握。

在法国,法院的判决可以成为判例的标准也有 5 条:第一是裁判的表述要符合法律表达的标准;第二是作出裁判的法院应该是较高审级的法院;第三是相同法律问题的判决数量较多;第四是判决中确立的规则比较稳定;第五是判决必须向全社会公开。②

借鉴法国的做法,我们建议在《案例指导规定》第 2 条所确立的原则基础上,再明确选择判例的具体标准:第一,判例应该是二审法院和再审法院的判决。一方面,一审判决后诉讼双方都没有上诉或抗诉的案件,一般是没有争议的案件,似没有选为判例的必要;另一方面,案件经过至少两级法院的审理,法官对案件中争议问题的把握比较准确,裁判理由也比较充分。第二,案件中的争点应该是法律适用问题,而不是事实认定问题。不过,在认定案件事实中对有关证据规则的适用也属于法律适用问题,例如在适用非法证据排除规则时认定刑讯逼供或欺骗取证的标准等。③ 第三,法院已经就相同的法律争议问题作出两次以上

---

① 参见吴信华:《"法院裁判"作为大法官会议违宪审查的客体》,载于《政大法学评论》1999 年总第 61 辑。
② 参见何家弘:《外国司法判例制度》,中国法制出版社 2014 年版,第 145 页。
③ 参见何家弘:《适用非法证据排除规则需要司法判例》,载于《法学家》2013 年第 2 期。

的裁判，或者说，"同案"在两个以上。这可以是二审或再审法院自己审理的"同案"在两个以上，也可以是高级法院管辖区内不同中级法院审理的"同案"在两个以上。这说明该法律问题在现实中容易引发争议，需要判例来规范法官的裁判。

（二）司法判例的发布程序

《案例指导规定》的第 1 条规定："对全国法院审判、执行工作具有指导作用的指导性案例，由最高人民法院确定并统一发布。"虽然各地方法院自行发布指导性案例可以提高判例发布的效率，但是就我国司法系统的现状而言，由最高人民法院统一发布指导性案例是更好的选择。按照《案例指导规定》第 3～6 条的规定，最高人民法院的案例指导工作办公室负责指导性案例的遴选、审查和报审工作。最高人民法院各审判业务单位、各高级人民法院以及解放军军事法院、各中级人民法院、各基层人民法院以及社会各界人士都可以推荐。案例指导工作办公室对于被推荐的案例应当及时提出审查意见。符合规定的，应当报请院长或者主管副院长提交最高人民法院审判委员会讨论决定。我们认为，这样的审查程序过于复杂，仅以第 1 号指导性案例的发布过程为例。

2010 年 12 月 31 日，最高人民法院案例指导工作办公室向高级法院发出报送备选指导性案例的通知。随后，各高级人民法院又分别向下属的中级人民法院发出报送的通知。2011 年 5 月 20 日，上海市高级人民法院审判委员会经讨论决定，把上海市第二中级人民法院报送的《上海中原物业顾问有限公司诉陶德华居间合同纠纷案》推荐给最高人民法院作为备选指导性案例。最高人民法院案例指导工作办公室经研究讨论后将该案例送交最高人民法院民一庭审查和征求意见。民一庭审查后认为，该案例对于处理类似案件具有一定指导意义，同意将该案例作为指导性案例。然后，案例指导工作办公室将该案例报请主管副院长提交最高人民法院审判委员会讨论。6 月 13 日，最高人民法院审委会经讨论研究认为，该案例符合最高人民法院《案例指导规定》第 2 条的有关规定，具有指导意义，同意将该案例确定为指导性案例。12 月 20 日，最高人民法院以法〔2011〕354 号文件将该案例作为第一批指导性案例予以发布。[1]

一个指导性案例的发布，经过了多层的审查，而且至少有两级法院的审判委员会专门讨论，这样的审查程序太过烦琐。诚然，作为首批指导性案例的出台，

---

[1] 最高人民法院案例指导工作办公室：《案例指导 1 号〈上海中原物业顾问有限公司诉陶德华居间合同纠纷案〉的理解与参照》，载于《人民司法》2012 年第 7 期。

这种谨慎的态度尚可理解，但是作为常规性指导性案例的发布程序，这样复杂的做法就大可不必了。我们认为，指导性案例不宜"少而精"，而应"多而全"，因此，指导性案例的发布程序应该简化。指导性案例或司法判例的形成在于具体案件的审判过程，判例中关于法律规则适用的意见是审理该案的法官的意见，不是最高法院的意见，因此最高法院不必按照制定诉讼规则或司法解释的思路去审查指导性案例。

司法判例并不是一成不变的。作为法官裁判行为的指引或规范，判例的优点之一就在于灵活可变。正如美国学者所指出的，"判例制度的一个长处即在于法官在适当的情况下能够利用法律规则做小小的试验，他们总是能够修正试验，考虑新的、意料之外的实情，直至得出一条适当的法律规则（甚至是一种法律'制度'）。当众多的法官可以各自独立地对同样棘手的案情做实验时，就会有更多的改进，因为试验刺激法律创新。"① 作为判例，指导性案例的核心内容是"裁判理由"，而这些理由是审判法官带有"实验性"的意见，其正确与否需要时间或后案的检验。因此，最高人民法院的案例指导办公室对于推荐来的备选案例，可以主要依据我们前文建议的具体标准进行形式上的审查，不必对裁判理由进行实质内容的审查。按照这样的思路，指导性案例也就没有必要提交最高人民法院审判委员会讨论决定了。顺便说，案例指导工作办公室也无须对判例内容进行"改编"，应该保持判决意见的"原汁原味"。简化发布程序可以破除指导性案例发布的"瓶颈"，提高指导性案例的数量。

（三）司法判例的效力界定

如前所述，《案例指导规定》第 7 条使用的"各级人民法院审理类似案件时应当参照"的表述不够明确，影响我国司法判例制度的实用效力。如何解决这个问题？首先，我们可以借鉴欧陆模式，通过审判管辖权和审级制度来维护指导性案例的拘束力。例如，本法院的指导性案例对后案裁判具有拘束力，上级法院的指导性案例对下级法院的后案裁判具有拘束力，最高法院的指导性案例对全国法院的后案裁判具有拘束力，而这些拘束力的维系主要依靠上诉审和再审的制度。这就是说，某个法院的裁判违反了具有拘束力的指导性案例，当事人就可以提出上诉或提请再审，而上诉审法院或再审法院就可以依据指导性案例推翻原判，除非上诉审法院或再审法院认为原来的指导性案例应该被修正或推翻。

其次，为了强化指导性案例的判例规范功能，我们也可以对《案例指导规

---

① ［美］卡尔·N·卢埃林：《美国判例法制度》，载于《法学译丛》1989 年第 5 期。

定》的上述规定进行补充说明。张志铭教授建议把《案例指导规定》第 7 条修改为:"最高人民法院发布的指导性案例,各级人民法院审理类似案件时应当参照。如果审理后认定案件事实相同,应该作出与指导性案例相同的判决。"张教授还解释道:"相同判决意指相同的法律处置,包括相同的法律认定以及相应的肯定或否定的法律后果;至于法律后果在数量上是否一般无二,则不可强求。"①我们基本上赞同张教授的这一观点。

由于指导性案例不是法律渊源,对于法官的裁判不具有法定的拘束力,只能具有事实上的拘束力或说服性的"参照力",因此要支撑这种拘束力,就必须加强法院裁判中的说理。毋庸讳言,当下中国法院裁判文书中的说理是有欠缺的。有的裁判文书中只有判决意见,没有说明理由;有的裁判文书中虽有说理,但是不够充分或者没有针对性;还有的裁判文书中的说理缺乏逻辑性或说服力,甚至出现说理用语不准确不规范的情况。于是,法院这个本应最讲理的地方却给民众留下了不讲理的印象,严重影响了司法机关的公信力。

2013 年 11 月 12 日,中共中央十八届三中全会通过的《关于全面深化改革若干重大问题的决定》第 33 条强调要"健全司法权力运行机制",要"增强法律文书说理性,推动公开法院生效裁判文书"。② 加强法院裁判文书中的说理,已经成为当下司法改革的工作任务之一。这项工作不仅有助于提升司法裁判的水平,改变庭审虚化的现状,而且有助于提升司法判例的水平,为完善我国的案例指导制度奠定扎实的基础。③

---

① 张志铭:《中国法院案例指导制度价值功能之认知》,载于《学习与探索》2012 年第 3 期。
② 刘树德:《增强裁判说理的当下意义》,载于《人民法院报》2013 年 12 月 27 日。
③ 2014 年 8 月 16 日,青海省高级人民法院和中国行为法学会法律语言研究会在西宁市联合召开了"裁判文书语言与说理研讨会"。与会的法官和学者一致认为加强裁判文书的说理是非常重要的,而且应该与当下中国的司法改革结合起来。法律语言研究会会长何家弘在开幕式致辞中提出了说理和语言是法院裁判文书的"灵与肉"的观点,在总结发言中又从"为什么说""说什么""怎么说"三个方面就裁判文书说理发表了个人见解,并阐述了裁判文书说理与案例指导制度的互动关系。

第十二章

中国司法判例编纂制度的完善

一、最高人民法院指导性案例的编纂体例

2010年11月26日,最高人民法院印发了《案例指导规定》,该规定自公布之日起施行。此后,"社会各界对此高度关注,并给予大力支持。各高级人民法院根据《案例指导规定》要求,积极向最高人民法院推荐报送指导性案例。最高人民法院专门设立案例指导工作办公室,加强并协调有关方面对指导性案例的研究。"截至2015年11月,最高法总共发布了11批56个指导性案例,具体案例如表12-1所示。

表12-1　　　　　最高人民法院发布指导性案例

序号	标题	批次与发布时间
1	上海中原物业顾问有限公司诉陶德华居间合同纠纷案	第一批指导性案例,2011年12月20日发布
2	吴梅诉四川省眉山西城纸业有限公司买卖合同纠纷案	
3	潘玉梅、陈宁受贿案	
4	王志才故意杀人案	

续表

序号	标题	批次与发布时间
5	鲁潍（福建）盐业进出口有限公司苏州分公司诉江苏省苏州市盐务管理局盐业行政处罚案	第二批指导性案例，2012年4月13日发布
6	黄泽富、何伯琼、何熠诉四川省成都市金堂工商行政管理局行政处罚案	
7	牡丹江市宏阁建筑安装有限责任公司诉牡丹江市华隆房地产开发有限责任公司、张继增建设工程施工合同纠纷案	
8	林方清诉常熟市凯莱实业有限公司、戴小明公司解散纠纷案	
9	上海存亮贸易有限公司诉蒋志东、王卫明等买卖合同纠纷案	第三批指导性案例，2012年9月18日发布
10	李建军诉上海佳动力环保科技有限公司公司决议撤销纠纷案	
11	杨延虎等贪污案	
12	李飞故意杀人案	
13	王召成等非法买卖、储存危险物质案	第四批指导性案例，2013年1月31日发布
14	董某某、宋某某抢劫案	
15	徐工集团工程机械股份有限公司诉成都川交工贸有限责任公司等买卖合同纠纷案	
16	中海发展股份有限公司货轮公司申请设立海事赔偿责任限制基金案	
17	张莉诉北京合力华通汽车服务有限公司买卖合同纠纷案	第五批指导性案例，2013年11月8日发布
18	中兴通讯（杭州）有限责任公司诉王鹏劳动合同纠纷案	
19	赵春明等诉烟台市福山区汽车运输公司卫德平等机动车交通事故责任纠纷案	
20	深圳市斯瑞曼精细化工有限公司诉深圳市坑梓自来水有限公司、深圳市康泰蓝水处理设备有限公司侵害发明专利权纠纷案	
21	内蒙古秋实房地产开发有限责任公司诉呼和浩特市人民防空办公室人防行政征收案	
22	魏永高、陈守志诉来安县人民政府收回土地使用权批复案	
23	孙银山诉南京欧尚超市有限公司江宁店买卖合同纠纷案	第六批指导性案例，2014年1月26日发布
24	荣宝英诉王阳、永诚财产保险股份有限公司江阴支公司机动车交通事故责任纠纷案	
25	华泰财产保险有限公司北京分公司诉李志贵、天安财产保险股份有限公司河北省分公司张家口支公司保险人代位求偿权纠纷案	
26	李健雄诉广东省交通运输厅政府信息公开案	

续表

序号	标题	批次与发布时间
27	臧进泉等盗窃、诈骗案	第七批指导性案例，2014年6月26日发布
28	胡克金拒不支付劳动报酬案	
29	天津中国青年旅行社诉天津国青国际旅行社擅自使用他人企业名称纠纷案	
30	兰建军、杭州小拇指汽车维修科技股份有限公司诉天津市小拇指汽车维修服务有限公司等侵害商标权及不正当竞争纠纷案	
31	江苏炜伦航运股份有限公司诉米拉达玫瑰公司船舶碰撞损害赔偿纠纷案	
32	张纪伟、金鑫危险驾驶案	第八批指导性案例，2014年12月18日发布
33	瑞士嘉吉国际公司诉福建金石制油有限公司等确认合同无效纠纷案	
34	李晓玲、李鹏裕申请执行厦门海洋实业股份有限公司、厦门海洋实业总公司执行复议案	
35	广东龙正投资发展有限公司与广东景茂拍卖行有限公司委托拍卖执行复议案	
36	中投信用担保有限公司与海通证券股份有限公司等证券权益纠纷执行复议案	
37	上海金纬机械制造有限公司与瑞士瑞泰克公司仲裁裁决执行复议案	
38	田永诉北京科技大学拒绝颁发毕业证、学位证案	第九批指导性案例，2014年12月24日发布
39	何小强诉华中科技大学拒绝授予学位案	
40	孙立兴诉天津新技术产业园区劳动人事局工伤认定案	
41	宣懿成等诉浙江省衢州市国土资源局收回国有土地使用权案	
42	朱红蔚申请无罪逮捕赔偿案	
43	国泰君安证券股份有限公司海口滨海大道（天福酒店）证券营业部申请错误执行赔偿案	
44	卜新光申请刑事违法追缴赔偿案	
45	北京百度网讯科技有限公司诉青岛奥商网络技术有限公司等不正当竞争纠纷案	第十批指导性案例，2015年4月23日发布
46	山东鲁锦实业有限公司诉鄄城县鲁锦工艺品有限责任公司、济宁礼之邦家纺有限公司侵害商标权及不正当竞争纠纷案	
47	意大利费列罗公司诉蒙特莎（张家港）食品有限公司、天津经济技术开发区正元行销有限公司不正当竞争纠纷案	

续表

序号	标题	批次与发布时间
48	北京精雕科技有限公司诉上海奈凯电子科技有限公司侵害计算机软件著作权纠纷案	第十批指导性案例，2015年4月23日发布
49	石鸿林诉泰州华仁电子资讯有限公司侵害计算机软件著作权纠纷案	
50	李某、郭某阳诉郭某和、童某某继承纠纷案	
51	阿卜杜勒·瓦希德诉中国东方航空股份有限公司航空旅客运输合同纠纷案	
52	海南丰海粮油工业有限公司诉中国人民财产保险股份有限公司海南省分公司海上货物运输保险合同纠纷案	
53	福建海峡银行股份有限公司福州五一支行诉长乐亚新污水处理有限公司、福州市政工程有限公司金融借款合同纠纷案	第十一批指导性案例，2015年11月19日发布
54	中国农业发展银行安徽省分行诉张大标、安徽长江融资担保集团有限公司执行异议之诉纠纷案	
55	柏万清诉成都难寻物品营销服务中心等侵害实用新型专利权纠纷案	
56	韩凤彬诉内蒙古九郡药业有限责任公司等产品责任纠纷管辖权异议案	

注：统计日期截至2016年5月1日。
资料来源：最高人民法院官网。

在体例上，这11批56个指导性案例呈现出标准化、格式化的外部特征，都设置了8个组成部分：①序号；②标题（包括题注）；③关键词；④裁判要点；⑤相关法条；⑥基本案情；⑦裁判结果；⑧裁判理由。其中指导性案例的序号分别表述为"指导性案例1号""指导性案例2号""指导性案例3号"……指导性案例序号，是案例编纂者基于特定目的，对指导性案例先后顺序所安排的数字符号；标题表述为"××诉××案"，是整个裁判文书的浓缩，涵盖当事人的身份、内容、性质等关键字眼；裁判要点是从指导性案例中提炼出的裁判规则，是对生效裁判之证据采信、事实认定、法律解释、法律适用等内容的抽象，更是指导性案例的事实拘束力的重要载体。

我们将指导性案例序号、标题与裁判要点选为研究主题时，主要考虑到以下几个因素。

第一，正视路径依赖现象，保障案例指导工作沿着正确的方向展开。制度的演进存在着路径依赖的倾向，早期行为特别是初始行为对后期行为有重大影响。有时那些当初看似微不足道的决定，经过很长一段时间之后这些选择仍发挥着重大的影响。最高人民法院发布的11批指导性案例，无论是内容还是形式，都有着诸多值得重视之处。在我国司法发展史上,这些案例开风气之先,具有里程碑意义。由于其中包含着的案例指导制度之"基因",基于保证案例指导工作开好头、起好步的考虑,我们应对指导性案例包括序号、标题与裁判要点等各个组成部分做深入的研究,并将相关意见反馈给有关决策机关,使成功的做法获得肯定,予以规范化、制度化;使不成功的做法及早废止、修正,推动案例指导制度的进一步完善。

第二,经由细节深化本质,推进案例指导制度的积累性发展。分析即"析一为多",是把一个事物分解为各个部分加以考察的方法。英国学者边沁"通过将整体分解为其组成部分来对待整体,通过将抽象概念(abstractions)分解为具体事物(things)来对待抽象概念,通过辨别构成种类和普遍性的个体间差异来对待种类和普遍性;在试图解决任何问题之前将它们分割为更小的问题",[1] 而成为开风气之先的法学大师。马克思适切地指出:"只有片面性才会从无机的不定形的整体中抽出特殊的东西,并使它具有一定形式。事物的性质是理智的产物。每一事物要成为某种事物,就应该把自己孤立起来,并成为孤立的东西。"[2] 具体才能深入,细致方显本质。如果我们能将指导性案例的序号、标题与裁判要点等各个组成部分都置于"显微镜"之下审视,吹毛求疵、推敲细节,并提出具体的改进建议,无疑会助推案例指导制度的发展。

第三,借用规范法学方法,丰富案例研究工具。对待判例现象,目前学界的主导性研究方法是现实主义法学。在现实主义法学看来,司法人员在解决纠纷时的所作所为就是法律本身。概言之,现实主义法学的基本特征是:它采取流动性的法律概念,并且将其作为实现社会目的的手段。任何法律都应由其目的和效果予以审查;现实主义法学试图区分法律现象的实然与应然。应然性研究,基于设定的研究目标,常诉诸价值判断。而实然性研究则尽可能地不被观察者的愿望或伦理目的所侵染。现实主义法学在描述法院或人们实际行为的范围内,不信任传统的法律规则和概念,它将规则定义为"对法院裁判之概括预言"。现实主义法学将案件和法律情况,作较为狭窄的范畴归类,从法律效果的角度,坚持法律的进化论。[3] 在以制定法为主要法律渊源的中国,这种视角未必完全有效。实际上,我国指导性案例的形成过程如同金属物件的"铸模"工作,[4] 具有明显的规范"创制"的特色,非常接近于立法活动。对象决定方法。面对中国特色的案例指

---

[1] [英]约翰·斯图亚特·密尔著,毛国权译:《论边沁》,载于《论一般法律》,上海三联书店2008年版,第9页。
[2] 《马克思恩格斯全集》(第一卷),人民出版社1995年版,第251页。
[3] [美] W. Friedmann 著,杨日然等译:《法理学》,司法周刊杂志社,1985年第3版,第319~320页。
[4] 与我国(包括台湾地区)固态化的指导性案例不同,英美法系以及一部分大陆法系国家的判例存在样态更像是柔软无形的液体。

导制度,我们尝试将立法学方法移用于指导性案例序号、标题与裁判要点的设计之上,以添加新的研究工具。

二、指导性案例序号的功能定位与设置技术

在指导性案例中,貌似微不足道的细枝末节——序号,实际上是一项"多功能的编纂工具"。指导性案例序号至少具有六方面的功能:构成、整合、表征、检索、参照、变更,它们覆盖了案例指导制度从编纂(构成、整合)→认知(表征、检索)→运用(参照)→完善(变更)的运行全过程。与此相应,最高人民法院应有效地运用案例编纂技术,以充分发挥指导性案例的各种功能。

(一)构 成

2012年1月10日最高人民法院印发的《关于编写报送指导性案例体例的意见》,认为指导性案例的体例主要包括标题、关键词、裁判要点、相关法条、基本案情、裁判结果、裁判理由七个部分,并没有将序号纳入其中。与此不同,我们认为序号是指导性案例重要部分,属于"案例内"的范畴。

尽管序号是指导性案例的构成要素,但它只是其相对次要的附属部分。指导性案例的附属部分,包括序号、标题、关键词等,它们不规定权利义务、职权职责等的实体性法律内容,而主要是服务于实体性内容的表述,帮助人们阅读、理解、引用的部分。如此看来,序号又与具有法律效力的裁判文书无关,属于"案例外"的现象。在序号与指导性案例内容之间,指导性案例内容是主要的部分,而其序号则是相对次要的部分,它本身不直接规定权利义务、职权职责,但却是有助于准确表述立法内容的一种辅助性装置。"皮之不存,毛将焉附"。指导性案例本是序号的母体,序号从属于、服务于指导性案例,没有指导性案例也就无所谓序号。但是,序号并不是被动、简单地从属于指导性案例正文的,而是有其相对独立性的,有其自身的特殊结构,并发挥着不可替代的专门功能。

从指导性案例构成上看,使用中文数字抑或阿拉伯数字,体现了序号与指导性案例正文之间结合方式之差异,在人们的阅读心理上会产生不同的反应。如果使用中文数字来表述序号,这与指导性案例间的文字类型相同,有助于实现指导性案例各部分的一体化,序号自身即融入指导性案例之中,具有"庄重典雅的表达效果",但其缺陷是不易识别,难以在指导性案例与序号之间迅速地作出区分。

如果使用阿拉伯数字，因其有着独特的外在形式，序号与指导性案例的文字表述样式差别明显，是一种异质的存在，好像从外部被放置到指导性案例之中，似有不和谐之感，但这种表述方法的优点是，能"达到醒目、易于辨识的效果"。① 可以说，上述两种做法可分别称为"溶入"模式与"嵌入"模式，它们各有利弊，难分高下。第一批的指导性案例序号就使用阿拉伯数字，不存在予以更换的充分理由，可予继续坚持。

（二）整合

指导性案例序号中的"序"有顺序、序列之意，而"号"即符号、标志，两者的结合就表示某个指导性案例在整个指导性案例之中所处顺位的数字符号。序数词可以给它们所修饰的那些名词排列次序，且会造出专有名词或名称。② 在认识和把握事物时，"我们只计算号码，就可以正确地总结、分割、分配我们所要计算的各种事物自身。因为在各种记号和一大堆个别的事物单位（每一事物是一单位）之间，已经确立了一种联系"。③ 在案例指导制度之中，各个指导性案例之间不是孤立、分散的，它们相互间存在着紧密的关联，指导性案例序号就是这种关联的外部表示。序号是指导性案例编纂者面对数量庞大、类型复杂的案例所运用的一种操控工具，并借此形成一种有"秩序"的指导性案例体系。原本孤立、分散的各个案例，经由序号，遂组合为一个连续排列的线性结构。序号之设置与安排，体现了各指导性案例之间的相互联系。

不同批次的案件之间序号的先后关系，容易说得清楚。后来发布的第二批、第三批案例，都以第一批案例序号为基数，连续排列。但是，同一批次案例序号之先后是如何安排的，不无疑问。我们现将焦点对准第一批的 4 个指导性案例。它们都是最高人民法院审判委员会讨论通过，2011 年 12 月 20 日发布的，其序号是基于什么标准排列的？发布方没有说明，我们揣测有以下几种可能：

第一，随机排列。作为价值取向明显的指导性案例编纂工作，其"方案不是一种随意的事件系列，而是一种有着某种因果联系的结构。它具有代表可能（如果未必不可避免的）系列事件的特性。一个方案也可能勾画出由特定行为所致的序列后果"。④ 案例编纂者自始而终排列的序号，即表明指导性案例制度就是由

---

① 中华人民共和国国家质量监督检验检疫局、中国国家标准化管理委员会制定的《出版物上数字用法》（2011 年 7 月 29 日发布）。
② ［英］托马斯·克伦普著，郑元者译：《数字人类学》，中央编译出版社 2007 年版，第 124 页。
③ ［英］乔治·贝克莱著，关文运译：《人类知识原理》，商务印书馆 2010 年版，第 86 页。
④ ［美］克雷格·勒尔著，陈维振译：《策略性思维》，辽宁教育出版社 2001 年版，第 182 页。

诸多指导性案例构成的完整系统。如此重要的案例编纂工作，如果序号是随机排列的，难以解释得通，还需寻找其他理由。

第二，法院作出生效判决时间。这四个案例作出生效判决的时间分别为："指导性案例1号"，2009年9月4日；"指导性案例2号"，2010年7月7日；"指导性案例3号"，2009年11月30日；"指导性案例4号"，2011年5月3日。很显然，指导性案例的序号，也不是按照时间的先后顺序来安排的。

第三，案件类型。基于合并同类项的考虑，将同一层次上关联性相对紧密的案例集中一起，如此，可使指导性案例的体系性、协调性得以增强。这次的4个案例，"指导性案例1号"与"指导性案例2号"，为民事案例；"指导性案例3号"与"指导性案例4号"为刑事案例。而且，在同一审判部类内部，按照时间的先后来排序，此种解释或许可以解释得通。人们可能还会进一步追问，各个审判部类之间孰先孰后的道理何在？我们希望最高法院对这些疑问进行思考，并作出回应。

《最高人民法院关于案例指导工作的规定》第8条规定："最高人民法院案例指导工作办公室每年度对指导性案例进行编纂。"对此，人们可能会提出这样的疑问，如果将来一年发布多个批次的案例，是否需要通过年度编纂再统一排序？从已发布的三批指导性案例看，这12个案例是跨越2011年、2012年发布的，很显然它们不是一次性的单独排序，也不是以一个年度为时间单位而另行排序的。

第四，《最高人民法院关于案例指导工作的规定》第9条规定："本规定施行前，最高人民法院已经发布的对全国法院审判、执行工作具有指导意义的案例，根据本规定清理、编纂后，作为指导性案例公布。"对那些2010年11月26日之前发布的、经清理编纂重新发布的指导性案例的序号如何编排？是否另行排序？也成疑问。

（三）表征

在人的认识和实践活动中，符号就是它所标示东西的代表，在某些方面发挥着替代所标示的东西的作用。凡是在不可能或不方便运用对象本身的场合，人们使用记号来代替它们，这些记号比较容易使用且符合需要。"当我们说在思想中掌握世界，那就是说，我们掌握了被用来作为世界上所有对象和事实的记号的那些思想和判断。"[①] 在某种意义上，序号就是指导性案例的符号、名称。"名称乃

---

① ［德］M.石里克著，李步楼译：《普通认识论》，商务印书馆2005年版，第83页。

是具有描绘作用的词语。它们把已经存在的东西传送给表象性思维。凭着它们的描绘力量，名称证实了自身对于物的决定性的支配地位。"[1] 作为指导性案例的名称，序号即是指导性案例的表征与指号，它并非空洞无实的数字符号。许多情况下，序号就是包含着复杂权利义务内容的指导性案例正文的直接替代物，它对人们认知、运用指导性案例都具有重要的作用。为了有效地发挥指导性案例序号的表征功能，它的设置应符合特定的技术要求。

首先，序号与指导性案例有着严格的对应关系，不能张冠李戴。由于每一个指导性案例所规定的内容都具有特殊性、独立性，因而可以对此案例与彼案例予以区分。2005年10月出台的《人民法院第二个五年改革纲要（2004~2008）》第13条提出："建立和完善案例指导制度，重视指导性案例在统一法律适用标准、指导下级法院审判工作、丰富和发展法学理论等方面的作用。最高人民法院制定关于案例指导制度的规范性文件，规定指导性案例的编选标准、编选程序、发布方式、指导规则等。"其中对我国裁判先例的名称明确界定为"指导性案例"。2010年11月26日，《最高人民法院关于案例指导工作的规定》中，整个文件使用的都是"指导性案例"，并未出现"指导案例"一词。而最高人民法院发布的三批指导性案例中，交叉使用"指导案例"与"指导性案例"两个概念，甚至有时将两者并置、同时使用。[2] 尽管在绝大多数情况下，使用的是"指导性案例"，而在案例序号的表述中，则使用"指导案例"。针对同一对象，使用不同的术语予以指称，易造成理解上的困惑。所以，为保证概念的统一，案例序号的表述最好都使用"指导性案例"，而不用"指导案例"。

其次，指导性案例序号的用法应前后一致。国务院办公厅发布的《国家行政机关公文处理办法》第23条规定："公文中的数字，除发文字号、统计表、计划表、序号、百分比、专用术语和其他必须用阿拉伯数码者外，一般用汉字书写。在同一公文中，数字的使用应前后一致。"因而，对指导性案例序号的表述，不能既用中文数字也用阿拉伯数字，而应该前后统一，都使用阿拉伯数字。特别是，法官、法学家们在裁判文书、法学论著中，对指导性案例序号的使用应与指导性案例本身相一致，都使用阿拉伯数字。

最后，序号的设计应该醒目、突出。为了与指导性案例相区分，指导性案例序号应使用不同的字体、字号、字重。指导性案例正文使用宋体字，而序号则使

---

[1] ［德］海德格尔著，孙周兴译：《在通向语言的途中》，商务印书馆2004年版，第221页。
[2] 例如，最高人民法院《关于发布第一批指导性案例的通知》要求："今后，各高级人民法院可以通过发布参考性案例等形式，对辖区内各级人民法院和专门法院的审判业务工作进行指导，但不得使用'指导性案例'或者'指导案例'称谓，以避免与指导性案例相混淆。对于实施案例指导工作中遇到的问题和改进案例指导工作的建议，请及时层报最高人民法院。"

用黑体字。如此用法，可使序号与指导性案例正文相区分，更加醒目，便于查找。各种字体的笔画形状、结构、字面密度（笔画与空白的比例）均不同，因而给人的印象也不相同，有的严肃，有的活泼；有的厚重，有的轻盈；有的冷峻，有的热烈。每个字体都有自己的个性，比较适合作为条标的是宋体或黑体。宋体的笔画特点是：横画细，末尾作三角形装饰；竖画粗，起首处作三角形装饰；撇画头大尾小；捺画头小尾大。字形方正，结构匀称、齐整。字面密度适中，阅读方便、醒目。它给人的印象是，端正、平和、大方。条标也经常使用宋体字，暗含公正、客观、不偏不倚、不冷不热之意。黑体，在结构上与宋体一样端正、匀称。不同之处在于：黑体字的笔画肥瘦基本一致，均粗壮醒目；折笔多为方角，刚劲有力；字面密度较大，因而在同样字号下，显得比其他字体大一些。它给人的印象是：严肃、冷峻、雄浑、有力。在标题上使用黑体字，可表示严肃、重大等含义。[①] 至于，粗圆体、楷体、行楷、隶书体、魏碑体等字体，都显得不够庄重，不宜用于条标。如此，考虑到与指导性案例正文之间作出明显的区分。指导性案例序号使用黑体字的现行做法比较合理，应予坚持。

（四）检索

在美国，现在最常用的案例编号是由 West 出版公司的 West Law 数据库提供的一套编号系统。以 *Cerechino v. Vershum* 一案为例，其案例编号为 197 N. W. 2d 363（Oregon，1975），表示该案例被发表于 West 出版公司出版的第二套西北法律汇编（N. W. 2d）的第 197 卷第 263 页，案例来自于俄勒冈州，属于州最高法院判决（而非联邦法院判决），判决时间为 1975 年。[②] 在进入案例出版商的案例数据库系统之后，人们仅凭案例编号便可直接调阅目标案例。

在我国，案例指导制度刚刚启动，案例数量尚少，其查寻问题往往为人所轻视。随着指导性案例数量的增加，法官、律师、当事人、研究人员在查寻判例先例时，如果没有一定的路径和渠道，将淹没于判案例的汪洋大海之中，案例的查找和运用将困难重重。进入案例世界的路径很多，例如，在美国的判例要点即具有检索的功能，一项判决意见的若干要点用短的若干段落作出要点，然后根据精细的分类按主题编号和分类。在我国，指导性案例的标题往往只有诉讼当事人及法律关系性质等简单的信息，其检索、查寻的功能非常有限。如果将序号与标题、关键词、裁判要点等信息相结合，并纳入计算机系统之中，将有助于读者搜

[①] 参见王咏赋：《报纸版面学》，人民日报出版社 2006 年版，第 128～129 页。
[②] 参见何主宇：《英美法案例研读全程指南》，法律出版社 2007 年版，第 3～4 页。

寻、检阅所需案例，方便人们对案例的认识、研究和使用。因此，在这些已有的案例查寻途径之外，再科学地编排序号，将会形成高效的指导性案例检索系统，便利指导性案例的利用。

（五）参照

序号就是指导性案例的符号、指称，具有表征的功能。与此相关，在裁判文书等法律文书以及法学著述中，指导性案例序号还具有参照或引用的功能。

其中，最重要的是裁判文书的参照。《最高人民法院关于案例指导工作的规定》第七条规定："最高人民法院发布的指导性案例，各级人民法院审判类似案件时应当参照。"指导性案例具有事实上的拘束力，法官在处理同类或类似案件时，应当充分注意、参照。① 指导性案例序号，与其内容形成直接的对应关系，往往可以直接代替指导性案例。对指导性案例序号的引用，也就是指导性案例的"参照"。因而，在裁判文书中，法官可以不引用指导性案例的具体内容，而直接标明相对应的序号。

还有，法学著述的使用。以实证法为主要研究对象的法学，须运用大量的相关指导性案例素材，因而序号的使用是各类法学著述绕不过的一关。在这方面，法条序号使用过程中存在的问题，实为前车之鉴。《中华人民共和国立法法》第五十四条第二款规定："编、章、节、条的序号用中文数字依次表述，款不编序号，项的序号用中文数字加括号依次表述，目的序号用阿拉伯数字依次表述。"但是，当下我国的法学著述中，法条序号大多用的是阿拉伯数字。② 此做法与《中华人民共和国立法法》的要求不相一致，与法律文本实际的表述方式也不一致，不利于维护法律的统一性、严肃性，也可能会使条序与条文内容间应有的对应关系发生错位。但是，这从另一方面也反映出我国现行法律关于法条序号的规定并非完全合理，导致实际引用时比较烦琐、不太方便。对于《中华人民共和国刑法》第三百四十三条之类的条序，如用阿拉伯数字表示即为第343条，少占空间、③ 表述简练、引用方便；反之，如《德国民法典》之第2 385条，用中文大写数字表示即为"第二千三百八十五条"，累赘烦琐。有鉴于此，案例序号如用

---

① 参见苏泽林：《中国案例指导制度的构建和应用》，法律出版社2012年版，第14页。
② 国内法学专业一些有影响的教科书中，引用法条时使用的条序都是阿拉伯数字。例如，张文显：《法理学》（第四版），高等教育出版社2011年版；张明楷：《刑法学》（第二版），法律出版社2003年版；王利明：《民法学》（第二版），法律出版社2008年版，等等。
③ 中华人民共和国国家质量监督检验检疫局、中国国家标准化管理委员会制定的《出版物上数字用法》（2011年7月29日发布）规定："出版物中的阿拉伯数字，一般应使用正体二分字身，即占半个汉字位置。"

阿拉伯数字表示，优势明显。将来，随着指导性案例数量增多，其总数目往往是几百个，甚至过千，案例序号用阿拉伯数字来表述，其功效更加明显。

（六）变更

序号的设置，对指导性案例变更具有重要意义。"一个先例有时候可以取得这样的权威，使后来的法官即使确信它是错误的，仍感到难以对付或不能摆脱它。于是，先例规则成了法律进步的绊脚石"。① 如果将遵从先例原则推向极端，即意味着以前某一案件的判决对以后同类案件具有约束力，即使后来发现以前的判决是错误的。② 对判例太僵硬地依循，就可能在特定案件中导致不公正，还会不适当地限制法律的发展。③ 指导性案例一旦发布，并非一成不变的，它们要追随社会物质生活条件不断地变动，其变更也在所难免。"判例制度的一个长处即在于法官在适当的情况下能够利用法律规则做小小的试验，他们总是能够修正试验，考虑新的、意料之外的实情，直至得出一条适当的法律规则（甚至是一种法律'制度'）。当众多的法官可以各自独立地对同样棘手的案情做实验时，就会有更多的改进，因为试验刺激法律创新。"④ 在指导性案例变更的形式上，可分为明示变更与默示变更两种。前者是指通过新案例或者司法文件等途径，明确某一特定指导性案例被废止或修改；后者是指虽没明确某一特定已被变更，但因与其裁判理由明显不同的新的指导性案例的出现，可以推断出旧的指导性案例已被废止或修改。

尤其是在默示变更的情况下，指导性案例序号发挥着重要的作用。如果最高人民法院发布的指导性案例之间存有矛盾，且没有及时作出处理的，实际审理案件的法官可以根据指导性案例序号的先后顺序，借用"新法优于旧法"的法律适用准则予以办理。如果针对同一类型案件，两个指导性案例之间发生冲突，后发布的案例就具有适用上的优先性，可以排斥或替代先前发布的指导性案例之适用，完成指导性案例的实际变更。当然，如果是同一批次的指导性案例，法官无法进行"新"与"旧"的选择时，应该提交最高人民法院裁决。因而，作为编纂技术规则，同一批次发布的指导性案例数量不宜太多，以不超过 10 个为限。否则，它们之间发生冲突的概率将大为增加，使法官无法依职权自主地选择适

---

① ［澳］维拉曼特著，张智仁、周伟文译：《法律导引》，上海人民出版社 2003 年版，第 156 页。
② ［英］丹宁勋爵著，杨百揆等译：《法律的训诫》，法律出版社 1999 年版，第 321 页。
③ ［英］克里夫·施米托夫：《英国"依循判例"理论与实践的新发展》，载于《法学译丛》1983 年第 3 期。
④ ［美］卡尔·N·卢埃林：《美国判例法制度》，载于《法学译丛》1989 年第 5 期。

用，如果最后不得不提交最高人民法院裁决，势必增加司法成本。

三、裁判文书标题的原理与设计

裁判文书作为一种特殊的文书形式，其标题虽然只是它很小的一个组成部分，但作为整个裁判文书的浓缩，其作用与功能也不可小觑。在推行案例指导制度，实行审判公开制度的背景下，裁判文书标题的作用越发重要。

第一，概括判旨。一般地，"标题是文章的眼睛"，标题是文章内容的浓缩，要求以尽量简短的词语概括文章的内容。裁判文书的标题涵盖了裁判的主体、内容、性质等关键的字眼，是判例整体内容的高度概括，通过裁判文书的标题，我们能够轻易地从宏观上对判例进行把握。

第二，案件辨析。裁判文书的标题应该是其本身属性的反映，是其内容的浓缩、抽象，以便于人们辨别、认知。人们可以通过对裁判文书标题的内容的把握来对整个案件的内容进行理解、辨别和认知。如"美国矿产金属有限公司与厦门联合发展（集团）有限公司债务纠纷案"这个裁判文书标题就是对其内容的浓缩和抽象，当人们第一眼看到这个裁判文书标题时就可以很清楚地分清案件的内容、性质，可以明白此案是美国矿产金属有限公司对于它和厦门联合发展（集团）有限公司的债务纠纷向法院提起的诉讼。

第三，查寻检索。裁判文书的标题，还具有搜寻检索裁判文书的功能。2009年2月18日最高人民法院出台《关于进一步加强司法便民工作的若干意见》提出：人民法院应当逐步建立裁判文书和诉讼档案公开查阅制度。"有条件的人民法院可以在网上依法公开案件裁判文书和执行案件信息。"我国司法体系中各级人民法院的数量庞大，同时，随着经济不断发展、社会不断进步，我国已经进入了各类案件的高发期。因此，裁判文书的数量也必然相当可观。不仅各级法院而且普通民众在遇到相关法律问题时，都有检索查找相关裁判文书的需要。尤其在科学技术飞速发展的当今网络时代，裁判文书在网络上公开已成为必然趋势，因而其检索功能将得到更大限度的发挥。

第四，统计分析。从裁判文书的标题中就可以推测出案例的属性，如关键字"检察院诉"可以推测出其为刑事领域的案件，而"合同纠纷""债权纠纷"便是明显的民事领域的纠纷。对于案件内容的推定可以节省统计人员的时间，便捷地统计案件的类型，有利于司法的有关部门对于一段时间内所有类型案例的统计和研究，归纳案例的发生频率和时间，得出有益于法学研究的结论。

第五，法学研究。从法学研究上看，裁判文书的标题问题解决好了，有利于对判例资料进行分类、编排、整理，有利于开展法学研究。

目前，裁判文书的标题一般由两个要素组成，一是判决书的制作法院，如×××人民法院；二是判决书的名称或类别，如刑事判决书、民事判决书等。裁判文书标题所包含的信息过于稀少，作用有限。而《中华人民共和国最高人民法院公报》登载的典型案例，在标题的构成上，包含了更为丰富的内容，对案例指导制度具有重要的意义。这里，以2003年以来的判决书标题为素材，进行具体的分析。

（一）裁判文书标题的演变

与审判制度、庭审方式的改革与发展相适应，我国法院裁判文书标题的构成也经历了由不完善向完善的发展过程。通过对2003年2月至2007年11月《中华人民共和国最高人民法院公报》登载的"裁判文书选登"中裁判文书标题的整理研究，不难发现以下变化。

1. 由"……纠纷上诉案"变为"……纠纷案"

通过对2003年至2007年登载的"裁判文书选登"的裁判文书标题进行研究发现，2003年登载的标题均为"……上诉案"，如2003年2月登载的"爱福特公司诉北京地坛医院等不正当竞争纠纷上诉案"；而自2004年之后，标题中不再出现"上诉"的字样，仅以"……纠纷案"为结尾，如2004年9月登载的"大洋公司诉黄河公司专利实施许可合同纠纷案"。

此现象的发生，有最高人民法院选择所登裁判文书的侧重有所不同的原因，但是，这一现象也是我国裁判质量提高，司法进步的有力证明。上诉案件越少，越反映了我国裁判质量的提高，司法的完善。

2. 标题文字数由少变多

2006年之前裁判文书标题大部分长度较短，文字大多控制在30字以内，如2003年2月登载的"佩时投资公司诉天津市金属工具公司中外合资合同纠纷上诉案"。而自2006年以后，其标题长度明显增长，文字数也明显增加，如2007年9月登载的"深圳市商业银行宝安支行与湖南长炼兴长集团有限责任公司、深圳民鑫实业有限公司、广东金汇源投资担保有限责任公司、西北亚奥信息技术股份有限公司、吴忠仪表集团有限公司、深圳国安会计师事务所有限公司返还资金

保证合同纠纷案",其文字竟然达到 105 字。分析此现象,主要有以下几方面原因:

首先,2003 年 2 月到 2006 年 3 月之间选登的民事裁判文书,随处可见"等"的身影,如"建行浦东分行诉中基公司等借款合同纠纷案",即在标题中以"等"代替一部分"非重要"的原告与被告,以此试图达到简略标题的目的。然而,自 2006 年 4 月始,"等"开始消失,如"河北新凯汽车制造有限公司、高碑店新凯汽车制造有限公司与(日本)本田技研工业株式会社、东风本田汽车(武汉)有限公司、北京鑫升百利贸易有限公司侵犯外观设计专利纠纷管辖权异议案",文书制作者不再试图以"等"代替以前看来"非重要"的原告与被告。"等"字的使用减少,"、"的使用增多,使所有涉案主体在裁判文书的标题中都清晰地呈现出来。相对于使用"等"字将过多的涉案主体省略,这样显然增加了标题长度。

其次,2006 年之前,诉讼双方多为单个主体对单个主体,案件所涉及主体较少,如 2004 年 1 月登载的"重庆市人民检察院诉陈新贪污、挪用公款案";而 2006 年后,案件所涉主体逐渐增多,多个主体对多个主体的案件居多。如 2006 年 1 月登载的"曾意龙与江西金马拍卖有限公司、中国银行股份有限公司上饶市分行、徐声炬拍卖纠纷案"。主体数量的增多很大程度上导致裁判文书标题字数的增加。

3. 裁判文书标题开始从抽象向具体方向转变

早期的标题中多使用专业名词,不易明白;而在后期中,将裁判原由细化,使之通俗。例如,在 2004 年至 2005 年的有关"合同"纠纷集中,只有"债权债务转让合同纠纷案""借款合同""发行权许可合同纠纷""担保合同纠纷"不免有些概括,而在 2006 年下半年到 2007 年的有关"合同"纠纷案中,显然类别增多了。如:"……土地使用权转让合同纠纷案""……买卖合同纠纷案""……资产转让合同纠纷案""……土地使用权出让合同纠纷案",这些裁判原由的用词变得更具体,那么阅读文书的非法律专业人士就能一目了然,判断本案所涉及的主要纠纷问题了。总之,裁判文书标题开始从抽象向具体方向转变。

(二)裁判文书标题的构成

随着时间的推移,我国的裁判文书标题在不同方面发生了不同程度的变化,然而其成分构成仍相对稳定。下面主要从法律要素构成和各类裁判文书标题的构成成分两种角度进行分析。

1. 英国裁判文书的标题

在英国民事案件中,初审案件名一般是原告在前,被告在后,中间用符号 v (即便是法院判决书上使用的是 and 或 against) 隔开。这里的符号 v 一般不读作 versus 而读作 and,但是却往往被译为"诉"。例如,*Donoghue v Stevenson*,就译为"唐纳休诉斯蒂芬孙案"。另外,个别案件名称采用"Re"或者"In Re"形式,即"关于",多见于破产、指定代理人,以及人身保护等案件,如 *Re Tempest*;而以船舶为被告的案件直接使用该船舶的名称,如 *The Wagon Mound*。

一个案件从高等法院上诉到上诉法院,原审案件的名称并不改变,即使原被告在上诉审中的地位发生了变化,即原审原告成为上诉审中的被上诉人,而原审被告成为上诉审中的上诉人。这与美国联邦法院的做法不同,在后者,上诉案件名称中上诉人在前,被上诉人在后。但是,一旦案件上诉到了上议院,案件名称中一定是上诉人的名称在前,被上诉人的名称在后。例如,*Stone v Bolton* [1950] 1 K. B. 201 (CA) 一案中,Stone 在上诉法院程序中是上诉人,在上诉院议程中是被上诉人,因此在上议院案例报告中的名称是 *Bolton v Stone* [1950] A. C. 850 (HL)。另外,有些案件在审理或上诉过程中,案件名称可能发生了顺序改变以外的其他变化,如当事人名称改变;或者同一案件在不同系列中使用不同的案件名。这时候,在引证时使用拉丁词 *svd nom.* 表示案件名称有变动,即"以案名"(under the name)。

引证案例时,案件名通常使用斜体格式,手写时以下画线表示。在英国,案例名与其后的引证各项之间通常都不用逗号,当然偶尔也有使用的。在美国,则往往都加逗号。另外,为了简化引证,案件名中通常只保留每方当事人的第一个人,其余(包括 and others 等字样)省略;合并审理的案件只保留第一个案件名;人名只保留姓。公司中省略 the,使用 Co., Ltd., Plc. 等缩写形式;省略表示当事人在程序中的地位的词(如 appellant, petitioner 等)。①

2. 美国裁判文书的标题

在美国,案件名(case name),有时也称为"标题"(style/caption)。案件名是由双方当事人以及 v. 而不是 v,并且读作"versus"。典型的判例以原被告双方的名字来命名,如琼斯诉史密斯案。通常名字出现在前的,是法院的最初原告,但是在某些案件中,出现在前的名字,指的是提出上诉的一方。刑事案件的形式是:州诉怀特案或格林诉美国案等。有时候,尤其是在无对手的诉讼中,例

---

① 兰磊:《英文判例阅读详解》,中国商务出版社 2006 年版,第 170~171 页。

如破产等，只出现一个名字，如布朗案或布莱克案等。①

在美国法院初审案件的标题中，原告在前被告在后，构成 *plaintiff v. defendant* 的体例结构。在上诉案件标题中，上诉人在前被上诉人在后，构成 *petitioner v. respondent*（上诉人诉被上诉人）的体例结构。通常案例的名称或标题一般由诉讼双方当事人的名称构成，但也不尽然。如在以 *in re* 开头的案件中，审判过程中没有诉讼另一方。在案例的名称前加上 *in re* 通常意味着只涉及一方当事人的案件，如破产案件、监护人案件、藐视法庭案件、吊销律师资格或移民申请等案件。*in re* 是拉丁语，表示"关于"，等于普通英语的"in the matter of"。案件名称有时也会使用 *Ex parte*，此类案件涉及为单方当事人利益而设置的特殊法律程序。在审前程序或庭审过程当中，如果某诉讼文件或动议名称冠有 *ex parte*，则表示涉及可单方面进行的法庭程序；此类程序中，当事人事先无须通知诉讼的另一方或无须让对方出庭答辩，如有关紧急诉讼保全的动议。

对于涉及非正常司法救济的特殊案件，如案件涉及 mandamus（申请上级法院向下级法院发出约束令）、certiorari（申请上级法院向下级法院发出调卷令）或 habeas corpus（申请用于解除不当拘押的人身缉拿令）等，案件名称有时会使用 State *ex rel.*，如 State *ex rel. Berry v. Green*，这里的 *ex rel.* 是拉丁文 *Ex relatione* 的简写形式，意思是"upon relation of information of"（根据某某的陈述或提供的信息）。冠以 *ex rel.* 的案件是经和该案件有私人利益关系的公民之要求并根据其所提供的信息资料，由检方以政府的名义提起的。

如果案例名称中出现了"People of ＿＿"or"Commonwealth of ＿＿"，通常表明这是一起公诉刑事案件，如 *People of Now York vs. Stevens*。如果州或联邦等政府机构作为原告出现在案例名称中，通常表明这是一起公法案件，如 *The United States of America vs. Microsoft* 就是一起涉及反垄断法的公法案件。如果州或联邦等政府机构作为被告出现在案例名称中，则该案例既可能是公法也可能是私法案例，要视具体所涉的法律而定。②

3. 我国的构成

裁判文书的标题一般有四部分构成：主体、连接词、主体之间的矛盾内容和案件的性质。

第一，主体是裁判文书标题的骨架，没有主体案件本身就不存在。在一般案

---

① 参见［美］E. 阿伦·法恩斯沃思著，马清文译：《美国法律制度概论》，群众出版社1986年版，第64页。

② 参见何主宇：《英美法案例研读全程指南》，法律出版社2007年版，第2~3页。

件中通常只有两个主体，这也是利益关系最简单的案件。但是，有时案件会涉及多个主体，这时案件就会因涉及多个主体之间的利益关系而变得更加复杂。主体的范围很广，可以是个人、企事业单位、社会团体，甚至国家。如"法兰西共和国申请引渡马尔丹·米歇尔案"，案件的主体就是国家，且其中隐藏了另外一个主体：中华人民共和国。当主体是企事业单位时，其名称通常是：国名＋地名＋单位名称，但有时也会位置颠倒成单位名称＋地名，后者多见于各地有分支的单位。如"晓星香港有限公司"等，最明显同一个公司不同地区分支的如"中国香港绿谷投资公司诉加拿大绿谷国际投资公司等股份纠纷案"。

由于主体性质的不同，案件也可以分为私←→私（民事诉讼）、私→公（行政诉讼）、公→私（刑事诉讼）的形式。其中私←→私的案件是最常见的，一般都是民事案件，如"李显志诉长春建工集团界定产权、返还财产纠纷案"等。通常公→私形式的案件中刑事案件较多，如"金华市人民检察院诉胡祥祯诈骗案"等都是人民检察院对犯罪嫌疑人提起的刑事诉讼。私→公形式的案件是个人与国家的纠纷，如"李伏运请求国家赔偿案"等。

第二，动词是主体之间的连接词，其运用对于人们对案件的理解至关重要。一般情况下连接词分为两种："诉"和"与"。"诉"字具有明确的指向性，由此人们可以判断出原告与被告的身份，如"石家庄市人民检察院诉王海生故意伤害案"，我们可以清楚地判断出"石家庄市人民检察院"是原告方，"王海生"是被告方。但是由于有些案件是民事案件的上诉案件，即原来的原告在上诉中变为被告，而原来的被告变为原告，同时在民事案件中主体是平等的，二者之间是利益纠纷，这时再用"诉"就有些不合时宜，故"与"字出现。如"耀县水泥厂与中国建材集团公司、陕西省建材总公司债权转出资纠纷案"，这时人们的思维中就没有了原、被告的概念，而是，理解前一个主体是本次诉讼的提出者。

第三，主体之间的矛盾内容也是裁判文书标题中必不可少的一部分。主体之间的矛盾内容主要分三种：一是主体间的民事纠纷内容；二是主体的犯罪罪名；三是主体的行为。如"晓星香港有限公司诉中国船务代理公司防城港公司等提单侵权纠纷上诉案"中的矛盾纠纷是民事上的提单侵权，相似的还有合同纠纷、借款担保纠纷等。"重庆市人民检察院诉陈新贪污、挪用公款案"中矛盾的内容就是主体陈新的犯罪罪名"贪污、挪用公款案"，相似的还有诈骗、故意杀人等。以主体行为为矛盾内容的案件也很常见，如"艾特福公司诉北京地坛医院等不正当竞争纠纷上诉案"中仅是因为北京地坛医院等的不正当竞争行为才引起了主体间的矛盾，导致案件的发生。

第四，案件的性质对于案件的定性和索引都起到了不小的作用。通常裁判文书标题的最后都会有关于案件性质的词语。如"上诉案""纠纷案""管辖权异议案""不予受理案",基本都有一个字"案",这些案件的性质体现了法院的态度。根据字面的意思我们可以很明显地看出"上诉案"是指本案件的当事人之一不服原审判决向高一层的法院提起上诉的案件,如"海军航空兵海南办事处诉深圳市三九旅游酒店有限公司等房屋租赁合同纠纷上诉案"。"纠纷案"一般情况下都是民事纠纷案件,如"温州信托公司清算组诉幸福实业公司等债权债务转让合同纠纷案"。"管辖权异议案"则是由于当事人对于某法院是否有权审理某案件而提起的诉讼,如"锦宫公司与广发公司商品房的买卖合同纠纷管辖权异议案"。同时,有些案件也体现了法院从法律的角度对案件的判断和态度,如"奉化步云公司与上海华源公司商标所有权转让纠纷不予受理案"。

(三) 不同类型裁判文书的标题

1. 民事裁判文书标题的构成

民事裁判文书。民事裁判文书的构成体系是:原告当事人+诉(与)+被告当事人+案由+案。即包括民事主体的原告和被告、谓语动词"诉"或连接词"与"、民事纠纷所涉具体内容、"案"字。如"农业发展银行青海分行经营部诉青海农牧总公司担保合同纠纷案"中,"农业发展银行青海分行经营部"和"青海农牧总公司"为原告和被告,"诉"是谓语动词,"担保合同纠纷"是民事纠纷所涉具体内容,最后一"案"字。

2008年2月4日最高人民法院《关于印发〈民事案件案由规定〉的通知》指出:在民事裁判文书标题中,案由居于核心位置。民事案件案由是民事诉讼案件的名称,反映案件所涉及的民事法律关系的性质,是人民法院将诉讼争议所包含的法律关系进行的概括。民事案件案由应当依据当事人主张的民事法律关系的性质确定。由于具体案件中当事人的诉讼请求、争议的焦点可能有多个,争议的标的也可能是两个以上,为保证案由的高度概括和简洁明了,民事案件案由的表述方式原则上确定为"法律关系性质"加"纠纷",一般不再包含争议焦点、标的物、侵权方式等要素。同时,多少部分案由也依据请求权、形成权或者确认之诉、形成之诉的标准进行确定。对适用民事特别程序等规定的特殊民事案件案由,根据当事人的诉讼请求直接表述。

2. 行政裁判文书标题的构成

行政裁判文书的构成体系是:原告当事人+诉+国家机关+案由+案。即包括原告当事人和被告国家机关的名称、谓语动词"诉"、行政纠纷所涉具体内容、"案"字。如"益民公司诉河南省周口市政府等行政行为违法案"中,"益民公司"和"河南省周口市政府"为原告当事人和被告国家机关的名称,"诉"是谓语动词,"行政行为违法"是行政纠纷所涉具体内容,最后一"案"字。

2004年1月14日最高人民法院发布的《关于规范行政案件案由的通知》规定:行政案件的案由分为:作为类案件、不作为类案件、行政赔偿类案件。①行政作为类案由的结构为管理范围+具体行政行为种类。②不作为类案件,以"诉"作为此类案件案由的第一个构成要素;以行政主体的类别作为第二个构成要素;以不履行特定行政职责或义务作为第三个构成要素。③行政赔偿类案件的案由构成。行政赔偿类案件分为两种情况,即一并提起行政赔偿和单独提起行政赔偿。对于一并提起的行政赔偿案件,在被诉具体行政行为案件案由后加"及行政赔偿"一语即可。对于单独提起行政赔偿的案件,案由的确定方法为:行政管理范围+行政赔偿。在立案审查阶段,可以根据当事人的起诉确定初步案由。在审理阶段,如果发现初步确定的案由不准确时,应当根据审理后确定的法律关系性质类确定结案案由。当出现行政管理范围和具体行政行为种类难以界定、案由难以确定的情况时,可以作为例外情况酌情确定案由。不属于行政诉讼受案范围的案件,在裁定不予受理或驳回起诉时,案由可通过概括当事人诉讼请求的方式来确定。

3. 刑事裁判文书标题的构成

刑事裁判文书的构成体系是:公诉机关+诉+犯罪嫌疑人+罪名+案。即包括公诉机关和犯罪嫌疑人名称、谓语动词"诉"、犯罪嫌疑人所犯罪名、"案"字。如"重庆市人民检察院诉陈新贪污、挪用公款案"中,"重庆市人民检察院"为公诉机关名称,"陈新"为犯罪嫌疑人姓名,"诉"是谓语动词,"贪污、挪用公款"是犯罪嫌疑人所犯罪名,最后一"案"字。

在刑事裁判文书中罪名居于核心地位。罪名即犯罪行为的名称,是根据罪状对犯罪行为本质特征的高度概括。罪名是由刑法明文规定的,刑法分则把纷繁复杂的犯罪根据侵犯的客体不同而分为若干大类,并对每一大类确定了相应的具体类型。进而对每一具体类型的犯罪又规定了构成要件,确定诸多的罪名;同时,罪名是由罪状决定的。刑法分则条文对犯罪构成要件的描述就是罪状,刑法中形形色色的罪名之所以彼此区分,就是因为它们的罪状各不相同。可以说,刑法分则条文的规定直接描述了罪状,由罪状又进一步确定了罪名。①

---

① 参见刘艳红:《罪名研究》,中国方正出版社2000年版,第13~14页。

综上所述，各类裁判文书标题大都由诉讼双方当事人、谓语动词、诉讼内容、和"案"字构成。但也有部分特殊案件，如"法兰西共和国申请引渡马尔丹·米歇尔案"，主要结构是："主体+动词+内容"。

（四）裁判文书标题的完善设想

经过以上的变化，我国裁判文书标题逐渐合理化，但仍存在标题不规范、形式不统一，裁判文书标题日益冗长、字数过多，许多标题不能明确显示案件性质等问题。基于此，提出以下完善设想。

1. 标题应反映案件发生地区

对于普通民众，在遇到法律问题时，寻找案件发生当地的相关裁判文书作为参考将是一种很好的自我援助手段。然而，当今我国的裁判文书标题，很少有明确的案件发生地点，这给上述情况的裁判文书检索带来了困难。同时，也给学者们对各地区法律及社会发展情况的研究带来了困难。因此，可以考虑在标题前以圆括号标注案件发生的省（区、市）简称，以解决这一问题。如"（冀）石家庄市人民检察院诉王海生故意伤害案"。

2. 在要素齐全情况下应尽量简明

作为任何文章的标题，就应总括全文内容，表达全文主旨，浓缩全文精华，同时，应尽量简明扼要。裁判文书的标题也不例外。在保证所要求的法律要素齐全的情况下，应尽量简明。例如，2007年9月，"抚宁县新星包装厂、抚宁县公有资产经营公司与抚宁县农村信用合作社，秦皇岛远东石油炼化有限公司，秦皇岛骊骅淀粉股份有限公司借款担保合同纠纷案"，可以将具有相同地名定语的主体的地名只保留最前面的一个，而删去其他。在本例中，可以将第二个"抚宁县"去掉，但不能同时将第三个去掉。"秦皇岛"类似，这样可减少6个字，主体越多，减少的字数就可能越多。也可以利用地名简称等解决裁判文书标题冗长的问题。

3. 各级法院标题结构应统一

裁判文书标题结构相对整齐，但收集更多地方法院的裁判文书，我们可以发现，仍存在相当一部分标题结构混乱的裁判文书，造成我国裁判文书呈现整体比较混乱的局面。所以，最高人民法院应尽快制定一项裁判文书标题结构标准，要求各级法院依照执行，从而使我国司法文书标题整齐划一，促进我国裁判文书制作的规范化。

4. 裁判文书设置副标题

裁判文书标题太过冗长，针对这个不足，建议裁判文书设置副标题。正标题标明案件性质及其原因，副标题则设置说明当事人双方的名称。这样标题不仅一目了然，也更加清楚易懂。同时，如果可以，将时间及法院名称也添加到正标题中，使之更加具有针对性。可以很快分辨出此为一审还是二审判决，由哪一级人民法院审理的案件等基本内容。

5. 丰富各种裁判文书标题的内容

判决书是人民法院代表国家行使审判权，通过审判活动对案件作出的具有法律效力的裁判文书。

裁判文书是我国司法工作的窗口，而裁判文书标题则是每一份裁判文书的窗口，因此无论是作为标题本身，还是作为指导性案例的重要组成部分，裁判文书标题都要求给予充分的重视。总之，在构筑裁判文书标题的过程中，司法工作者应积极进取，精益求精，力求裁判文书标题的多功能化、系统化和完美化。

四、裁判要点的原理与设计

（一）裁判要点的功能

裁判要点，也称为裁判摘要，是指将指导性案例的判决理由的意旨予以概括和抽象，选择、摘取其中的精华、核心，所形成的"微缩判例"。在词的构成上，裁判要点是由"裁判"和"要点"这两个语素组成，这两者之间是偏正式结构，其中"裁判"修饰"要点"，前者为偏，后者为正。

一般地，裁判要点是判决书法定记载理由的主要意旨，是案例的精华和核心。作为案例的重要组成部分，裁判要点的公布对促进我国案例指导制度的进一步发展和完善，具有牵一发而动全身的整体联动效应。对于法律适用而言，裁判要点至少具有以下功能。

第一，宣示裁判规范。德国法学家科殷认为："在一个判例上，重要的不是具体的判决，具体的判决仅仅涉及具体的个案，而是规则，规则作为在法律上具有决定意义的观点支撑着具体的判决。"① 最高人民法院通过"裁判要点"提炼出判例的法律要点，可使指导性案例的中心内容更加突出，从而免去判案法官重复性的抽象、概括工作，提高审判工作效率。经由裁判要点，可以把淹没于冗长的判决书中、深藏于个案判决之中的新的裁判规范和诉讼规则凸显出来。在审判实践中，"裁判要点"往往被当作判例的本身，将案例中最核心的内容抽象、概括出来，向法官、当事人和公众宣示判例中的具体裁判规范。裁判要点作为案例的精华和核心可以作为法官判决的理由，虽然目前还不能直接在裁判文书中援引，但不容置疑的是它的基本精神可渗透于裁判文书的说理部分。

第二，指导审判工作。在美国，研究"法庭的判决摘要的唯一正当目的是：让这类简洁、深思熟虑以及得到部分检测的文献指导将来的审理。"② 裁判要点是裁判规则的概括与提炼，它的抽象程度要明显地高于判例本身，是由具体的个案转化为有普遍法律效力的法规范的中间环节。经由裁判要点可以挖掘、整理出判例中包含着的法律原则或判案规则，以形成新的法律规范。在案例指导制度下，最高人民法院选择公报登载的典型案例、形成裁判要点，往往具有明显的价值取向。最高人民法院审判委员会经常根据各个时期全国审判工作的发展态势和目标定位，从每年几百万件判决中选择公布几十件有代表性、典型性的判例，并对判例进行重新加工和整理，概括出判例的核心——裁判要点，指导本院和下级法院以后的审判活动按照其预设的方向展开。

第三，保持法律统一。绝大多数判例都可能存在着因人而异的不同理解，特别是篇幅很长、案情复杂、法律问题较多的判决，可以抽象和概括出许多的法律命题，对判例核心内容的归纳可能在不同主体之间出现较大差异，难免存在公论婆说的复数意见。在我国，最高人民法院只此一家且处于司法等级体系的顶端，它监督地方各级人民法院和专门人民法院的审判工作，在判例的统一上发挥着关键性作用。最高人民法院审判委员会代表最高人民法院通过裁判要点的途径，可在一定程度上将纷纭众说统于一端，消除人们在判例理解上的歧见，可以限制各个判案法官的任意读解和自由裁量，实现法律统一，有助于同案同判，控制本院以及下级法院的审判工作，更有效地发挥判例的指导性、预测性功能。

第四，便于判例查寻。随着法院公布案例数量的增加，法官、律师、当事人、研究人员在查寻判例先例时，如果没有一定的路径和渠道，将淹没于判例的

---

① ［德］H. 科殷著，林荣远译：《法哲学》，华夏出版社 2002 年版，第 206 页。
② ［美］卡尔·N·卢埃林著，陈绪纲等译：《普通法传统》，中国政法大学出版社 2002 年版，第 344 页。

汪洋大海之中，判例的查找和运用将困难重重。在美国，判例摘要即具有检索的功能，一项判决意见的若干要点用短的若干段落作出摘要，然后根据精细的分类按主题编号和分类。"一个受过使用这些摘要训练的人，就能够在相当短的时间内，搜集到那些法院对一个特定问题作出判决的已经汇编的全部判例。"① 在我国，判例的标题往往只有诉讼当事人及法律关系性质等简单的信息，其引导、查寻的功能非常有限。而裁判要点记载着较多的内容，如果将其与判例标题、承办人姓名、判决的年月日、关键词等相结合，并纳入计算机系统之中，将有助于读者搜寻、检阅所需判例，方便人们对判例的认识、研究和使用。

（二）裁判要点的沿革

与我国的裁判要点相类似，其他国家或地区则存有判例要旨。一般地，判例要旨是判例的核心，是阅读、运用判例不可缺省的重要部分。在英美法系，判例摘要被称为"to brief a case""case briefing""briefing a court opinion"，是对法院判决意见进行简要概括，所抽象出的主要内容。一般地，判例要旨包括10个部分：①判例引证。包括判例名称、判例年度、法院名称以及可从何处方便地查找该判例。②当事人身份。③程序历史。包括在下级法院的关键程序以及在本法院的程序。④案件事实，记载案件重要事实。⑤争点。⑥双方的辩论摘要。⑦裁判以及本案的规则。法院对于各个争点分别作出的实体裁决以及适用的规则。⑧法院的推理。法院在对各个争点作出裁决时进行推理的逻辑过程，以及意图达到的目标。⑨法院判决。⑩评论。② 在大陆法系，判例要旨也是其判例的重要组成部分，但其构成与英美法系的差别很大。在那里，人们可以"不加批评地使用在发表的判决前面所载的'判决要旨'（Leitsatze）。这类判决要旨对法院判决的根本性法律思想的内容提供了极为简洁抽象的说明，但它们却省略了基本的事实，或只予提示，而从不提供判决所根据的理由。普通法国家也有此类'判决要旨'（headnotes），但它们只是作为对下面所载判决的大概内容的初步提示以供法官使用，而绝不是作为对判决内容详细探讨的代替物。另一方面，在欧洲大陆，这些完全同生活事实相脱离的判决要旨，常常被作为独立的精练的规则对待，并且在法律实务中像制定法规则那样加以使用。实际上，意大利最高法院的大多数判决，只以'判决要旨'（massime）的形式公布，这一事实促成上述情况的形成；

---

① ［美］E. 阿伦·法恩斯沃思：《美国判例法》，载于《法学译丛》1985年第6期。
② 参见［美］小理查德·K·诺伊曼：《法律推理与法律文书写作（第四版）》（影印本），中信出版社2003年版，第42~46页。

这样，追溯案件事实并发现判决要旨的真正效力范围，实际上是不可能的。在现实中，这些判决要旨中所包含的原则只能作为可供操作的假设对待，人们必须根据后来的案件和变化着的生活需要加以检验，因为可能不得不对它们加以限制、扩大或改进；欧洲大陆的法院无疑经常下意识地这样做，但它们很少让外界人士知道并能验证它们正在这样做。"① 对比英美法系，大陆法系的判例要旨抽象程度较高、更为简略，几乎不涉及案件事实，侧重于法律意见的归纳和概括。

  中国现代意义上的判例制度始于民国初年的大理院，其做法与大陆法系基本相当。当时判例起到弥补成文法之不足的作用，其中的判例要旨则在判例制度中占有重要的位置。1915 年大理院编有《大理院判决要旨》。1919 年 12 月刊发了《大理院判例要旨汇览正集》，其序言："旧制民事有公断，有处分，而无裁判。嗣续婚姻外，几无法文可据。刑事可比附援引，强事就法，往往而有。民国以后，大理院以守法为准；有不备或于时不适，则借解释以救济之。其无可据者，则审度国情，参以学理，著为先例……迄于今日，得以历年所著成例，公诸当世，备参考，供取资，宁非幸事哉！"其例言曰："本汇览系节取大理院自民国元年改组至 7 年 12 月底之裁判文先例，经曾与评议之推事，再三审定，认为确符原意。凡援引院判先例者，除将来续出新例，未经刊印者外，应专以此书为准。"当时，大理院判决具有实际的拘束力，特别是将判决理由高度压缩和凝炼而成的判例要旨，略去个案的事实部分只选取有普遍效力的判例理由，具有明显的造法性质。大理院 1922 年 4 月 12 日统字第 1809 号解释例规定："院判在判例要旨汇览刊行前，未经采入汇览者，即不成判例。"② 1924 年 12 月又出版了《大理院判例要旨汇览续集》，其例言指出："本汇览续编系赓续前编，就大理院民国 8 年 1 月至 12 年 12 月之裁判成例，节取编辑。本编所载有与前编抵触者，无论有无'变更先例'字样，概以本编为准。"在这个时期，"大理院曾先后就历年判决刊为《判例要旨汇览》正编 3 卷，续编 2 卷，承法之士无不人手一编，每逢讼争，则律师与审判官皆不约而同，而以'查大理院某年某字某号判决如何如何'为讼争定谳之根据"。③ 其后，民国最高法院分别于 1934 年和 1943 年两次编辑出版了《最高法院判例要旨》，第一部判例要旨收录了最高法院自 1928 年至 1931 年期间的判例要旨，第二部判例要旨收录了最高法院自 1932 年至 1940 年期间的判例要旨。民初大理院、南京国民政府最高法院日积月累形成了系统的判例以及判例要

---

① ［德］K. 茨威格特、H. 克茨著，潘汉典等译：《比较法总论》，贵州人民出版社 1992 年版，第 467～468 页。
② 郭卫：《大理院解释例全文》，上海会文堂书局 1931 年版。
③ 胡长清：《中国民法总论》，中国政法大学出版社 1997 年版，第 35～36 页。

旨汇编，判例与立法机关制定的成文法一样，都是当时重要的法律渊源。而这些判例要旨即为判例的核心，甚至本身即为判例的代名词，它们是法官裁判的重要依据。

在新中国判例制度的发展过程中，最高人民法院以及许多地方法院曾就案例的裁判要点，做过许多有益的探索和尝试。率先试行判例制度的几个地方法院——河南省郑州市中原区人民法院、天津市高级人民法院、四川省成都市中级人民法院，在推行该项改革措施时都曾实施过类似于"裁判要点"的做法，但在具体操作技术上也各有特色。（1）名称不同。河南省郑州市中原区人民法院称为"裁判要旨"，天津市高级人民法院称为"要义"，四川省成都市中级人民法院称为"本案要点提示"。这些提法的含义大致相当，但也存在着微妙的差别。相对地，前两个名称强调案例自身的客观性，后一个名称则突出了案例编辑者的主观性。（2）位置有别。河南省郑州市中原区人民法院的案例将"裁判要旨"放在最后部分，具有事后总结的性质；天津市高级人民法院的"要义"和四川省成都市中级人民法院的"本案要点提示"，都置于案例的最前面，更像是引导读者的案例主眼。（3）繁简迥异。河南省郑州市中原区人民法院先例判决的"裁判要旨"字数较多，该院先例判决第一号的"裁判要旨"为1 100字左右。① 天津市高级人民法院的案例"要义"字数较少，最短的仅15字。② 四川省成都市中级

---

① 河南省郑州市中原区人民法院先例判决第一号的"裁判要旨"为："本院作出的〔2002〕中行初字第31号行政判决书之所以判决撤销被告作出的缴纳排污费通知，并判令被告返还征收的排污费1 296元，是因为被告在法定的举证期间未向法庭提供其作出该具体行政行为的证据和依据，故认为被告在作出该具体行政行为时没有证据及法律依据，这一判决符合我国的法律规定。《中华人民共和国行政诉讼法》第32条规定：被告对作出的具体行政行为负有举证责任，应当提供作出该具体行政行为的证据和所依据的规范性文件。这一法律规定确定了被告的举证原则。在最高人民法院《关于执行〈中华人民共和国行政诉讼法〉若干问题的解释》中对这一原则的适用又做了详细的阐述，第26条规定：在行政诉讼中，被告对其作出的具体行政行为承担举证责任，被告应当在收到起诉状副本之日起10日内提出答辩状，并提供作出具体行政行为时的证据、依据；被告不提供或者无正当理由逾期提供的，应当认定该具体行政行为没有证据、依据。《中华人民共和国行政诉讼法》第54条的规定，属于主要证据不足，适用法律、法规错误，违反法定程序，应判决予以撤销。被法院撤销的行政行为，属无效的行政行为，行政机关基于该行政行为而收取的排污费理应返还。在行政管理关系中，行政机关处于主动地位，具有主动执法的权力，行政机关应当先取证后裁决，依据证据证明具体行政行为认定的事实，依法律规定作出处理决定，而不能在没有证据的情况下，对相对人作出具体行政行为。行政机关在诉讼中对其作出的具体行政行为负有举证的义务，是其在行政管理法律管理法律关系中的地位所决定的，也是保护行政相对人的知情权、行政过程公开、公正、规范的必然要求。《中华人民共和国行政诉讼法》规定了被告对其作出的具体行政行为负有举证责任，最高人民法院《关于执行〈中华人民共和国行政诉讼法〉若干问题的解释》对《中华人民共和国行政诉讼法》这一举证原则的适用作出了具体规定。本院作出的〔2002〕中行初字第31号行政判决书是本院适用该规定作出的判决，对以后同类型的案件具有很好的指导作用。"

② 津高法民例字〔2004〕第3号的"要义"为："区分保证期间与保证人的履行期间"。

人民法院示范性案例的"本案要点提示"为 150 字左右。① 在三者之间，河南省郑州市中原区人民法院最繁，天津市高级人民法院最简，四川省成都市中级人民法院居中。这些地方法院的改革和探索，为最高人民法院公报的裁判要点，提供了有益的经验、奠定了坚实的基础。

　　更重要的是，最高人民法院在自身的审判指导工作中，也尝试过或正在实施类似于"裁判要点"的做法。做法一：1985 年 7 月 18 日最高人民法院向全国法院印发了《关于破坏军人婚姻罪的四个案例》的通知，在正文之后所附的 4 个案例中，每个案例都有专门的编者"按"语。例如，"熊贤辉破坏军人婚姻罪"案的"按"语指出："被告人熊贤辉明知严若枝是现役军人的配偶而与之长期通奸，并挑拨、唆使女方与军人离婚，以便与他结婚。其行为破坏了军人的婚姻家庭，造成军人夫妻关系破裂的严重后果，已构成破坏军人婚姻罪。由于过去在审判实践中对属于这种情况的案件可否适用刑法第一百八十一条在理解上不够明确，当时未予定罪的，现在不必重新追究刑事责任。今后在办理破坏军人婚姻案件中遇到类似情况的，应当适用刑法第一百八十一条的规定予以判处。"该"按"语前半部分是对案例要点的客观性总结和归纳，而后半部分就超出案例内容的本身，体现的是编审者观点和看法，具有鲜明的主观性和指导性。做法二：《中华人民共和国最高人民法院公报》早期登载的个别案例还设有"编者注"栏目。例如，1989 年第 2 期公报登载的"后营子供销社诉铁三中冷冻食品机械经销部产品责任纠纷案"的"编者注"指出："该案因产品质量不合格造成王文海死亡，东河区人民法院依据事实和法律、判决被告支付死者的继承人抚恤费等费用和赔偿后营子供销社的经济损失是正确的。但是，法院既将两个不同之诉合并审理，就应当依法追加死者的继承人为本案原告，共同参加诉讼，承担权利和义务。"该"编者注"的写法更像是案例评论，其不仅肯定原判的正确方面，并抽出案例的核心内容，同时也指出其中存在的问题，提醒以后的裁判应予注意。做法三：最高人民法院和最高人民检察院联合编辑的《中国案例指导》，设有"案例指导原则"部分。其目的是为了使应用者对案件的精髓有所了解，由著名学者撰写，阐述裁判的理论原理和总结裁判精髓，抽象出案例指导原则，供法律实际工作者和法学理论工作者参考。② 做法四：《人民法院报》的"案例指导"栏目辟有"裁判要旨"部分，它就裁判中的法律问题进行高度抽象和理论概括。上述

---

　　① 四川省成都市中级人民法院示范性案例《公证机关的公证行为不具有行政可诉性》的"本案要点提示"为："公证行为在社会生活中普遍存在，利害关系人不服公证行为，认定公证行为侵犯其权益也时有发生。但公证行为是对当事人之间既有权利义务关系予以证明的国家证明行为，当事人可以协商变更被公证的权利义务关系，公证行为并不具有具体行政行为的拘束力，因此对公证行为不服，提起行政诉讼不属于行政诉讼受案范围。利害关系人只能通过其他途径对自己的权利加以救济。"

　　② 胡云腾：《中国案例指导》，法律出版社 2007 年版，前言。

的最高人民法院文件中的"按"语、公报登载案例中的"编者注"、《中国案例指导》的"案例指导原则"以及《人民法院报》的"裁判要旨"等，是现行"裁判要点"的前身或并行做法，它们为裁判要点的实施提供了有益的经验。

（三）裁判要点的特征

我国的裁判要点是指导性案例的重要组成部分，但又有别于指导性案例。与其母体的指导性案例相对照，裁判要点具有其特殊的属性。

1. 客观与主观的统一

裁判要点的母体是判例，它是从判例中派生和提取出来的，它必须准确地再现判例的主要内容，具有客观性；同时，裁判要点又不同于判例，它是编辑者基于自己对判例的理解，通过再加工和再创造而形成的新作品，是判例的核心与精华，又具有主观性。裁判要点与判例之间是一种若即若离的关系，裁判要点的好坏就取决于它与判例的离合关系。在裁判要点的主观性与客观性之间，客观性应是裁判要点的本质属性，主观性则是从客观性中派生出来的。如果裁判要点与判例相冲突，前者就应服从后者，裁判要点应以判例本身为最终尺度。日本学者平野义太郎先生20世纪20年代曾对日本大审院（当时的日本最高法院）的"判决要旨"的形成提出了批判："根据什么理由作出判决呢？理由之中包括无用的理由、附随的理由，也包括形成判决真正内容的合理的理由。应该成为'判决要旨'的，只是最后的'合理的理由'，其他理由则不能成为判决的要旨，也就没有判例法上的先例拘束力。只抽出这个主要的合理的理由，判决要旨也就形成了。可是，'判例集'的判决要旨往往不抽出构成判决理由的核心，而无用的理由和附随的理由也混杂其中。忠实的判例研究者可能会很容易识破这个错误。但是，普通人往往错误地将'判例集'的制作者抽出的'判决要旨'，作为真正的合理理由，在此基础上进行更加错误的议论。'判决要旨'会误导世人，其弊害是很明显的。"[①] 同样，在我国由于裁判要点的编辑者与案件裁判者是不同的主体，因编辑者的认知水平、价值取向等因素，裁判要点超出或者遗漏原判内容的情况也时有发生。例如，在"北大方正公司、红楼研究所与高术天力公司、高术公司计算机软件著作权侵权纠纷案"中，共有四点裁判要点，其中第二点为："尽管法律对于违法行为作出了较多的明文规定，但由于社会生活的广泛性和利

[①] [日] 平野义太郎：《判例民事法序言》，见《判例研究的基础理论》，爱知学院大学出版会1967年版，第8页。

益关系的复杂性，法律更多时候对于违法行为不采取穷尽式的列举规定，而是确定法律原则，由法官根据利益衡量、价值取向作出判断。"① 从该案例的整体构成看，上述裁判要点的观点已经超出了案件本身，与诉争事实没有直接关系，是裁判者基于自己的认知和感觉而形成的抽象法律论，可视为附带意见，不应作为裁判要点的内容。不得不注意的是，在传统的普通法原理中被称为"附带意见"（dictum）的判决书中不具约束力的部分，在欧陆却可能受到欢迎，正因为它独立于案件的具体事实。② 同样，我国法官们在阅读判例时也具有将案件事实搁置一旁、寻找抽象规则的思维倾向，所以一个错误的裁判要点可能会对法官们理解判例产生严重的误导，从而丧失了判例应有的客观性。所以，一个好的裁判要点应该是客观性与主观性的有机统一，且以客观性为基础。

2. 全面与重点的统一

许多法治发达国家法院的判决书都很长，往往一部判决就是一部书。好的判例要旨，可以有效地实现判例内容的全面与重点的统一。例如，日本最高法院商法判例要旨简明扼要，突出法律规定、事实关系、争议焦点、司法解释的问题所在。判例要旨是活生生的商法，可以知道哪些法条发生过哪些商法判例，有哪些争议，法官是如何认定的，确立了什么样的商法法理并且可以帮助理解法条、法理和学说。③ 在我国，裁判要点的长度、字数差别较大，短的不足百字，④ 长的则达千字。⑤ 由此，人们不免提出这样的疑问：裁判要点的应有内容是什么？裁判要点的抽象程度应该如何？近年来，我国法院审理的案件越来越复杂，裁判文书说理性逐渐增强，篇幅很长的判决书也越来越多。裁判要点的长度要适中，不能字数过多、篇幅太长，否则就体现不出"摘要"的特征；另一方面，裁判要点也不能太简单、过于抽象，否则就无法把握"裁判"的基本状况和主要内容。如何兼顾裁判要点的全面性与重要性，是判断其好坏与否的有效尺度。例如，在"孙立兴诉天津园区劳动局工伤认定行政纠纷案"中，其争议焦点是：①孙立兴摔伤的地点是否在"工作场所"范围内？②孙立兴是否"因工作原因"摔伤？

---

① 《中华人民共和国最高人民法院公报》2006年第11期。
② 参见［美］米尔伊安·R·达玛仕卡著，郑戈译：《司法和国家权力的多种面孔》，中国政法大学出版社2004年版，第51页。
③ 参见马太广：《判例所表现的商法法理——日本最高裁判所商法判例要旨》，法律出版社2004年版，译者序言。
④ 参见最高人民法院办公厅：《星源公司、统一星巴克诉上海星巴克、上海星巴克分公司商标侵权及不正当竞争纠纷案》，载于《中华人民共和国最高人民法院公报》2007年第6期，第35页。
⑤ 参见最高人民法院办公厅：《崂山国土局与南太置业公司国有土地使用权出让合同纠纷案》，载于《中华人民共和国最高人民法院公报》2007年第3期，第27页。

③孙立兴本人行走当中不够谨慎的过失是否影响工伤认定？该案的裁判要点是："根据《工伤保险条例》第14条第（一）项规定，职工在工作时间和工作场所内，因工作原因受到事故伤害，应当认定为工伤。对该规定中的'工作场所''因工作原因'应作全面、正确的理解。'工作场所'，是指职工从事职业活动的场所，在有多个工作场所的情形下，还包括职工来往于多个工作场所之间的必经区域；'因工作原因'，是指职工受伤与从事本职工作之间存在因果关系，即职工系因从事本职工作而受伤。除了《工伤保险条例》第16条规定的因犯罪或者违反治安管理伤亡的、醉酒导致伤亡的、自残或者自杀等情形外，职工在从事工作中存在过失，不影响该因果关系的成立。"① 该裁判要点对争议的焦点问题做了全面的回答，同时也概括出了判例的核心内容，很好地兼顾了判例的全面性与重点性之间的关系。相反地，在"肇庆外贸公司诉肇庆海关估价行政纠纷案"中，二审应解决的争议焦点是：①能否认定香港翱思公司与翱思科技公司之间存在特殊关系且特殊关系影响成交价格？②肇庆海关在收到肇庆外贸公司、翱思科技公司提供的相关证据后，应否接受其申报的价格？③肇庆海关不向翱思科技公司发出《价格质疑通知书》，是否错误？④肇庆海关发出《价格质疑通知书》后，是否未给当事人留出15天提供证据与说明的时间？⑤肇庆海关使用合理方法估价，是否违反《海关审价办法》第七条的规定？⑥一审以海关的价格涉密为由不公开质证，是否违反法定程序？而本案的"裁判要点"为："进口货物买方与境外卖方存在分公司与总公司、共同经营、利润分成等特殊关系，进口货物的申报价格又明显低于同型号产品的实际成本可比价格，甚至低于生产成本，申报方不能证明买卖双方的特殊关系未影响成交价格的，根据《海关法》第55条、《海关审价办法》第34条的规定，海关可以不接受申报价格，并按照《海关审价办法》第7条至第11条的规定估定完税价格。"② 该裁判要点的内容，仅与上述的第5个争议焦点有关，对其他争论焦点没做涉及，要点的概括不具全面性。在裁判要点与指导性案例之间，裁判要点是指导性案例的抽象与精华，而指导性案例则是裁判要点的母体与出处。裁判要点应当兼顾全面性与重点性，并以全面性为基础。

3. 事实与规范的统一

判例是事实与规范的有机统一体，作为判例精华的裁判要点也不能脱离事实而独存。我国台湾学者杨仁寿认为："判例与事实不可分，在英美法系国家固系如此，在大陆法系国家亦无不同，观诸欧日等国判例汇编，殆多将整个具体案例

---

①② 《中华人民共和国最高人民法院公报》2006年第5期。

之事实摘入,当可思过半。故所谓'判例'云者,应指包括事实在内之整个案例而言,绝非仅止于从判决理由中摘录数句,更易数字,即予'著成'。亦因法院著成判例,有此偏差,致法官援用之际,'抽象正义'或'具体正义'每难取舍;评议时更屡与'看里'(包括事实)或'看外'(将判例视为抽象的一般规定)之争。追根究底,实皆我特有之判例作祟所致。亦正因如此,判例遂一直停滞于狭义的法律解释或价值补充之阶段,对法律之安定性而言,固颇有贡献,惟进取则嫌不足。从法学上言,鲜有两个案例完全相同,其人、时、地、事、空间或法律状况(包括犯罪情状)设有一不同,仅能曰'类似',而非'完全相同',故援用'判例'时,苟将'事实'置之不顾,又何能援用?其之不妥,不待智者而后知也。"[1] 判例是源于解决具体的案件而成立的,所以,法院针对具体的案件,进行价值判断具有其内在合理性。这样,通过个案,就能够了解作为判决基础的具体事实对判例的成立起着什么样的作用。判例必须与案件事实结合起来,不能进行抽象的法律论述。某一判决在将来成为先例,并通过先例的确立得以实证化,进而从该判决的内在合理性中经过一定的逻辑推导,为类似案件提供基准,进一步在逻辑上扩充该判决,发展判例,发现一贯地依据作为基础的判决的具体事实。"一种对于法官、律师有用的判例报告,必须要有一种高明的技术方能产生。仅有判例里面的法律要旨是不够的,必须对法律可适用之事实,作简明准确的叙述,并对于某法律原则何以可适用于该事实以及适用之程度如何,予以说明。"[2] 我国的裁判要点也是如此,作为具体的裁判规范,如果不与事实相结合,它就会变成与立法别无二致的抽象法律规范,也就失去了判例的特质。

裁判要点是人们了解、把握判例的一条捷径,但它代替不了判例本身。拉伦茨指出,联邦德国最高法院在裁判之前添加类似法条的要旨的做法是非常危险的。"这些要旨不过是裁判理由中蒸馏出来的结晶,与案件事实密切相关,在很大的程度上本身也需要解释。然而,其表达方式类似法条,因此会引致下述印象:要旨本身可以独立于被裁判的案件事实之外,其具有——可适用于同类情况,并且已经确定的——规则的特征。可能会忽略:法官首先考虑的是其他裁判案件,相较于立法者,他比较不能预见他的'要旨'未来可能适用的情况。联邦最高法院本身就经常被迫限缩,或扩张自己提出的要旨。"[3] 人们在分析研究判例时,不能只停留于裁判要点本身,而要从定型事实与定型结论的关联上,来把握判例的实质,要对判例进行全面的研究。皮之不存,毛将焉附。如果离开了具

---

[1] 杨仁寿:《法学方法论》,中国政法大学出版社1999年版,第212~213页。
[2] [美]庞德:《近代司法的问题》,见王健:《西法东渐》,中国政法大学出版社2001年版,第473~474页。
[3] [德]卡尔·拉伦茨著,陈爱娥译:《法学方法论》,商务印书馆2003年版,第233~234页。

体的案件事实，人们就无法知道判决结论的获得过程、程序、理由和方法，判例的价值将大打折扣。黄源盛在对民国初期大理院判例汇编进行整理时发现，其中仅就选录为判例的判决理由栏的要旨予以公布，并非刊登判决全文。如果想做进一步的研究，则存在着很大的局限性的。因此，必须花费相当多的人力与物力，先将判决全文补上，这样才能对这些判例作出正确的理解。① 实际上，王宠惠早就指出：民国大理院编辑的判例要旨"词意简略，事实法律，不便对比，非专研法学者未易了解"。② 苏永钦也指出：在台湾地区，"判例集只登载判例要旨，判决理由和附带意见（傍论）的研究和区分甚为不便。"③ 我国的裁判要点作为判例的重要组成部分，其内容只限于判例的规范层面，表现为抽象的法律论，但为了把握它的真正含义，必须与案件事实结合起来。裁判要点应该是案件事实与裁判规范的有机统一体，但在矫枉过正的意义上，我们强调应添加有关案件事实的内容。

4. 适法与造法的统一

从形式上看，法院是法律适用机关，判例作为法律适用的结果，应该属于法律适用的范畴；但从实质上看，判例具有很强的造法色彩，也发挥着创设裁判规则、发展法律的重要功能。凯尔森指出："无论在确认条件的出现或在规定制裁方面，司法判决都具有一种构成性。判决的确适用了一个以前存在的一般规范，在这一规范中，一定后果被赋予某些条件。但是在具体案件中，联系具体后果的具体条件的存在，首先是由法院的判决所确认的。在具体领域中，条件与后果是由司法判决来联系的，正如在抽象领域中，它们是由制定法与习惯法规则联系的。司法判决的个别规范是抽象的一般规范的必要的个别化和具体化。"④ 当司法机关在某个诉讼案中适用制定法或习惯法时，它就是在使某一处理该案件的一般规范具体化，并构成个别规范。日本法学家末弘严太郎认为，"法不只是由立法机关制定的，法院也制定法律。否定法院的造法功能，也就是否认裁判制度本身的存在。"⑤ 判例本身即具有适用法律和创造法律的双重功能，而作为判例精华的裁判要点也应是适法与造法的有机统一体。在民国初期，大理院的判例要旨通常是在判决理由中提炼出来的法理，"以具有创新意义，或为补充法律的不足，

---

① 参见黄源盛：《民初大理院司法档案的典藏整理与研究》，载《政大法学评论》（台湾）第59期。
② 王宠惠、张仁善：《王宠惠法学文集》，法律出版社2008年版，第283页。
③ 苏永钦：《判例之拘束力与判例之变更》，载于《法学论丛》（台湾）第9卷（1980年）第1~2期合订本。
④ ［奥］凯尔森著，沈宗灵译：《法与国家的一般理论》，中国大百科全书出版社1996版，第153页。
⑤ ［日］末弘严太郎：《判例民法序》，《判例研究的基础理论》，爱知学院大学出版会1967年版，第2页。

或为阐明法律的真意，其见解具有抽象价值者，始予选辑，作为判例。"① 在当今中国，最高人民法院公报由最高人民法院定期公布，是最高人民法院的喉舌，也是海内外人士了解中华人民共和国司法工作的重要窗口。公报公布的内容，除全国人大及其常委会通过的法律外，都是经最高人民法院审判委员会讨论通过的，是其他法律刊物不可替代的。最高人民法院发出的内部文件凡是与公报不一致的，均以公报为准。它又是各级法院裁判的重要依据之一。公报是最高人民法院公开介绍我国审判工作和司法制度的重要官方文献，由最高人民法院办公厅主办，是最高人民法院对外公布司法解释、司法文件、裁判文书、典型案例及其他有关司法信息资料的法定刊物。② 公报作为最高人民法院的机关刊，每期登载的案例是有数量限制的，2006 年登载的案例数已增至 60 件，即使如此，相对于全国法院每年几百万件的案件审结数，仍具有高度的稀缺性。公报登载没有争议的常规案件就是司法资源的浪费，它理应公布具有一定创新性的疑难案件，从这些案例中抽象出来的"裁判要点"理应具有鲜明的造法特征。事实上，法院公报紧跟时代步伐，服务于改革开放、经济建设大局，编发了大量与社会主义市场经济相关的案例，基本上反映了这一时期审判工作的风貌。这些案例内容丰富，涉刑事、民事、经济、知识产权、行政、海事、国家赔偿以及执行等诸多业务。"不少案例蕴含了深刻的法律意义，不仅弥补了立法上和司法解释的不足，而且通过某一具体案例创设出了新的法律原则或判案规则，大大地丰富了我国的审判实践，引起了社会各界的关注和专家学者的好评，境内外一些报刊纷纷予以转载或者评述，被称为不是判例法的判例。"③ 公报登载的典型案例，绝大部分都不是简单、机械地适用法律的常规案件，往往具有创制裁判规范的属性，包含着丰富的造法内容。相应地，作为这些典型案例精华的裁判要点，则应该抽象掉其中当事人状况、争议标的数额等的偶然性因素，把通过具体判例创设出的新的法律原则或判案规则，更清晰、明确地提炼出来。总之，裁判要点应该是适法与造法的统一，但更应该突出其造法的侧面。

（四）裁判要点的形成

在逻辑上，只有明确裁判要点的法律地位，才能对其具体操作提出有针对性

---

① 黄源盛：《民初大理院司法档案的典藏整理与研究》，载于《政大法学评论》（台湾）第 59 期。
② 参见最高人民法院办公厅：《中华人民共和国最高人民法院公报》（2003 年卷），人民法院出版社 2004 年版，编辑说明。
③ 最高人民法院公报编辑部：《最高人民法院公报全集 1995～1999》，人民法院出版社 2000 年版，出版说明。

的建议。迄今为止，我国法律尚未明确判例的法源地位，作为判例核心的裁判要点也无法律效力，不能在司法文书中被直接引用。但是，基于判例以及裁判要点的特性，我们的观点是：裁判要点应具有法律效力，可在裁判文书中被援引。关于裁判文书引用裁判要点问题，可依循以下步骤次第展开：①首先应承认判案法官可以将裁判要点作为判决理由，其基本精神可以融入司法文书之中。②随着裁判要点操作技术的成熟以及判例制度的发展，可将裁判要点与司法解释等同视之。最高人民法院司法解释分为"解释""规定""批复"和"决定"四种形式。其中，"批复"是对高级人民法院、解放军军事法院就审判工作中具体应用法律问题的请示制定的司法解释，它具有明显个案针对性，与裁判要点的性质极为接近。可由最高人民法院以司法解释的形式，将裁判要点作为"批复"的一种具体形式，承认其可作为人民法院的裁判依据，应当在司法文书中引用。③待条件成熟尤其是判例的法源地位在社会各界达成共识后，再由最高立法机关通过立法明确规定："裁判要点作为人民法院判决或者裁定的依据时，应当在司法文书中援引"。在明确裁判要点法源地位的基础上，为提高裁判要点的编审质量、促进案例指导制度的健康发展，需要建立裁判要点的编审机构、设置编审程序、完善编审方法。

1. 设置编审机构

裁判要点的形成是一项技术性较强的工作，须由专门的机构和人员来负责。台湾地区所谓"最高法院"判例编辑委员会办事要点第2条规定："最高法院"判例编辑委员会"由本院院长及全体庭长、法官组织之。以院长为主任委员，庭长及全体法官为委员，并置主任书记官一人，由院长指定荐任书记官兼任。"第6条规定："判例会议须有民事或刑事委员2/3以上出席，以出席委员过半数之同意议决，可否同数时，取决于主席。"台湾地区所谓"最高法院"判例编辑委员会为裁判要点的编辑主体，该机构及其成员的职责是很明确的，从而保证判例要旨的编辑工作持续、高效地进行着。在我国，《最高人民法院审判委员会工作规则》规定，最高人民法院审判委员会讨论、决定法院公报刊登的案例。这里虽没有直接提及裁判要点的编审机构、活动方式等问题，但裁判要点作为指导性案例的重要组成部分，理应由最高人民法院审判委员会讨论决定。过去，公报公布的案例是经最高人民法院审判委员会反复推敲、字斟句酌，从众多案件中精选出来的。[①]

[①] 参见最高人民法院公报编辑部：《最高人民法院公报全集1985~1994》，人民法院出版社1995年版，出版说明；最高人民法院公报编辑部：《最高人民法院公报全集1995~1999》，人民法院出版社2000年版，出版说明。

现在，随着公报公布案例数量的增多、案例字数的增加以及案件难度的提高，再要求最高人民法院审判委员会对每个案例的内容包括裁判要点进行认真的审核把关，实在勉为其难。这样，编审机构的组成和活动状况，就直接决定着指导性案例、裁判要点的质量。我们认为，应该成立由最高人民法院院长（或副院长）牵头担任主任，研究室主任、各业务庭庭长等部门负责人参加的判例编审委员会。[①]判例编审委员会是最高人民法院审判委员会的下辖机构，对最高人民法院审判委员会负责并报告工作。这样，既可以保证裁判要点的权威性，又能有效地协调与审判委员会的工作关系。判例编审委员会的日常办事机构设在公报编辑部。判例编审委员会可根据拟审议的判例和裁判要点的数量，定期举行会议。

2. 规定编审程序

在台湾地区，判例要旨的编审工作分为以下步骤：①审查判例要旨初稿方法：除由各庭庭长所选定汇集之现有判例要旨初稿外，并得由法官三人联署。向院长推荐其他判例要旨，经院长核实后，一并纳入初稿审查。②判例要旨初稿审查分初审与复审程序，由院长指定初审小组成员（包括庭长、法官及纪录书记官一人）先行初审。③再定期召开民事或刑事判例会议，议决之。④本院判例要旨初稿，由各庭庭长提选，送请代阅裁判书之庭长审阅，经院长核定后，送交资料科按年度、类别及法条顺序分别整理汇编，缮送各庭长、法官研参。⑤判例要旨初稿，连同全文，送请初审小组先行逐则审查，取舍与否，均须提出审查意见，并详列理由及修正之文字，再由主任委员定期召开民事或刑事判例审查会议议决之，初审小组成员由主任委员遴选提经会议通过。目前，我国法院公报登载的案例分为两类，一是"裁判文书选登"，其登载的是最高人民法院各审判庭审理的案件；二是"案例"，其登载的是最高人民法院之外的其他法院审理的案件。我国裁判要点的编审程序可做如下设计：①公报编辑部工作人员如果发现具有指导意义的判例，可向最高人民法院判例编审委员会推荐其作为"指导性案例"。②判例编审委员会主任指定判例编审委员会委员一人对被推荐的指导性案例进行初审，如认为其有指导性案例价值的，即责成审理案件的合议庭或独任审判员撰写初稿。③"裁判文书选登"和"案例"的裁判要点分别由最高人民法院相关业务庭和原审人民法院审判委员进行审核，并形成裁判要点草稿。④由 2/3 以上多数委员参加的判例编审委员会对指导性案例和裁判要点草稿合并讨论；如获通过，即责成公报编辑部根据判例编审委员会的具体意见，形成裁判要点送审稿。

[①] 由于最高人民法院的研究室主任、各业务庭庭长多为审判委员会委员，为了避免工作的重复，判例编审委员会的委员也可由研究室副主任、各业务庭副庭长或者资深法官担任。

⑤裁判要点送审稿经判例编审委员会主任审批后,与指导性案例一并经最高人民法院审判委员会审议,如为半数以上委员同意即获通过,并作为指导性案例的组成部分在法院公报上公布。①

3. 完善编纂方法

在英美法系,"从每一个判例和所有判例出发进行类比推理,会使人不知所措,因此,要形成一个明智的主张,为人力所不能。为了使思维过程可以操作,我们采取一种简化的办法,即把大量相关判例分成小类,每一小类包括数量比较少的判例。然后,我们以一项普通法规则中的一个短语,标示每一小类判例,所用标题应该能把握它所涵盖的判例的意义。这样,只要使用正确的短语,你就能快速简便地(通过法律研究)找到或者(在主张时)提及某一小类判例。"② 在大陆法系,许多国家也都按照一定的标准对判例要旨进行编排整理。例如,日本各裁判所都备有判例要旨卡片,以便检索。③ 这样,人们通过判例要旨的路径,可以更有效地利用、研究判例。我国民初大理院在正式编纂判例时,有统一的格式,即从判决的全文中,概括出或精选出最精要的数句话,构成"判例要旨"。要旨则只取判例的核心实质,简明扼要,寥寥几笔。"判例要旨"除个别外,一般分别汇编,自立成卷。其编纂方式一是以法为类,"先实体法,后程序法","先普通法,后特别法";没有现行法典可依的,则"参酌前清修订法律馆各草案及本院判例所认许之习惯法则";二是以条为序,即每一法典或法规中,又以法条的先后为顺序。这样一方面,体现了判例对于成文法的辅助性质,另一方面,又适宜于使用者按法典、法规、法条的有序排列查阅判例,从而使数千个"判例要旨"在成文法典的提纲挈领下,秩序井然,杂而不乱。《大理院编辑处规则》还对判例汇览每册的凡例、目录、索引以及每个要旨的格式作了明确的规定。即"眉批"栏、"要旨"栏和"年份,字号次"栏。其中"要旨"栏需说明"参考法条"或"参考旧判例、旧解释",以及"参考解释文件或判例"。④ 这种汇编的体例使法官能象寻找成文法条文一样,很容易地寻找到适用于当前案

---

① 《最高人民法院审判委员会工作规则》规定:最高人民法院审判委员会委员超过半数时,方可开会。最高人民法院承办审判委员会讨论事项的有关庭、室的负责人、承办人,应当到会,筹办人对讨论的事项应当预做准备,根据会议主持人的要求向会议汇报,并负责回答委员提出的问题。审判委员会实行民主集中制。对议题应当展开充分讨论。

② [美]史蒂文·J·伯顿著,张志铭、解兴权译:《法律和法律推理导论》,中国政法大学出版社1998年版,第74页。

③ 参见马太广:《判例所表现的商法法理——日本最高裁判所商法判例要旨》,法律出版社2004年版,译者序言。

④ 黄源盛:《民初大理院司法档案的典藏整理与研究》,载于《政大法学评论》1998年第59期。

件的判例，可大幅减轻法官在寻找和选择判例方面的工作量。[①] 目前，我国法院公报每年公布的指导性案例数量有限，相应地裁判要点的数目也是如此，再加上该做法刚刚施行，现在的数量仅为200件左右。可以想见，将来随着裁判要点数量的增加，其查找和使用也越来越困难，就需要定期编纂出版《裁判要点汇编》。在编纂方法上，可参考民初大理院判例要旨的体例，即以制定法的法条为线索，在制定法条文之下列入相关的裁判要点。如果没有直接对应法条的，则在与其最相类似的法条之下列入裁判要点，并表明其与该法系属类似关系。这样，既便于查找，也表明判例相对于制定法的依从关系。

五、最高人民法院指导性案例成文化与案例库建设

指导性案例的成文化，若以字面理解（即通过文字形式将判例加以记载、确定），则仅最高人民法院在《中华人民共和国最高人民法院公报》、最高人民法院网站、《人民法院报》发布指导性案例的行为即已完成。但此种意义上的判例成文化，随着所公布指导性案例的增加，其成文化功能便必将日渐消逝。因此，在指导性案例的语境中，真正意义的成文，其实应该是指体系化。是指依据一定的逻辑顺序对已经公布的指导性案例进行组织、编排，乃至建立高度体系化的指导性案例库，以方便查阅、遵循的活动。

不可否认，对指导性案例成文化的讨论确实在一定程度上是受到了两大法系融合以及我国民法法典化趋势的影响，但这并非是其主要理由。其真实目的在与克服指导性案例本身的分散、无规则的缺陷。在对是否引进判例法制度的讨论中，判例的零碎、非系统性的缺点，成为反对者据以抗战的重要技术理由。令法官、律师乃至当事人置身在浩如烟海的判例中寻找据以裁判的对象，无论怎么看将是一项低效率的操作，而且判例本身带有一定的隐蔽和不确定，难以为人们带来明确的行为预期，也不利益社会交往活动的展开。正是意识到判例法所具有的以上不足，英美国家在不断向成文法靠近的同时，也在不懈推行着判例的收集和编撰工作。而就实践来看，指导性案例的成文化乃至建立完善的指导性案例库，其价值将是巨大的：首先，方便裁判机关的寻找和适用，提高指导性案例制度指导功能的发挥；其次，实现指导性判的宣示，向公众确定并传达案例所内含的裁判态度及其所具有的效力，有助于推动指导性案例的"指导"有裁判指引向行为

[①] 参见武乾：《中国近代判例制度及其特征》，载于《现代法学》2001年第2期。

指引发展，拓宽指导性案例的作用范围，更充分地发挥指导性案例的制度价值；最后，指导案例的体系化编撰（即案例库的建立），有助及时总结裁判经验，发现法制漏洞，为进一步立法提供参考。

关于指导性案例体系化的所应遵循的逻辑，应根据判例所属部门法的不同而有所差异。另外，值得一提的是，在信息科技高度发达的时代，指导性案例库也可考虑借助计算机技术实现电子化、网络化的构建和表现形式。如可以考虑由最高人民法院通过建立专门的指导性案例查询网站的方式，将已公布的指导性案例同归公布与互联网，以方便法官、律师。

附　录

研究报告

完善司法判例制度是法治国家建设的需要

司法判例是包含着法律适用规则或法律解释理由的法院判决。判例与案例是既有关联又有区别的两个概念。一方面，判例的来源都是案例；另一方面，并非所有案例都可以称为判例。例如，警察机关和检察机关可以编发案例汇编，也可以发布指导性案例，但是这些案例不可以称为判例。[①] 从理论上讲，法院的所有个案判决都具有成为判例的资格，但现实中只有那些经过一定程序的选编或发布并且能够作为后续裁判之依据的案例才能成为判例。中国最高人民法院发布的指导性案例当然属于判例的范畴。所谓司法判例制度，就是一个国家或地区中涉及司法判例的选编、发布、内容、效力、引用、推翻之规则的总和。承认判例法的国家当然有司法判例制度，譬如英国和美国，不承认判例法的国家也可以有司法判例制度，譬如法国和德国。从一定意义上讲，依赖司法判例来弥补立法在实施层面的不足，是人类社会走向法治的必由之路。

一、法治国家建设：立法为主与司法为主

法治国家建设有两个基本环节，其一是立法，其二是司法。立法是法治国家建设的基础。没有精心制定的法律，法治就只能是一句空话。正所谓，无法律当然无法治。司法是法律国家建设的关键。法律制定得再多再好，倘若大家都不遵守或者很多人都不遵守，那法治依然是一句空话。即所谓，有法律而无法治。相对而言，立法是法治国家建设中比较容易的工作。特别是当世界上已有一些国家建立了比较完备的法律制度的时候，其他国家的立法工作就可以借鉴和移植，甚

---

① 本项目将检察机关编发的指导性案例等案例汇编也纳入研究范围。这不意味着它们都属于司法判例。

至可以直接翻译外国的法典。法律的实施是比法律的制定更为困难的事情。如果一个国家有着长久而且深厚的"人治"文化传统，那么要想把写在纸上的法律转化成社会成员普遍的行为准则，要想使大多数社会成员养成按规则做事的法治行为习惯，那绝非一蹴而就之事，绝非一朝一夕之功。因此，衡量一个国家的法治发展水平，最重要的标准不是立法，不是法律在纸上的健全程度，而是司法，是法律在现实生活中实施的状况。

就法律实施而言，社会成员可以分为三种，即自觉守法的人、执意违法的人、游走在法律界限上的人。就不同的法律来说，这三种人的组合比例可能是大相径庭的。例如，就刑法而言，第一种人和第二种人的数量要大大高于第三种人；但是就交通法规来说，第二种人和第三种人的数量就会大大高于第一种人。法治国家建设的根本任务就是要努力促使社会成员中的第二种人和第三种人转化为第一种人，至少要促使第三种人转化为第二种人。在一个社会中，第一种人的数量越多，法治的发展水平就越高，国家也就越强大。正如古人所言，奉法者强则国强，奉法者弱则国弱。而要实现奉法者强，宣传教化和行为示范固然很重要，但执法和司法的公正高效才是关键。

在一个法治国家中，法律应该具有至上的权威和尊严。无论是官员还是民众，都必须遵守法律的规定，都应该养成依法办事的行为习惯。违法行为都是对法律尊严的蔑视，都是对法律权威的挑战。如果国家没有维护法律权威与尊严的有效手段，没有惩戒违法行为的有效措施，那么法律在人们心目中的地位就会越来越低，社会中敢于冒犯法律的人就会越来越多。于是，一些原本自觉守法的人也会淡化"法律尊严意识"，自觉或不自觉地加入到违法者的行列之中。社会中不尊重法律的人就会越来越多，不把违法当违法的人就会越来越多。当法律尊严扫地之时，法将不法，国将不国。如果说让法得人心主要是立法者的责任，那么让法入人心则主要是执法者和司法者的责任。法得人心是法治国家建设的前提，法入人心才是法治国家建设的目标。

纵观古今，在某些国家的某些时段，立法是法治建设的中心任务，而在某些国家的某些时段，司法则成为法治建设的中心环节。自20世纪70年代后期以来，中国法治建设的中心一直是立法，因而在立法方面取得了令人瞩目的成就，从"无法可依"进步到"有法可依"，而且法律体系在日趋完善。2011年3月10日，时任全国人大常委会委员长吴邦国向十一届全国人大四次会议作全国人大常委会工作报告时宣布，一个立足中国国情和实际、适应改革开放和社会主义现代化建设需要、集中体现党和人民意志的，以宪法为统帅，以宪法相关法、民法商法等多个法律部门的法律为主干，由法律、行政法规、地方性法规等多个层次的法律规范构成的中国特色社会主义法律体系已经形成。① 然而，国人在为此而欢呼雀跃之时不可忘记，这一法律体系的建成还主要表现在立法的层面。

习近平主席指出："法律的生命在于实施。如果有了法律而不实施，或者实施不力，搞得有法不依、执法不严、违法不究，那制定再多的法律也无济于事。"② 毋庸讳言，大多数中国人现在还没有养成法治的社会行为习惯——既包括普通百姓，也包括领导干部。当下中国法治建设所面临的主要问题是有法律而无法治。换言之，社会的现状不是法律不够用，而是法律不管用。因此，我们的努力目标是从法律走向法治，从"有法可依"走向"有法必依"。中国特色的社会主义法律体系要落实在现实生活中，当下中国法治建设的中心要从法律的制定转向法律的实施。

中共十八届三中全会的《中共中央关于全面深化改革若干重大问题的决定》特别强调了法律实施的问题，明确提出了推进行政执法体制改革和司法体制改革的任务。这进一步体现了这一届中共中央领导集体对司法工作的重视。正如张文显教授所指出的，"党的十八大报告把司法从执法中分离出来，将公正司法单独作为全面推进依法治国的基本要务，体现出全党对司法的性质和重要性的认识的深化。司法是维护社会公平正义的最后一道防线、定纷止争的最后一道防线、维护法律尊严和权威的最后一道防线，三道防线都归结于公正司法。"③ 中共十八届四中全会的《中共中央关于全面推进依法治国若干重大问题的决定》进一步明确提出"法律的生命力在于实施，法律的权威也在于实施""加强和规范司法解释和案例指导，统一法律适用标准"的要求。从立法为主到司法为主，这大概也反映了我国法治建设重心的转移。

从世界各国法治的发展历程来看，大陆法系国家具有重视立法的传统，因此其法治建设是以立法为中心的，其制定法体系也达至较高的水平。英美法系国家具有重视司法的传统，因此其法治建设是以司法为中心的，其判例法体系也就达至较高的水平。不过，虽然两大法系国家的法治发展路径有所差异，但是都逐渐在较高水平上达到了立法与司法的平衡。这种法治发展的大趋势在司法判例制度的历史沿革中也有充分的体现。

---

① 百度百科：《中国特色社会主义法律体系》，更新于 2014 年 4 月 30 日。http://baike.baidu.com/view/2317930.htm? fr=aladdin，引用于 2014 年 9 月 5 日。

② 习近平：《关于〈中共中央关于全面推进依法治国若干重大问题的决定〉的说明》，载于《人民日报》2014 年 10 月 29 日。

③ 张文显：《法治中国建设重大任务》，载于《法制日报》2014 年 6 月 11 日。

二、司法判例制度：英美模式与欧陆模式

在人类社会的早期，各国的司法判例制度大同小异，基本上都是通过判例来传承习惯法的规则。后来随着国家权力的增长和制定法的发展，判例的作用开始发生变化，不同国家的司法判例制度就走上了不同的发展道路。在此过程中，立法与判例是相互影响、相辅相成的。在立法发展强劲的国度，判例的作用就比较弱；在立法发展薄弱的地区，判例的作用就比较强。于是，英美法系国家和大陆法系国家就形成了不同的司法判例制度。

（一）英美法系国家中司法判例制度的沿革

公元12世纪，亨利二世开启了统一英吉利王国各地习惯法的进程。由于英国的地方习惯法具有倚重判例的传统，所以国王没有采用立法的手段实现统一，而是通过司法的方式推进统一。他扩大了王室法院的管辖权，派遣王室法官到各地巡回审理案件并适用统一的法律规则。这些法官的判决自然而然地成为后来法官裁判的范例，并伴随"遵从前例"原则的确立而成为正式的法律渊源。这就是普通法的起源，也是英美法系国家中司法判例制度的发端。[①]

社会是不断发展变化的，普通法也要与时俱进。其实，"遵从前例"的原则并不等于对单个判例的盲从，而是要求法官在一系列判例中找出一般性法律规则，以及理解和适用这些规则的正确或最佳途径。这也是司法判例制度自我完善的要求。首先，判例中的法律观点并不总是统一明确的。一般来说，法院判决中既有多数派法官的判决意见，也有少数派法官的不同意见，或者附议法官的不同理由。其次，判例中的法律观点总是与法律所要适用的案件事实相联系的，但案件事实是各不相同的，而且并不总是一清二白的。因此，单个判例不应被视为绝对不变的法律准则，而应被视为不断接近法律准则的一个路标。正如18世纪英国著名法官曼斯菲尔德勋爵（Lord Mansfield）所指出的，"普通法通过一个个案件净化自身"。[②]

[①] 参见陈盛清：《外国法制史》，北京大学出版社1982年版，第98~99页。
[②] Alan B. Morrison: *The common law works itself pure from case to case. Fundamentals of American Law*, Oxford University Press Inc., p. 21.

英国的司法判例制度伴随其殖民统治的扩张而流传到其他国家和地区，包括后来独立的美国、加拿大、澳大利亚等国家。最开始，这些殖民地的法院都会直接引用英国法院的判例作为法律渊源。后来，这些殖民地法院也有了自己的判例。殖民地独立之后，这些国家还有了自己的制定法，其司法判例制度虽统属于普通法系，但是也有了各自的特点。

美国的司法判例制度就与英国的制度有所不同。首先，美国是世界上第一个有成文宪法的国家，而且法院有权通过"司法审查"宣告某些行政规章乃至国会立法违宪，从而提升了司法判例的效力。其次，美国存在联邦和州的双轨司法体制，于是就形成了两套相对独立的司法判例体系，并且生产出多元的判例汇编。再次，司法判例在美国的拘束力并不像在英国那样稳定，遵从前例原则在美国具有更大的灵活性。最后，追求法律统一的要求导致各部门法领域内"法律重述"或"模范法典"的出现，而这些"准制定法"也减少了法官对判例的依赖。①

美国大概是英美法系国家中制定法最为发达的国家。其中最具有代表性的法律文献就是《美利坚合众国法典》（United States Code，以下简称《美国法典》）。1925年，美国参众两院决定颁布"一部具有普遍性和永久性的法律"，即于1925年12月7日生效并于1926年6月30日颁布的《美国法典》，共有15卷。随着制定法的不断增加，该法典的内容也不断补充更新，基本上保持了每隔六年就重新编纂颁布一次的节奏。目前的最新版本是2012年3月颁布的，共有51卷，内容包括了所有法律领域。② 即使与大陆法系国家的制定法相比，《美国法典》也毫不逊色。随着制定法的增加，判例法在法源体系中的统治地位受到挑战，但是这并不等于说判例法已经退出了历史舞台。

当代英美法系国家的法律体系是判例法与制定法的结合，而且是以判例法为基础的。这表现在以下几个方面。首先，在刑法、刑诉法、合同法、侵权法等传统的法律领域内，制定法多是判例法规则的复制和扩充，所以法院在解释和适用这些法律规则时还要依赖过去的判例。其次，在行政法、人权法、竞争法等后起的法律领域内，判例在适用和解释制定法规则时也发挥着重要的作用，而且法院对判例的重视甚至会超过对制定法本身。最后，判例法的思维方式和分析方法在很大程度上影响着法学教育和法律人才的培养，因此也会间接地影响法律的实施。总之，尽管制定法越来越多，英美法系国家的法律制度仍然在一定程度上保留了判例法的传统地位。这是英美法系国家中判例法与制定法相互融合的发展结果，也是"具有英美法系特色"的判例法与制定法的平衡。

---

① 参见陈盛清：《外国法制史》，北京大学出版社1982年版，第197~198页。

② 关于《美国法典》的内容体系，可以参见吴新平主编的中文版《美国法典》（根据1988年版《美国法典》翻译），中国社会科学出版社1993年版。

（二）大陆法系国家中司法判例制度的沿革

在亨利二世统一英国法律的同时，欧陆国家也在从封建割据走向君主集权，因而也需要统一法律。大概由于欧洲大陆曾有高度发达的罗马法典，而且具有大行政权的传统，所以从意大利到法国再到德国，以王国法令为基本形式的立法就成为主要的法律渊源。到了18世纪，法学研究的繁荣又大力提升了立法的水平，"法典化"便成为各国立法者追随的潮流。从法国到德国，执政者和法学家都在竭尽全力而且充满信心地编纂"完整且至善"的法典。拿破仑在1804年颁布的《法国民法典》代表了当时人类立法的最高水平，并影响到其他欧陆国家的法律制度，成就了不同于英美的大陆法系。① 在这些国家，制定法是法律制度的基础，判例法的主张基本被否定。法官不能享有发现或制造法律的权力，只能机械地执行立法者确立的法律原则和规则。

在欧洲大陆的"法典化"大潮中，立法者的造法能力被神化了。然而，无论是1804年的《法国民法典》还是1794年的《普鲁士普通邦法》或者1900年的《德国民法典》，都已经被历史证明是不完整的、不至善的，是需要在司法实践中不断改进和完善的。正如日本学者大木雅夫所指出的，《普鲁士普通邦法》的立法者"把对理性的信仰推向极端，不仅调整范围过于宽泛，甚至把未来也置于其调整之下。他们过分的自信还导致了对法官和法学家作用的不近情理的轻视……然而，对法官和法学家的这种压制，导致了日后法官和法学家以轻蔑对这部伟大的法典施加的报复——历史法学派无视这部法典的存在，而法官们则在这部庞大的法典的每一条文下都附加了判例。"②

在制定"完整且至善"法典的努力遭遇挫折的同时，法官的自由裁量权又开始得到学者的认同，司法判例制度的理论也再次引起专家的关注。实际上，法官们不断地根据社会情况的变化，通过对立法条文解释的形式来适用法律规则，从而使判例成为制定法的补充。一位德国学者说道："毫无疑问，在法国私法的大部分领域内，规则是地道的法官创造物，而这些规则常常与民法典只有微弱的关联，但是要法国法官承认他在其司法活动中起到了完全创造性的作用，却是难上加难。在法国，法官不喜欢让人感到自己在创造法律规则。当然，在实践中他们的确是在创造，法官的职能不是也不可能是机械地适用那些众所周知的和已经确

---

① 参见陈盛清：《外国法制史》，北京大学出版社1982年版，第72~75页。
② ［日］大木雅夫著，范愉译：《比较法》，法律出版社1999年版，第177~178页。

定的规则。"①

毫无疑问，制定法是大陆法系国家的法律渊源，但是司法判例的作用日益增加。法官在审理案件时首先会寻找法典中的规定作为裁判依据，在法律没有明确规定时才会求助于判例。虽然判例不属于法律渊源，但是下级法院往往会遵从上级法院的判例，因为法官们不愿意承担被上级法院推翻判决的风险。由此可见，大陆法系的判例具有事实上的拘束力，虽然不能成为正式的法源，大概也可以称为"准法源"。

在法国，法官和律师在诉讼过程中都会去寻找相关的判例，特别是在行政诉讼之中。法国的行政诉讼不仅承认判例的拘束力，而且行政法的许多重要原则或规则也是由判例所释明的。法国行政法学家弗德尔曾经说道："如果我们设想立法者大笔一挥，取消全部民法条文，法国将无民法在；如果他们取消全部刑法条文，法国将无刑法存在；但是如果他们取消全部行政法条文，法国的行政法仍然存在，因为行政法的重要原则不在成文法中，而存在于判例之中。"② 从这个角度讲，法国的司法判例制度已经是解释法律与创制法律的结合。

在德国，判例可以分为两类：第一类是具有明确拘束力的判例，主要指联邦宪法法院的判例。《联邦宪法法院法》第 31 条第 1 款规定，联邦宪法法院的裁判对于联邦和各州的宪法机关以及所有法院和机关均有拘束力。第 2 款规定，该法院的裁判在许多情况下——尤其是当该法院认定某个法律规范合宪、违宪或者无效时——具有制定法的效力，而且该裁判结果还将由联邦司法部在《联邦法律公报》上予以公布。由此可见，联邦宪法法院的判例具有正式的法律拘束力。第二类是不具有明确拘束力的判例，指联邦宪法法院以外的其他法院的判例。这些法院的判例不具有法律明确规定的拘束力，但可能在事实上具有不同程度的拘束力，包括本法院先前判例对后来裁判的拘束力，上级法院的判例对下级法院裁判的拘束力。这种事实上的拘束力表现在两个方面：其一，下级法院一般都会自动遵循上级法院的判例，因为如果不这样做，其裁判就可能被上级法院推翻；其二，法院在裁判中没有遵从先前的判例可以构成当事人提起上诉的法定理由，例如，《行政法院组织法》第 132 条第 2 款就明确规定，如果高等行政法院的裁判偏离了联邦行政法院、联邦其他最高审级法院以及联邦宪法法院的判例，当事人就可以向联邦行政法院提起法律审上诉。在司法实践中，上级法院的判例一般都会得到下级法院的尊重，而且法官在裁判中引用判例的做法绝非罕见。③ 由此可见，大陆法系国家的司法判例制度是建立在制定法基础之上的。判例依附于制定

---

① 转引自陈贵民：《关于法官"造法"》，载于《人民法院报》，2002 年 10 月 30 日。
② 曾繁正等：《西方主要国家行政法行政诉讼法》，红旗出版社 1998 年版，第 183 页。
③ 参见何家弘：《外国司法判例制度》，中国法制出版社 2014 年版，第 171～180 页。

法，同时又是对制定法的不可或缺的补充，这就是"具有大陆法系特色"的制定法与判例的平衡。

综上所述，英美法系和大陆法系的早期区别主要在于前者把判例作为法律渊源，而后者把制定法作为法律渊源，但是自近代以来，二者又呈现出融合的趋势。内尔·麦克考米克教授在《解释性判例：比较研究》一书中指出："两大法系在这方面的差异经常被拿来比较，而且这差异往往被夸大。诚然，两大法系之间存在着根本的深层差异，而且某些深层差异与其对判例的态度和适用有关。但事实上，在成文法体系中，判例也扮演着十分重要的角色，而且必须强调的是其作用还在不断增强。因此，两大法系当前的发展趋势是在不断融合，而不是差异越来越大。"①

两大法系国家中司法判例制度的融合不仅表现为制定法与判例的结合，还表现在以下两个方面。其一，"法官造法"已经不是司法判例制度的主要功能，对制定法规则进行解释和补充才是司法判例制度生存发展的空间。其二，对判例效力的规定已经从"刚性界定"转向"弹性界定"，换言之，司法判例的效力不再简单地划分为或有或无，而是根据具体情况划分为不同层级的强弱。例如，德国学者对于判例效力的界定就突破了法源意义上的效力范畴，而是从更为广阔的影响力角度去界定其效力，不再拘泥于有无拘束力的刚性解读，而是进入了拘束力大小的弹性解读。

法律规则既要有稳定性，又要有灵活性；既要有普遍适用性，也要有个别适用性。立法者关注社会的普遍情况，因此要强调法律规则的普遍适用性和相对稳定性。司法者关注个案的具体情况，因此更重视法律规则的个案适用性和灵活适用性。人们不能奢望立法者制定出包罗万象而且尽善尽美的法律规则，因此只能由司法者在实践中面对具体案件时进行解释性适用，而司法判例就是这种适用的最佳方式。虽然世界各国司法判例制度的起始状况大同小异，但是英美法系国家所走的是从判例法到判例法与制定法相结合的道路，而大陆法系国家所走的是从制定法到制定法与判例相结合的道路。二者的路径不同，偏重不同，但都在一定程度上达致了制定法与判例制度的平衡。这种发展轨迹反映了人类社会发展的一般规律，因而值得我国在完善司法判例制度时借鉴。

三、中国制度完善：案例指导与判例规范

在中国，制定法是基本的法律渊源，判例的地位和作用一直没有得到法学界

---

① Neil MacCormick：*Interpreting Precedents-a Comparative Study*. Dartmouth Publishing Company Limited, 1997, p. 12.

和司法界主流观点的认同。然而，立法滞后于社会发展的现象时有所见，立法中存在漏洞或空白的情况也很难避免。于是，许多司法人员报怨立法太过原则抽象，不够细致完备，使他们在面对个案问题时常常感到无所适从，纵有严格司法之心，却无严格司法之据。而专家学者和诉讼当事人又经常批评司法者手中握有太大的自由裁量权，法院判决的随意性太大，致使"同案不同判"的情况屡见不鲜。这实际上从两个侧面反映出制定法系统的缺陷。司法判例制度在解决这些问题上具有优势：一方面，判例可以向法官提供更为具体明确的裁判依据；另一方面，判例可以更加有效地规范法官在具体案件裁判中的自由裁量权。因此，为了更好地实现司法公正，我们应该承认司法判例的价值功能。

（一）中国司法判例制度的形成

多年来，中国的司法机关和法律学者也编纂过多种案例汇编。例如，《中华人民共和国最高人民法院公报》自 1985 年创刊开始就筛选公布典型性案例；1992 年，最高人民法院下属的中国应用法学研究所开始编著《人民法院案例选》丛书；同年，中国高级法官培训中心（现为国家法官学院）和中国人民大学法学院开始编著《中国审判案例要览》；自 2001 年起，最高人民法院相关庭室开始编著《中国审判指导丛书》；2003 年，人民法院出版社出版了《中华人民共和国最高人民法院判案大系》丛书，由时任最高人民法院院长的肖扬担任主编；最高人民法院机关刊《人民司法》自 2007 年 1 月开始，改为半月刊，每下半月出版的《人民司法·案例》也公布典型案例。然而，这些选编的案例对法官裁判没有拘束力，只是学习研究的参考资料而已。从这个意义上讲，法律学人可能比司法人员更加关注这些案例汇编的内容。

与此同时，中国的司法机关也开始探索借鉴外国司法判例制度的路径。2002年，河南省郑州市中原区人民法院开始试行"先例判决制度"。所谓"先例判决制度"，就是指经过"某种程序"被确认的"先例判决"对法官日后处理同类案件具有约束力，其他法官在审理同类案件时应该遵从先例。而且，这些"先例判决"还将汇编成册，供诉讼当事人和律师查阅。这项制度的主要目的是规范法官的自由裁量权和保证法官正确适用法律，同时还可以保持同类案件判决的基本一致性，发挥法律对社会生活的指引作用，树立司法权威并节约司法资源等。2003年，江苏省高级人民法院发布了《江苏省高级人民法院关于建立典型案例发布制度加强案例指导工作的意见》，明确提出要建立和实行"典型案例指导制度"。随后，北京、上海、湖南等地法院也陆续推出类似的判例制度。[①]

[①] 参见肖源：《案例指导制度：法律的另一种存在》，载于《人民法院报》2010 年 8 月 23 日。

2005 年，最高人民法院制定的《人民法院第二个五年改革纲要（2004～2008）》第 13 条明确提出："建立和完善案例指导制度，重视指导性案例在统一法律适用标准、指导下级法院审判工作、丰富和发展法学理论等方面的作用。最高人民法院制定关于案例指导制度的规范性文件，规定指导性案例的编选标准、编选程序、发布方式、指导规则等。"① 2010 年 11 月 26 日，最高人民法院颁布了《最高人民法院关于案例指导工作的规定》（以下简称为《案例指导规定》），声明制定本规定的目的是"为总结审判经验，统一法律适用，提高审判质量，维护司法公正"。② 2015 年 5 月 13 日，最高人民法院发布《〈关于案例指导工作的规定〉实施细则》，标志着案例指导制度在我国实践中渐趋稳定。

2011 年 12 月 20 日，最高人民法院发布了第一批 4 个指导性案例。然后，最高人民法院又在 2012 年 4 月 13 日发布了第二批 4 个指导性案例，同年 9 月 18 日发布了第三批 4 个指导性案例；在 2013 年 1 月 31 日发布了第四批 4 个指导性案例，同年 11 月 8 日发布了第五批 6 个指导性案例；在 2014 年 1 月 26 日发布了第六批 4 个指导性案例，同年 6 月 26 日发布了第七批 5 个指导性案例，同年 12 月 18 日发布了第八批 6 个指导性案例，同月发布了第九批 7 个指导性案例；在 2015 年 4 月 23 日发布了第十批 8 个指导性案例，同年 11 月 19 日发布了第十一批 4 个指导性案例。至此，最高人民法院一共发布 56 个指导性案例。这些指导性案例主要来源于各高级人民法院的推荐报送，并经最高人民法院审判委员会讨论通过。这些指导性案例的颁布，标志着具有中国特色的司法判例制度已初步建立，但是也暴露出一些问题，还需要进一步完善。

（二）中国司法判例制度的缺陷

首先，最高人民法院发布的指导性案例的数量太少，很难满足司法实践中对于判例制度的需求。从世界各国推行司法判例制度的经验来看，判例的优势就在于数量众多和细致入微，因而比抽象概括的立法更便于司法人员掌握和适用。然而，最高人民法院在《案例指导规定》颁布之后的 5 年多的时间内，仅仅发布了 56 个指导性案例，这对于每年审理的案件数量已经达到千万级的中国法院来说，实在是太少了。另外，这些指导性案例涉及的法律问题也不够广泛。其中，涉及民事法律问题的案例 33 个，涉及刑事法律问题的案例 9 个，涉及行政法律问题

---

① 参见孙丽娟、胡爱菊：《浅析"案例指导制度"——从〈人民法院第二个五年改革纲要〉谈起》，载于《法制与社会》2006 年第 21 期。

② 参见北大法律信息网：《最高人民法院印发〈关于案例指导工作的规定〉的通知》，载于 2010 年 11 月 26 日，http://vip.chinalawinfo.com/newlaw2002/slc/slc.asp?gid=143870，引用于 2014 年 9 月 9 日。

的案例9个、涉及知识产权问题的案例9个、涉及执行问题的1个以及涉及国家赔偿问题的案例3个。其实，司法实践对判例的需求是巨大的，司法实践产出的可以发挥指导作用的案例数量也是巨大的。试举一例，最高人民法院刑事审判庭从1999年至2011年在《刑事审判参考》中发表的案例中选编的《中国刑事审判指导案例》第2卷所收入的仅与"破坏社会主义市场经济秩序罪"有关的"指导案例"就有117个。[①]这些案例对于审理相关案件的司法人员具有指导意义，但是并不属于《案例指导规定》中所讲的"指导性案例"。

其次，这些指导性案例虽然是最高人民法院精选后发布的，但并不都是最高人民法院自己审理的案件，其中有些案件是基层法院审理的。在前十一批56个指导性案例中，由最高人民法院审理的案例只有11个，绝大多数案件是由高级人民法院、中级人民法院、基层人民法院和专门法院审理的。特别是像基层法院审理的案例，经过最高人民法院发布之后便作为比审理该案之法院的级别更高之法院的"指导"，这种让"上级法院遵从下级法院"裁判的案例指导制度有违司法判例制度的一般原理。此外，最高人民法院发布的每个指导性案例的正文都包括"关键词""裁判要点""相关法条""基本案情""裁判结果""裁判理由"等部分，其行文中也可以看到编辑改写的痕迹。由此可见，这些指导性案例是最高人民法院"改编"的，并非"原汁原味"的判决。虽然这种做法可以实现指导性案例格式的统一并可能提高指导性案例的水平，但是不太符合司法判例的生成规律。

最后，"指导性案例"的效力定位不够明确。《案例指导规定》第7条规定："最高人民法院发布的指导性案例，各级人民法院审判类似案例时应当参照。"这一规定中关键词的语义就相当模糊。"指导"一词显然不能体现作为司法判例制度之灵魂的"前判对后判的拘束力"。虽然"应当"一词带有刚性规则的含义，但是"参照"一词又使之柔性化了。"参照"前例不等于"遵从"前例，法院在审判类似案件（此处称"案例"并不合适）时仅"参照"却不"遵从"，恐怕就很难实现"统一法律适用标准"的制度设计目标。另外，这样的规定语言也很容易成为法官"同案不同判"的借口。例如，在北京市第一中级人民法院于2012年审理的"上海熊猫机械（集团）有限公司与北京熊猫恒盛机械设备有限公司股东知情权纠纷上诉案"中，上海熊猫公司上诉时认为一审法院对其提交的最高人民法院指导案例未予足够重视，但二审法院认为，首先两个案件并无关联，而且"最高人民法院发布的指导案例供人民法院在审判类似案件时参照，但

---

① 参见中华人民共和国最高人民法院刑事审判第一、二、三、四、五庭主办：《中国刑事审判指导案例》（第2卷），法律出版社2012年5月版。

其并非人民法院审理相关案件时应当适用的法律依据"。① 如果该中级人民法院通过梳理和比较两个案件的事实而得出本案与指导案例不属于"类似案件"，因此不适用指导案例中确立或阐释的法律规则，那么该二审裁判就无可厚非。但是，该法院关于"参照但不适用"的理由则显得强词夺理，至少是画蛇添足。不过，这都是《案例指导规定》中的模糊语言"惹的祸"。在2015年《最高人民法院〈关于案例指导工作的规定〉实施细则》中，第10、11条虽然明确了指导性案例作为裁判理由引述，但同时规定不作为裁判依据引用。这同样没有解决上述问题。

2012年11月至2013年1月，我们曾经在河南、广东、广西、浙江、福建、湖北、辽宁、上海等地向从事审判工作的法官进行了关于"案例指导制度"的问卷调查，共收回有效问卷1 542份。在回答"我国现行的案例指导制度对审判工作的作用大小"这一问题时，在1 542位调查对象中，2人未做回答，占0.13%；选答"很大"的有646人，占41.89%；选答"一般"的有676人，占43.84%；选答"很小"的有218人，占14.14%。虽然大多数调查对象（78.99%）都赞成建立具有中国特色的司法判例制度，而且法官们一般都不愿意直接批评最高法院的"改革举措"，但是仍有多数调查对象（57.98%）认为我国现行的案例指导制度对其审判工作的作用为"一般"或"很小"。② 这说明即使在法官群体中，人们对我国现行的案例指导制度也不太满意。

（三）中国司法判例制度的完善

在当下中国，司法行为的整体环境不佳，因此司法人员不宜享有太大的自由裁量权。从外部来说，社会缺失法治传统，司法缺失独立权威，官员缺失高尚信仰。从内部来说，行政管理色彩浓重，法官水平参差不齐，滥用职权时有所闻，贪赃枉法亦非罕见。再加上中国地域广阔和地区差异较大，所以司法裁判不统一、不规范的状况比较严重。要改变这种现状，司法人员在适用法律规则时的自由裁量权就必须受到限制和压缩。虽然在法治状况良好的国家中，司法者也会因主客观条件的差异而在个案裁判中出现歧见，甚至出现"同案不同判"的状况，因而也需要司法判例的引导和规范，但是当下中国更需要统一而且有效的司法判例制度。具体来说，我国的司法判例制度应该从以下几个方面进行完善。

---

① 参见北京市第一中级人民法院（2012）一中民终字第10267号民事判决书。
② 这项问卷调查是由我们指导的博士研究生张晶做的，期间得到了河南省高级人民法院研究室、山东省高级人民法院研究室等单位和人员的帮助和支持。参见张晶、何家弘：《法律适用之难与判例制度之善》，载于《法律适用》2014年第6期。

1. 司法判例的挑选标准

司法判例制度可以分为自然生成和人工选编两种模式。在前一种模式下，判例就是在法院的审判过程中自然生成的，无须人工的筛选和编辑。例如，英国的所有法院判决至少在理论上都可以成为判例。虽然英国长期存在着多种由民间机构或私人选编的作为判例发布形式的"法律报告"（The Law Reporting），但是未经报告的判决也可以作为判例在后续审判中引用，因为它们都是判例法的组成部分。1940年，英国的法律报告委员会就明确指出，英格兰法之所以为英格兰法，不是因为它被报告了，而是因为它被法官如此判决过。[①] 在后一种模式下，法院的判决必须经由一定的机构按照一定的程序筛选乃至编辑加工之后才能作为判例。例如，在具有大陆法系传统的中国台湾地区，虽然以成文法为"法律"的主要渊源，但是判例也在司法实践中发挥重要作用，可以作为法官在具体案件中裁判的依据。台湾地区所谓"法院组织法"第57条就对判例的选编主体和程序以及判例的变更作出明确的规定，只有所谓"最高法院"和"最高行政法院"具有判例的制定权和变更权。正如台湾学者所指出的，"判例乃'最高法院'（或'行政法院'）裁判所持之法律见解，认有编为判例之必要者，在经由一定程序后，选编而成者……"[②]

自然生成是司法判例制度的最佳模式，但是以法院判决的普遍性发布与汇编为条件。中国在很长时期内都无法建立司法判例制度，其原因之一就是法院判决不公开发布。2013年11月13日，最高人民法院审判委员会通过了《最高人民法院关于人民法院在互联网公布裁判文书的规定》，该规定将于2014年1月1日起施行。根据该规定，除特殊情况外，各级人民法院的生效裁判文书应当在互联网上公布。裁判文书的公开发布为司法判例制度的发展奠定了基础，但是这需要一段时间才能成为现实，因此目前还是宜采用人工选编的模式。这也是《案例指导规定》所确立的模式。

人工选编的首要问题是要明确挑选判例或曰指导性案例的标准。《案例指导规定》第二条所确立的标准有五条：①社会广泛关注的；②法律规定比较原则的；③具有典型性的；④疑难复杂或者新类型的；⑤其他具有指导作用的案例。我们以为，这5条标准的内涵是正确的，但是太过原则，太过抽象，不便于实践中把握。

[①] 参见英格兰威尔士法律报告委员会1940年的报告，转引自 Michale Zander, *The Law - Making Process*, 6ᵗʰ edition, Cambridge: Cambridge University Press, 2004, p.311.

[②] 参见吴信华：《法院裁判作为大法官会议违宪审查的客体》，载于《政大法学评论》1999年总第61辑。

在法国，法院的判决可以成为判例的标准也有 5 条：第一是裁判的表述要符合法律表达的标准；第二是作出裁判的法院应该是较高审级的法院；第三是相同法律问题的判决数量较多；第四是判决中确立的规则比较稳定；第五是判决必须向全社会公开。①

借鉴法国的做法，我们建议在《案例指导规定》第 2 条所确立的原则基础上，再明确选择判例的具体标准：第一，判例应该是二审法院和再审法院的判决。一方面，一审判决后诉讼双方都没有上诉或抗诉的案件，一般是没有争议的案件，似没有选为判例的必要。另一方面，案件经过至少两级法院的审理，法官对案件中争议问题的把握比较准确，裁判理由也比较充分。第二，案件中的争点应该是法律适用问题，而不是事实认定问题。不过，在认定案件事实中对有关证据规则的适用也属于法律适用问题，例如在适用非法证据排除规则时认定刑讯逼供或欺骗取证的标准等。② 第三，法院已经就相同的法律争议问题作出两次以上的裁判，或者说，"同案"在两个以上。这可以是二审或再审法院自己审理的"同案"在两个以上，也可以是高级法院管辖区内不同中级法院审理的"同案"在两个以上。这说明该法律问题在现实中容易引发争议，需要判例来规范法官的裁判。

2. 司法判例的发布程序

《案例指导规定》的第 1 条规定："对全国法院审判、执行工作具有指导作用的指导性案例，由最高人民法院确定并统一发布。"虽然各地方法院自行发布指导性案例可以提高判例发布的效率，但是就我国司法系统的现状而言，由最高人民法院统一发布指导性案例是更好的选择。按照《案例指导规定》第 3～6 条的规定与《最高人民法院〈关于案例指导工作的规定〉实施细则》第 4～8 条的规定，最高人民法院的案例指导工作办公室负责指导性案例的遴选、审查和报审工作。最高人民法院各审判业务单位、各高级人民法院以及解放军军事法院、各中级人民法院、各基层人民法院以及社会各界人士都可以推荐。案例指导工作办公室对于被推荐的案例应当及时提出审查意见。符合规定的，应当报请院长或者主管副院长提交最高人民法院审判委员会讨论决定。我们认为，这样的审查程序过于复杂。

仅以第 1 号指导性案例的发布过程为例。2010 年 12 月 31 日，最高人民法院案例指导工作办公室向高级法院发出报送备选指导性案例的通知。随后，各高级

---

① 参见何家弘：《外国司法判例制度》，中国法制出版社 2014 年版，第 145 页。
② 参见何家弘：《适用非法证据排除规则需要司法判例》，载于《法学家》2013 年第 2 期。

人民法院又分别向下属的中级人民法院发出报送的通知。2011 年 5 月 20 日，上海市高级人民法院审判委员会经讨论决定，把上海市第二中级人民法院报送的《上海中原物业顾问有限公司诉陶德华居间合同纠纷案》推荐给最高人民法院作为备选指导性案例。最高人民法院案例指导工作办公室经研究讨论后将该案例送交最高人民法院民一庭审查和征求意见。民一庭审查后认为，该案例对于处理类似案件具有一定指导意义，同意将该案例作为指导性案例。然后，案例指导工作办公室将该案例报请主管副院长提交最高人民法院审判委员会讨论。6 月 13 日，最高人民法院审委会经讨论研究认为，该案例符合最高人民法院《关于案例指导工作的规定》第 2 条的有关规定，具有指导意义，同意将该案例确定为指导性案例。12 月 20 日，最高人民法院以法〔2011〕354 号文件将该案例作为第一批指导性案例予以发布。①

一个指导性案例的发布，经过了多层的审查，而且至少有两级法院的审判委员会专门讨论，这样的审查程序太过烦琐。诚然，作为首批指导性案例的出台，这种谨慎的态度尚可理解，但是作为常规性指导性案例的发布程序，这样复杂的做法就大可不必了。我们认为，指导性案例不宜"少而精"，而应"多而全"，因此，指导性案例的发布程序应该简化。指导性案例或司法判例的形成在于具体案件的审判过程，判例中关于法律规则适用的意见是审理该案法官的意见，不是最高法院的意见，因此最高法院不必按照制定诉讼规则或司法解释的思路去审查指导性案例。

司法判例并不是一成不变的。作为法官裁判行为的指引或规范，判例的优点之一就在于灵活可变。正如美国学者所指出的，"判例制度的一个长处即在于法官在适当的情况下能够利用法律规则做小小的试验，他们总是能够修正试验，考虑新的、意料之外的实情，直至得出一条适当的法律规则（甚至是一种法律'制度'）。当众多的法官可以各自独立地对同样棘手的案情做实验时，就会有更多的改进，因为试验刺激法律创新。"② 作为判例，指导性案例的核心内容是"裁判理由"，而这些理由是审判法官带有"实验性"的意见，其正确与否需要时间或后案的检验。因此，最高人民法院的案例指导办公室对于推荐来的备选案例，可以主要依据我们前文建议的具体标准进行形式上的审查，不必对裁判理由进行实质内容的审查。按照这样的思路，指导性案例也就没有必要提交最高人民法院审判委员会讨论决定了。顺便说，案例指导工作办公室也无须对判例内容进行"改编"，应该保持判决意见的"原汁原味"。简化发布程序可以破除指导性案例发

---

① 最高人民法院案例指导工作办公室：《案例指导 1 号〈上海中原物业顾问有限公司诉陶德华居间合同纠纷案〉的理解与参照》，载于《人民司法》2012 年第 7 期。
② ［美］卡尔·N·卢埃林著，黄列译：《美国判例法制度》，载于《法学译丛》1989 年第 5 期。

布的"瓶颈",提高指导性案例的数量。

《案例指导规定》的第6条规定:"最高人民法院审判委员会讨论决定的指导性案例,统一在《最高人民法院公报》、最高人民法院网站、《人民法院报》上以公告的形式发布。"目前,指导性案例的序号是按照发布时间统一排列的,从第1~56号。判例的序号应该便于人们的检索和引用。在目前这种判例数量很少的情况下,这种统一排序的做法还可以接受,但是当判例数量大大增加之后,这种做法的弊端就会显露出来。因此,我们建议最高人民法院的案例指导办公室在现有的发布序号之外,对指导性案例进行分类编号,并且将序号与判例的标题、关键词、裁判要点等基本信息结合录入计算机系统,以便法官、检察官、律师、诉讼当事人及感兴趣的民众检索和引用。

3. 司法判例的效力界定

如前所述,《案例指导规定》第7条使用的"各级人民法院审理类似案件时应当参照"的表述不够明确,影响我国司法判例制度的实用效力。如何解决这个问题?首先,我们可以借鉴欧陆模式,通过审判管辖权和审级制度来维护指导性案例的拘束力。例如,本法院的指导性案例对后案裁判具有拘束力,上级法院的指导性案例对下级法院的后案裁判具有拘束力,最高法院的指导性案例对全国法院的后案裁判具有拘束力,而这些拘束力的维系主要依靠上诉审和再审的制度。这就是说,某个法院的裁判违反了具有拘束力的指导性案例,当事人就可以提出上诉或提请再审,而上诉审法院或再审法院就可以依据指导性案例推翻原判,除非上诉审法院或再审法院认为原来的指导性案例应该被修正或推翻。

其次,为了强化指导性案例的判例规范功能,我们也可以对《案例指导规定》的上述规定进行补充说明。张志铭教授建议把《案例指导规定》第7条修改为:"最高人民法院发布的指导性案例,各级人民法院审理类似案件时应当参照。如果审理后认定案件事实相同,应该作出与指导性案例相同的判决"。张教授还解释道:"相同判决意指相同的法律处置,包括相同的法律认定以及相应的肯定或否定的法律后果;至于法律后果在数量上是否一般无二,则不可强求。"①我们基本上赞同张教授的这一观点。

由于指导性案例不是法律渊源,对于法官的裁判不具有法定的拘束力,只能具有事实上的拘束力或说服性的"参照力",因此要支撑这种拘束力,就必须加强法院裁判中的说理。毋庸讳言,当下中国法院裁判文书中的说理是有欠缺的。有的裁判文书中只有判决意见,没有说明理由;有的裁判文书中虽有说理,但是

---

① 张志铭:《中国法院案例指导制度价值功能之认知》,载于《学习与探索》2012年第3期。

不够充分或者没有针对性；还有的裁判文书中的说理缺乏逻辑性或说服力，甚至出现说理用语不准确不规范的情况。于是，法院这个本应最讲理的地方却给民众留下了不讲理的印象，严重影响了司法机关的公信力。

2013 年 11 月 12 日，中共中央十八届三中全会通过的《关于全面深化改革若干重大问题的决定》第（33）条强调要"健全司法权力运行机制"，要"增强法律文书说理性，推动公开法院生效裁判文书"。① 2014 年 10 月 23 日，中共中央十八届四中全会通过的《关于全面推进依法治国若干重大问题的决定》进一步强调，"加强法律文书释法说理，建立生效法律文书统一上网和公开查询制度"。加强法院裁判文书中的说理，已经成为当下司法改革的工作任务之一。这项工作不仅有助于提升司法裁判的水平，改变庭审虚化的现状，而且有助于提升司法判例的水平，为完善我国的案例指导制度奠定扎实的基础。②

综上所述，完善司法判例制度是建设法治国家的需要。现代司法判例制度的主要职能是统一法律的司法解释和限制法官的自由裁量权。从表面上看，司法判例制度似乎是扩大了法官的自由裁量权，但这是对法官群体而言的。对审理具体案件的法官来说，司法判例制度反而限缩了其自由裁量权。从实践来看，司法判例可以向法官提供更为具体更为明确的裁判规则，可以更为有效地防止司法者把个人的成见、情感等因素作为判决依据。由此可见，司法判例制度具有双重性：一方面，它是司法者群体自由裁量权的张扬；另一方面，它又是司法者个体自由裁量权的约束。二者在具体国家中的平衡，既体现了司法判例制度的完善程度，也体现了法治国家建设的发展水平。

---

① 参见刘树德：《增强裁判说理的当下意义》，载于《人民法院报》2013 年 12 月 27 日。
② 2014 年 8 月 16 日，青海省高级人民法院和中国行为法学会法律语言研究会在西宁市联合召开了"裁判文书语言与说理研讨会"。与会的法官和学者一致认为加强裁判文书的说理是非常重要的，而且应该与当下中国的司法改革结合起来。我们是法律语言研究会的会长，在开幕式致辞中提出了说理和语言是法院裁判文书的"灵与肉"的观点，在总结发言中又从"为什么说"、"说什么"、"怎么说"三个方面就裁判文书说理发表了个人见解，并阐述了裁判文书说理与案例指导制度的互动关系。

参考文献

[1] [奥] 凯尔森著，沈宗灵译：《法与国家的一般理论》，中国大百科全书出版社，1996年版。

[2] [比] 马克·范·胡克著，孙国东译，刘坤轮校：《法律的沟通之维》，法律出版社2008年版。

[3] [德] K. 茨威格特、H. 克茨著，潘汉典译：《比较法总论》，法律出版社2003年版。

[4] [德] 卡尔·拉伦茨著，陈爱娥译：《法学方法论》，商务印书馆2003年版。

[5] [德] 亚图·考夫曼著，刘辛义等译：《法律哲学》，法律出版社2004年版。

[6] [法] 勒内·达维德著，漆竹生译：《当代主要法律体系》，上海译文出版社1984年版。

[7] [法] 雅克·盖斯旦、吉勒·古博著，陈鹏等译：《法国民法总论》，法律出版社2004年版。

[8] [美] R. M. 昂格尔著，吴玉章、周汉华译：《现代社会中的法律》，中国政法大学出版社1994年版。

[9] [美] H. W. 爱尔曼著，贺卫方、高鸿钧译：《比较法律文化》，清华大学出版社2002年版。

[10] [美] 格伦顿等著，米健等译：《比较法律传统》，中国政法大学出版社1993年版。

[11] [美] 杰弗里·C·哈泽德、米歇尔·塔鲁伊著，张茂译：《美国民事诉讼法导论》，中国政法大学出版社1998年版。

[12] [美] 罗斯科·庞德：《作为以中国法为基础的比较法和历史》，见王健：《西法东渐——外国人与中国法的近代变革》，中国政法大学出版社2001年版。

[13] [美] 史蒂文·J·伯顿著，张志铭、解兴权译：《法律和法律推理导

论》，中国政法大学出版社1998年版。

[14]［日］大木雅夫著，范愉译：《比较法》，法律出版社1999年版。

[15]［日］渡边纲吉：《判例研究的基础理论》，爱知学院大学出版会1967年版。

[16]［英］鲁伯特·克劳斯、J.W.哈里斯著，苗文龙译：《英国法中的先例（第四版）》，北京大学出版社2011年版。

[17] 李浩培等译：《拿破仑法典》，商务印书馆1979年版。

[18]《睡虎地秦墓竹简》，文物出版社1978年版。

[19] 陈盛清：《外国法制史》，北京大学出版社1982年版。

[20] 陈卫东：《刑事诉讼法学研究》，中国人民大学出版社2008年版。

[21] 陈兴良：《刑事司法研究》，中国人民大学出版社2008年版。

[22] 高铭暄、马克昌：《刑法学》，北京大学出版社、高等教育出版社2011年版。

[23] 何家弘：《外国司法判例制度》，中国法制出版社2014年版。

[24] 胡雪梅：《英国侵权法》，中国政法大学出版社2008年版。

[25] 胡云腾主编，最高人民法院案例指导工作办公室编：《最高人民法院指导性案例参照与适用》，人民法院出版社2012年版。

[26] 胡云腾：《人民法院案例指导制度的构建》，见苏泽林：《中国案例指导制度的构建和应用》，法律出版社2012年版。

[27] 江勇、马良骥、夏祖银：《案例指导制度的理论与实践探索》，中国法制出版社2013年版。

[28] 李猛：《除魔的世界与禁欲者的守护神——韦伯社会理论中的"英国法"问题》，上海人民出版社2001年版。

[29] 刘风景：《判例的法理》，法律出版社2009年版。

[30] 齐树洁：《美国司法制度》，厦门大学出版社2006年版。

[31] 齐树洁：《英国民事司法改革》，北京大学出版社2004年版。

[32] 沈宗灵：《比较法研究》，北京大学出版社1998年版。

[33] 王名扬：《法国行政法》，中国政法大学出版社1988年版。

[34] 王泽鉴：《法律思维与民法实例》，中国政法大学出版社2001年版。

[35] 奚晓明等：《两大法系判例制度比较研究》，北京交通大学出版社2009年版。

[36] 徐景和：《中国判例制度研究》，中国检察出版社2006年版。

[37] 于同志：《刑法案例指导：理论制度实践》，中国人民公安大学出版社2010年版。

[38] 张宏生：《西方法律思想史》，北京大学出版社1983年版。

[39] 张文显：《二十世纪西方法哲学思潮研究》，法律出版社 2006 年版。

[40] 朱景文等：《法理学》（第二版），中国人民大学出版社 2012 年版。

[41] 祝庆祺等：《刑案汇览·凡例》，北京古籍出版社 2004 年版。

[42] ［美］卡尔·N·卢埃林：《美国判例法制度》，载于《法学译丛》1989 年第 5 期。

[43] 邓志伟、陈健：《指导性案例裁判要旨的价值及其实现——以最高人民法院公报案例为研究对象》，载于《法律适用》2009 年第 6 期。

[44] 冯文生：《审判案例指导中的"参照"问题研究》，载于《清华法学》2011 年第 3 期。

[45] 何家弘：《适用非法证据排除规则需要司法判例》，载于《法学家》2013 年第 2 期。

[46] 何家弘：《司法公正论》，载于《中国法学》1999 年第 2 期。

[47] 何勤华：《清代法律渊源考》，载于《中国社会科学》2001 年第 2 期。

[48] 贺卫方：《中国古代司法判决的风格与精神》，载于《中国社会科学》1990 年第 6 期。

[49] 胡云腾、罗东川、王艳彬、刘少阳：《〈关于案例指导制度的规定〉的理解与适用》，载于《人民司法（应用）》2011 年第 3 期。

[50] 胡云腾、于同志：《案例指导制度若干重大疑难争议问题研究》，载于《法学研究》2008 年第 6 期。

[51] 胡云腾：《谈指导性案例的编选与参照》，载于《人民法院报》2011 年 7 月 20 日第 5 版。

[52] 郎贵梅：《美国联邦最高法院判例汇编制度及其启示》，载于《法律文献信息与研究》2008 年第 2 期。

[53] 李浩：《英国判例法与判例规避》，载于《比较法研究》1995 年第 1 期。

[54] 梁慧星：《电视节目预告表的法律保护与利益衡量》，载于《法学研究》1995 年第 2 期。

[55] 梁上上：《利益衡量的界碑》，载于《政法论坛》2006 年第 5 期。

[56] 刘飞：《德国"法官造法"的功能解构》，载于《华东政法大学学报》2009 年第 1 期。

[57] 刘青峰：《论审判解释》，载于《中国法学》2003 年第 6 期。

[58] 刘士国：《中国的民事法律与司法判例》，载于《山东警察学院学报》2006 年第 2 期。

[59] 吕丽：《汉魏晋"故事"辨析》，载于《法学研究》2002 年第 6 期。

[60] 马克昌：《犯罪构成的分类》，载于《法学》1984 年第 10 期。

[61] 沈玮玮、赵晓耕：《类推与解释的缠绕：一个类推的刑法史考察》，载于《华东政法大学学报》2012 年第 5 期。

[62] 汪世荣：《判例在中国传统法中的功能》，载于《法学研究》2006 年第 1 期。

[63] 王力：《美国判例法文献——美国法律文献介绍系列之七》，载于《法律文献信息与研究》1999 年第 1 期。

[64] 王利明：《我国案例指导制度若干问题研究》，载于《法学》2012 年第 1 期。

[65] 王利明：《我们需要怎样的司法能动？》，载于《人民法院报》2009 年 7 月 5 日。

[66] 王志强：《中国法律史叙事中的"判例"》，载于《中国社会科学》2010 年第 5 期。

[67] 王志强：《中国法律史叙事中的"判例"》，载于《中国社会科学》2010 年第 5 期。

[68] 武树臣：《中国"混合法"引论》，载于《河北法学》2010 年第 2 期。

[69] 武树臣：《中国古代法律样式的理论诠释》，载于《中国社会科学》1997 年第 1 期。

[70] 夏锦文、吴春峰：《法官在判例指导制度中的需求》，载于《法学》2010 年 8 期。

[71] 杨力：《民事疑案裁判的利益衡量》，载于《法学》2011 年第 1 期。

[72] 张明楷：《法治、罪刑法定与刑事判例法》，载于《法学》2000 年第 6 期。

[73] 张骐：《建立中国先例制度的意义与路径：兼答〈"判例法"质疑〉——一个比较法的视角》，载于《法制与社会发展》2004 年第 6 期。

[74] 张志铭：《中国法院案例指导制度价值功能之认知》，载于《学习与探索》，2012 年第 3 期。解亘《日本的判例制度》，载于《华东政法大学学报》2009 年第一期。

[75] 张志铭：《中国法院案例指导制度价值功能之认知》，载于《学习与探索》2012 年第 3 期。

[76] 赵晓耕，沈玮玮：《论中国司法传统中的文学寓意》，载于《中国司法》2012 年第 7 期。

[77] 中野次雄：《判例とその読み方［改訂版］》，有斐閣 2002 年版。

[78] 清宮四郎：《憲法Ⅰ［新版］》，有斐閣法律学全集 1971 年版。

[79] 松尾浩也：《刑事訴訟法下［新版補正第二版］》，弘文堂 1999 年版。

[80] 西田典之：《刑法総論［第二版］》，弘文堂 2010 年版。

［81］松尾浩也：《刑事法における判例とは何か》，见《刑事訴訟法講演集》，有斐閣 2004 年版。

［82］田尾桃三：《判例の先例拘束力について》，判例時報 830 号。

［83］土屋文昭：《判例に関する覚書——民事判例の主論を中心として》，東京大学法科大学院ローレビュー 6 巻，2011 年。

［84］Alan B. Morrison：The common law works itself pure from case to case. Fundamentals of American Law，Oxford University Press Inc.，New York.

［85］K. N. Llewellyn：The Bramble Bush，Oceana edition，1975.

［86］Michale Zander：The Law–Making Process，6th edition，Cambridge：Cambridge University Press，2004.

［87］Michale Zander：The Law–Making Process，6th edition，Cambridge：Cambridge University Press.

［88］Neil MacCormick：Interpreting Precedents-a Comparative Study，Dartmouth Publishing Company Limited，1997.

［89］Nigel Foster and Satish Sule：German Legal System and Laws，4th edition，Oxford University Press 2010.

［90］Reinhard Zimmermann：Characteristic Aspects of German Legal Culture，in：J. Zekoll and M. Reimann（eds.），Introduction to German Law，2nd Edition.

［91］Reinhard Zimmermann：Characteristic Aspects of German Legal Culture，in：J. Zekoll and M. Reimann（eds.），Introduction to German Law，2nd Edition.

［92］Rupert Cross and J. W. Harris：Precedent in English Law，4th edition，Oxford：Oxford University Press，1991.

［93］Sir J. H. Baker：An Introduction to English Legal History，Oxford：Oxford University Press.

［94］T. F. T. Plucknett：A Concise History of the Common Law，New York，Rochester：the Lawyers Co-operative Publishing Company，1929.

［95］W. C. Bolland：The Year Books，Cambridge：Cambridge University Press，1921.

［96］Charles Fried：Constitutional Doctrine，107 Harv. L. Rev. 1140（1994）.

［97］Karl N. Llewellyn：The Constitution as an Institution，34 Colum. L. Rev. 1（1934）.

［98］Lon L. Fuller：The Forms and Limits of Adjudication，92 Harv. L. Rev. 353（1978）.

［99］Nicholas Quinn Rosenkranz：Federal Rules of Statutory Interpretation，115 Harv. L. Rev. 2085（2002）.

后 记

本书是 2010 年立项的教育部哲学社会科学研究重大课题攻关项目"法治国家建设中的司法判例制度研究"（项目批准号：10JZD0030）的最终研究成果。在课题中标后，以何家弘教授为首席专家、刘品新教授为次席专家的课题组召开了由国内外专家学者、法律实务人员出席的研讨会。课题组成员协力合作，以法治国家建设为视角分析了构建司法判例制度的基本法理，对大陆法系和英美法系的司法判例制度进行了全面的研究，并从理论和实务层面对我国现行的案例指导制度进行了分析和评价。经过近六年的扎实研究，课题组成员先后发表了 20 余篇学术论文，出版了 1 部著作，形成了 1 份专家建议案。

本书是对前述研究成果的总结和升华，是研究团队深入研讨、争鸣求真基础上的集体结晶。具体而言，课题组成员的分工情况如下：何家弘教授、刘品新教授拟订全书提纲，统筹各章节写作。第一编由张志铭教授执笔，第二编由何家弘教授、李红海教授、何然副教授和刘品新教授执笔，第三编由赵晓耕教授、沈玮玮讲师执笔，第四编由黄京平教授、姚辉教授、汤维建教授执笔，第五编由何家弘教授、徐昕教授、刘风景教授、张晶讲师和刘品新教授执笔，最后的研究报告由何家弘教授执笔。全书由刘品新教授审稿、定稿。

此外，李慧副教授、郭欣阳副教授、邓矜婷助理教授、于佳佳讲师、王烁讲师、彭霄博士、周遵友博士、王燃博士、胡雯姬博士、杨奕博士、张小敏博士、王馨沁检察官等也参与了课题资料搜集和本书的编写工作，中国人民大学法学院张晶、张小敏、胡聪同学作为项目秘书陆续投入了项目琐碎的辅助工作，在此表示感谢！

本书的撰写得到了教育部社科司和中国人民大学的指导和帮助，在此致以深深的谢意！本书成稿过程中还得到了中国人民大学常务副校长王利明教授、国家法官学院副院长郝银钟教授、美国辛辛那提大学法学院 Mark Godsey 教授、日本国最高法院法官三重野真人、中国台湾地区律师蔡惠秀、最高人民法院法研所法官丁广宇、最高人民法院民三庭法官郎贵梅、最高人民法院立案庭审判长甘文、江苏省高级人民法院民三庭副庭长汤茂仁等人以及《中国青年报》《法制日报》《正义网》等媒体的鼎力支持,在此一并表示感谢!

在经济科学出版社的支持下,我们将该书奉献给广大读者,希望能够为法治国家建设中的司法判例制度研究贡献知识增量。

作　者

2016 年 7 月 10 日

教育部哲学社会科学研究重大课题攻关项目成果出版列表

序号	书　名	首席专家
1	《马克思主义基础理论若干重大问题研究》	陈先达
2	《马克思主义理论学科体系建构与建设研究》	张雷声
3	《马克思主义整体性研究》	逄锦聚
4	《改革开放以来马克思主义在中国的发展》	顾钰民
5	《新时期　新探索　新征程——当代资本主义国家共产党的理论与实践研究》	聂运麟
6	《坚持马克思主义在意识形态领域指导地位研究》	陈先达
7	《当代资本主义新变化的批判性解读》	唐正东
8	《当代中国人精神生活研究》	童世骏
9	《弘扬与培育民族精神研究》	杨叔子
10	《当代科学哲学的发展趋势》	郭贵春
11	《服务型政府建设规律研究》	朱光磊
12	《地方政府改革与深化行政管理体制改革研究》	沈荣华
13	《面向知识表示与推理的自然语言逻辑》	鞠实儿
14	《当代宗教冲突与对话研究》	张志刚
15	《马克思主义文艺理论中国化研究》	朱立元
16	《历史题材文学创作重大问题研究》	童庆炳
17	《现代中西高校公共艺术教育比较研究》	曾繁仁
18	《西方文论中国化与中国文论建设》	王一川
19	《中华民族音乐文化的国际传播与推广》	王耀华
20	《楚地出土戰國簡册［十四種］》	陈　伟
21	《近代中国的知识与制度转型》	桑　兵
22	《中国抗战在世界反法西斯战争中的历史地位》	胡德坤
23	《近代以来日本对华认识及其行动选择研究》	杨栋梁
24	《京津冀都市圈的崛起与中国经济发展》	周立群
25	《金融市场全球化下的中国监管体系研究》	曹凤岐
26	《中国市场经济发展研究》	刘　伟
27	《全球经济调整中的中国经济增长与宏观调控体系研究》	黄　达
28	《中国特大都市圈与世界制造业中心研究》	李廉水

序号	书名	首席专家
29	《中国产业竞争力研究》	赵彦云
30	《东北老工业基地资源型城市发展可持续产业问题研究》	宋冬林
31	《转型时期消费需求升级与产业发展研究》	臧旭恒
32	《中国金融国际化中的风险防范与金融安全研究》	刘锡良
33	《全球新型金融危机与中国的外汇储备战略》	陈雨露
34	《全球金融危机与新常态下的中国产业发展》	段文斌
35	《中国民营经济制度创新与发展》	李维安
36	《中国现代服务经济理论与发展战略研究》	陈 宪
37	《中国转型期的社会风险及公共危机管理研究》	丁烈云
38	《人文社会科学研究成果评价体系研究》	刘大椿
39	《中国工业化、城镇化进程中的农村土地问题研究》	曲福田
40	《中国农村社区建设研究》	项继权
41	《东北老工业基地改造与振兴研究》	程 伟
42	《全面建设小康社会进程中的我国就业发展战略研究》	曾湘泉
43	《自主创新战略与国际竞争力研究》	吴贵生
44	《转轨经济中的反行政性垄断与促进竞争政策研究》	于良春
45	《面向公共服务的电子政务管理体系研究》	孙宝文
46	《产权理论比较与中国产权制度变革》	黄少安
47	《中国企业集团成长与重组研究》	蓝海林
48	《我国资源、环境、人口与经济承载能力研究》	邱 东
49	《"病有所医"——目标、路径与战略选择》	高建民
50	《税收对国民收入分配调控作用研究》	郭庆旺
51	《多党合作与中国共产党执政能力建设研究》	周淑真
52	《规范收入分配秩序研究》	杨灿明
53	《中国社会转型中的政府治理模式研究》	娄成武
54	《中国加入区域经济一体化研究》	黄卫平
55	《金融体制改革和货币问题研究》	王广谦
56	《人民币均衡汇率问题研究》	姜波克
57	《我国土地制度与社会经济协调发展研究》	黄祖辉
58	《南水北调工程与中部地区经济社会可持续发展研究》	杨云彦
59	《产业集聚与区域经济协调发展研究》	王 珺

序号	书　名	首席专家
60	《我国货币政策体系与传导机制研究》	刘　伟
61	《我国民法典体系问题研究》	王利明
62	《中国司法制度的基础理论问题研究》	陈光中
63	《多元化纠纷解决机制与和谐社会的构建》	范　愉
64	《中国和平发展的重大前沿国际法律问题研究》	曾令良
65	《中国法制现代化的理论与实践》	徐显明
66	《农村土地问题立法研究》	陈小君
67	《知识产权制度变革与发展研究》	吴汉东
68	《中国能源安全若干法律与政策问题研究》	黄　进
69	《城乡统筹视角下我国城乡双向商贸流通体系研究》	任保平
70	《产权强度、土地流转与农民权益保护》	罗必良
71	《我国建设用地总量控制与差别化管理政策研究》	欧名豪
72	《矿产资源有偿使用制度与生态补偿机制》	李国平
73	《巨灾风险管理制度创新研究》	卓　志
74	《国有资产法律保护机制研究》	李曙光
75	《中国与全球油气资源重点区域合作研究》	王　震
76	《可持续发展的中国新型农村社会养老保险制度研究》	邓大松
77	《农民工权益保护理论与实践研究》	刘林平
78	《大学生就业创业教育研究》	杨晓慧
79	《新能源与可再生能源法律与政策研究》	李艳芳
80	《中国海外投资的风险防范与管控体系研究》	陈菲琼
81	《生活质量的指标构建与现状评价》	周长城
82	《中国公民人文素质研究》	石亚军
83	《城市化进程中的重大社会问题及其对策研究》	李　强
84	《中国农村与农民问题前沿研究》	徐　勇
85	《西部开发中的人口流动与族际交往研究》	马　戎
86	《现代农业发展战略研究》	周应恒
87	《综合交通运输体系研究——认知与建构》	荣朝和
88	《中国独生子女问题研究》	风笑天
89	《我国粮食安全保障体系研究》	胡小平
90	《我国食品安全风险防控研究》	王　硕

序号	书　名	首席专家
91	《城市新移民问题及其对策研究》	周大鸣
92	《新农村建设与城镇化推进中农村教育布局调整研究》	史宁中
93	《农村公共产品供给与农村和谐社会建设》	王国华
94	《中国大城市户籍制度改革研究》	彭希哲
95	《国家惠农政策的成效评价与完善研究》	邓大才
96	《以民主促进和谐——和谐社会构建中的基层民主政治建设研究》	徐　勇
97	《城市文化与国家治理——当代中国城市建设理论内涵与发展模式建构》	皇甫晓涛
98	《中国边疆治理研究》	周　平
99	《边疆多民族地区构建社会主义和谐社会研究》	张先亮
100	《新疆民族文化、民族心理与社会长治久安》	高静文
101	《中国大众媒介的传播效果与公信力研究》	喻国明
102	《媒介素养：理念、认知、参与》	陆　晔
103	《创新型国家的知识信息服务体系研究》	胡昌平
104	《数字信息资源规划、管理与利用研究》	马费成
105	《新闻传媒发展与建构和谐社会关系研究》	罗以澄
106	《数字传播技术与媒体产业发展研究》	黄升民
107	《互联网等新媒体对社会舆论影响与利用研究》	谢新洲
108	《网络舆论监测与安全研究》	黄永林
109	《中国文化产业发展战略论》	胡惠林
110	《20世纪中国古代文化经典在域外的传播与影响研究》	张西平
111	《国际传播的理论、现状和发展趋势研究》	吴　飞
112	《教育投入、资源配置与人力资本收益》	闵维方
113	《创新人才与教育创新研究》	林崇德
114	《中国农村教育发展指标体系研究》	袁桂林
115	《高校思想政治理论课程建设研究》	顾海良
116	《网络思想政治教育研究》	张再兴
117	《高校招生考试制度改革研究》	刘海峰
118	《基础教育改革与中国教育学理论重建研究》	叶　澜
119	《我国研究生教育结构调整问题研究》	袁本涛 王传毅
120	《公共财政框架下公共教育财政制度研究》	王善迈

序号	书　名	首席专家
121	《农民工子女问题研究》	袁振国
122	《当代大学生诚信制度建设及加强大学生思想政治工作研究》	黄蓉生
123	《从失衡走向平衡：素质教育课程评价体系研究》	钟启泉 崔允漷
124	《构建城乡一体化的教育体制机制研究》	李　玲
125	《高校思想政治理论课教育教学质量监测体系研究》	张耀灿
126	《处境不利儿童的心理发展现状与教育对策研究》	申继亮
127	《学习过程与机制研究》	莫　雷
128	《青少年心理健康素质调查研究》	沈德立
129	《灾后中小学生心理疏导研究》	林崇德
130	《民族地区教育优先发展研究》	张诗亚
131	《WTO主要成员贸易政策体系与对策研究》	张汉林
132	《中国和平发展的国际环境分析》	叶自成
133	《冷战时期美国重大外交政策案例研究》	沈志华
134	《新时期中非合作关系研究》	刘鸿武
135	《我国的地缘政治及其战略研究》	倪世雄
136	《中国海洋发展战略研究》	徐祥民
137	《深化医药卫生体制改革研究》	孟庆跃
138	《华侨华人在中国软实力建设中的作用研究》	黄　平
139	《我国地方法制建设理论与实践研究》	葛洪义
140	《城市化理论重构与城市化战略研究》	张鸿雁
141	《境外宗教渗透论》	段德智
142	《中部崛起过程中的新型工业化研究》	陈晓红
143	《农村社会保障制度研究》	赵　曼
144	《中国艺术学学科体系建设研究》	黄会林
145	《人工耳蜗术后儿童康复教育的原理与方法》	黄昭鸣
146	《我国少数民族音乐资源的保护与开发研究》	樊祖荫
147	《中国道德文化的传统理念与现代践行研究》	李建华
148	《低碳经济转型下的中国排放权交易体系》	齐绍洲
149	《中国东北亚战略与政策研究》	刘清才
150	《促进经济发展方式转变的地方财税体制改革研究》	钟晓敏
151	《中国—东盟区域经济一体化》	范祚军

序号	书名	首席专家
152	《非传统安全合作与中俄关系》	冯绍雷
153	《外资并购与我国产业安全研究》	李善民
154	《近代汉字术语的生成演变与中西日文化互动研究》	冯天瑜
155	《新时期加强社会组织建设研究》	李友梅
156	《民办学校分类管理政策研究》	周海涛
157	《我国城市住房制度改革研究》	高　波
158	《新媒体环境下的危机传播及舆论引导研究》	喻国明
159	《法治国家建设中的司法判例制度研究》	何家弘
……		